大数据与"智能+"产教融合丛书

数字产业化
——体系、技术与落地实践

清华大学数据治理研究中心
国家工业信息安全发展研究中心　组编

赵　强　孙　雪　冯立鹦　编著

机械工业出版社

数字产业化是指以数字技术和数据资源为驱动，推动传统产业数字化转型和新兴数字产业发展，形成数字化、网络化、智能化的产业体系。本书首先对数字产业化的概念、内涵和体系进行了系统阐述，并重点阐述了知识图谱、人工智能、数字孪生、元宇宙、数据治理等前沿技术，随后通过多个实践案例，展示了数字产业化在不同行业、不同场景中的应用实践。在数字产业化的发展过程中，数字技术、数据资源、数字平台、数字人才等要素发挥着至关重要的作用。本书通过深入分析这些要素的内在联系和互动机制，构建了数字产业化的完整理论体系。

本书既适合作为中高职、高校和研究机构的教学参考书，也适合作为企业、政府部门工作人员的培训教材。希望本书能够帮助读者更好地理解和把握数字产业化的发展趋势和内在规律，为推动经济社会的数字化转型和数字产业化进程贡献力量。

图书在版编目（CIP）数据

数字产业化：体系、技术与落地实践/清华大学数据治理研究中心，国家工业信息安全发展研究中心组编；赵强，孙雪，冯立鹦编著. —北京：机械工业出版社，2024.7

（大数据与"智能+"产教融合丛书）

ISBN 978-7-111-75798-6

Ⅰ.①数… Ⅱ.①清… ②国… ③赵… ④孙… ⑤冯… Ⅲ.①信息经济–产业发展–研究 Ⅳ.①F490.3

中国国家版本馆 CIP 数据核字（2024）第 096004 号

机械工业出版社（北京市百万庄大街22号　邮政编码100037）
策划编辑：吕　潇　　　　　责任编辑：吕　潇　刘星宁
责任校对：龚思文　张　薇　封面设计：马精明
责任印制：张　博
北京建宏印刷有限公司印刷
2024年7月第1版第1次印刷
184mm×240mm・23.5印张・537千字
标准书号：ISBN 978-7-111-75798-6
定价：99.00元

电话服务　　　　　　　　　网络服务
客服电话：010-88361066　　机　工　官　网：www.cmpbook.com
　　　　　010-88379833　　机　工　官　博：weibo.com/cmp1952
　　　　　010-68326294　　金　书　网：www.golden-book.com
封底无防伪标均为盗版　　　机工教育服务网：www.cmpedu.com

大数据与"智能+"产教融合丛书

编辑委员会

(按拼音排序)

总顾问：郭华东　谭建荣

主　任：韩亦舜

副主任：孙　雪　徐　亭　赵　强

委　员：薄智泉　卜　辉　陈晶磊　陈　军　陈新刚　杜晓梦
　　　　　高文宇　郭　灵　郭　炜　黄代恒　黄　龙　黄枝铜
　　　　　李雨航　刘川意　刘　猛　孟天广　牛雪媛　潘鑫宇
　　　　　盛国军　孙雅宾　田春华　王薇薇　文　杰　吴垌沅
　　　　　吴　建　杨　扬　曾　光　张鸿翔　张文升　张小劲
　　　　　张粤磊　郑伟海

本书编写委员会

主任委员： 赵　强　孙　雪　冯立鹦

委　　员：（按姓氏笔画为序）

卜　辉　王少锋　王文广　牛雪媛　史　凯　冯小平　付登坡
朱钊兵　孙雅宾　刘　晨　刘　巍　严琦东　李　科　李　梦
李　熠　李宗锴　李美桃　杨心睿　杨建兴　吴庆海　肖　亮
吴玺倩　邱君降　张雨薇　陈　杰　陈香妤　易凯谕　郑伟海
周　剑　周　潜　赵　佳　赵小建　郝玉峰　贺　琳　贺梦洁
夏知渊　徐　昕　郭　星　郭　灵　郭日发　浦　亚　黄　龙
黄枝铜　董　佳　蒋益西　曾　光　谢　浩　靳舜路　蒲　鸽
颜　强　潘鑫宇

丛书序一

产教融合打造创新人才培养的新模式

数字技术、数字产品和数字经济,是信息时代发展的前沿领域,不断迭代着数字时代的定义。数据是核心战略性资源,自然科学、工程技术和社科人文拥抱数据的力度,对于各学科新的发展,具有重要意义。同时,数字经济是数据的经济,既是各项高新技术发展的动力,又为传统产业转型提供了新的数据生产要素与数据生产力。

本系列图书从产教融合的角度出发,在整体架构上,涵盖了数据思维方式的拓展、大数据技术的认知、大数据技术高级应用、数据化应用场景、大数据行业应用、数据运维、数据创新体系共七个方面。编写宗旨是,搭建大数据的知识体系、传授大数据的专业技能、描述产业和教育相互促进过程中所面临的问题,并在一定程度上提供相应阶段的解决方案。本系列图书的内容规划、技术选型和教培转化由新型科研机构大数据基础设施研究中心牵头,而场景设计、案例提供和生产实践由一线企业专家与团队贡献,二者紧密合作,提供了一个可借鉴的尝试。

大数据领域人才培养的一个重要方面,就是以产业实践为导向,以传播和教育为出口,最终服务于大数据产业与数字经济,为未来的行业人才树立技术观、行业观、产业观,对产业发展也将有所助益。

本系列图书适用于大数据技能型人才的培养,适合高校、职业院校、社会培训机构中从事大数据研究和教学的人员作为教材或参考用书,对于从事大数据管理和应用的工作人员、企业信息化技术人员,也可以作为重要参考。让我们一起努力,共同推进大数据技术的教学、普及和应用!

谭建荣
中国工程院院士
浙江大学教授

丛书序二

发展数字经济，从传播数据思维与培养数据人才开始

大数据的出现，给我们带来了巨大的想象空间：对科学研究界来说，大数据已成为继实验、理论和计算模式之后的数据密集型科学范式的典型代表，带来了科研方法论的变革，正在成为科学发现的新引擎；对产业界来说，在当今互联网、云计算、人工智能、大数据、区块链这些蓬勃发展的科技舞台中，数据是主角，数据作为新的生产资料，正在驱动整个产业的数字化转型。正因如此，大数据已成为知识经济时代的战略高地，数据主权也已经成为继边防、海防、空防之后，另一个大国博弈的空间。

如何实现这些想象空间，需要构建众多大数据领域的基础设施支撑，小到科学大数据方面的国家重大基础设施，大到跨越国界的"数字丝路""数字地球"。当前，我们看到大数据基础设施研究中心已经把人才也纳入到基础设施的范围，本系列图书的组织出版，以及所提供的视角是有意义的。新兴的产业需要相应的人才培养体系与之相配合，人才培养体系的建立往往存在滞后性。因此尽可能缩小产业人才需求和培养过程间的"缓冲带"，将教育链、人才链、产业链、创新链衔接好，是"产教融合"理念提出的出发点和落脚点。可以说，大数据基础设施研究中心为我国大数据人工智能事业发展模式的实践，迈出了较为坚实的一步，这个模式意味着数字经济有宏观的可行路径。

本系列图书以数据为基础，内容上涵盖了数据认知与思维、数据行业应用、数据技术生态等各个层面及其细分方向，是数十个代表了行业前沿和实践的产业团队的知识沉淀，特别是在作者遴选时，注重选择兼具产业界和学术界背景的行业专家牵头，力求让这套书成为我国大数据知识的一次汇总，这对于我国数据思维的传播、数据人才的培养来说，是一个全新的范本。

我也期待未来有更多产业界专家及团队，加入到本套书的体系中来，并和这套书共同更新迭代，共同传播数据思维与知识，夯实我国的数据人才基础设施。

郭华东
中国科学院院士
中国科学院遥感与数字地球研究所所长

前　言

随着信息技术的飞速发展，数字化浪潮席卷全球，对经济社会的发展产生了深远影响。在这个大背景下，"数字产业化"应运而生，不仅成为推动经济高质量发展的新引擎，也成为各国竞相布局的战略高地。本书《数字产业化——体系、技术与落地实践》是丛书中的另一本《产业数字化——释义、场景及应用案例》的姊妹篇，两本书共同策划、同步编写，旨在全面梳理数字产业化和产业数字化的理论体系，深入探讨其核心技术，并通过丰富的实践案例，为读者展现从数字产业化到产业数字化的落地路径与实践经验。

本书首先对数字产业化的概念、内涵和体系进行了系统阐述。数字产业化，是指以数字技术和数据资源为驱动，推动传统产业数字化转型和新兴数字产业发展，形成数字化、网络化、智能化的产业体系。在这个过程中，数字技术、数据资源、数字平台、数字人才等要素发挥着至关重要的作用。本书通过深入分析这些要素的内在联系和互动机制，构建了数字产业化的完整理论体系。

在核心技术方面，本书重点关注了知识图谱、人工智能、数字孪生、元宇宙、数据治理等前沿技术，并描绘了数字共同体的宏大愿景。这些技术在数字产业化过程中发挥着关键作用，不仅推动了传统产业的数字化转型，也催生了众多新兴数字产业。本书对这些技术的原理、应用和发展趋势进行了深入剖析，旨在帮助读者更好地理解和掌握这些核心技术的精髓。

落地实践是本书的一大特色。本书通过多个实践案例，展示了数字产业化在不同行业、不同场景中的应用实践。通过这些案例，读者可以深入了解数字产业化的实际运作过程，感受其带来的深刻变革和巨大潜力。数字产业化是一个进行中的动态过程，本书案例更希望起到一个抛砖引玉的作用，让更多的数字资源和数字技术形成井喷和涌现，合力创造出崭新的数字产业，成为国民经济的新增长点。

本书作为大数据与"智能+"产教融合丛书中的重要组成部分，既适合作为中高职、高校和研究机构的教学参考书，也适合作为企业、政府部门工作人员的培训教材。希望本书能够帮助读者更好地理解和把握数字产业化的发展趋势和内在规律，为推动经济社会的数字化转型和数字产业化进程贡献力量。

在数字产业化的浪潮中，我们既是见证者，也是参与者。让我们携手共进，共同迎接这个充满机遇和挑战的新时代。

本书是集体智慧的结晶，书中内容收集整理和提供得到了达观数据有限公司、北京希尔贝壳科技有限公司、北京海天瑞声科技股份有限公司、北京五一视界数字孪生科技股份有限公司、御数坊（北京）科技有限公司、杭州数澜科技有限公司、清图数据科技（南京）有限公司、中国工商银行股份有限公司、上海易校信息科技有限公司（轻流）、北京国信数字化转型技术研究院、清华大学教育研究院、北京龙腾佳讯科技股份公司等机构的大力支持，特别感谢史凯老师对第 9 章内容提供的资料和给予的帮助，本书经过一年多的筹划与准备，凝结了几十位业界专家的智慧与经验，在此谨向付出辛勤劳动的各位作者致敬！尽管我们付出了最大的努力，但书中难免有不妥之处，欢迎各界专家和读者朋友提出宝贵建议。

本书编写委员会

2024 年 2 月

目 录

丛书序一
丛书序二
前言

第1篇 数字化技术应用

第1章 知识图谱 ... 2
1.1 什么是知识图谱 ... 2
1.2 知识图谱技术体系 ... 3
1.3 知识图谱模式设计 ... 4
1.4 知识图谱构建技术 ... 5
1.5 知识图谱存储技术 ... 7
1.6 知识计算与知识推理 ... 9
1.7 智能问答 ... 10
1.8 认知推荐 ... 11
1.9 汽车工业故障模式知识图谱及智能分析应用案例 ... 12
   1.9.1 应用背景 ... 13
   1.9.2 应用方法 ... 14
   1.9.3 技术方案 ... 18
   1.9.4 未来展望 ... 19

第2章 人工智能数据服务 ... 22
2.1 人工智能概述 ... 22
   2.1.1 什么是人工智能 ... 22
   2.1.2 数据是人工智能的基石 ... 25
   2.1.3 人工智能数据行业发展 ... 26
2.2 人工智能数据服务内容 ... 30
   2.2.1 相关定义 ... 30
   2.2.2 数据分类 ... 30
   2.2.3 数据集生产过程 ... 31
   2.2.4 数据质量控制 ... 41
   2.2.5 数据安全 ... 43

2.2.6　数据服务内容 ··· 43
2.3　人工智能数据服务应用案例 ··· 44
　　2.3.1　语音识别模型训练 ·· 44
　　2.3.2　语音合成模型评测 ·· 46
　　2.3.3　人脸识别模型评测 ·· 47
　　2.3.4　自动驾驶场景的数据应用 ··· 48
　　2.3.5　大模型中的数据服务 ·· 49
2.4　未来发展趋势 ·· 51
　　2.4.1　数据对AI发展的重要性更加凸显 ································· 51
　　2.4.2　AI产业对数据服务的新需求 ·· 52

第3章　数字孪生 ··· 54

3.1　全新世界展示——数字孪生可视化 ·· 54
　　3.1.1　数字孪生概念的提出和演进 ·· 54
　　3.1.2　数字孪生的实践层面的定义 ·· 55
　　3.1.3　数字孪生涉及的关键技术 ··· 55
　　3.1.4　数字孪生应用于各行各业 ··· 56
　　3.1.5　数字孪生发展的局限性 ··· 64
3.2　元宇宙与数字孪生的关联性与差异化 ····································· 64
　　3.2.1　元宇宙概念 ··· 64
　　3.2.2　元宇宙和数字孪生的关联性 ·· 65
　　3.2.3　元宇宙和数字孪生的差异性 ·· 65
3.3　通往数字化转型之路——元宇宙 ·· 65
　　3.3.1　开创元宇宙发展时代 ·· 65
　　3.3.2　给领域内企业的启示 ·· 65

第4章　数据治理 ··· 67

4.1　数据治理概述 ·· 67
　　4.1.1　背景知识 ·· 67
　　4.1.2　概念解析 ·· 68
　　4.1.3　实施要点 ·· 69
　　4.1.4　价值与挑战 ··· 71
4.2　典型数据治理理论框架 ··· 74
　　4.2.1　国际数据治理框架 ·· 75
　　4.2.2　国内数据治理框架 ·· 83
　　4.2.3　数据治理理论指导 ·· 92
4.3　数据治理体系实践 ·· 93
　　4.3.1　数据管理能力成熟度评估 ··· 94
　　4.3.2　数据治理体系规划 ·· 96
　　4.3.3　数据治理的保障体系建设 ··· 98
　　4.3.4　数据治理的成效 ·· 101

4.4 数据治理项目实践案例——某电信运营商源端数据治理 ... 101
4.4.1 基于DCMM开展数据管理现状分析 ... 102
4.4.2 参考DAMA开展数据治理体系规划 ... 104
4.4.3 结合DAMA开展数据治理保障体系建设 ... 106
4.4.4 通过数据质量十步法开展专项治理 ... 106
4.4.5 本项目价值收益 ... 109

第5章 数据中台 ... 110
5.1 数据中台起源与概念 ... 110
5.1.1 数据中台的发展历程 ... 110
5.1.2 解码数据中台 ... 110
5.1.3 数据中台核心能力 ... 111
5.2 数据中台架构 ... 112
5.2.1 数据应用价值框架 ... 112
5.2.2 数据中台架构 ... 112
5.3 数据中台建设方法 ... 114
5.3.1 数据中台建设方法论 ... 114
5.3.2 数据中台建设成功要素 ... 117
5.4 数据中台应用场景 ... 118
5.4.1 应用场景现状及需求 ... 118
5.4.2 政务数据中台应用案例 ... 119
5.4.3 制造业数据中台应用案例 ... 121
5.4.4 汽车数据中台应用案例 ... 123
5.4.5 零售数据中台应用案例 ... 124
5.5 数据中台发展趋势及人才需求 ... 126
5.5.1 发展趋势 ... 126
5.5.2 人才需求 ... 127

第6章 隐私计算 ... 128
6.1 国内外数据安全政策现状 ... 128
6.2 隐私计算的背景与定义 ... 129
6.3 隐私计算的技术路线与应用 ... 130
6.3.1 多方安全计算 ... 131
6.3.2 可信执行环境 ... 132
6.3.3 联邦学习 ... 133
6.3.4 隐私计算助力数据的安全流通与共享 ... 134
6.4 隐私计算平台的搭建 ... 134
6.5 隐私计算技术在普惠金融场景的探索与实践 ... 136
6.5.1 应用需求 ... 136
6.5.2 关键技术 ... 137
6.5.3 场景落地方案架构 ... 138
6.5.4 实施流程及关键节点 ... 140

6.5.5	场景应用效果	141
6.5.6	实施过程遇到的典型问题及解决方法	142
6.5.7	实施效果	143

第 7 章 低代码 — 144
7.1 低代码概述 — 144
- 7.1.1 低代码主要特征 — 145
- 7.1.2 低代码诞生背景介绍 — 146
- 7.1.3 低代码与无代码关系 — 148
- 7.1.4 国内外低代码现状 — 149

7.2 低代码技术赋能各行各业，纵深应用场景 — 151
- 7.2.1 低代码推动各行业信息化建设 — 151
- 7.2.2 低代码面向各行各业的通用场景 — 154
- 7.2.3 低代码创造不存在的创新场景 — 155
- 7.2.4 低代码在企业内的最佳定位 — 156

7.3 低代码较于外包开发与企业自研系统的应用优势 — 157
- 7.3.1 开发效果 — 157
- 7.3.2 人才发展价值 — 158
- 7.3.3 协作价值 — 159
- 7.3.4 创新价值 — 161

7.4 企业应用场景实践案例 — 162
- 7.4.1 首帆动力：紧密连接原有六大系统，打破数据孤岛，落地集团数字化转型 — 162
- 7.4.2 平安养老保险：降低系统建设技术门槛，为创新驱动发展战略提供新生产力 — 165

7.5 低代码市场持续增长，加速企业数字化转型进程 — 167
- 7.5.1 低代码的应用现状 — 167
- 7.5.2 低代码的未来展望 — 169

第 2 篇 数字化转型架构及行业应用案例

第 8 章 数字化转型参考体系架构 — 172
8.1 数字化转型的参考架构 — 172
- 8.1.1 数字化转型的认识与理解 — 172
- 8.1.2 数字化转型的总体框架 — 177

8.2 数字化转型的价值效益体系 — 179
- 8.2.1 数字化转型的出发点和落脚点是创新和重构价值体系 — 179
- 8.2.2 数字化转型价值效益分类 — 180
- 8.2.3 数字化转型价值效益的创造和传递 — 182
- 8.2.4 数字化转型价值效益的获取方式 — 183

8.3 数字化转型的能力体系建设 — 184
- 8.3.1 数字能力建设是数字化转型的核心路径 — 184
- 8.3.2 数字能力的六个主要视角 — 185

|　　8.3.3　数字能力的识别、建设与运行 188
8.4　数字化转型的五大主要任务 **192**
　　8.4.1　数字化转型的核心要义是发展方式转变 192
　　8.4.2　数字化转型的五大主要任务 193
8.5　数字化转型的五个发展阶段 **195**
　　8.5.1　数字化转型发展阶段 195
　　8.5.2　规范级及其主要特征 196
　　8.5.3　场景级及其主要特征 197
　　8.5.4　领域级及其主要特征 197
　　8.5.5　平台级及其主要特征 198
　　8.5.6　生态级及其主要特征 199

第9章　数据驱动的数字化战略　200
9.1　概述　200
　　9.1.1　背景与目标 200
　　9.1.2　相关概念解析 204
9.2　效果检验　204
　　9.2.1　创造业务价值 205
　　9.2.2　让战略可落地可执行 205
　　9.2.3　打造数据要素闭环价值生态 205
　　9.2.4　构建战略与执行的快速反馈体系 206
　　9.2.5　数据驱动的持续优化迭代 206
9.3　输出物　207
　　9.3.1　价值场景蓝图 207
　　9.3.2　数据资产蓝图 207
　　9.3.3　数字化技术蓝图 208
　　9.3.4　数字化转型路径蓝图 209
9.4　工作方法　211
　　9.4.1　数字化战略的七大关键动作 211
　　9.4.2　精益数字化战略制定方法 213
9.5　输入物　217
　　9.5.1　企业愿景和目标 217
　　9.5.2　企业业务现状 217
　　9.5.3　精益数字化工作坊 218

第10章　架构思维与落地实践　219
10.1　论架构　219
　　10.1.1　应对复杂 219
　　10.1.2　干系人、视角与视图 219
　　10.1.3　什么是架构 220
　　10.1.4　架构与建筑 221
　　10.1.5　架构域 223

10.2 架构思维与架构设计 224
10.2.1 架构思维 224
10.2.2 架构设计 226
10.2.3 架构模式 226
10.2.4 架构文档 227
10.3 参考架构框架 230
10.3.1 参考架构 230
10.3.2 参考架构框架 230
10.3.3 几个重要的参考架构框架 231
10.4 TOGAF® 参考架构框架 234
10.4.1 TOGAF® 参考架构框架 234
10.4.2 TOGAF® 参考架构框架的构成 235
10.4.3 ADM 架构开发方法 235
10.4.4 TOGAF® 内容框架 235
10.4.5 架构能力框架 237
10.5 合理使用参考架构框架 238
10.5.1 一个多维度的企业变革 238
10.5.2 数字化转型的落地要素 238
10.5.3 企业需要自己的架构框架 240
10.5.4 企业核心能力建设 242
10.5.5 业务与数字化融合困境 242
10.5.6 融合性业务人才培养 243

第 11 章 教育数字化 244
11.1 数字化对教育相关因素的影响 244
11.2 教育数字化转型的案例与启示 246
11.2.1 案例一 城市即校园的密涅瓦大学 246
11.2.2 案例二 圣托马斯大学的数字化转型 252
11.2.3 案例三 虚拟流动性——中国政法大学与德国科隆大学的线上学分课程项目 255
11.2.4 案例四 微学位——清华大学面向全球的逻辑学融合式课堂证书项目 256
11.2.5 案例五 教育元宇宙——莫尔豪斯学院以 3D 数字化形态重建真实校园 257
11.2.6 案例六 价值教育——数字技术赋能同理心培养 259
11.2.7 案例七 基于虚实共生的船舶智能制造实训基地 260
11.3 教育数字化转型的底层逻辑 263
11.4 教育数字化转型面临的挑战 263

第 12 章 数字政府及其路径研究 266
12.1 数字政府背景与内涵 266
12.1.1 数字政府的背景 266
12.1.2 数字政府的内涵 268
12.1.3 数字政府的地位 270
12.2 政府数字化转型架构 270

- 12.2.1 政府数字化转型方法论 270
- 12.2.2 数字政府的价值过程 272

12.3 转型的新型治理实现 277
- 12.3.1 政府治理的演化逻辑 277
- 12.3.2 数字时代的新型治理模式 278
- 12.3.3 不同治理层级数字政府的建设逻辑 280

12.4 北京市"接诉即办"数字政府建设案例 285

第3篇 数据共同体

第13章 数据共同体：数字化转型的蓝图、战略与能力建设 290

13.1 数据共同体的价值主张与战略 290
- 13.1.1 共同体理念 291
- 13.1.2 数据共同体的定义和架构 293
- 13.1.3 数据共同体的特点与本质 296

13.2 数据共同体的新型能力建设 297
- 13.2.1 新型能力建设是数字化转型的主线 297
- 13.2.2 新型能力的架构、特征与策略 298
- 13.2.3 数据共同体的五个新型能力域 300

第14章 数据共同体的解决方案 304

14.1 数据驱动：解决方案原动力 304
- 14.1.1 数据要素的定义与分类 305
- 14.1.2 以数据为驱动要素的优势 306
- 14.1.3 日益形成的数字共识 308

14.2 组织变革：迈向"量子态"生存 310
- 14.2.1 探索中的数据共同体组织要素 310
- 14.2.2 量子态生存：理解数据时代的组织要素特征 313
- 14.2.3 数据驱动的组织创新与挑战 313

14.3 敏捷流程：价值链协同创新 314
- 14.3.1 业务链：全流程数据管理 314
- 14.3.2 引入新工具和新技术，实现敏捷流程 315
- 14.3.3 敏捷流程的架构与工具 317

14.4 平台技术：打造新型基础设施 320
- 14.4.1 数据共同体的技术需求与可行性分析 320
- 14.4.2 不断创新的技术要素 321
- 14.4.3 新型基础设施的实施策略与优势 324

第15章 数据共同体的价值保障 326

15.1 数据共同体发展的阶段与价值保障 327
- 15.1.1 数据治理、数据运营和数字素养的理念 327
- 15.1.2 数据共同体发展的阶段 329

| 15.1.3 发展阶段与要素权重 | 330 |

15.2 数据运营——可持续的数据价值体系 331
- 15.2.1 数据治理与数据运营的关系 331
- 15.2.2 平台视角的数据共享模式 332
- 15.2.3 数字生态体系的设计与治理策略 334

15.3 数字素养——数字生态运营的关键 338
- 15.3.1 数字素养与数据共同体的互动关系 338
- 15.3.2 数字素养是数据共同体生态系统的价值保障 341
- 15.3.3 提升数字素养的途径 343

第 16 章 数据共同体的应用、创新与发展 345

16.1 市场驱动的创新模式 346
- 16.1.1 数字化基础设施 346
- 16.1.2 数据自治 346
- 16.1.3 超互联经济 347
- 16.1.4 政产学研一体化 348
- 16.1.5 数据驱动的人工智能模式 350

16.2 场景应用与实践 352
- 16.2.1 城市治理数据共同体 353
- 16.2.2 能源工业数据共同体 353
- 16.2.3 医疗健康数据共同体 356
- 16.2.4 科研数据共同体——创新范式的基石 358

16.3 数据共同体的愿景与展望 359
- 16.3.1 会思考的芦苇 359
- 16.3.2 数据共同体的中国进程 359

（本书配有 AI 知识库，读者可通过关注"清图数据"公众号，发送"数字服务专家"，进行互动交流。）

第 1 篇　数字化技术应用

第 1 章

知识图谱

1.1 什么是知识图谱

知识图谱是由知识点和知识点之间的关联关系所组成的网状图，是知识的天然表示形式，既便于人类理解，又易于被机器使用。在知识图谱中，实体和实体属性刻画了知识点的内容，关系和关系属性则刻画知识点之间的关联关系。在《知识图谱：认知智能理论与实战》一书中对知识图谱及相关概念的定义如下[⊖]：

实体（Entity）：是指一种独立的、拥有清晰特征的、能够区别于其他事物的事物。在信息抽取、自然语言处理和知识图谱等领域，用来描述这些事物的信息即实体。实体可以是抽象的或者具体的。在知识图谱中，知识点表示为实体；在图论、知识存储或图数据库中，实体表示为顶点。

关系（Relationship）：是指实体之间的有向的、语义化的表示。在知识图谱中，知识间的关联及联系表现为关系；在图论、知识存储或图数据库中，关系表示为边。

知识图谱（Knowledge Graph）：由实体及实体间的关系所组成的网状图，每个实体及其关联的属性键值对用于描述知识点，而每个关系及其属性用于表示知识点间的关联关系。

以例子来说明可能会更清晰些，比如"苏轼"是一个"人物"类型的实体，"人物"则是实体类型，描述人物这类实体的各种维度就是属性名，比如身高、体重、性别、出生日期、死亡日期等。而具体描述某个人属性的值就是属性值，比如"苏轼"的"身高"为"170cm"，"性别"为"男性"，"出生日期"为"1037-1-8"，"死亡日期"为"1101-8-24"。同样的，在一个知识图谱中可以有"作品"类型的实体，比如苏轼的作品"《定风波·莫听穿林打叶声》""《饮湖上初晴后雨·其二》"等。

"人物"和"人物"之间可以定义一系列的关系。例如，可以定义关系＜"人物"，"是……子女"，"人物"＞，用来表达一个人是另外一个人的子女。比如＜"苏轼"，"是……

⊖ 王文广. 知识图谱：认知智能理论与实战 [M]. 北京：电子工业出版社，2022.

子女","苏洵">,可以用来表达苏轼是苏洵的子女这样的关系。当然，关系是广泛存在的，比如<"苏轼","写","《定风波·莫听穿林打叶声》">,用来描述苏轼写作其作品的关系。事实上，关系可以有属性，用来表示特定关系的不同维度的信息，比如上述的写作关系，就可以有写作时间的属性，表示出来就是<<"苏轼","写","《定风波·莫听穿林打叶声》">,"时间","1082年">等。

而知识图谱就是将各种实体、属性和关系统一的用网状图来表示的实体、实体属性、关系和关系属性等。图1-1来自《知识图谱：认知智能理论与实战》一书的例子，通过这个例子及前述说明，即可非常清晰地理解什么是知识图谱。

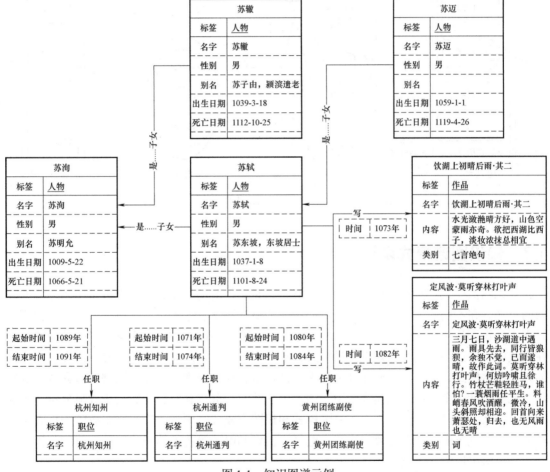

图1-1 知识图谱示例

1.2 知识图谱技术体系

知识图谱自谷歌于2012年提出来至今已有10余年历史。这10余年来，知识图谱已经

3

发展成为一个非常庞大的技术体系。图 1-2[一]是引用自《知识图谱：认知智能理论与实战》一书的包含完整的知识图谱技术体系的概览。

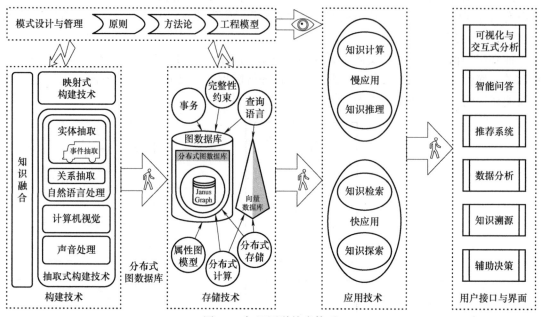

图 1-2　知识图谱技术体系

1.3　知识图谱模式设计

知识图谱模式，是指知识图谱的上层概念，是实体类型、属性名列表以及实体之间的关系的定义。在不同的上下文语境中，可能被称为概念图谱、本体等。本质上，知识图谱模式定义了知识图谱中所包含的知识的范畴，它解决了知识图谱中要包含哪些类型知识的问题。在实践中，设计一个良好的知识图谱模式，是知识图谱进行产业应用的基础。而设计一个好的知识图谱模式，往往不仅要能理解知识图谱技术，还需要理解该知识图谱所包含的领域知识。比如设计一个汽车故障模式知识图谱，用于沉淀、分享和充分使用汽车故障分析有关的知识。那么，要设计出良好的汽车故障模式知识图谱模式，则需要理解汽车故障分析有关的业务，比如汽车的焊装、总装与涂装，电气、机械和电子等各种知识，以及跟故障分析有关的"人机料法环测"等概念。

知识图谱模式设计是一个复杂的交叉学科，要做好这个设计工作并不容易。《知识图谱：认知智能理论与实战》一书在业内较早提出了知识图谱模式设计的方法论——六韬法和工程模型——六韬瀑布模型和六韬螺旋模型，是致力于知识图谱专家和领域业务专家能够很好地

[一] 王文广. 知识图谱：认知智能理论与实战 [M]. 北京：电子工业出版社，2022。

进行协作，使得在产业实践中能够更高效地设计出合理的知识图谱模式。

1.4 知识图谱构建技术

知识图谱构建技术就是将各类数据进行变换、抽取，转换成知识图谱的实体、属性和关系的各类技术的总称。从图 1-2 可以看出，知识图谱的构建技术包括以下几种。

1. 映射式构建技术

映射式构建技术是从结构化数据构建知识图谱的关键，其核心包括两个部分：ETL 技术和映射技术。

ETL 是 Extract-Transform-Load 的首字母缩写，在 20 世纪 70 年代成为一个流行概念，是指将数据从结构化数据库中提取出来，进行清洗、过滤和聚合、计算等变换过程，最后加载到输出的数据容器中。数据可以从一个或多个源数据库中提取，也可以载入到一个或多个目的地中。ETL 通常支持批处理或流式处理，进行大规模的数据操作或者实时性的数据操作。ETL 本质上是一个数据仓储或大数据领域的概念，有许多成熟的工具可以使用。

映射技术是指将变换好的数据，通过配置好的规则映射成知识图谱中的实体、属性或者关系、关系属性的过程。其核心是一个规则配置引擎，并且通常需要和 ETL 工具一样，支持批处理和流式处理，从而实现大规模的知识图谱构建，以及实时的知识图谱构建。

总的来说，映射式构建技术，能够有效地利用企业或机构中已经存在的大量结构化数据，是一个技术成熟，同时价值非常巨大的技术。

2. 抽取式构建技术

抽取式构建技术通常称为知识抽取。知识抽取是学术研究的重点，也是应用实践中较难的技术。知识抽取包括实体抽取、关系抽取、属性抽取和事件抽取。实体是指在知识图谱模式中定义的特定类型含义的字段，例如某个设备、某个产品、某种故障类型、某个措施等等。**实体抽取**（Entity Extraction）是指从非结构化的文本中识别出符合定义的实体，并将其分类到某个恰当实体类型中，是知识抽取中最基础的部分。实体抽取在某些语境下（比如自然语言处理领域）也称**命名实体识别**（Named Entity Recognition，NER）。表 1-1 是实体抽取技术的总结。

表 1-1 实体抽取技术总结

类别	方法	特点
基于规则的方法	词典匹配	常用于有大量词表的专业领域
	正则表达式	最常用的规则编写方法，正则表达式几乎为所有编程语言所支持，熟悉一种或多种编程语言的工程师很容易根据语言和文本特点编写规则
	模板	常用于有固定结构的文本上，比如由数据库生成的网页、制式合同等

(续)

类别	方法	特点
机器学习	决策树	简单、直接，可解释性非常强
	最大熵	复杂，通用性比较强
	支持向量机	广泛用于各类机器学习任务中，在实体抽取上表现不错
	朴素贝叶斯	最简单的概率图方法，可解释，有坚实的数学理论基础
	隐马尔可夫模型	比 CRF 更简单，计算效率高，在低计算资源年代应用非常广泛
	条件随机场	传统机器学习中最常用的实体抽取方法，至今依然是很强的基准方法，并且经常和深度神经网络结合构建深度学习模型，应用非常广泛
深度学习	BiLSTM-CRF	深度学习中最常用的实体抽取算法
	BERT	预训练模型 + 微调的深度学习方法的典型代表
	其他深度学习模型	模型千千万，百花齐放，各具特色
弱监督学习	自动标注样本	自动生成训练语料，核心在于解决噪声问题
	部分标注样本	降低标注成本
	迁移学习	减少模型所需的训练语料
	远程监督	通常和关系抽取一起使用
深度强化学习	用于实体抽取	将实体抽取建模为马尔可夫决策模型
	用于样本处理	提升样本质量，或者在样本质量存在一定问题的情况下，联合实体抽取模型实现高精度的实体抽取

关系是指实体之间的语义 / 逻辑关系，例如"主系统""零部件""原因"等。关系抽取是识别某两个实体之间的语义 / 逻辑链接。图 1-3 是关系抽取的方法的总结。

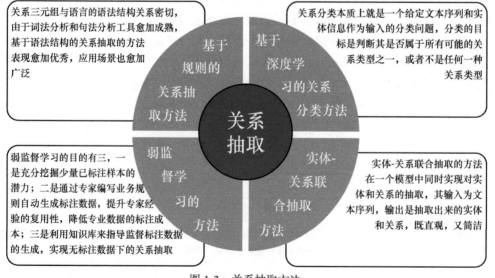

图 1-3 关系抽取方法

事件抽取（Event Extraction）是指从文本中提取出有关特定事件的信息，包括主体、客体、地点和时间等等要素，例如故障事件提取故障现象、故障发生地点、故障发生时间等。通过对文本中出现的实体和关系进行分析，可以提取出有意义的知识，进而构建出事件图谱。事件图谱是知识图谱的一个细分领域，知识图谱中的存储、计算和推理等技术都可以用到事件图谱上。但事件图谱有其自己的特点，进而衍生出一系列事件图谱独特的计算和推理方法。图1-4是事件抽取方法的总结。

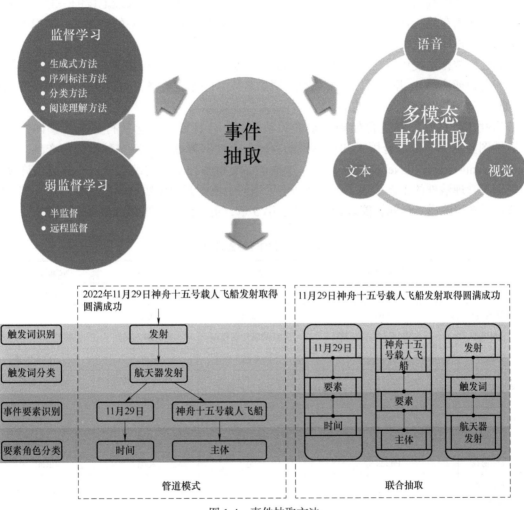

图 1-4　事件抽取方法

1.5　知识图谱存储技术

知识图谱存储技术是指用于存储所构建的知识图谱内容的方法。原则上，所有数据存储方法都可以用来存储知识图谱内容，比如文本文件、二进制文件、RDF存储（如Apache Jena）、Excel或CSV、关系型数据库（如MySQL、MariaDB、PostgreSQL、Oracle、Microsoft SQL Server、Db2等）、NoSQL存储（如HBase、Cassandra、Redis、MongoDB、ElasticSearch等）。但不同方法存储知识图谱在存储效率、检索方式、知识计算与推理上有着千差万别。当前主流的知识图谱产业应用中，基于属性图模型的属性图数据库（Property Graph Database）是最常用的。事实上，属性图数据库，简称图数据库，是和知识图谱完全契合的，从底层的存储模型到支持的查询语言，甚至相关的概念都完全匹配。它们就是天造地设的一对，图数据库是知识图谱存储的首选，甚至是产业界大规模应用知识图谱的唯一的选择，而知识图谱也是推动图数据库快速发展的关键源动力。

属性图数据库使用属性图模型来表示数据，其中图由节点和边组成。节点表示实体（例如人、公司或产品），并且可以具有属性（例如名称、地址或价格）。边表示实体之间的关系（例如"工作""属于"或"购买"）。

属性图数据库非常适合处理复杂的关系数据，并且可以快速执行复杂的查询，这使得属性图数据库非常适合用于知识图谱的存储。属性图数据库有许多种不同的产品，包括Neo4j、JanusGraph和NebulaGraph等。这些产品支持多种不同的编程语言，并提供许多用于查询和管理数据的工具。表1-2详细列出了当前主流的开源图数据库的各种特点，其内容节选自《知识图谱：认知智能理论与实战》第5章，更为详细的知识可参考该书。

表1-2 主流的开源图数据库

数据库	JanusGraph	Neo4j	Dgraph	NebulaGraph
首次发布	2017年	2007年	2016年	2019年
开发语言	Java	Java	Go	C++
属性图模型	完整的属性图模型	完整的属性图模型	类RDF存储	完整的属性图模型
架构	分布式	单机	分布式	分布式
存储后端	Hbase、Cassandra、BerkeleyDB	自定义文件格式	键值数据库BadgerDB	键值数据库RocksDB
高可用性	支持	不支持	支持	支持
高可靠性	支持	不支持	支持	支持
一致性协议	Paxos等	无	Raft	Raft
跨数据中心复制	支持	不支持	支持	不支持
事务	ACID或BASE	完全的ACID	Omid修改版	不支持
分区策略	随机分区，支持显式指定分区策略	不支持分区	自动分区	静态分区
大数据平台集成	Spark、Hadoop、Giraph	Spark	不支持	Spark、Flink

(续)

数据库	JanusGraph	Neo4j	Dgraph	NebulaGraph
查询语言	Gremlin	Cypher	GraphQL	nGQL
全文检索	ElasticSearch、Solr、Lucene	内置	内置	ElasticSearch
多个图	支持创建任意多图	一个实例只能有一个图	一个集群只能有一个图	支持创建任意多图
属性图模式	多种约束方法	可选模式约束	无模式	强制模式约束
客户端协议	HTTP、WebSockets	HTTP、Bolt	HTTP、gRPC 等	HTTP
客户端语言	Java、Python、C#、Go、Ruby 等	Java、Python、Go 等	Java、Go、Python 等	Python、Java 等

1.6　知识计算与知识推理

知识计算（Knowledge Computing）是指在图论的指导下，使用图论中的定理、推论、模型、算法，以及相应的工具来计算、处理、分析、理解和挖掘知识图谱的方法。图 1-5 总结了常见的知识计算算法以及支持这些算法的工具，详细内容可参考《知识图谱：认知智能理论与实战》第 6 章知识计算的内容。

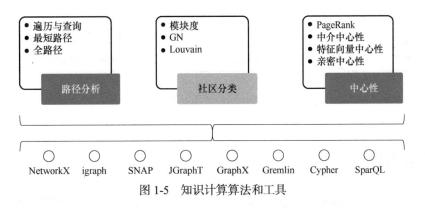

图 1-5　知识计算算法和工具

以社区分类为例，Louvain 算法可以在知识图谱中找到联通的社区，进而将知识图谱中的实体划分为具有共同特征的多个群体。Louvain 算法使用模块度作为其目标函数，该函数衡量网络中社区内连接强度与社区间连接强度之比。Louvain 算法通过迭代地将节点从一个社区移动到另一个社区来最大化模块度。算法在每次迭代中通过合并社区来减少节点数量，直到无法继续合并为止。Louvain 算法是一种较快的算法，支持大规模知识图谱的社区分类。

推理（Reasoning）是与人类思维和认知相关的心智能力，是符合逻辑的、明智的思维方式，是一种有意识地进行思考、计算、权衡与逻辑分析的能力。知识推理是实现类似于人类推理能力的人工智能技术，通常包括概率推理、归纳推理、演绎推理和因果推理等。知识推理是知识图谱应用中最重要的技术之一，是知识问答、归因分析、认知推荐、辅助决策等应用的基础。基于知识图谱的推理旨在从已有的知识中发现新的知识。对于知识图谱来说，新的知识可以分为两种：新的实体和新的关系。新的实体涉及的技术领域通常是实体抽取、实体消歧、实体融合等相关的自然语言处理或知识图谱技术。新的关系涉及的技术领域则有关系抽取和知识推理等。知识图谱推理，或称知识推理，指在既定的知识图谱中通过推理技术推导出实体间潜在的或者新的关系，发现新的知识。在图数据库、图论等相关领域往往又被称为链接预测。图1-6是常见的知识推理方法的总结⊖。

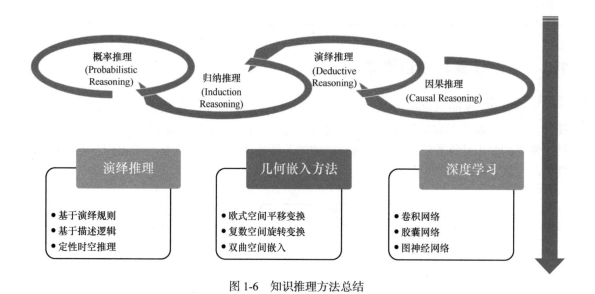

图1-6 知识推理方法总结

1.7 智能问答

问答（Question Answering，QA）系统是自然语言处理领域一个重要的发展方向，其目标是通过自然语言的方式来获取知识。在很多真实应用场景下，基于知识图谱的问答系统能够带来极大的知识获取的便利性。但除了简单地从知识图谱中检索实体，更多的问题要求问答系统具有知识推理的能力。上文介绍的知识推理方法都可以用于基于知识图谱的知识问答系统中，用来回答复杂的问题，提升结果的准确性、完备性等。经过多年的发展，学术界提出了许多方法来实现面向特定问题的智能问答方法⊜，比如用R-GCN来建模多轮对话问答

⊖ 王文广. 知识图谱推理：现代的方法与应用[J]. 大数据，2021，7（3）：18。
⊜ 王文广，徐永林，贺梦洁，等. 基于知识图谱的通用知识问答系统：体系与方法[J]. 新一代信息技术，2020，3（7）：10。

系统的对话结构和背景知识[1]。基于知识图谱嵌入的问答系统正在兴起，比如将 TransE 向量空间与搜索技术结合，实现了基于知识图谱嵌入的问答系统[2]。

在产业应用中，这种单纯的面向特定问题的智能问答方法通用性不强，无法很好地满足实际应用场景的需要。在实际的产业化应用中，通常会综合运用自然语言理解、实体链接和搜索引擎等技术与方法来实现智能问答。图 1-7 是《知识图谱：认知智能理论与实战》中提出的智能问答 Z 形框架，是能够在实践中需要面对不同业务、解决各种各样问题的全能型选手。

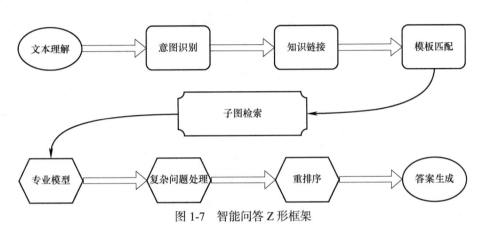

图 1-7　智能问答 Z 形框架

1.8　认知推荐

认知推荐系统（Cognitive Recommendation System）是指以知识图谱为核心，以知识为依据，利用知识图谱中无处不在、无时不有的连接给用户推荐所需知识的方法与系统。例如在汽车故障排查场景下向用户推荐排故方法、故障案例、工器具、解决措施等。

认知推荐系统的目标是像行业专家一样工作，即在特定的场景下，基于对用户的先验认知（如用户的工作职责、所在的部门与角色、过往工作经历、所贡献的知识等）来推荐知识。在大多数情况下，用户本身就是行业知识图谱的组成部分。也就是说，认知推荐系统可以充分利用知识与知识、知识与用户、知识的版本更新和新陈代谢等丰富的关联，并基于应用场景进行精准的知识推荐。通常来讲，基于知识图谱的认知推荐方法可以大致分为三类：基于语义向量的方法、基于路径的方法和联合的方法。在实践中，通常采用系统性的方法，并将技术手段和运营管理方法相结合。图 1-8 是实际场景中的认知推荐系统所要求满足的十大关键要素，这往往无法使用单一的技术来实现。

---

[1] LIU J, SUI D, LIU K, et al.Graph-based knowledge integration for question answering over dialogue [C]// Proceedings of the 28th International Conference on Computational Linguistics. 2020：2425-2435。

[2] HUANG X, ZHANG J, LI D, et al.Knowledge graph embedding based question answering [C]//Proceedings of the 12th ACM International Conference on Web Search and Data. 2019。

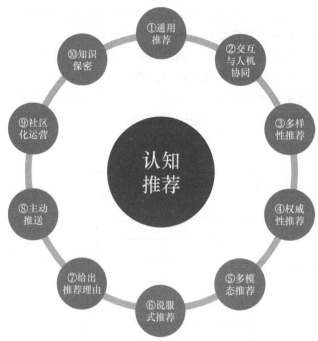

图 1-8　认知推荐系统的十大关键要素

1.9　汽车工业故障模式知识图谱及智能分析应用案例

　　知识图谱天然具备多维度关联多种类型信息的优势，贴近人类的认知思维形式，同时能够通过各种算法与模型为机器所使用。因而通过知识图谱能够支撑复杂的业务数据逻辑表达，同时利用知识计算、知识推理、自然语言处理、智能问答、认知推荐等技术能够智能化地结合场景需求进行信息推理和隐含关系发现，多维度关联的信息也能够支持更精确的检索和推荐。

　　智能制造企业经过了信息化阶段积累了大量的非结构化经验资料，虽然具备资料存储和管理的能力，但缺乏有效的手段对资料中的知识和经验进行结构化、系统化的梳理和关联分析，同时缺少智能化的搜索推荐引擎，知识和经验难以得到高效地利用。近十年来，依托于知识图谱技术的成熟应用，基于知识图谱的应用系统广泛应用在航空航天、汽车工业、电力与能源、医疗器械制造等领域，加速促进实现生产设备和系统的数据高速交互、知识的便捷获取、智能分析和辅助决策，打造自组织、自运营、高度智能的制造体系。

　　本节介绍了达观数据在汽车工业故障模式知识图谱及智能分析的案例，是知识图谱与制造业质量与可靠性工程的紧密结合。质量和可靠性工程是制造业的生命线，特别是在汽车工业领域，产品质量和可靠性不仅关系着企业的品牌，更是关系着每个用户的生命安全。本案例致力于使用知识图谱技术来辅助提升汽车的产品质量和可靠性，具有广泛的借鉴意义。

1.9.1　应用背景

在汽车工业，近年来积累的海量数据资产同样在此时激发了大量的智能化需求，汽车行业智能制造领域迎来了快速发展的新机遇。《中国制造 2025》行动纲领中针对汽车行业着重提出要推动汽车行业智能转型升级，不是某个车间的智能化，而是整个制造链的智能化，需要打造需求端、研发端、制造端、售后端互联互通，用人工智能的手段为产品研发制造和使用的全生命周期各个环节赋能。在这个链条中，汽车产品质量、可靠性和安全保障是重中之重，因其不仅涉及经济效益，更涉及人民的生命安全。2021 年，中国汽车工业协会在发布的《"十四五"汽车产业发展建议》中重点提到要强化汽车产品质量安全保障，深入开展质量提升行动，健全产品全生命周期质量控制和追溯机制⊖。

2020 年，美国汽车工业行动小组与知名咨询公司德勤合作，对该组织内 22 家成员公司和一二级供应商进行了调研并发布了 Quality 2020 Report 调研报告⊖。该报告披露了多位受访者表达了经验知识对汽车行业的重要性。图 1-9 是该报告所提供的一组数据，表明了 95% 以上的受访者都认为经验丢失会给汽车行业带来中等及以上程度的风险。

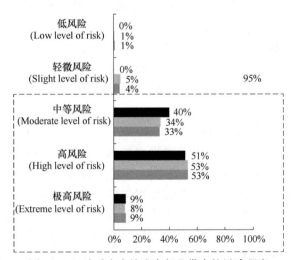

图 1-9　经验丢失会给汽车行业带来的风险程度

（图中每组数据中的三项从上到下分别为成员公司反馈、供应商反馈和汇总反馈的比例）

从 Quality 2020 Report 整份报告来看，当前汽车工业在质量、可靠性和安全性的控制管理工作中存在诸多困难，并且有极大改善行动的意向。这些困难包括：

1）故障分析高度依赖员工自身经验，解决问题能力参差不齐。

2）故障原因分析周期长，损失大。

⊖　中国汽车工业协会.《"十四五"汽车产业发展建议》[R]. 2021，7.

3）经验、知识分散，应用不方便，共享不足，故障问题重复发生。
4）经验、知识缺少沉淀，人才流动容易导致经验知识丢失。

Quality 2020 Report 报告所揭示的状况是普遍存在的，知识图谱和自然语言处理技术的成熟为解决上述困难带来了新的机遇。通过引入先进的知识图谱和自然语言处理技术，可以将质量和可靠性工程有关的产品、人员、工艺、设备、故障模式、维修方法、检测方法、环境因素等多方面的知识从散落在各处的文档、资料中汇聚起来，通过映射式构建和抽取式构建方法对知识点进行整理、关联、整合，同时融合产品设计、生产、成本、专利、论文、技术文章、其他公开知识等，构建出汽车故障模式知识图谱，实现汽车产品全生命周期知识的应用，比如可视化、产品质量控制关键环节知识的追溯、故障智能根因分析、结合 FMEA 实现故障的智能化预防、产品设计智能优化、全产品线 BOM 一体化管理等，进而达成汽车工业企业在质量、可靠性和安全性有关知识的持续沉淀、充分共享和智能应用。

1.9.2 应用方法

汽车行业的核心故障知识资料包括故障案例分析报告（如"8D"报告、"5why"报告等）、失效模式与潜在影响分析（Failure Mode and Effects Analysis，FMEA）、故障树分析（Fault Tree Analysis，FTA）、产品说明书、设备维修手册、工单系统中的维修工单等。这些知识多以非结构化文档和半结构化数据表（数据库或 Excel 文件等）的形式存在。达观数据利用自然语言理解和知识抽取技术，对这些文档资料进行理解、抽取、关联、融合，构建出汽车故障模式知识图谱。基于汽车故障模式知识图谱实现了专业文档资料中的知识沉淀、经验规范化，将散落各处、难以共享、获取困难、使用困难的知识与经验转化为随处可获取、随时可使用的活的知识。

1. 汽车故障模式知识图谱的构建

在构建知识图谱过程中，一方面需要将文档形式的知识转化成细粒度的知识。例如故障案例、故障模式、产品参数、设备资源、工艺、故障类型、故障原因、解决措施等。更重要的是，要将这些知识进行多维度的互相关联，建立逻辑关系，最终形成汽车故障模式知识图谱。这个过程会根据不同的文档资料类型进行不同的处理，实现散落的知识和经验得以更灵活地传递、共享及更新。例如对故障案例分析报告、产品说明书、设备维修手册等非结构化文档资料，采用人工标注、训练模型进行自动抽取、半自动标注抽取等。而对于结构化更好的 FMEA、FTA 等半结构化数据，采用知识抽取结合配置映射关系的方式来构建知识图谱。图 1-10 所示的是所构建的汽车故障模式知识图谱的样例。

构建汽车故障模式知识图谱首先需要基于对实际使用场景的业务逻辑的理解，梳理出业务关键要素及其之间的关联关系，进行知识图谱模式设计，包括实体类型及其属性设计和关系类型及其属性设计。例如在汽车电检维修业务中，其关键要素包括汽车型号、电检模块型号、整车配置、故障代码、故障说明、排故步骤、解决措施等。

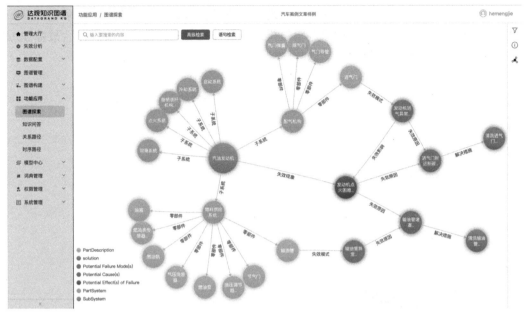

图 1-10　汽车故障模式知识图谱样例

2. 基于自然语言问答的知识获取

基于汽车故障模式知识图谱，工程师在故障运维或排查时可以输入故障相关描述，系统智能分析导致故障发生的可能原因，并给出解决故障的操作方法、类似故障案例等。此外，工程师还可以用自然语言的方式便捷地检索汽车的有关知识，一站式获取问题答案、相关图片、视频、文档资料等。

利用自然语言理解和知识推理技术，在构建好的汽车故障模式知识图谱中，输入一个关键词、词组或一个问句，就可以很便捷地准确获取感兴趣的知识。例如，可以输入"低压系统的子系统有哪些？""发生虚焊是什么原因？""真空泵异响怎么处理？"这样的问句。

如图 1-11 所示，输入"发动机点火困难的原因"，系统直接反馈对应答案，原因可能是"进气门附近积碳"或"输油管堵塞"。同时，系统会给出与答案内容相关的文档，例如根据"进气门附近积碳"推荐的"进气门积碳清洗方法.pdf"，方便工程师了解更多详细内容。系统还会展示"进气门积碳"的图片帮助工程师确认现场是否符合该类情况。

如图 1-12 所示，检索结果还会辅以知识图谱，展示问题和答案的关联，确保答案的可解释性。另外，即便搜索的内容不在知识图谱范围内，系统也会给出所有文档的全文检索结果。

3. 基于知识图谱的智能归因分析

基于汽车故障模式知识图谱的知识逻辑关联可以实现故障归因分析功能。当汽车发生故障或者汽车维修设备故障时，维修工程师只需要向系统输入故障描述信息，例如故障现象、发生故障位置、故障类型、相关产品等，系统自动理解输入的内容并在汽车故障模式知识图谱中定位到对应的知识点，依据因果逻辑链推理出故障可能的原因，并支持结合故障原因发生频率、影响级别等业务规则对可能的故障原因进行排序。

图 1-11 "发动机点火困难的原因"检索结果

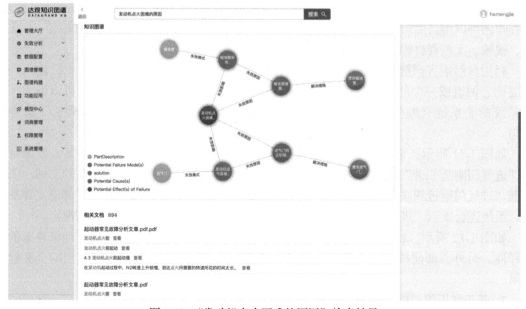

图 1-12 "发动机点火困难的原因"检索结果

如图 1-13 所示，系统对每一条可能的故障原因单独展示故障到原因之间的因果影响关系，同时给出对应的检测方案、解决措施、改善方案等信息，还可以展示故障原因相关的历史故障案例资料和 FTA 文档，帮助工程师吸收历史经验，拓宽故障分析思路，快速定位故障原因。

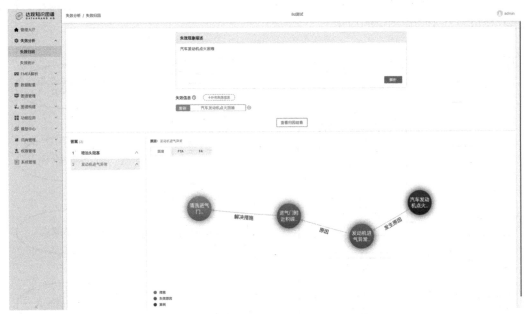

图 1-13 "汽车发动机点火困难"归因分析结果

4. 应用价值

基于知识图谱能够帮助汽车工业企业实现知识的沉淀和充分应用。除了上述应用之外，还能够实现更多的应用，比如：

1）知识的主动推送；
2）FMEA 的辅助制作；
3）FMEA 失效模式的智能更新；
4）FTA 的智能维护。

总的来说，使用知识图谱来沉淀经验、管理资料、维护和整合故障知识、在工程师之间共享知识，辅助质量工程师高效、全面地分析故障，实现企业的降本增效，促进知识的复用，进而增强企业的创新能力和市场竞争力。这解决了 *Quality 2020 Report* 所揭示的困难：

1）行业专家的知识和经验得以互相关联、共享；
2）降低了故障处理业务对工程师自身经验的依赖；
3）让资历较浅的工程师也能做好故障分析工作；
4）大幅提升故障分析效率；
5）通过便捷的知识获取，加速工程师成长；

6）故障经验能够精准推送给特定工程师用于预防故障的发生，降低故障发生的概率；

7）快速、高效、智能化的故障分析，减少故障发生的损失。

1.9.3 技术方案

图1-14示例了本案例的系统架构图。从大的层面上，系统分为知识图谱的构建、知识图谱存储以及基于知识图谱的应用。

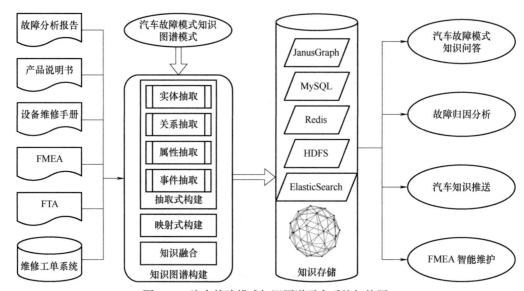

图1-14 汽车故障模式知识图谱平台系统架构图

汽车故障模式知识图谱模式设计环节依靠汽车故障分析专家和知识图谱专家的联合梳理和总结，是人类专家经验的直接体现。数据存储则使用了数据库和大数据技术中，各类大规模数据存储和计算系统来提供服务，典型的存储系统包括用以存储图结构数据的JanusGraph，用以存储文档的HDFS，用以存储各种结构化数据的MySQL，用来加速知识检索的ElasticSearch，以及用以加速访问的缓存数据库Redis等。在此之外，还有许多与知识图谱和人工智能技术强相关的知识抽取、智能问答、知识推理和知识推荐等技术。

在知识图谱构建中，基于故障处理业务逻辑和故障分析报告、产品说明书、设备维修手册、FMEA、FTA、维修工单系统等知识经验资料内容来精心设计出汽车故障模式知识图谱模式。基于设计好的知识图谱模式，利用知识抽取技术从上述资料中抽取出有价值的实体、属性和关系，最终构建完成汽车故障模式知识图谱，并保存到JanusGraph中。

在知识抽取中，需要用到多项语义技术，包括中文分词与实体抽取、实体链接、实体对齐、句法分析、关系抽取等技术。

1）中文分词指的是将连续的字序列切分成合理的词序列的过程，同时根据上下文自动识别每个词正确的词性，通常包括名词、动词、形容词等26类。命名实体识别，又称作

"专名识别",指识别文本中具有特定意义的实体,主要包括:人名、地名、机构名、专有名词等。

2)实体链接是指将文本中实体与知识图谱中相应的实体链接起来,包括解决实体间存在的歧义性问题。实体的歧义性体现在两个方面,第一,实体可能存在多词同义的情况,即一个实体可以用多个实体指称来表示,比如麻省理工学院和 MIT 都是指美国麻省同一个实体。同时,实体也有一词多义的现象(需消歧),即同一个实体指称可以表示多个实体,例如苹果可以是水果也可以是 Apple 公司。实体链接技术通过实体语义及其上下文信息将其链接到知识图谱中正确的映射实体上。

3)实体对齐是指识别不同知识图谱中的同一实体,通常用于知识融合,一般通过利用机器学习算法计算实体间的相似度来实现,可以分为四类方法:基于 OWL(Web Ontology Language)语义的算法、基于规则分析的算法、基于概率模型的算法和基于相似性传播的集体实体对齐算法。

4)句法分析是通过分析文本中词与词之间的依存关系解释句子结构,常见的依存关系包括主谓关系、动宾关系、定中关系等。句法分析技术是属性抽取和关系抽取的基础。

5)关系抽取是识别两个实体之间是否存在某种特定的语义/逻辑关系,需要识别文本中的关系触发词,同时识别实体与关系触发词之间的关系,以反映实体在关系中的起始/结束位置。通常使用基于机器学习和深度学习技术的关系抽取联合模型,同时从文本中抽取出关系触发词和关系及其相关起始实体和结束实体。

汽车企业积累的故障知识经验通常以 word/pdf/ppt 等文档的形式存在,例如 8D 分析报告、维修指导手册等,知识之间的关联性体现在长文本的语义中。针对长文本的知识抽取,达观数据使用了混合注意力和卷积网络的深度网络模型(Hybrid Attention and CNN Model,HAC 模型),最初被用于法律文书的智能结构化处理。HAC 模型用残差网络将 iHAN 和 DPCNN 两个深度神经网络模型融合⊖,充分利用这两个模型的优点,既能够通过层次注意力机制实现对篇章和句子分别进行主题和重点词关注,捕捉到文章中特定区域的细节;也能够很好地抽象出长文本中依赖于长距离的潜在语义关系,获得更完善的全局语义信息,获得更好的知识抽取效果。

基于汽车故障模式知识图谱的上层应用包括故障知识智能问答、归因分析、知识推送、FMEA 智能维护等。

1.9.4 未来展望

利用汽车故障模式知识图谱,除了能运用智能化的手段辅助维修工程师快速高效地定位故障原因、解决故障问题,还可以将故障改善或预防措施推广给所有和该类故障相关的设计工程师、运维工程师,同时可以基于知识图谱中故障模式和 FMEA、FTA 等指导性经验资料间的关联关系提示相关人员及时更新经验,达到故障预防快速闭环,减少故障重复发生的概率和损失。更进一步地,以汽车故障模式知识图谱作为数据中台,可以自动生成所需范围

⊖ AIAG,Deloitte. Quality 2020 Report,2020。

内最新最全的 FMEA、FTA 等经验资料用于指导产品、工艺设计。

从更长远的角度看，使用知识图谱并不再局限于故障相关业务场景，可以扩充到设计端、研发端、制造端、成本端，甚至库存及采购等环节。例如可以引入工艺流图、物料信息、产品检测信息等，以知识图谱的形式集成多条流程数据，实现产品生产过程全链路追溯，更细粒度地控制产品质量；可以加入 EBOM、MBOM、CBOM 数据丰富产品结构、设备结构，关联故障类型，同时各类 BOM 数据互联互通，实现自动转化和变更，极大缩短产品研发制造生命周期，更好地满足日趋增长的个性化需求。

以多维互联、包罗万象的知识图谱为基础打造的汽车数据中台，在未来更具智能化的时代，能够为汽车制造链路各个环节赋能，结合先进的分析、推理技术辅助自动化决策，实现高度智能化、自运营的汽车制造体系。另一方面，对于企业内部来说，也能够持续积淀知识和经验，不断完善专业领域的长效知识体系，统筹打造"知识生产 - 知识沉淀 - 知识创造"闭环，贯彻知识驱动发展，激发创新活力。

从汽车工业延伸到制造业，知识图谱的应用范围更加广泛。2021 年，中国制造业的 GDP 接近 4.86 万亿美元，超过 G7（美、日、德、英、法、意、加）制造业 GDP 的总和。制造业企业数量约 35 万家，各省市重大工业项目加快建设，工业单位产业质量效益持续提升。智能化是制造业的强烈诉求，随着人口的负增长，高端制造业人才缺口约 3000 万，制造业对智能化的需求日益增大。在"十四五"规划中"制造强国"的目标要求推进传统产业转型升级，知识图谱也发挥着重要的驱动作用。智能制造知识图谱不仅能够有效解决深度学习模型中存在的不可控性和不可解释性问题，还能够有效地整合来自不同领域的知识，为制造业企业提供更加全面、准确、可靠的智能决策支持。例如，通过对工厂内各种设备的监控和维护，可以有效预防设备故障，提高生产效率。再如，智能制造知识图谱还可以通过对生产过程中的各种因素进行分析，为企业提供实时、准确的决策支持，帮助企业提高产品质量，降低生产成本。

在制造业之外，各行各业也都能够应用知识图谱来实现降本增效，实现数智化转型。

1）在金融业，可以使用知识图谱来建立金融产品的知识库，包括金融产品的特点、风险、收益等信息，这有助于金融机构的销售人员向客户提供专业的咨询服务，辅助专业分析师来分析金融数据，帮助金融机构进行市场分析和风险评估。

2）在营销领域，包含客户的基本信息、消费习惯、喜好等内容的知识图谱可以用于组织营销知识、支持营销决策、帮助提供个性化营销服务等。

3）在电力能源领域，知识图谱可以用于组织电力知识、支持电力决策、帮助维护电力设备、保证设备的正常运行等。例如，可以使用知识图谱来建立电力系统的知识库，包括电力系统的结构、运行原理、监控方法等信息，这有助于电力公司更好地管理电力系统，进行智能化的电力设备维护，及时和深度地记录设备故障信息并分析设备故障原因等。

4）在医疗领域，可以使用知识图谱来建立疾病诊断的知识库，包括疾病的症状、诊断方法、治疗方案等信息，这有助于医生在诊断和治疗过程中更好地组织和管理医学知识、支持医疗决策、帮助提供个性化医疗服务等。

5）在制药领域，包括药物的化学结构、作用机制、药效作用等信息的知识图谱可以用于支持药物研发、帮助提供个性化医疗服务等。

6）在法律领域，可以使用知识图谱来建立法律文书的知识库，包括合同、起草指南、法律条文等信息，进行法律决策支持，帮助提供法律咨询服务等。

7）在供应链领域，包括采购、生产、物流、销售等流程的信息的知识图谱可以用于组织供应链知识、管理供应链、建立供应商评估体系、记录供应链中断信息、分析供应链中断原因等，进而提升企业供应链的效率和可靠性。

总的来说，知识图谱技术在各个领域都有广泛的应用，是有效组织、管理和利用知识的前沿技术，是能够提高决策效率和质量的有效手段，是提升企业竞争力的尖刀利剑。

第 2 章

人工智能数据服务

2.1 人工智能概述

人工智能（Artificial Intelligence，AI）是指模拟人类智能的计算机系统。通过大量的数据、算法和硬件协同，它能够自动处理和决策复杂的问题。近年来，人工智能技术的发展突飞猛进，应用领域广泛，已经深入到人们日常生活的各个方面。

2.1.1 什么是人工智能

人工智能作为一门前沿交叉学科，其定义一直存有不同的观点：2006 年 5 月由清华大学出版社出版的《人工智能：一种现代的方法》中将已有的一些人工智能定义分为四类：像人一样思考的系统、像人一样行动的系统、理性地思考的系统、理性地行动的系统。维基百科上定义"人工智能就是机器展现出的智能"，即只要是某种机器，具有某种或某些"智能"的特征或表现，都应该算作"人工智能"。大英百科全书则限定人工智能是数字计算机或者数字计算机控制的机器人在执行智能生物体才有的一些任务上的能力。百度百科定义人工智能是"研究、开发用于模拟、延伸和扩展人的智能的理论、方法、技术及应用系统的一门新的技术科学"，将其视为计算机科学的一个分支，指出其研究包括机器人、语言识别、图像识别、自然语言处理和专家系统等。2018 年中国电子技术标准化研究院发布的《人工智能标准化白皮书（2018 版）》认为，人工智能是利用数字计算机或者数字计算机控制的机器模拟、延伸和扩展人的智能，感知环境、获取知识并使用知识获得最佳结果的理论方法、技术及应用系统。

人工智能是新一轮科技革命和产业变革的重要驱动力量，研究的主要目标是使机器能够胜任一些通常需要人类智能才能完成的复杂工作，因此，人工智能的主要研究内容就是如何让机器像人一样具备感知、认知、推理思考、学习、行动等能力，并最终创建拟人、类人、乃至超越人的智能系统。由此，按照系统达成的智能水平，人工智能分为以下三个层次：

1）弱人工智能（Artificial Narrow Intelligence，ANI），也称为狭义人工智能，是专注于且只能解决特定领域问题的人工智能。"狭窄"可能是对这类 AI 更准确的描述，因为它一点也不弱。今天看到的所有人工智能算法和应用都属于弱人工智能的范畴，AlphaGo 是弱人工智能的一个最好实例，AlphaGo 虽然在围棋领域超越了人类最顶尖选手，但它的能力也仅止于围棋。

2）强人工智能（Artificial General Intelligence，AGI），也称为通用人工智能，指的是可以胜任人类所有工作的人工智能，人可以做什么，它就可以做什么，机器拥有与人类等同的智能，它具有学习、推理、决策、规划、用自然语言交流沟通，以及实现既定目标的能力。目前，强 AI 仍处于研究探索阶段，一旦实现了符合上述描述的强人工智能，那几乎可以肯定地说，所有人类工作都可以用人工智能来取代。

3）超人工智能（Artificial Super Intelligence，ASI），也称为超级智能，牛津大学哲学家 Nick Bostrom 在他的《超级智能》一书中，将超人工智能定义为在科学创造力、智慧和社交能力等每一方面都比最强的人类大脑聪明很多的智能。显然对于今天的人来说，这是一种只存在于科幻电影中的想象场景。

当然，还有其他分类方式，例如，按照人工智能学习方式，可以分为：

1）有监督学习（Supervised Learning），是一种目的明确的模型训练方式，通过使用标注好的样本数据来训练模型，从而使模型能够预测新的未标注样本的输出。在监督学习中，数据集中包含了输入特征和对应的标签，模型通过学习这些标签与输入特征之间的关联关系，从而进行预测和分类。

2）无监督学习（Unsupervised Learning），是没有明确目的的训练方式，基于数据之间的相似性进行聚类分析学习，从而发现数据中相似的内容，不需要给数据打标签。

3）半监督学习（Semi-Supervised Learning），是有监督学习和无监督学习的有机整合。

4）强化学习（Reinforcement Learning），是一种通过与环境的交互来学习决策策略的方法。与监督学习结合，可以在有限的标注数据下，通过与环境的交互不断改善模型的性能，尤其在需要进行决策和行动选择的任务中有潜在的应用。

5）迁移学习（Transfer Learning），是指通过运用已有的知识来学习新的知识，其核心是找到已有知识和新知识之间的相似性，通过这种相似性的迁移达到迁移学习的目的，通俗来讲就是学会举一反三的能力。

"人工智能"一词最初是在 1956 年美国计算机协会组织的达特茅斯（Dartmouth）学会上提出的，人工智能发展至今经历过经费枯竭的两个寒冬（1974—1980 年、1987—1993 年），也经历过两个大发展的春天（1956—1974 年、1993—2005 年）。从 2006 年开始，人工智能进入了加速发展的新阶段，并行计算能力、大数据和深度学习算法，以数据、算法、算力为支柱，形成了包含基础层、技术层和应用层的完整人工智能产业链结构，如图 2-1 所示。

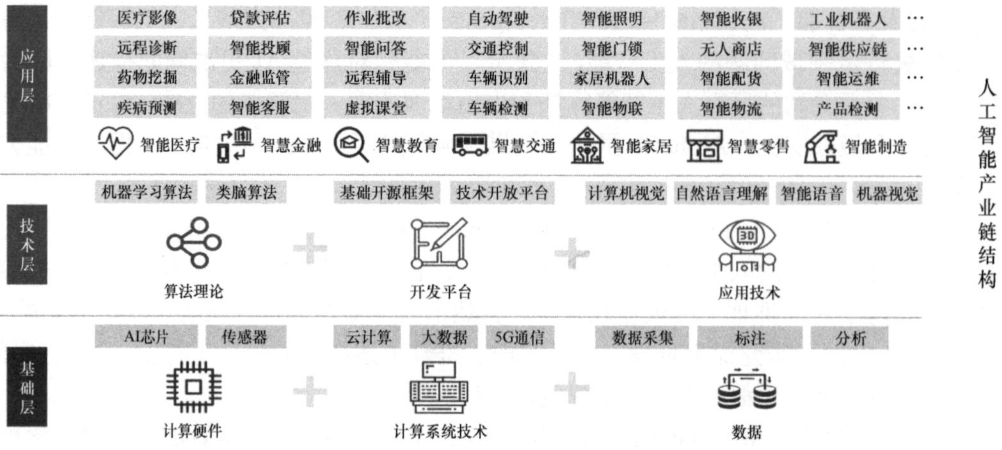

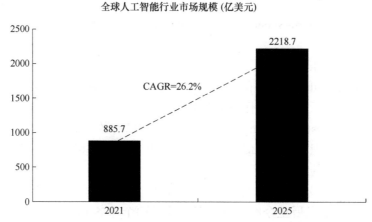

图 2-1 人工智能产业链结构（数据来源：前瞻产业研究院整理）

人工智能作为引领未来的战略性技术，目前全球主要经济体都将人工智能作为提升国家竞争力、维护国家安全的重大战略。自 2013 年以来，包括美国、中国、英国、日本、德国、法国、韩国、印度、丹麦、芬兰、新西兰、俄罗斯、加拿大、新加坡、阿联酋、意大利、瑞典、荷兰、越南、西班牙等 20 多个国家和地区发布了人工智能相关战略、规划或重大计划，越来越多的国家加入到布局人工智能的队列中，从政策、资本、技术人才培养、应用基础设施建设等方面为本国人工智能的落地保驾护航。根据国际数据公司（IDC）的数据，如图 2-2 所示，到 2021 年，全球人工智能行业市场规模为 885.7 亿美元，预计 2025 年将达到 2218.7 亿美元，年复合增长率达到 26.2%。

图 2-2 全球人工智能行业市场规模（数据来源：国际数据公司 IDC）

在市场需求拉动和国家政策的支持引导下，当前我国人工智能产业加速发展，已形成基础底层设施、中层技术以及上层应用的完备的产业链生态，一批研发活跃、特色鲜明的创新企业不断涌现，合力推动着我国人工智能产业实现规模增长。根据艾瑞咨询的数据显示，如图 2-3 所示。2022 年我国人工智能产业规模达 1948 亿元，预计 2027 年市场规模将达到 6122 亿元，年复合增长率为 25.6%，主要与智算中心建设以及大模型训练等需求拉动的 AI 芯片市场、无接触服务需求拉动的智能机器人及对话式 AI 市场等的快速增长相关。有望在下游制造、交通、金融、医疗等多领域不断渗透，实现大规模落地应用。

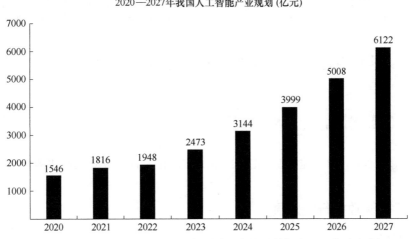

图 2-3　2020—2027 年我国人工智能产业规划（数据来源：艾瑞咨询）

2.1.2　数据是人工智能的基石

作为人工智能技术的基础，数据、算法和算力的重要性不言而喻。在人工智能模型开发的不同阶段，数据的质量和数量对于模型的构建与优化，以及应用效果的优劣具有关键性影响。德勤在《2023 年人工智能基础数据服务白皮书》中对于人工智能算法模型研发各阶段中数据需求量与数据价值进行了详细的描述，如图 2-4 所示。

以往，由于数据获取和处理技术的限制，高质量、大规模的数据制作非常困难，因此人工智能研发的关注点更多地集中在模型创新和算法改进上。研究人员和工程师们致力于设计复杂的模型结构，优化算法，并开展特征工程，以尽可能地提高模型的精度和性能。在这种情况下，模型的比重相对较高，而数据的规模相对较小。

随着大数据和深度学习时代的到来，数据变得更加丰富和易于获取，人工智能研发也逐渐认识到数据的价值和关键性，开始注重数据规模、多样性和质量的提升。大规模数据集的出现使得研发人员可以利用更大规模的训练数据来训练模型，从而提高泛化能力和性能。同时，数据的多样性和高质量也有助于模型更好地应对各种场景和应用需求。在这种情况下，数据的比重相对较高，而模型的复杂度相对较低。

这种演变表明，人工智能算法的研究范式正逐渐从"以模型驱动"向"以数据驱动"的方向发展。尽管模型的设计和优化依然至关重要，但数据的质量和数量对于模型的训练和模型性能具有决定性作用。以数据驱动的方法有助于研究者更好地利用现有的数据资源，从中挖掘模式和知识，从而提升模型的精度和适应性。

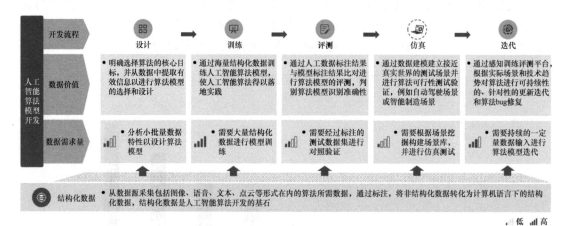

图 2-4　人工智能算法模型研发中的数据价值与需求（数据来源：德勤）

2.1.3　人工智能数据行业发展

1. 产业崛起

在人工智能发展的初级阶段，数据采集和处理工作多依赖于专家进行，此模式虽然保证了数据质量的优越性，但其效率低且成本高，难以形成产业。随着深度学习等技术的兴起，大规模标注数据的需求激增，传统的专家标注方式难以满足需求。数据服务企业通过提供数据标注、数据清洗、数据分析、数据挖掘等服务，为人工智能领域提供了源源不断的数据支援，为企业研发提供了高效准确的数据处理服务，数据服务产业借此机会实现了快速发展，也进一步推动了人工智能技术的进步。

时至今日，数据服务公司已然成为人工智能领域的重要组成部分，随着人工智能技术的持续发展，数据服务公司的市场规模也在不断扩大。如图 2-5 所示，根据 Cognilytica 数据统计显示，2021 年全球 AI 训练数据市场需求约为 42 亿美元，并预计到 2027 年这一需求将增长到 220 亿美元，2021—2027 年的复合增长率达 32%。

我国作为全球人工智能产业增速最快的国家之一，相关数据需求也在快速增长。如图 2-6 所示，根据德勤数据，2022 年我国人工智能基础数据服务市场规模为 45 亿元，2027 年规模将达到 130 亿~160 亿元，年复合增长率为 23.6%~28.9%。

2. 发展趋势

从 AI 技术与产业发展来看，一方面，随着算法模型、技术理论和应用场景的优化和创新，AI 对训练数据的拓展性需求和前瞻性需求均快速增长；另一方面，随着行业内对训练数据需求类型的增加以及对服务标准要求的提高，专业化的训练数据服务提供商将扮演更加重要的角色，因此，数据服务行业的市场规模将不断扩大。

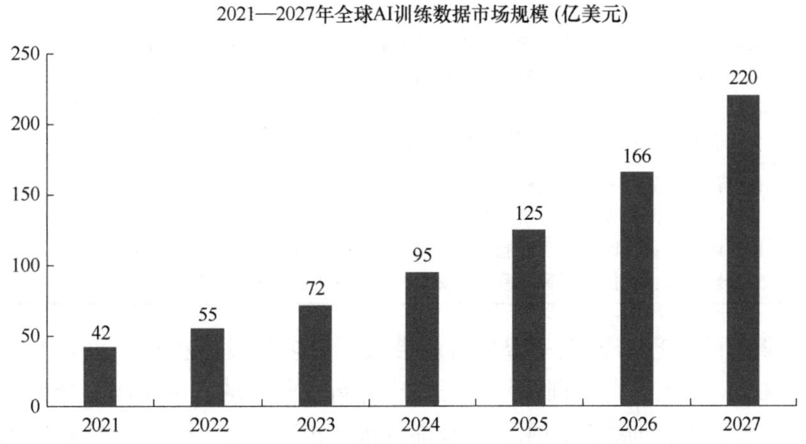

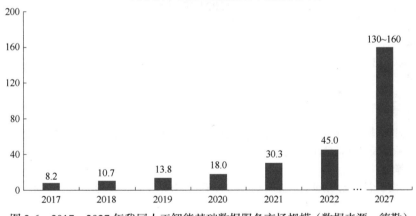

图 2-5 2021—2027 年全球 AI 训练数据市场规模（数据来源：Cognilytica）

图 2-6 2017—2027 年我国人工智能基础数据服务市场规模（数据来源：德勤）

然而，要获取高质量的标注数据并非易事，需要投入大量的人力和时间，相关领域的人才需求日益细化。除了传统的算法工程师等岗位外，一些新兴职业如 AI 训练师和 AI 评测师也逐渐兴起，见表 2-1。AI 训练师负责监督和指导模型的训练过程，保证模型学习的效果；AI 评测师则负责对训练得到的模型进行全面评估，确保其达到预期效果。AI 训练师和 AI 评测师，两个角色职责有所不同，但在实践中经常需要密切合作，训练师提供优化后的模型给评测师进行测试和验证，评测师提供反馈给训练师，以便进行模型的进一步改进和优化。他们在人工智能的生命周期中发挥着关键作用，共同致力于开发高性能的人工智能系统。

表 2-1　AI 训练师和 AI 评测师主要职责

职业名称	主要职责
AI 训练师	数据收集和准备：收集和准备用于训练的数据集，确保数据质量和完整性 模型选择和设计：根据任务需求选择适合的模型架构，并进行模型设计和优化 训练和调整：使用训练数据集对模型进行训练，并调整模型的超参数以获得最佳性能 优化和改进：对训练过程中的模型进行优化和改进，以提高其准确性、泛化能力和效率
AI 评测师	性能评估：测试人工智能模型在不同数据集上的性能，包括准确性、召回率、精确度等指标 功能测试：测试人工智能系统在特定任务中的功能表现，如语音识别、图像识别、自然语言处理等 用户体验评估：评估人工智能系统在用户接口、交互设计等方面的用户体验 安全性评估：评估人工智能系统的安全性，发现可能的漏洞和风险，并提供改进建议

这些新兴职业的出现，为人工智能行业带来了更多的发展机遇，也对人才培养提出了新的挑战。2020 年，"人工智能训练师"正式成为新职业并纳入国家职业分类目录。图 2-7～图 2-9 给出了《人工智能训练师国家职业技能标准（2021 年版）》对于 AI 训练师的相关职业说明简要展示。

人工智能训练师
国家职业技能标准
(2021 年版)

1. 职业概况
1.1 职业名称
　　人工智能训练师
1.2 职业编码
　　4-04-05-05
1.3 职业定义
　　使用智能训练软件，在人工智能产品实际使用过程中进行数据库管理、算法参数设置、人机交互设计、性能测试跟踪及其他辅助作业的人员。
1.4 职业技能等级
　　本职业共设 5 个等级，分别为：五级 / 初级工、四级 / 中级工、三级 / 高级工、二级 / 技师、一级 / 高级技师。
1.5 职业环境条件
　　室内，常温。
1.6 职业能力特征
　　具有一定的学习能力、表达能力、计算能力；空间感、色觉正常。
1.7 普通受教育程度
　　初中毕业 (或相当文化程度)。
1.8 培训参考学时
　　五级 / 初级工 60 标准学时；四级 / 中级工 50 标准学时；三级 / 高级工 40 标准学时；二级 / 技师 40 标准学时；一级 / 高级技师 30 标准学时。

图 2-7　人工智能训练师国家职业技能标准：职业概况（部分）

3 工作要求

本标准对五级/初级工、四级/中级工、三级/高级工、二级/技师、一级/高级技师的技能要求和相关知识要求依次递进，高级别涵盖低级别的要求。

3.1 五级/初级工

职业功能	工作内容	技能要求	相关知识要求
1. 数据采集和处理	1.1 业务数据采集	1.1.1 能够利用设备、工具等完成原始业务数据采集 1.1.2 能够完成数据库内业务数据采集	1.1.1 业务背景知识 1.1.2 数据采集工具使用知识 1.1.3 数据库数据采集方法
	1.2 业务数据处理	1.2.1 能够根据数据处理要求完成业务数据整理归类 1.2.2 能够根据数据处理要求完成业务数据汇总	1.2.1 数据整理规范和方法 1.2.2 数据汇总规范和方法
2. 数据标注	2.1 原始数据清洗与标注	2.1.1 能够根据标注规范和要求，完成对文本、视觉、语音数据清洗 2.1.2 能够根据标注规范和要求，完成文本、视觉、语音数据标注	2.1.1 数据清洗工具使用知识 2.1.2 数据标注工具使用知识
	2.2 标注后数据分类与统计	2.2.1 能够利用分类工具对标注后数据进行分类 2.2.2 能够利用统计工具，对标注后数据进行统计	2.2.1 数据分类工具使用知识 2.2.2 数据统计工具使用知识
3. 智能系统运维	3.1 智能系统基础操作	3.1.1 能够进行智能系统开启 3.1.2 能够简单使用智能系统	3.1.1 智能系统基础知识 3.1.2 智能系统使用知识
	3.2 智能系统维护	3.2.1 能够记录智能系统功能应用情况 3.2.2 能够记录智能系统应用数据情况	智能系统维护知识

图 2-8 人工智能训练师国家职业技能标准：工作要求（部分）

4.2 技能要求权重表

项目	技能等级	五级/初级工(%)	四级/中级工(%)	三级/高级工(%)	二级/技师(%)	一级/高级技师(%)
技能要求	数据采集和处理	30	30	×	×	×
	数据标注	60	50	×	×	×
	智能系统运维	10	20	×	×	×
	业务分析	×	×	25	25	25
	智能训练	×	×	35	30	30
	智能系统设计	×	×	35	40	40
	培训与指导	×	×	5	5	5
合计		100	100	100	100	100

图 2-9 人工智能训练师国家职业技能标准：技能要求权重表

2.2 人工智能数据服务内容

2.2.1 相关定义

在《数据要素流通标准化白皮书（2022版）》的阐述中，数据被描述为一种以形式化方式呈现的、能够被重新解析的信息载体，其目的在于便于信息的通信、解释或处理。所谓的数据集，指的是依据特定规则和标准，被有序组织起来的一组数据。人工智能数据集，是指用于训练、评估和优化人工智能系统的数据集。

数据标注是对数据进行归因或标记的过程，以帮助机器学习算法理解和分类它们所处理的信息。此过程对于训练 AI 模型至关重要，使机器能够准确理解各种数据类型，是图像数据、音频文件数据、视频片段数据还是文本数据。

2.2.2 数据分类

1. 按内容划分

1）文本数据集：是指包含文本信息的数据集，例如文档、文章、电子邮件、推文、网页内容等，可以用于情感分析、实体识别等技术领域。

2）语音数据集：是指包含语音信息的数据集，例如语音录音、音乐文件、电话通话记录等，可以用于语音识别、语音合成等技术领域。

3）图像数据集：是指包含图像信息的数据集，例如照片、绘画、扫描图像等，可以用于物件识别、人脸识别、车牌识别等技术领域。

4）视频数据集：是指包含视频信息的数据集，例如电影、电视节目、摄像头录像等，可以用于物件识别、人脸识别、车牌识别等技术领域。

2. 按有无标注划分

在数据分类的过程中，有标记数据和无标记数据均被广泛采用。

1）有标记数据（Labeled Data）是指经过人工或其他方式添加标签、注释标记等标注操作的数据，如带有标注的图片分类数据、文本分类数据、语音转写数据等，常用于监督学习的训练数据。标记数据的优点在于其数据质量高、易于训练模型、能有效提升机器学习模型的精度。但是标记数据也存在一些问题，如成本问题，以及可能出现标注质量不一和偏差等问题。因此，需要实施质量控制和质量评估。

2）与之相反，无标记数据（Unlabeled Data）是指未经人工或其他方式进行标注和注释的数据，如未经处理的文本、未经处理的图片数据等，常用于无监督学习、半监督学习等算法中。无标记数据的优势在于其可用性高、数据量大、成本低，但在进行机器学习训练时，无标记数据需要进行特征提取和空间聚类等预处理步骤，训练模型的精度相对较低。

3. 按结构形式划分

结构化数据和非结构化数据是基于数据的组织和存储方式来分类的两种类型。

1）结构化数据（Structured Data）：结构化数据是有明确定义的数据模型或模式组织的数据。它具有固定的格式和预定义的数据类型，以便进行存储、检索和分析。结构化数据通常以表格形式存在，包括行和列，每列都有特定的数据类型和字段定义。结构化数据的优点是易于处理、查询和分析，适用于统计分析、关联分析、数据挖掘等任务。

2）非结构化数据（Unstructured Data）：非结构化数据是指没有明确预定义格式和组织形式的数据。它不适合传统的表格或关系型数据库存储方式。非结构化数据的特点是多样性和灵活性，可以包括文本文档、图像、音频、视频、社交媒体内容等形式。非结构化数据的优点是包含丰富的信息和上下文，可以提供更全面的洞察和理解。

结构化数据和非结构化数据在应用场景和处理方式上有所不同。结构化数据更适合于传统的数据库管理系统和关系型数据库，可以进行标准化的数据操作和分析。而非结构化数据则需要特定的技术和工具进行处理，如自然语言处理算法、计算机视觉算法等。在实际应用中，往往需要综合利用结构化数据和非结构化数据，以获得更全面和准确的信息，例如将文本数据和图像数据结合进行综合分析、利用结构化数据进行监督学习等。

2.2.3 数据集生产过程

人工智能数据集的生产过程是一个复杂的工程，通常需要经过方案设计、数据采集、数据加工、数据标注等环节，在数据质检合格后，才能交付成为 AI 算法模型可用的训练或测试数据，如图 2-10 所示。

图 2-10 人工智能数据集生产过程

1. 数据集设计

1949 年,哈佛大学语言学家乔治·齐夫(George Zipf)发现了一个实验定律,即在自然语言里,一个单词出现的频率与它在频率表里的排序成反比,称之为齐夫定律(Zipf's Law)。例如,在英语的 Brown 语料库中,"the、of、and"是出现频率最高,排序 1、2、3 的单词,分别占整个语料库 100 万个单词数的 7%、3.6%、2.9%。可见排序第 2 位"of"的频率大约是第 1 位"the"的 1/2,第 3 位的"and"是其 1/3。以此类推,排序第 n 位单词的频率是最常见频率的 $1/n$。

齐夫定律是一种典型的幂律分布,从语言中词汇的出现频率,到国家人口在不同规模城市间的分布,再到网页访问频率、收入的排序,都遵循齐夫定律。由此,在数据制作过程中,如果不进行预先设计,会导致数据集中不同类别的样本数量可能存在严重的不平衡,即某些类别的样本数量远远少于其他类别。这会导致模型在学习过程中对少数类别的识别性能较差,从而影响模型的整体性能。

因此,在此阶段中,首先需要明确数据集目标,通过对目标场景的分析,提炼影响数据多样性的指标,而后综合考虑时间、精力、技术能力和资金支持各方面因素,运用最优化算法,对数据集进行设计,以实现在有限规模下数据多样性的最大覆盖,以满足技术/产品研发的需要,实现最佳的投入产出比。

2. 数据采集

数据采集(Data Collection)是搜集和获取各种原数据的过程。就采集方法来说,主要包括以下几种:

1)互联网数据采集,也称为网络数据爬取,主要是通过网页解析,编写网络爬虫,针对特定主题,从互联网爬取文本、语音、图像、视频等信息。

2)App 移动端数据采集,通常是利用手机等终端设备采集语音、图像、视频、定位等数据,并上传服务器存储,适用于简单量大的采集任务。

3)专业线下采集,对于一些对采集环境、被采集人、时间等有特殊要求的情况,通常有专业采集人员在线下通过环境搭建、资源联系,通过专业设备进行采集,例如语音合成发音人的语音采集,停车泊位视频数据采集等。

4)数据众包采集,对于要求不是特别严格的采集需求,依托于数据支撑平台,利用社会力量进行数据采集,通常作为线下采集的补充。

在进行数据采集时,应遵循客观事实规律,全面均衡地采集数据,保证采集过程的合法合规、采集数据的真实有效,不能伪造数据。同时,应对采集结果进行数据分布统计,一旦发现数据采集过程中出现偏斜类问题,应及时更正或重新采集。

- 语音合成场景数据采集示例如图 2-11 所示。

图 2-11　专业录音棚采集发音人语音

采集要求如下:

- 语种:德语、法语、西班牙语、意大利语;
- 发音人:每个语种男女声各一名;
- 采集环境:专业录音棚,要求:底噪 <-65dB,SNR>30dB;
- 发音要求:无错漏、自然、清晰、流畅、亲切度好;
- 录音内容:每人 2000 句文本,句长 7~20 词 / 句,实现语言现象全覆盖;
- 音频文件:44kHz,16bit,WAV 格式。

- 路牌图像场景数据采集示例,如图 2-12 所示。

图 2-12　路牌图像场景数据采集

采集要求如下：
- 采集场景：高速、市区、郊区等道路；
- 采集内容：交通标志、指路牌、广告牌等；
- 环境光线：清晨、白天、黄昏、夜间等不同光线条件；
- 拍摄设备：手机；
- 图像尺寸：1920×1200像素；
- 文件格式：JPG；
- 图像质量：清晰。

3. 数据预处理

为了降低后续数据标注工作难度，需要对采集数据进行预处理，通常包括数据清洗和数据预标注两步，其中数据清洗的目的是获得"干净"数据，数据预标注的目的是通过技术手段自动预测标注结果，以降低后续标注人员工作量，提高工作效率。

（1）数据清洗

由于数据采集、存储、传输等过程可能出现的错误，以及数据本身存在的不完整等问题，在数据标注之前，需要对采集到的图像、文本、语音、视频进行清洗，剔除或修正其中的错误，从而获得"干净"数据，用于后续处理。一般来说，采集数据中主要存在三类错误，即数据格式错误、数据内容异常、数据重复，因此，数据清洗内容主要包括数据格式归一化、异常数据的检测与处理、重复数据的清除等。

1）数据格式归一化，即为便于后期处理与模型训练，将不同来源的数据格式转换为统一的结构化形式，例如：将文本进行繁简转换、统一编码为UTF8、将语音数据全部转换为16kHz，16bit无压缩WAV格式、将多模态数据进行结构化存储等。

2）异常数据的检测与处理，由于在数据收集过程中很难做到完整规范，因此一般来说，异常数据主要指数据缺失和数据内容异常两种情况，例如：采集的语音数据中没有人声、采集的图像模糊等。为了保证数据的完整真实，通常会将异常数据从数据集中删除。

3）重复数据的清除，在数据集中，对于各属性值相同的记录，被认为是重复数据。通常对重复数据进行合并处理，以保证数据集中各条数据的唯一性。

具体的清洗过程如下：数据格式标准化→识别错误数据→处理错误数据，经过以上三个步骤，基本上可以得到干净数据。

（2）数据预标注

数据预标注，指的是利用技术算法，对数据进行分析并给出预测结果的过程，预测结果用于后续数据标注过程，以降低标注难度、提高标注效率；也可用于数据清洗环节，提高干净数据检出效率。

由于人工智能技术研究内容多种多样，因此应用于各模态数据的预标注技术也是种类繁多，在此仅以语音数据和文本数据为例，摘录部分预标注技术如下。

1）语音数据预标注技术。

① 活动语音检测（Voice Activity Detection，VAD），检测语音数据中人声片段的位置，可用于数据清洗环节以检测空语音，也可提高后续数据标注效率；

② 语音增强（Speech Enhancement），降低语音信号中的噪声，提高信噪比，以便于后续语音转写等标注处理；

③ 发音人日志（Speaker Diarization），识别语音信号中的发音人并标记；

④ 语种检测（Language Identification），识别语音信号中发音人所用语种；

⑤ 语音识别（Automatic Speech Recognition），识别出语音信号中的内容，并用文字记录下来；

⑥ 语音情感识别（Speech Emotion Recognition），识别出语音中包含的情感信息，例如：高兴、生气、愤怒等。

2）文本数据预标注技术。

① 文本正则化（Text Normalization），将文本中的非标准词转换为规范化书写形式，例如"今天早上7：00的气温是-5℃"，正则化后为"今天早上七点的气温是零下五摄氏度"；

② 文本分词（Tokenization），将文本分隔成单词序列形式，例如"总经理张强调研上海外高桥"，分词后为"总经理/张强/调研/上海/外高桥"；

③ 命名实体识别（Name Entity Recognition），即识别出文本中的实体，如人名、地名、机构名等；

④ 拼写检查（Spell Checking），对文本中存在的拼写问题（别字、别词）进行检查与纠错，例如："咳数"→"咳嗽""哈蜜"→"哈密"等；

⑤ 文本情感识别（Text Emotion Recognition），识别出文本中包含的情感，例如："欢迎你，2011，新年快乐！"（高兴）、"我那个冤呢。"（悲伤）。

4. 数据标注

数据标注是指对无标记数据增加标注信息的过程。一般来说，待标注数据的规模较大，通常需要多人或团队协作完成，通过"标注任务创建→标注任务分发→标注任务开展→标注任务回收"为循环的数据标注流程，配合细致严谨的项目管理与质检策略，在确保数据标注质量的同时项目能稳定运行。按照待标注数据内容，主要有以下四种类型。

（1）语音数据标注

语音数据标注是指对语音数据增加解释性标注的过程，主要包括以下几种标注技术：

1）时间戳标注，也叫作语音切分，即通过增加时间戳标记，将较长的一段音频分割为多个较短音频的过程。根据切分粒度，可以分为整句切分、单字切分、音素切分等，如图2-13所示。

2）分类标注，即对语音片段属性增加分类标签的过程，图2-14所示。例如：音频有效性标注、语种标注、方言口音标注、语音事件标注（哭声、口哨声、关门声、打斗声等）、噪声标注、说话人标注、语音情感标注（喜、怒、哀、乐、悲、恐、惊等）等。

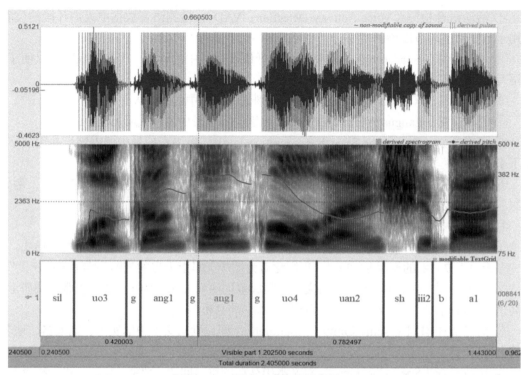

图 2-13 语音音素切分示意图

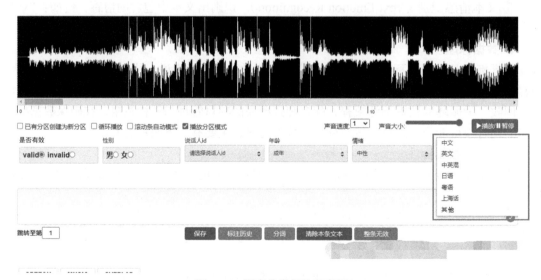

图 2-14 语音分类标注示意图

语音分类标注包括有无效标注、性别标注、讲话人标注、年龄标注、情绪标注、语种标注等。

3）序列标注：即对语音片段内容进行转写的过程，如图 2-15 所示。例如：语音转写标注（将语音内容用文字符号记录下来。按照使用符号与规范的不同，可以分为正字转写、音素转写、常规转写等）、韵律标注（将语音中超音段信息用符号方式记录下来）等。

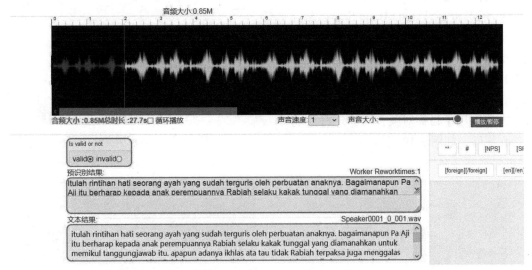

图 2-15　语音转写标注示意图

（2）图像数据标注

图像数据标注是指对图片、照片等图像数据添加标注信息的过程，以便计算机能够理解和识别其中的内容，从而实现各种智能化的应用。图像数据标注在计算机视觉领域是重要的过程之一。

从标注目标应用来说，图像数据标注主要分为：图像分类、目标检测、语义分割和实例分割。从图像标注方式来看，图像数据标注可以分为关键点标注、线段标注、2D（矩形、多边形、区域）标注、3D 标注、语义标注；按照标注对象，可以分为人脸标注、姿态标注等。

1）图像分类：分类标注是简单又快捷的图像标注方法，仅将一个标签应用于一张图像，例如下图数字手写体数据标注示例，对每个数字图片给予 0~9 的标签，如图 2-16 所示。

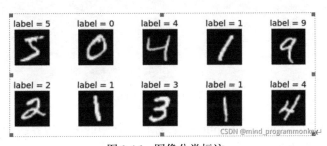

图 2-16　图像分类标注

2）目标检测：常见的用于目标检测的数据标注技术有以下几种。

① 关键点标注（Keypoint Labelling）：用点标定目标对象位置，这是图像标注领域的常用技术之一，如图 2-17 所示。

② 矩形框标注（2D Bounding Box）：用矩形和正方形来界定目标对象的位置。这是图像标注领域中常用的技术之一，如图 2-18 所示。

③ 3D 边界框标注（3D Bounding Box）：将立方体应用于目标对象，以界定对象的位置和深度，如图 2-19 所示。

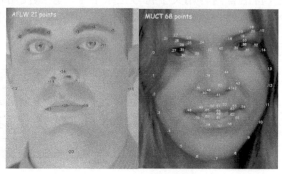

图 2-17　人脸关键点标注

图 2-18　矩形框标注

图 2-19　3D 边界框标注（红色区域为车头方向）

④ 多边形分割（Polygonal Segmentation）：当目标对象不对称且不容易放入盒子中时，标注员会使用复杂的多边形来界定对象的位置，如图 2-20 所示。

图 2-20　多边形分割

⑤ 线和样条线标注（Lines and Splines）：标识图像中的关键边界线和曲线以分隔各个区域，例如标记高速公路的各个车道，如图 2-21 所示。

第 2 章　人工智能数据服务

图 2-21　线标注

3）语义分割通俗地说，语义分割是对区域内的像素分类，而不是目标分类。这有助于训练 AI 模型如何识别和分类特定对象，即使这些对象被遮挡。语义分割会为图像中的每个像素分配一个类别，但是同一类别之间的对象不会区分。而实例分割，只对特定的物体进行分类，如图 2-22 所示。

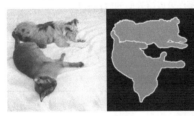 

a）语义分割　　　　　　　　　　　　　　　　b）实例分割

图 2-22　语义分割与实例分割

（3）文本数据标注

文本数据标注是为文本数据添加分类与序列信息的过程。标注后的文本数据可以教会机器如何理解自然语言文本中的意图或情感，使机器更加人性化地反馈出人类可以读懂的有效信息。文本标注内容，种类繁多，按照标注内容数量，可以分为单元素标注和多元素标注，按照标注方式，可以分为序列标注和分类标注。

1）实体标注（Name Entity Labelling），是指对文本中具有独立存在或可区分性的事物进行识别和标注的任务，包括人名、地名、组织机构名、时间词等。实体识别标注文本在问答系统和信息检索等方面有着重要应用。

2）词性标注（POS Tagging），又称为词类标注，是在文本中判定每个词的语法范畴，确定其词性并加以标注的过程。词性标注的内容如名词、动词、序数词等。词性标注是很多自然语言处理任务的预处理步骤。

3）情感标注（Emotion Labelling），通常指对文本中所表达的情感或情绪进行判断及标注的任务，进行情感分析后的文本广泛应用在社交媒体分析、产品评论、舆情监测等领域。

4）平行语料标注（Parallel Text Labelling），是指两种或多种具有对应关系的源语言文本和目的语言文本。根据涉及的语种，可以分为跨语言平行语料和语言变体间平行语料，见表 2-2~表 2-4。

表 2-2　中英平行语料标注

序号	中文	英文
1	我要你快乐	I want you to be happy
2	我喜欢昨天的天气	I like yesterday's weather
3	我的手表不走了	My watch stopped working
4	这个问题很容易	This problem is very easy

表 2-3　普通话-四川方言平行语料标注

序号	中文普通话	中文变体（四川方言）
1	什么操作可以给外面的后视镜打开	咋个操作可以给外面的后视镜开开
2	配置寻车指示功能的方法是什么	配置寻车指示功能的方法是啥子
3	北京空气湿度是多少	北京空气湿度好多
4	重新设置回家地址	重新设置屋头地址

表 2-4　中文正则化标注

序号	中文文本	中文正则化结果
1	准确率是 95%	准确率是百分之九十五
2	今天最高气温 37℃	今天最高气温三十七摄氏度
3	今天是 2023 年 6 月 25 日	今天是二〇二三年六月二十五日
4	现在是北京时间 11∶05	现在是北京时间十一点零五分
5	昨晚足球赛的比分是 2∶3	昨晚足球赛的比分是二比三

（4）视频数据标注

视频数据标注是对视频中的多模态内容（音频、文字、图像等）进行识别与标注的过程。视频数据标注可以分为视频属性标注、视频事件标注和视频追踪标注三种任务类型。

1）视频属性标注是指按照某种特定的类别对视频进行分类的标注任务。视频属性标注包括对视频类型、内容、质量等多维度属性的标注任务。视频属性标注在推荐系统算法上有比较重要的作用，被广泛应用在社交媒体、在线视频服务、广告营销等领域。

2）视频事件标注，也叫视频切割标注，是根据特定的要求对视频中相应的时间片段进行标注的过程。视频事件标注可以用于视频检索、视频编辑、视频监控，如图 2-23 所示。

3）视频追踪标注，也称为连续帧标注，是一种从视频中提取目标物体位置和运动轨迹的方法，它通常用于跟踪一组物体的运动状态。视频追踪标注被广泛应用在自动驾驶、动作捕捉等场景，如图 2-24 所示。

图 2-23　视频事件标注

图 2-24　视频追踪标注

5. 数据质检

在数据标注项目中，数据质检是一个至关重要的环节，主要通过人工抽样质检或自动化工具质检发现并修复标注过程中可能出现的错误，确保标注结果的准确性和完整性。

一般来说，自动化工具质检主要用于确定性问题的复核性检查，而人工抽样质检主要针对判断性问题的复核性确认，抽样的比例可以随着标注的难度变化，甚至可以是 100%，即为全量质检。

数据质检贯穿于数据标注项目全过程，总的来说，可以分为两个阶段：

1）在数据标注阶段，通过建立质检策略与流程，组织质检员对每个标注任务进行质量检查，确保每个标注任务都满足质量要求；

2）数据交付之前，从统计维度，对数据标注质量的全面评估，以确保数据标注的准确性和完整性，最终生成质检报告。

2.2.4　数据质量控制

数据标注的质量与机器学习训练效果之间存在着密切的关系。机器学习模型的训练和性能很大程度上依赖于用于训练的数据的质量，因此，为了确保机器学习模型的高效训练和优秀表现，数据标注的质量是必须考虑的重要因素。投入在数据清洗和标注上的时间和资源，往往能够以模型性能的提升和错误率的降低得到回报。

1. 好数据的标准

质量好的数据通常需要具备以下特点,即:数据标注一致性、数据标注准确性,以及数据内容完整性。

1)数据标注一致性。主要指数据集中,对于同一样本的数据标注结果的离散度低,这一点通常取决于标注规范的易懂性,以及标注人员对规则的理解和认知;

2)数据标注准确性。指的是数据内容与标注结果之间的对应关系,这通常需要严格的质检流程辅以先进的质检手段来保证;

3)数据内容完整性。指的是交付数据的内容必须完整有效、必须保证数据采集处理流程合法合规。

2. 数据质量评测方法

数据质量评测方法,一般采用抽样检验方法,从待检的数据集中抽取一部分数据,而得出的检验结论是整个数据集质量是否合格,基本步骤如图 2-25 所示。

图 2-25 数据集质量评测流程

1)数据集准备。首先需要对待测数据进行基本检查与格式整理,例如:数据内容是否完整,数据格式是否正确,数据制作是否合法合规等,通常以人工+自动化工具进行符合性检验为主。如果此时发现数据集存在问题,即终止评测,待问题修复后再继续。

2)抽选测试集。即从数据集中按一定规则抽取数据样本构成数据集。数据抽选方法,可以采用随机抽样、系统抽样、分层抽样等,而数据抽样规模与目标质量相关,一般来说,目标质量越高,抽检的数据量越大。

3)人工检验。即让质检员对抽检数据的标注结果进行检查,通常有两种方法:①忽略抽检数据的原标注结果,由质检员依据标注规范对数据进行重新标注,原标注结果与质检员标注结果不一致则记为错误;②根据数据标注规范,质检员检查原标注结果,只标注"正确"或"错误"即可。

4)生成报告。即是针对标注内容,通过对人工检验结果的分析,计算验收指标,整理撰写数据质检报告。常用的数据集质量验收指标与计算方法见表 2-5。

表 2-5 常用的数据集质量验收指标与计算方法

数据类型	常见标注需求	标注内容	验收指标	计算方法
语音	分类标注	语音有效/无效标注,语音噪声类型标注,语种标注,性别标注等	分类正确率	标签分类正确数/标签总数
	内容标注	语音转写,韵律标注,音素标注等	标注正确率	标注正确数/标注总数

(续)

数据类型	常见标注需求	标注内容	验收指标	计算方法
图像	关键点标注	人脸标注，骨骼点标注等	准确率	标注正确数 / 标注总数
图像	区域标注	车道线标注，车辆标注	准确率	标注正确数 / 标注总数
图像	分类标注	表情标注，行为标注，物品标注等	分类正确率	标签分类正确数 / 标签总数
图像	语义标注	车道线标注，信号灯标注等	标注正确率	标注正确数 / 标注总数
文本	分类标注	情感分类标注，文本分类标注，意向标注，词性标注等	分类正确率	标签分类正确数 / 标签总数
文本	内容标注	文本翻译等	标注正确率	标注正确数 / 标注总数

2.2.5 数据安全

数据标注项目的数据安全管理是关于如何保护项目中使用、存储和传输的数据不受未授权访问、修改、丢失或破坏的管理过程。其主要目的是确保数据的完整性、可用性和机密性。根据数据的来源和保密程度，可以将数据分级，见表2-6。

表 2-6 数据分级表

数据来源	数据类型	保密程度
公开数据	统计数据、公开图像和视频数据、公开语音和文本数据、公开社交媒体数据、公开研究数据集等	公开的，无须过度保密
企业数据	用户行为数据、业务运营数据、企业内部图像 / 文本 / 语音数据、研究数据等	内部使用，一般不对外公开或者受限分享，需要遵守一定的数据使用协议
个人数据	个人社交媒体数据、移动设备数据、个人图像 / 文本 / 语音数据等	严格保密，除非得到用户的明确许可，否则不能使用

在进行数据服务相关项目时，应该根据《数据安全法》的要求，在数据采集、传输、存储、访问等环节做到合法合规，遵循数据最小化原则、明确目的原则、数据安全保护原则、用户知情和同意原则、数据出口限制原则等规定，切实保障数据的所有权、使用权、保密性和可用性。

2.2.6 数据服务内容

从数据在AI模型上的应用来看，可主要分为AI模型训练和AI模型测试两个方面。从数据在AI产品各阶段的作用来看，可以分为原型研发阶段、产品研发阶段和产品完善阶段，数据服务行业通过数据集产品与数据服务两种方式提供了全面的支持，见表2-7。

表 2-7 数据服务内容

数据服务特点	原型研发阶段	产品研发阶段	产品完善阶段
AI 模型训练	小规模数据训练集，帮助实现算法验证	大规模数据训练集，辅以数据采集、标注服务，实现产品的快速搭建	通过采集、标注等数据服务，完成模型迭代，持续提升产品质量
AI 模型测试	利用小规模数据测试集，帮助实现算法验证	结合小规模数据测试集，辅以 AI 模型评测服务，实现产品的性能、功能测试	通过 AI 模型 / 产品评测服务，实现产品的持续完善

1. 数据集产品

数据集产品，指的是数据生产的最终交付物，通常是结构化的、现成数据产品，包含采集数据与标注结果，在人工智能算法研究阶段具有非常大的优势，可以快速地进行算法验证与迭代。目前，市面上的数据集产品种类非常多，例如：

1）按照内容可以分为语音数据集、图像数据集、文本数据集、视频数据集；

2）按照任务可以分为语音识别用数据集、语音合成用数据集、人脸识别用数据集、物体识别用数据集等；

3）按照数据集是否开放，分为开源数据集、闭源数据集。目前，开源数据集多为政府机构、科研院所和非营利组织等贡献，但质量难以保证，且无后续维护支持；闭源数据集多为数据所有者自建，或数据服务厂商制作，数据安全、质量和后期维护皆有保障，但需要一定的费用。

2. 数据服务

数据服务是指根据客户需求，将数据生产过程作为产品，向客户提供服务。服务内容可以包括数据采集、数据标注、数据质检等环节，乃至一体化解决方案。近年来，随着人工智能行业发展，数据服务内容也逐渐增加，例如：数据集质量评测、AI 模型调优、AI 模型评测、AI 产品评测、数据服务能力评估等。

2.3 人工智能数据服务应用案例

人工智能技术已经深入到各行各业，为各行业的发展和升级提供了强有力的支撑。AI 数据服务不仅在人工智能模型的训练与测试方面提供了强有力的支持，在人工智能场景落地方面也有着整体解决方案。

2.3.1 语音识别模型训练

语音识别（Speech Recognition）技术，也称作语音转文字技术（Speech to Text，STT），目标是让计算机自动将人类的语音内容转换为相应的文字。技术实现时，首先分析语音特征，利用声学模型识别出音素，而后利用发音词典实现音字对应，最后利用语言模型输出识别文本，简要技术框架如图 2-26 所示。

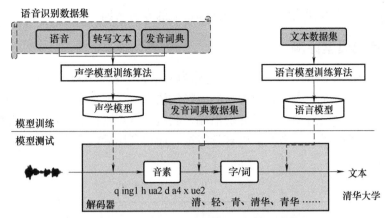

图 2-26 经典语音识别技术框架示意图

由此可知，在语音识别模型训练时，需要三类数据服务支持：

1）语音识别数据集，用于训练声学模型。见表 2-8，一般来说，数据集应覆盖尽可能多的语音现象，尽可能多的发音人且在各年龄段、性别、方言区等维度覆盖科学合理，语音采集的场景与设备与目标场景一致，而采集后的语音需要进行语音正字转写，并制作发音词典，数据集质量要求高，正确率至少 95% 以上。

表 2-8 语音识别模型训练用数据集（摘录）

数据集名称	数据特点	服务方式
Common Voice[1]	27000 小时，由 Mozilla 开源，包含多种语言，录音及转写文本由志愿者贡献，持续更新	数据集产品
AISHELL-2[2]	1000 小时，希尔贝克开源的中文普通话语音，1991 名来自中国不同口音区域的发音人参与录制	数据集产品
King-ASR-384 系列[3]	海天瑞声的汉语各地方言重口音语音音库，包括 50 多个地区、上万小时语音	数据集产品
King-Lexicon-001-2[4]	海天瑞声普通话发音词典，22 多万词条，覆盖 GB 18030—2022《信息技术 中文编码字符集》所有汉字以及常见多音词	数据集产品

[1] https://commonvoice.mozilla.org/en/datasets。
[2] https://www.aishelltech.com/aishell_2。
[3] https://www.dataoceanai.com/dsvoice/catid-56.htm。
[4] https://www.dataoceanai.com/dataset/c63-6502.htm。

2）文本数据集，用于训练语言模型。文本数据集规模应尽可能大，内容与目标场景一致，内容应尽可能干净，无噪声数据。

3）发音词典，在语音识别技术中非常重要，它代表了语音识别引擎的"知识容量"。如果词典中只包括数字 0~9，那么语音识别算法则只能识别这十个数字。一般来说，对于通用语音识别技术来说，发音词典应包括高频词和常见的专有名词。

2.3.2 语音合成模型评测

语音合成（Speech Synthesis）技术，也称为文字转语音（Text to Speech，TTS）技术，目标是让计算机自动将文字内容转换为自然流畅的语音。一般来说，技术实现分为两步，即文本分析前端和语音合成后端。文本分析前端，利用文本正则化、分词、词性标注、发音预测、韵律预测等技术分析，从中获取语言学特征，而后利用后端合成器生成语音，简要技术框架如图 2-27 所示。

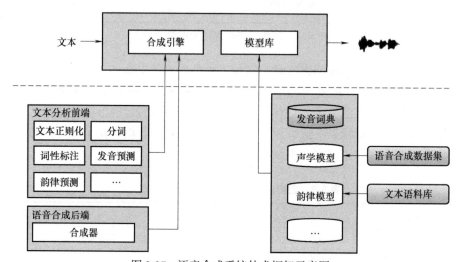

图 2-27　语音合成系统技术框架示意图

语音合成模型评测用数据集见表 2-9。一般来说，语音合成模型的评测至少包括三个方面的内容：清晰度、可懂度和自然度。

1）清晰度是指语音中语言单位为意义不连贯的（如音素、声母、韵母等）单元的清晰程度；

2）可懂度是指语音中有意义的语言单元（如单词、单句等）内容的可识别程度；

3）自然度则是与语音的保真性密切相关。

而深入到技术细节，也可分为 TTS 前端、后端评测两部分，即：

1）TTS 前端评测，例如文本正则化正确率、分词正确率、发音预测正确率等；

2）TTS 后端评测，例如发音清晰度、发音准确度、语音自然度、音色相似度、情感表现力等。

从评测方法来看，又分为主观评测和客观评测。通常，主观测试以 AI 数据服务方式提供支持，而客观测试部分则可以使用 AI 数据集产品，例如：情感表现力、语音自然度等就需要主观评测，文本正则化、发音预测等内容则可以采用客观测试方式进行。

表 2-9　语音合成模型评测用数据集（摘录）

数据集名称	数据特点	服务方式
King-NLP-171①	中文正则化数据库，107854 条数据	数据集产品
King-PR-001②	中文韵律标注语料库，168326 条，含韵律与拼音标注	数据集产品
King-NLP-131-3③	中文多音字语料库，255 个多音字，共计 58 万句	数据集产品
King-NLP-206④	日语正则化语料库，100398 条数据	数据集产品
King-NLP-189⑤	西语正则化语料库，114019 条数据	数据集产品

① https://www.dataoceanai.com/dataset/c60-6322.htm。
② https://www.dataoceanai.com/dataset/c60-9314.htm。
③ https://www.dataoceanai.com/dataset/c60-6318.htm。
④ https://www.dataoceanai.com/dataset/c60-9315.htm。
⑤ https://www.dataoceanai.com/dataset/c60-9316.htm。

2.3.3　人脸识别模型评测

广义来讲，人脸识别（Face Recognition）包含的相关技术非常多，具体如下。
1）人脸检测（Face Detection）：检测出图像中人脸所在位置；
2）人脸配准（Face Alignment）：定位出人脸上五官关键点坐标；
3）人脸属性识别（Face Attribute）：识别出人脸的性别、年龄、姿态、表情等；
4）人脸比对（Face Compare）：衡量两个人脸之间相似度；
5）人脸验证（Face Verification）：判定两个人脸图是否为同一人的算法；
6）人脸检索（Face Retrieval）：查找和输入人脸相似的人脸序列的算法；
7）人脸聚类（Face Cluster）：将一个集合内的人脸根据身份进行分组的算法；
8）人脸活体（Face Liveness）：判断人脸图像是来自真人还是来自攻击假体（照片、视频等）的方法。

一般理解，人脸识别目标是让计算机自动识别出输入人脸图对应的身份。技术上通常分为以下几步，首先从图像中检测出人脸，而后进行面部特征点定位，最后通过分类器进行身份的辨识。

在自然场景中，受到众多客观因素影响，会导致人脸识别率急剧下降，例如：
1）光照问题。不同的光线，会导致面部阴影发生变化，尤其是在夜晚；
2）表情问题。例如面部幅度较大的哭、笑、愤怒等表情变化；
3）遮挡问题。例如戴着眼镜，帽子等饰物造成的人脸图像不完整；
4）年龄问题。一个人从少年变成青年，变成老年，他的容貌可能会发生变化；
5）人脸相似问题。所有的人脸的结构都相似，而不同个体之间的区别不大；
6）图像质量问题。主要指因设备或拍摄方法的不同导致的低分辨率、质量差的人脸图片，例如运动条件下手机摄像头拍摄的图片、远程监控拍摄的图片等。

因此，在进行人脸识别评测时，需要充分考虑到上述因素，选取覆盖尽可能全面的数据集，见表2-10。

表2-10 人脸识别模型评测用数据集（摘录）

数据集名称	数据特点	服务方式
King-IM-053[①]	人脸2D图像数据集，共计302394张图片，采集对象以中青年人群为主。采集两人组合、单人拍照、多人组合、儿童组合、头饰图片，内容包括半身、全身、逆光、曝光等，可用于人脸识别、目标跟踪、目标检测等任务	数据集产品
King-IM-058[②]	亲属人脸表情姿态图像数据集，采集同一家庭内的8种亲属关系：父子、父女、母子、母女、兄弟、兄妹、姐弟、姐妹，共采集4000人，可用于人脸识别、面部表情、目标检测等任务	数据集产品
King-IM-013[③]	自然场景下的多姿态自拍图像数据集，采集840人，每人至少拍摄4个场景、11类姿态，共计84048张，并进行人脸关键点标注，可用于人脸识别、人脸姿态、目标检测、目标跟踪等任务	数据集产品
King-IM-065[④]	活体（人脸）对抗数据集，共采集2003人，共计192299张，包括正常人脸、打印照片A4对抗、照片MASK对抗、照片抠五官对抗、视频设备对抗、身份证人像照片对抗，可用于人脸识别任务	数据集产品
LFW[⑤]	发布于2007年，Labeled Faces in the Wild（LFW）是为了研究非限制环境下的人脸识别问题而建立的，是比较早期而重要的测试人脸识别的数据集。该数据集包含5749个人的13233张全世界知名人士的图像，其中有1680人有2张或2张以上人脸图片。它是在自然环境下拍摄的，因此包含不同背景、朝向、面部表情	数据集产品
CelebA[⑥]	名人人脸属性数据集，包含10177个名人身份的202599张人脸图片，每张图片都做好了特征标记，由香港中文大学开放提供，广泛用于人脸相关的计算机视觉训练任务，可用于人脸属性标识训练、人脸检测训练以及landmark标记等	数据集产品

① https://www.speechocean.com/dataset/c61-6425.htm。
② https://www.dataoceanai.com/dataset/c61-6433.htm。
③ https://www.dataoceanai.com/dataset/c61-6387.htm。
④ https://www.dataoceanai.com/dataset/c61-6440.htm。
⑤ http://vis-www.cs.umass.edu/lfw/index.html#download。
⑥ http://mmlab.ie.cuhk.edu.hk/projects/CelebA.html。

2.3.4 自动驾驶场景的数据应用

自动驾驶是依靠计算机与人工智能技术在没有人为操纵的情况下，完成完整、安全、有效的驾驶的一项前沿科技，其基本原理是通过传感器实时感知到车辆及周边环境的情况，再通过智能系统进行规划决策，最后通过控制系统执行驾驶操作，其中涉及识别、决策、定位、通信安全和人机交互等多项技术。而驱动自动驾驶前行的燃料，就是亿万级别的数据，没有场景丰富、精度高标注的数据，自动驾驶系统就永远只是一个新手司机，数据集见表2-11。

表 2-11　自动驾驶场景下技术与数据整理

技术目标	数据特点	服务方式	示例图
道路场景识别	丰富的道路场景，可进行各类行车区域、引导标志的识别，以及全场景的像素级分割	数据集产品+采标服务	
行人行车检测	多姿态的行人检测及多型号的车辆检测，考虑各光线、天气、区域、遮挡等环境	数据集产品+采标服务	
自动泊车检测	覆盖室内外多种类型的泊车场景	数据集产品+采标服务	
驾驶舱内交互	舱内驾驶行为、表情动作、多模态交互，考虑各人种、年龄的多样性	数据集产品+采标服务	
雷达点云追踪	在三维空间中准确还原重建地图场景，检测定位并追踪物体	采标服务	

2.3.5　大模型中的数据服务

自然语言处理要实现的终极形态，就是让机器按照人类偏好的方式，与人类通过语言文字高效交互。然而，语言文字信息没有显式的结构化，其中还有大量的语言学问题，可以说是非常的复杂。近些年，基于人工神经网络的大语言模型（Large Language Model，LLM）在自然语言处理方面取得了丰硕的成果，随着 ChatGPT 的出现，让人们看到了强人工智能诞生的一线曙光。

1）早期探索阶段（2017 年前）：这一阶段的代表工作是 word2vec 等词向量模型。它们参数量较小，在百万数量级，为后续的预训练语言模型打下基础。

2）预训练模型阶段（2017—2019 年）：BERT 等模型将语言模型预训练作为 NLP 的新范式，参数量进入亿量级。它们展示了通过预训练获得的通用语言表示的强大能力。

3）百亿参数模型阶段（2020年至今）：GPT-3等模型参数量达到了百亿级，开始关注计算资源和数据集规模带来的质变。这一阶段的重要发现是，模型规模的扩大可以持续改进其性能，并且在适当微调和对齐后能够泛化至下游多个不同的应用场景。

4）多模态与知识增强阶段（最近一两年）：基于文本的语言模型开始向多模态表示的方向发展，同时也开始结合外部知识来增强自身。这些为模型提供了更丰富的源信息。

大语言模型（LLM）训练过程如图2-28所示。

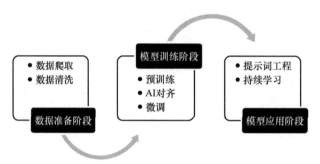

图2-28 大语言模型训练过程示意图

在数据准备阶段，通过爬虫技术，收集大量的文本数据作为模型的训练数据，数据量通常在十亿字以上，数据来源有书籍、新闻、网页等。而后对收集到的数据进行清洗、去重、统一格式等预处理，形成模型预训练所需的大规模无标注数据集。

在模型训练阶段，主要包括三部分：

1）预训练：根据任务需求和计算资源情况，选择合适的模型架构，如Transformer、GPT等，确定模型训练所需要的超参数，如层数、隐层大小、Attention头数、学习率等，而后在大规模无标注数据集上训练基础模型（也称为基石模型、预训练模型），使其逐步学习语言的统计特性和常识性知识。预训练过程可能需要使用数百个高性能GPU（例如A100等）运行几个星期或更长时间。

2）AI对齐：所谓AI对齐，就是AI语言模型的输出符合人类价值观。Anthropic在其论文A General Language Assistant as a Laboratory for Alignment中给出的三大理念，即有用（Helpful）、可信（Honest）、无害（Harmless），比较被广泛接受。为了实现这一点，需要将人类对于文本内容是否为人类所需的判断，被AI学会。由此，OpenAI提出了监督微调（Supervised Fine-Tune）方法和人工反馈的强化学习（Reinforcement Learning with Human Feedback）等具体操作方案，这需要相关数据服务参与其中。

3）微调：针对目标任务收集相关领域的语料，如针对客服聊天机器人，可以收集客户服务对话语料，而后使用目标领域的语料进行有监督的微调，使模型更加适应目标的下游任务，如金融问答、医学会诊等。在此阶段，需要高质量的标注数据参与其中，而数据量规模较预训练阶段小很多。在通用场景中，目前GPT-3等大语言模型也比较充分展示了训练范式上不用微调的可信性。

在模型应用阶段，用户需要学习"如何提问"（也称为提示词工程），高质量的提示词可以有效地提高大语言模型的用户体验和回答质量。与此同时，系统通过分析在目标场景中的高频问题、日志等收集用户实际的问答交互语料，持续反馈优化模型，不断适应用户的需求。

通过这几个阶段的训练，可以逐步改进大语言模型的语言理解和生成能力，使其真正能够进行有效的人机交互。这是一个循序渐进的优化过程。可以看出，不同阶段对数据类型和数据量需求各不相同。实际应用中，数据的准备和迭代优化也是模型训练的关键。

在模型应用阶段，高质量的提示词对提升用户体验和问答质量非常关键。一般来说，良好的提示词应具备"表达清晰、通俗易懂、区分性强"等特点，这是计算机从听者逻辑角度出发，对人类提出的要求。随着大规模语言模型能力的提升，计算机可以逐步学习更好地理解人类的语言逻辑，从而减少对提示词工程的依赖，例如：

1）更好地理解不同上下文中的语义，避免歧义。
2）分析句子语法结构和逻辑关系，而不仅仅依赖关键词。
3）掌握常识知识，来理解语句的缺失前提。
4）学习用户的个性化语言风格和语用习惯。
5）在交互过程中持续学习和推理，主动询问来消除歧义。

通过这些能力的提升，语言模型可以减少对提示词的依赖，实现更自然的语言理解。用户也不需要为了配合语言模型而调整语言表达。

2.4 未来发展趋势

2.4.1 数据对 AI 发展的重要性更加凸显

在 AI 产业链中，算法、算力和数据共同构成技术发展的三大核心要素。算法模型从技术理论到应用实践的落地过程依赖于大量的训练数据。训练数据越多、越完整、质量越高，模型推断的结论越可靠。过去十年，人工智能产业以算法为核心，通过深度学习算法的不断创新，推动人工智能产业的快速发展。但未来，当算法发展趋于开源、算力能力大幅提升及人工智能模型从技术理论应用到更多的垂直场景，想要更快更好提升人工智能能力，数据将发挥更重要的作用。

尤其在大模型时代下的今天，数据正在被视为大模型落地以及发展竞赛中重要的决定性要素。在大模型领域，过去业界普遍认为模型参数量是模型效果增强的核心要素，模型参数越大，性能表现越好，而如今这一"参数"定律正在打破。Meta 今年开发的 LLaMA 证明，相比于单纯参数量提升，训练数据规模以及多样性的增强，可带来更好的模型效果提升。根据新浪财经报道，LLaMA-13B 虽然在参数规模上相较于 GPT-3（175B）小了十几倍，但由于其大幅提升了训练数据规模（LLaMA-13B 训练数据量约为 GPT-3 的 3 倍），其表现能力在大部分指标上均超越了后者；与此同时，LLaMA-65B 也是凭借数据规模优势，与谷歌 5400

亿参数的 PaLM-540B 在表现上旗鼓相当。可以看出，数据正在逐渐成为大模型时代下的重要推动力量，并产生快速增长的数据需求。

2.4.2　AI 产业对数据服务的新需求

1. 大模型技术的突破和跃升，将驱动新型数据需求持续增长

随着 ChatGPT 成为全球范围内的现象级应用，人工智能迎来了新的发展机遇，其背后的大模型技术也将进一步引导人工智能产业变革并带来相关数据需求的变化和增长。

首先，和传统的深度学习模型相比，大模型的数据需求规模将呈指数级增长。传统深度学习技术路线下，训练一个专有小模型大约需要 GB 级数据，而训练一个大模型通常需要 TB 级数据，例如，GPT-3 的原始文本语料多达 45TB。此外，大模型数据丰富程度显著增加，大模型不仅包含海量语言类、知识类信息，还包括各类垂直领域以及多模态数据，通过多样化数据的引入，大幅提升模型的通用能力以及迁移能力，并使其可服务更多的任务类型与场景。同时，数据质量会显著拉开大模型预训练阶段的效果差距。另外，相比于传统模型训练，大模型的数据需求类型也将有所转变，更多模型或将采用类强化学习模式来进行特定领域或特定方向上的优化迭代，以使得机器能够以更加接近于人类期望的方式提供答案输出。对于大模型训练而言，不仅需要持续获取大规模、多样化（多模态、多场景、多垂向）、高质量的数据，更须具备持续迭代的高质量数据清洗和标注策略，以不断提升包括预训练（Pre-training）、模型微调（Fine-tune）及奖励模型（Reward Model）等过程中所需数据的质量，例如指令（Instruction）类数据，确保语言类和常识性知识之外的其他垂直领域的应用场景的能力提升，为大模型精确性、通用性及泛化能力的实现奠定坚实基础。

在以上背景下，一方面，大规模、多样化、高质量数据集重要性凸显，成为模型训练效果的核心支撑之一。另一方面，AI 发展所面对的数据前沿性及工程化技术的挑战也更为显著。长期看，只有 AI 数据处理技术的不断拓新与发展，才能及时适应甚至超前引领大模型技术和应用的发展。

2. 多模态数据受 AIGC、虚拟人等应用元宇宙发展驱动，将呈现快速增长趋势

随着 AIGC 技术发展，AI 可在更多维度、更多场景辅助人类进行内容生产以及创作。例如，通过大模型等 AIGC 技术，人类仅需输入一段简单的文字指令，AI 即可按照人类描述生成一幅画、一段语音或一段视频，以此帮助人类完成内容创作。想要实现上述功能，AI 除了要具备理解人类文字指令的能力，还需要通过对齐不同独立模态关键特征的方式，建立文字与图像、语音、视频之间的一一映射关系，这背后将依赖大量的多模态数据，AI 需要对多模态数据进行学习，以实现跨模态的创作能力。

此外，随着 AI 虚拟主播、虚拟学生、虚拟员工轮番上岗，数字人概念逐渐走入大众视野，成为人工智能的热门技术赛道。想要让虚拟数字人实现与人类的自然交互，不仅需要发音标准自然、身体动作流畅，其表情、口型与声音也要实现细节的精准匹配，而多模态技术就是打破传统人工智能单一感官局限、让各类 AI 能力协同使用的重要技术。通过对高质量多模态训练数据集的持续学习，AI 可实现图像、视频、音频、语义文本等多维度能力的融合，使得虚拟人在行为上更接近人类。

未来，随着以 AIGC、虚拟人为代表的 AI 技术以及应用的不断发展，多模态数据需求将呈现加速增长趋势，具备多模态数据服务能力，以及多模态数据集储备的企业将获得更多市场机会。

3. 人工智能企业全球化布局加速，多语种能力成为企业业务拓展核心支撑

2013 年，共建"一带一路"倡议的正式面世，十年来，随着倡议的深入推进，国内一批具有较强创新能力和过硬技术实力的企业，纷纷踏出国门，积极拓展海外市场，通过不断扩大企业出海战略版图，获得高速发展机会。此外，境外头部企业也继续践行"全球化"战略，搭乘全球出海的快车。

随着境内、外企业的全球化扩张成为确定性趋势，多语种能力作为支撑企业顺利出海的核心要素之一，重要意义更加凸显。未来，多语种训练数据将对客户侧在语音助手、智能汽车、智能家居、智能客服、机器人、多语种 OCR 等各领域产品/应用的全球化推广起到积极作用。因此，随着各类客户群体扩张步伐加速，多语种需求也将快速增长，具有强大语言研究能力的数据服务企业将获得更多商业机会。

4. 人工智能技术加速向产业渗透融合，催生更多垂向领域数据需求

随着深度学习技术的不断突破，人工智能发展已经进入 2.0 时代，相关训练需求正逐渐从通用基础能力建设，向更为专业的垂向场景/行业拓展。一方面，以大模型为代表的 AI 基础技术不断取得重大突破，AI 模拟人类认知的能力飞速提升，因此从技术能力维度看，AI 已具备与垂直产业融合并规模化应用的前提条件；另一方面，受各国数字经济发展战略推动，产业数字化和智能化将进一步席卷各行各业，智能化技术与传统产业的融合将成为数字经济时代的新发展趋势，并创造出巨大的蓝海空间。

当前 AI 技术正在加速与各类产业融合，在汽车、金融、医疗、工业等传统行业的渗透率和应用场景不断提升，展现出可观的商业价值和巨大的发展潜力，而数据作为打通算法技术与行业需求的核心桥梁，作用更加凸显，可以说数据能力一定程度上决定了算法模型在对应产业的适用性以及实用性，成为加速 AI 产业化落地的关键要素。

5. 我国法律法规密集落地，对数据安全及合规提出更高要求

近年来，数字经济规模快速扩张，数据作为数字经济时代的核心生产要素，重要性更加凸显，但数据不同于传统生产要素，其中可能涉及个人隐私以及国家安全的重要信息，因此，为更好保障数字经济长期稳定的可持续发展，建设规范、安全、合规、高质量的数据安全体系已成为迫切需求。近年，我国陆续出台包括《数据安全法》《个人信息保护法》等主流法律法规，为解决数据安全问题、净化行业快速发展中的乱象提供了切实可行的法律依据。

未来，随着 AI 技术不断革新，应用行业以及场景不断增加，各行业、各领域数据安全规范逐渐落地将成为趋势，对于以数据生产为主营业务的数据服务企业，数据安全及合规能力将成为数据服务能力的核心评价维度，成熟的安全合规管理体系将成为重要评价标准，能持续跟踪法律环境变化，积极响应监管政策，牢牢把握发展与安全并重的原则的企业将具有更强的市场竞争力。

第 3 章

数字孪生

3.1 全新世界展示——数字孪生可视化

数字孪生（Digital Twin）的产生与发展得益于工业变革中人们的逆向思维。人们试图将物理世界发生的一切，复制到虚拟空间中，基于各类仿真、分析、数据积累、挖掘、可视化等手段，在虚拟空间中进行应用场景全生命周期的复盘与建议，保证虚拟世界与物理世界的一致。这就是数字孪生对各行各业发展的意义所在。

数字孪生可视化确保应用场景与现实物理场景 1∶1 的镜像还原与呈现。而数字孪生不仅仅局限于可视化的展示，它具有数据连接及过程数字化表达的特性，赋予了全局规划及实时治理的能力。

3.1.1 数字孪生概念的提出和演进

1. 早期数字孪生

数字孪生一词最早是由美国密歇根大学教授 Michael Grieves 于 2002 年提出，2011 年美国国防部利用数字孪生技术解决航天飞行器的养护与维修需求的测试。

该时期数字孪生仅局限于通过数字模拟来进行实物改造。

2. 中期数字孪生

2014 年，Michael Grieves 在发表的文章中再次阐述了数字孪生概念，数字孪生指通过物理设备的数据，在虚拟空间构建可以映射物理设备的虚拟实体，这种联系不是单向和静态的，而是将整个产品的生命周期都联系在一起。

随着物联网、云计算、人工智能和虚拟现实技术的快速发展，市场上出现了各式各样的数字孪生形态及概念。数字孪生概念扩展到了模拟仿真、虚拟装配领域，但还只停留在产品设计阶段，利用虚拟模型对产品进行验证和性能测试，从而促进产品设计升级。

2015—2018 年，数字孪生技术逐步向多元化场景扩展，并向目标场景的全生命周期服务进行演进。

3. 数字孪生现阶段

《数字孪生白皮书（2019）》中提出了数字孪生新概念：数字孪生是综合运用感知、计算、建模等信息技术，通过软件定义，对物理空间进行描述、诊断、预测、决策，进而实现物理空间与数字空间的交互映射。

数字孪生普遍定义：数字孪生是充分利用物理模型、传感器更新、运行历史等数据，集成多学科、多物理量、多尺度、多概率的仿真过程，在虚拟空间中完成映射，从而反映相对应的实体装备的全生命周期过程。

各界对数字孪生存在着不同的认识，尚未形成统一定义。但普遍对数字孪生的核心要素达成了共识，即物理实体、孪生模型、海量数据、业务连接、监管预测和运营服务等。数字孪生技术已经被应用于各种场景的全生命周期的各个阶段，覆盖智慧城市、园区、汽车与交通、水务、港口、航空、能源、地产等多个行业领域。

【扩展阅读】 智慧城市及交通领域数字孪生应用现状

智慧城市：数字孪生技术可以让城市规划师、工程师、建筑师和施工人员在一个全要素、超大规模的虚拟城市中工作，全面实时地处理多种格式的海量数据，推动城市全要素数字化、虚拟化、实时化、可视化和智能化，实现城市的精细化管理。

智慧交通：数字孪生技术对道路及周边建筑进行数据优化，打通了三维模型数据生产、交通流仿真与三维展示平台之间的全链路，以高分辨率的三维路网模型构建高精度的仿真路网，通过数据交换接口将仿真路网提供给交通流仿真软件。最后，将交通流仿真结果按照一定的数据格式，通过接口提供给微观交通流仿真三维展示环境来进行交通流仿真，并完成交通流仿真结果评估。

3.1.2 数字孪生的实践层面的定义

究竟什么是数字孪生（Digital Twin）。

数字孪生就是利用三维可视化、仿真等技术手段，在虚拟空间中完成场景1∶1映射，从而反映相对应现实场景的全生命周期过程。

具体来讲，数字孪生可视化作为底座，将比如各业务的管理数据、地理信息系统（Geographic Information System，GIS）数据和建筑信息模型（Building Information Modeling，BIM）数据等信息进行整合，基于自动语义分割和深度学习模型，构建区域全要素场景，达到空间可视化、虚拟监控、巡检、风险预控、分析地理特征等效果，用于公共事业和资产管理。数字孪生技术打通智能化过程中的关键难点，形成数据闭环赋能体系，从而实现不同应用场景的智能化、数字化升级。

3.1.3 数字孪生涉及的关键技术

1. 多源数据融合技术

数字孪生技术应用于各行各业，需要接入各行业运行过程中产生的基础数据，包括但不限于：BIM 数据、开放场景图二进制（Open Scene Graph Binary，OSGB）数据、GIS 数据、传感器数据、业务系统数据、各类数据库数据等，对海量数据进行转化、融合是数字孪生场景展示和业务系统搭建的前提条件，根据可视化的需要对数据进行转换以加速加载过程。

例如：BIM 数据的处理需在三维可视化引擎上进行，同时保证系统运行时，既没有损失渲染质量，又可以确保渲染速度。

2. 数据建模及渲染技术

数据建模及渲染技术是数字孪生可视化最核心的环节，数字孪生是通过可视化渲染及数据驱动实现物理实体对象和虚拟世界的 1:1 映射。基于图形渲染、视频处理、网络传输、云计算等多种行业通用技术，数据可视化编辑、数据化自动建模、模型轻量化、轻量化模型展示等成为数字孪生企业不断优化的技术研发方向。

例如：通过三维建模可以高度还原物理实体的外形、材质、纹理、内部结构等，实现高精度、超精细的可视化渲染。

3. 仿真技术

仿真技术包括静态仿真技术和动态仿真技术。对各种时空轨迹的静态数据及动态数据（包括但不限于：离线时空轨迹、真实世界实时动态数据、接入的数据等）进行仿真处理（包括但不限于：感知层、决策层、路径规划层、动力模型层和行为层等），可支持多种数字孪生业务场景。

例如：传感器仿真能力需要图形学、光学、电磁波、5G 通信、深度学习和传感器硬件等多个方向的技能融合，并且需要高拟真的大规模场景生成能力的支持。

4. 分布式微服务技术架构

分布式微服务技术架构将庞大的数字孪生体系拆成多个独立模块，每个模块使用一个应用镜像进行微服务部署，支持镜像级别的升级发布，可以满足场景自动生成、数据创建、读取、更新、删除及动态资源访问的 RUNTIME 服务需求，能够支撑各业务单元的行业应用能力，有效保证了数字孪生系统平台的可用性、可靠性和业务延展性。

例如：很多行业数据可以达到 GB 甚至 TB 级别，分布式微服务将保障大型及超大型场景的生成能力和生成速度。

3.1.4 数字孪生应用于各行各业

1. 行业应用方向

随着物联网技术的广泛应用，数字孪生已逐步作为各传统行业进行数字化转型的关键技术，越来越多的传统企业计划并实施数字孪生的制定与部署。数字孪生技术通过对物理世界的人、物、事件等所有要素数字化，构建全产业链的数字孪生体，促进数字经济发展。

2. 应用场景分析

从"上云用数赋智"，到各地数字孪生城市建设，再到国有企业的数字化转型，数字孪生已经深刻渗透进我国城市和产业发展进程之中。数字孪生技术已广泛应用于各类场景，包括：城市与新区、园区与建筑、工业与能源、车辆与交通、水与环境等。

(1) 城市与新区

城市与新区应用场景可分为中央商务区、成熟城区和开发新区。平台采用"多源数据处理、城市底座生成、应用界面开发、数据集成开放"的模块化设计，满足项目持续运营、应用灵活适配、数据管理保密的要求，支撑城市信息模型（City Information Modeling，CIM）、智慧城市智能运行中心（Intelligent Operations Center，IOC）和城市大脑业务，助力城市数字化转型。

(2) 园区与建筑

园区与建筑应用场景可分为智慧园区、场馆楼宇、文旅景区和地产社区。平台以二三维时空数据为基础，构建全园 CIM 空间信息模型，呈现过去、现在、未来全时空信息的园区全要素数字化表达，可全面呈现园区的空间现状、历史演变以及园区未来规划的虚拟呈现，形成园区的时空数字档案，并持续积累形成园区的数字化资产，为园区提供企业综合运营、安防、人员与资产设备管理、招商引资等定制化功能模块。

针对建筑类场景，虚拟建筑外立面与真实建筑里面保持一致，虚拟建筑内外场景要求能够进行实时漫游，模拟 24 小时光照，并且对周边环境进行虚拟 1:1 还原，虚拟建筑能够进行大小缩放、分层查看、分间查看、能够进行平面 360° 旋转、立面 180° 旋转，能够自由操控。

(3) 工业与能源

工业与能源应用场景可分为港口物流、工业制造、智慧电力和航空航天等。港口物流应用场景提供作业仿真与预测工具，深度融合 TOS 系统运营数据与设备作业数据，实现全时态数字孪生港口运营管理，辅助作业流程优化，提升作业效率。工业制造应用场景提供从零件级作业仿真到系统级生产流程仿真，辅助工业制造全流程精细化管理，结合安全生产、能耗监控等工厂运营管理，实现降本增效。智慧电力应用场景支持 GIM 标准，开放电力行业数据驱动生成工具，贯穿发电、变电、输电、配电全生命周期，助力传统电力行业智慧化升级。航空航天应用场景构建天地一体化的虚拟环境，由时空数据统一调控，满足飞行器姿态、轨迹、动作等仿真作业需要，助力航空航天产业的数字化建设。

(4) 车辆与交通

车辆与交通应用场景可分为自动驾驶、车路协同、交通枢纽和桥隧高速。自动驾驶应用场景能够覆盖自动驾驶算法研发测试的全流程，保障自动驾驶的安全性，有效降低研发的测试成本。车路协同应用场景为大交通行业提供数字化转型的新动力和新基建。交通枢纽应用场景为城轨站点、机场、公交站、高速服务站、高铁站等重要交通枢纽提供平台化服务，采用运营+仿真双模驱动，是同一个全要素底座，即可通过数据驱动来监控枢纽站实时运行状态，也可通过云计算实现车流、客流等在线仿真推演。桥隧高速场景指智慧道、桥梁、隧道等场景的数字化转型。

(5) 水与环境

水与环境应用场景基于数字孪生技术，融合运用多维数据信息与动态仿真推演能力，形成具备从自动化、信息化向智慧化转型的支撑。

3. 项目案例

（1）数字孪生动态仿真港口

妈湾智慧港升级以实际行动践行粤港澳大湾区国家战略，为深圳中国特色社会主义先行示范区建设。项目在三个方面实现行业"首次"：首次实现港口行业在数字孪生全要素场景下的动态数据实时驱动；首次实现从货物到港、装卸、转堆、仓储及出港的全周期作业仿真覆盖；首次实现5G环境下港口全量工业设备态势感知，极大提升了妈湾港的物流和经营效率。

1）项目诉求。妈湾智慧港位于我国长江三角洲，成立于1986年9月30日，是我国由传统散杂货码头升级改造成自动化码头的典范。

妈湾智慧港运用数字孪生技术对港口静态场景进行1:1真实还原，对港口动态作业场景进行数据驱动仿真，实现港口作业场景全方位实时动态还原、设备作业视角灵活切换、拖车作业路径可视、设备和集装箱搜索定位、堆场及箱务立体空间化管理和作业效率统计分析等功能，如图3-1所示。

图3-1 项目展示图1

2）创新应用场景。妈湾智慧港利用数字孪生技术，结合人工智能、5G应用、北斗系统、自动化、智慧口岸和区块链等技术，配载效率比人工提升15~20倍；综合作业效率提升30%，实现了港口运作智能化、港航管理智慧化。

三维还原港口静态场景：数字孪生港口对项目区内静态场景进行1:1真实还原，包含港区内建筑群、作业场地、堆场标识牌、地面标识、行车线、岸线，以及场桥和岸桥轨道等。

10万集装箱动态生成：集装箱上箱号、箱信息、Logo 涂装和箱型等均进行了动态生成。多参数、海量级的集装箱动态生成对渲染机压力大，要求高。针对多参数、大规模的集装箱动态生成自主研发优化算法，对生成规则进行抽象简化，对渲染方式进行图形学优化。针对 10 万量级集装箱的场景轻量化，最终项目可部署在便携式计算机等轻量设备上流畅运行。

实时数据驱动设备运动：项目还原了岸桥、场桥和拖车这三类作业设备的作业运动，每类作业设备中由于厂家、型号等区别，衍生出多类设备模型。所有设备模型要求接入实时数据，在场景中动态驱动模型作业。其中涉及不同类型设备模型运动参数不同、设备与设备之间协同联动、设备与集装箱之间协同联动和设备零部件运动轨迹平滑优化等重大难点，根据不同类型设备模型运动参数，动态驱动模型运动，可自动处理、清洗、提取实时接入的多设备协同数据，以及自动平滑设备运动轨迹。

运营计划动态接入模拟：运营计划包含泊位计划、堆场计划和相关设备调度计划等，要求对实时作业场景中的设备、集装箱和船等模型进行清空并重新初始化为相关运营计划的场景。由于场景中动态数据量庞大，该要求对场景动态清空、动态加载能力挑战很高。针对不同类型运营计划数据分别使用不同类型的研发方案，对泊位计划、堆场计划数据使用动态生成研发方案，对相关设备调度计划使用动态驱动研发方案，并且打通二者衔接能力。

3）数字化转型价值。数字孪生港口运营仿真平台在技术上首次实现了 10 万量级集装箱动态生成，实时数据驱动 200 余设备协同作业，并且保证运行帧率不低于 60FPS。平台提供流畅的操作体验，帮助港口管理者更快速地定位问题、解决问题。在业务上为港口行业首次实现了从货物到港、装卸、转堆、仓储及出港的全周期作业仿真覆盖，达到 720° 全角度作业监控，弥补了传统摄像头监控覆盖有盲区、摄像头之间衔接不流畅、监控不便利的缺点。首次提供对运营计划的可视化仿真，为港口运营方制定、调整运营计划提供依据，提高运营计划的合理性，从而提高港口运营效率。

（2）新一代智能园区智能运营中心

数字孪生技术赋能园区数字化转型，通过数字孪生智慧园区 IOC 解决方案，将园区分散的各类业务系统、感知终端统一集成，并结合实际业务场景协同联动，建立并完善新型数字化基础设施，提升运营管理效率和综合指挥调度能力，进一步释放生产力。

1）项目诉求。传统园区的运营管理基于垂直、孤立的组织和管理体系，面临着数据不互通、业务难融合和管控不统一等痛点。项目解决园区管理分散、数据信息孤岛和联动协调能力弱的问题。对外提供统一的园区展示窗口，提升品牌效应；对内整合应用、融合数据、协同业务和流程，提供统一的管理服务能力和决策驾驶舱，推进园区管理和服务质量全面提升。

基于数字孪生的新理念，达到以下效果：

空间一体化：以 BIM+3DGIS 为依托构筑基于 CIM 的园区数字化基础设施。

管理一体化：通过物联网、智能化、移动等技术实现管理业务纵向打通，数据实时互联。

2）创新应用场景。如图 3-2 所示，项目整合了视频云平台、大数据平台、集成通信平台、物联网（Internet of Things，IoT）平台和其他支撑平台（GIS/BIM、应用引擎等）的多源异构数据，并与园区 CIM 相融合，实现园区的全域可视化运营管控。

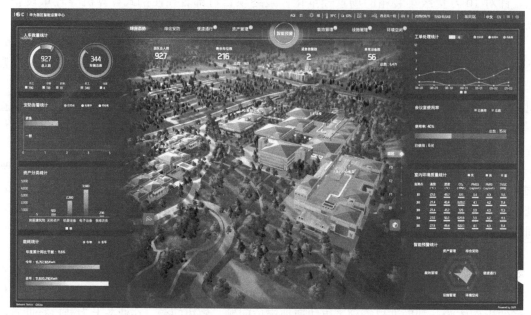

图 3-2　项目展示图 2

安防管理：利用数字孪生技术，对园区安全做到智慧化赋能，监控安防态势一张图。做到园区事前安防可预控、事中事件快速处理、业务流程全跟踪、事后事件可统计。

通行管理：为园区人、车通行提供查看、分析服务的管理模块。对道闸设备、门禁以及园区内部车辆进行实时位置呈现，对行为数据进行统计分析呈现，并联合业务中台完成对该服务模块的数据分析，为园区通行服务提供管理支撑。

资产管理：园区现有电子资产的集中可视化管理，针对园区资产进行设备定位、跟踪、监管，通过 RFID、蓝牙等物联设备监控呈现，提供资产管理呈现系统、一键盘点集成、资产查询和资产数据展示等功能。

设备设施管理：基于园区数字孪生可视化，对园区水、电、供热、新风、照明、空调、生产机组和生产线等设备进行数字孪生呈现，对设备位置、分布、状态和属性进行监测，可提供设备精细化还原呈现。对设备进行联防联动监控，快速定位设备故障点，设备工单、维修人员等业务单元联动可视管控。提升园区基础设施安全管理，保障高效生产、科学运维。

环境空间管理：基于环境物联设备，对园区生产生活环境进行可视管理。针对天气环境实时显示，对环境指标，空气质量、温湿度、园区水质和土壤信息进行数据呈现，实时掌控园区环境质量数值，对异常事件进行联动处理。

能源能效管理：针对园区生产生活进行能效监控、能效管理。针对用水、用电、供气，对生产单元生产线进行资源盘点，能源分配管控，能流分析统计、需量预测显示等细分管理。

3）数字化转型价值。项目依托大数据平台数据处理能力，通过数字孪生技术构建三维管理模式，打通各类业务管理子系统及数据，可视化展现园区运行各个业务专题的状态，例如：人员通行、园区安防、公共服务等，提供园区管理的虚实协同，联动响应。项目融合 IoT 平台、视频云平台、集成通信平台、GIS 平台等技术，打造"运行监测发现问题，决策支持分析问题，事件管理解决常态问题，联动指挥解决应急问题"的全链路闭环系统，实现提升安全防护、提升相应速度和提升服务体验的三大目标。

(3) 海淀城市大脑智能运营指挥中心

北京海淀区始终坚持问题导向，强化科技支撑，健全长效机制，促进共治共享，在科学化、精细化、智能化治理上下功夫，让城市更宜居、更美丽、更便捷、更安全。建设城市大脑通过数字化手段打通信息壁垒，唤醒沉睡的数据，为优化公共资源配置、宏观决策指挥、事件预测预警、治理"城市病"等提供支持，推动数据红利释放，对于建设韧性城市具有重要的先行先试意义。

1）项目诉求。北京市海淀区（中关村科学城）城市大脑智能运营指挥中心（以下简称"海淀 IOCC"）是北京以海淀区为试点，联合多家企业，整合各部门业务系统，打造的首个城市大脑智能运营指挥中心。

2）创新应用场景。如图 3-3 所示，海淀 IOCC 的建设以"1+1+2+N"的海淀城市大脑架构模式，即一张感知网、一个智能云平台、两个中心（大数据中心、AI 计算中心）、N 个创新应用场景，具体建设内容为："一张感知网"：由全区 12000 余路在网摄像机，以及 10000 多路传感器做支撑；"时空一张图"：汇聚全区 249 个专题地图数据，包括基础地理、行政区划、二三维地图、约 17 万个建筑，以及由 127 个图层、约 130 万个数据要素组成的城市部件数据等。

图 3-3 项目展示图 3

海淀"时空一张图"是海淀 IOCC 的核心支撑平台，整合海淀全区基础地理数据、互联网数据、物联网数据、政务数据、专题数据等,有效支撑城市大脑和全区各委办局应用服务,借助城市级二三维引擎,利用 GIS、IoT、人工智能、BIM、计算机科学和系统动力学等技术,实现数字空间和物理空间的智能关联,初步实现现实城市模拟运行,为公众和政府提供海量的时空资源支撑。"一张图"通过不断进化,更好地满足各部门多样化的业务需求,支撑城市智能运行过程中态势研判、事件分析、综合决策、仿真推演等大数据、AI 驱动能力的超级应用,服务全区城市治理业务。

海淀 IOCC 在国内首次将数字孪生引擎实际应用于城市级管理运营,作为城市级大脑数字孪生底座,基于 AES 全要素数字底座(51WORLD 提供),对海淀全区进行中精度还原,对中关村西区进行高精度还原,包括全区的基础地理信息、行政区划、二三维地图、17 万个建筑、城市部件等,能以近乎真实的效果还原海淀区现实城市的地形、道路、建筑、植被、车辆、人流和环境等场景。平台通过城市数据更新体现城市生长,且支持用户自定义开发,以迭代式开发的思路对海淀"城市大脑"持续迭代升级,永葆其鲜活的生命力。与此同时,该平台可应用在园区、交通、水务、港口、机场和地产等多领域。该平台在参与海淀 IOCC 的建设过程中,以城市大脑需求为牵引,不断地升级城市运营、指挥调度场景的支撑能力。

时空信息资源云平台接入海淀区 17 万幢既有建筑物信息、1.9 亿 m^2 建筑面积、1 万多个摄像头点位、249 个专题数据图层,实现百万级图层调用,形成时空一张图,有效支撑城市大脑和全区各委办局应用服务。

3)数字化转型价值。项目构建城市规划、建设、管理、运营全生命周期管理体系,汇聚城市多源异构数据,包含以地理矢量数据、模型数据、BIM 数据等为主的基础数据,以及城市各业务涉及的专题数据,形成可复用的、庞大的数据资产库,解决数据碎片化、数据不完整、格式不一致、数据孤岛等问题,通过精准的"数据反哺",为数据驱动城市运行提供基础。

北京市海淀区中关村作为具有全球影响力的全国科技创新中心核心区,建设城市大脑智能运营指挥中心,对全区进行全感知、全互联、全分析、全响应、全应用,实现对城市建设、运行、管理和服务的流程再造、模式创新、效率提高,实现"四总"(全量数据资源总汇聚、全域数字化系统总集成、全局业务服务总协同、打造城市智能化总枢纽),取得"四突破"(城市治理模式突破、城市产业模式突破、城市服务模式突破、城市发展理念突破),具备"四力"(城市具备更强感知力、城市具备更好协同力、城市具备更优洞察力、城市具备更大创新力),具有标杆示范的作用。

(4)以数字孪生树立城轨智控新标杆

近年来在交通枢纽站这样的公共场所,行人有着明显的密集、从众等不确定性和极高的安全隐患。长沙五一广场站是地铁 1 号线与地铁 2 号线的换乘车站,是长沙市最繁华的地铁车站,地上即为五一广场商圈,有着非常庞大的出行客流。为了提高乘客服务和安全管理的水平,项目将仿真技术应用于运营管理上,通过日常的推演分析来辅助管理制度进行升级,有助于决策者更好地设计和改进枢纽站的设备设施、环境布局和管理措施,使枢纽站等同类型场景能为乘客提供更安全的出行环境和舒适的个性体验，对于现实世界、数字世界的结合和前瞻应用具有极高的研究意义和前景。

1）项目诉求。2021年5月1日，长沙轨道交通最高日客运量为285.12万乘次，其中五一广场站为全市客流第一的站点，极高的客流强度对站点场景、设备、安防、管理制度等各方面都是无时无刻巨大的挑战，形成了五一广场站运营管理的巨大压力。

为了缓解这个压力，长沙市轨道交通集团相关用户决定打通当前站点分散的数据孤岛，并利用数字化技术还原全要素的三维场景，通过场景孪生构建、场景设备管控模拟和车辆调度机制等模拟，对站点的乘客出行态势进行监控及仿真推演，帮助管理人员验证不同状态下的管理措施，辅助管理人员在异常应急事件发生时的分析决策，更高效率的完成安全运营服务。

2）创新应用场景。数字孪生技术可以有效地将现实世界与仿真世界数据相连，利用虚拟的仿真世界来辅助和验证各种管理机制的合理性和可行性，提高地铁站点的管理能力和应急响应能力，间接帮助地铁站提高了行人乘客的进站、乘车、通行的体验。项目通过数字孪生技术对地铁站的运营数据进行信息融合和可视化表达，对地铁站的实际运行情况进行监控和显示，使整个地铁站的运营机制实现数字化升级，提高站内运营管理的效率，并对站内的安全运营实现全线监控和精准布防。

如图3-4所示，项目基于AES全要素数字底座（51WORLD提供）进行定制开发，生成与地铁站全站及周边环境1∶1的场景模型，形成数字孪生的基础状态。在此基础之上基于SuperGUI前端框架实现地铁站运营数据的可视化显示开发。采用本地接入地铁站综合监控系统的接口数据，驱动孪生场景实现实时可视状态的运行监管，并通过云端服务，对用户自定义配置的各项场景约束条件和客流生成规划进行计算和结果推送。

图3-4　项目展示图4

项目主要通过实时数据和仿真数据，驱动孪生场景实现场景状态的信息、设备运行的信息和客流变化的信息，进行同时同步同场景监控，这三种信息满足数字孪生场景动态化发展和数据驱动的需要，因此平台设计为实时监控和仿真推演两种模式来提供运营管理服务。实时监控用于显示地铁站当前运行情况及整站信息的动态变化，通过监控异常信息，判断地铁站的运营状态是否安全正常，通过监控地铁站的运营数据，判断有可能发生的潜在威胁，这些信息统计的结果以二三维结合的方式综合显示，使地铁站实现数字化升级。仿真推演用于地铁站安全运行与管控机制演练和验证，通过既定条件的设置，可以对地铁站客流拥堵的应急预案进行仿真推演，结合数字孪生的地铁站场景，来验证该预案的可行性和可靠性，提供辅助决策的思路和建议，使地铁站应急管理能力得到智能化的提升。

3）数字化转型价值。长沙市轨道交通集团孪生智控服务平台的应用价值主要体现在以下两个方面。

一方面是通过数据融合，打破数据孤岛，联合物联网技术，识别和分析站内设备及客流的状态，对地铁站当前运行情况进行监显并异常告警，实现数据驱动孪生场景，一张图监控全站运行状态，提高全站综合监管水平。

另一方面是通过客流智能仿真技术，对地铁站客流进行推演，模拟车站不同条件下的不同容客压力，可用于地铁站异常事件突发时的客流疏散演练，使其管控机制更具现实指导意义，使地铁站应急响应的能力得到提升。

当前社会中，人是连接世界的纽带和核心，同样对于数字孪生世界来说，数字世界创造的价值最终归口也将是服务于人。本案例基于轨道交通地铁站进行行人的研究和设计，通过研究现实社会下人在地铁站中的各种反应和变化，模拟其在数字化的地铁站中的行为活动与建筑、机器等之间的运行关系，从而判断地铁站管理措施合理性。客流仿真技术首先利用人流的群体性活动对整个地铁站的运营策略加以模拟和验证，提供地铁站的管理人员应对不同突发状况时的人流疏散和站点管控的方案，对日常管理和应急管理具有指导性建议和辅助决策的能力。

3.1.5 数字孪生发展的局限性

近几年，数字孪生行业的快速发展，泛行业在数字孪生上的应用越来越普及，行业发展的过程中也出现了一些局限性。例如：数字孪生涉及了众多的应用场景及海量GIS/BIM/OSGB等时空数据，业务的发展需要进行多源数据融合。数字孪生高精度场景的制作成本昂贵，产业需要进行开源、自动化、低代码的开发与创新，这些制约着数字孪生技术的发展。

3.2 元宇宙与数字孪生的关联性与差异化

3.2.1 元宇宙概念

元宇宙（Metaverse）是与真实世界对应的数字虚拟世界，元宇宙一词首次出现在尼尔·斯蒂芬森的《雪崩》小说中，市场普遍认为元宇宙包括 8 个特征，即身份（Identity）、朋友（Friends）、沉浸感（Immersiveness）、低延迟（Low Friction）、多样性（Variety）、随地（Anywhere）、经济（Economy）、文明（Civility）。

元宇宙即独立于真实世界，又与真实世界紧密相连，是一个将用户和网络的有机整体，一个平行空间，元宇宙的时间维度与现实宇宙一样。

3.2.2　元宇宙和数字孪生的关联性

元宇宙和数字孪生都是信息化发展到一定程度的必然结果，二者深度融合。

元宇宙的必经之路，正是数字孪生技术。如果没有数字孪生对现实生产体系的准确模型化描述，所谓的元宇宙就是无源之水，无法落实。

3.2.3　元宇宙和数字孪生的差异性

数字孪生是对现实世界元素进行完全的复制，其最终产物是现实世界的镜像，终极为"克隆宇宙"。

元宇宙是在对现实世界元素进行完全的复制后，可以修改，除了镜像世界外，还蕴含着想象力和沉浸感。

数字孪生技术是元宇宙组建的基础性应用技术，借助元宇宙，对目前数字孪生已经积累下来的数据和数字资产，有了进一步深化的可能。

目前，元宇宙市场的应用场景落地，还仅局限于电子游戏。

3.3　通往数字化转型之路——元宇宙

3.3.1　开创元宇宙发展时代

元宇宙将提供行业一条数字化转型的全新路径，作为虚拟时空的集合，其实现了互联网前生与后世的联通与融合。

元宇宙将依托通信、算力、硬件设备和人工智能等领域的技术升级，更加重视虚拟空间的体验感和交互感，涉及物联网、区块链、AI、云计算、交互等技术，甚至还可能出现新的技术，元宇宙要做的就是将这些已有的和还未形成的技术进行有效融合，从而彻底打破传统的平面世界（二维世界），逐步演变成对于多维立体世界的认识。元宇宙要达到的是将原本无法量化的数字资源进行量化，生产要素将面临巨大的变革。

元宇宙不仅局限于全新商业模式的产生，更会引领人们走向一种全新的生活及工作方式，一定程度上提升了人们的生活及工作质量。当然，短期内元宇宙概念仍处于雏形探索期，具有一定的不确定性。

3.3.2　给领域内企业的启示

每个行业经过多年的高速发展，都会进入一个新的阶段，在面临严峻形势的同时，行业内的企业要坚持健康可持续发展，关键在于创新。就好比数字孪生作为元宇宙核心层的存在，那么，相关的企业是否需要对这个新的商业思路进行深入的探究，如何融入新的概念，关键在于打破思想桎梏。

元宇宙领域未来的发展方向及技术走向尚未明确，因此不做过多评价，但是其作为数字孪生的下一个阶段，确实应该思考：元宇宙是否会在资本关注，科技巨头入局的情况下达到爆发式发展，每个商业词汇出现的时候，都是一个新商业的诞生。作者相信，随着人们对于元宇宙的认识开始变得深入和全面，会不断形成基于元宇宙的概念衍生而来的新商业和新技术，而数字孪生企业是止步不前还是勇于探索，这值得继续关注。

第 4 章

数据治理

4.1 数据治理概述

4.1.1 背景知识

2020年4月，中共中央、国务院发布《关于构建更加完善的要素市场化配置体制机制的意见》后，数据和土地、劳动力、资本、技术并列五种生产要素之一，由此奠定了数据在社会生产力中的法律地位和资产地位。此外，大数据、云计算、人工智能、物联网等技术的发展和智慧城市、数字孪生、元宇宙等概念的提出持续推进着企业和社会数字化的进程。

"数据如石油一样成为战略资产"已然成为业界共识。如果一个企业没有高质量的数据，并且不能理解管理数据和信息如同管理有形资产一样极其重要，那么它就很难做出正确、及时和有前瞻性的决策，效率和效益无从谈起，其市场竞争力也必将受到严重削弱。

企业数字化中，一般将数据资产作为基础燃料，数据中台作为加工工厂，数据应用作为具体业务需求和业务价值的载体，目前各行业主要聚焦于数据中台和数据应用的建设，对基础数据资源的关注程度较低。然而数据资源作为数字化的基础，如果基础数据质量不高，那么数据的价值就不能实现，企业的数字化转型也很难成功。

数据治理则是以数据质量提升和数据价值实现为目的对数据资产进行管理的规划、执行和控制活动集合。

1) 从狭义而言，数据治理包括建设组织级的数据管理组织、制度、流程等内容，在宏观上对数据管理进行指导和监督；

2) 从广义上来说，数据治理还包括了主数据、数据质量、数据标准、元数据、数据架构、数据资产目录、数据安全、数据生存周期等数据管理职能，分别从不同数据域或者数据的不同维度对数据进行管理。其中数据治理职能（组织、制度、流程等）指导其他数据管理职能如何执行。

在国内的数据治理和管理实践中，一般取其广义定义。可以理解为"组织为实现数据资产价值最大化所开展的一系列持续工作过程，明确数据相关方的责权、协调数据相关方达成数据利益一致、促进数据相关方采取联合数据行动"。通过开展数据治理，企业能够获得更高质量的基础数据，进而支持业务或者企业的数字化转型。

4.1.2 概念解析

1. 数据、信息和知识

举个小例子。假如从超市买了一瓶15元的酸奶，瓶上标明了酸奶的价格、容量、成分和保质期等。单拿"15"来说，它是一个数值型数据，因为没有上下文语境，所以没有任何意义，但加上"一瓶酸奶的价格"这个上下文后，"15"就变成这瓶酸奶的价格，它就成为一个有意义的信息。接下来，发现酸奶的成分中标有双歧杆菌，同时知道它是肠道有益菌，这两个信息经过分析处理就得到一个知识"常吃酸奶有益于肠道健康"。

数据、信息和知识的关系就蕴含在上面的概念表述中，现总结如下：

1）信息是一种特殊类型的数据，数据是信息的基本构成元素；
2）知识是一种特殊类型的信息，信息是知识的基本构成元素；
3）信息和知识本质上都是数据，数据是信息和知识的基本构成元素。

2. 数据治理与IT治理

首先，要明确数据与IT的关系，因为它们是数据治理与IT治理的治理对象。如果用供水系统作比喻，IT就像供水系统中的管道、水泵和水箱，而数据就像管道中流动的水。

其次，要明确数据治理和IT治理在概念内涵上的区别。ISO/IEC 38500给出的"基于原则的IT治理框架"得到业界的广泛认可，定义为"IT治理是指导和控制一个组织的当前和将来IT利用的体系。"显然，IT治理的概念内涵与数据治理并不相同：IT治理是指导、控制和评估企业IT资源利用的高级管理能力，并为企业的战略目标提供支持。IT治理主要在IT战略、政策、投资、应用和项目等方面进行决策，而数据治理仅关注数据资产的管理。

最后来阐明数据治理与IT治理的关系。对于二者的关系目前存在以下两种观点：

（1）观点1：数据治理是IT治理的一个组成部分

COBIT是目前业界公认的IT治理标准。作为IT治理的一个关键促成因素（Key Enabler of ITG），数据和数据治理已成为COBIT提出的IT治理框架的一个重要组成部分。具体来讲，IT治理框架提出了一个建立数据治理过程、规则和规范的方法论；数据治理计划是IT治理框架应用于数据治理的一个产物，是IT治理计划的一个应用；IT治理委员会有权为数据治理设置职能范围。

（2）观点2：数据治理独立于IT治理

为了便于理解，再次回到前面的供水系统比喻，假设管道中的水被污染了，用户应该打电话给水质检测员，而不是修理管道的水管工。因为数据治理和IT治理有不同的治理对象、需求和目标，所以它们也应该有相互独立的框架、模型、组织架构、过程和规则。

上述两种观点都是客观存在的，不论支持哪一种观点，在企业的治理实践过程中，IT治理和数据治理应该进行全方位融合，整体规划，整体实施，因为IT和数据对企业而言是不可分离的，就像管道和水一样，同时IT和数据的相关决策也应该与企业的总体战略和目标相一致。

数据治理与IT治理的关系就蕴含在上面的概念表述中，现总结如下，见表4-1。

表4-1 数据治理与IT治理的概念和关系

类别		要点
概念	数据治理	1）从决策的角度，数据治理是指"决定如何作决定"，这意味着数据治理必须回答数据相关事务的决策过程中所遇到的问题，即为什么、什么时间、在哪些领域、由谁作决策，以及应该作哪些决策 2）从具体活动的角度，数据治理是指评估数据利益相关者的需求、条件和选择以达成一致的数据资源管理的目标，通过优先排序和决策机制来设定数据管理职能的发展方向，然后根据方向和目标来监督数据资源的绩效与合规 3）数据治理的业务职能是评估、指导和监督 4）数据治理的核心是数据资产管理的决策权分配和职责分工 5）数据治理需要明确组织架构、控制、政策和过程，并制定相关规则和规范 6）数据治理应遵循标准的、成熟的、获得广泛认可的过程，并且严格遵守相关规范
	IT治理	1）IT治理是指导和控制一个组织的当前和将来IT利用的体系 2）IT治理是指导、控制和评估企业IT资源利用的高级管理能力，并为企业的战略目标提供支持

关系	数据治理与IT治理	1）数据治理和IT治理的治理对象不同，IT就像是供水系统中的管道、水泵和水箱，而数据就像是管道中流动的水
		2）IT治理的概念内涵与数据治理不同，IT治理在IT战略、政策、投资、应用和项目等方面进行决策，而数据治理仅关注数据资产的管理
		3）对于数据治理与IT治理的关系，目前存在两种观点
		  - 数据治理是IT治理的一个组成部分
		  - 数据治理独立于IT治理
		4）不论支持哪一种观点，在企业的治理实践过程中，IT治理和数据治理应该进行全方位融合，整体规划，整体实施

4.1.3 实施要点

1. 数据治理是业务部门与信息部门共同的职责

既然数据治理作为实现数据资产价值的基础工作，不同于信息化建设在各企业已经形成明确分工，数据治理仍存在数据责任不清晰问题，导致责任划分"横向不平衡，纵向不到底"，图4-1就展示了这样一个示例场景。

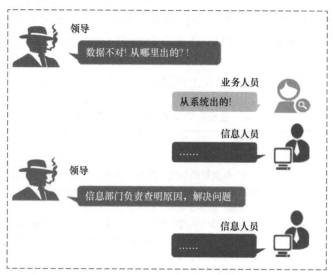

图 4-1　领导与员工的对话

信息部门被追责的同时,也饱受其苦:
1)监管指标,业务部门最了解;
2)数据定义和业务规则,业务部门最清楚;
3)数据录入,业务人员负责;
4)数据使用,业务人员是用户;
5)数据考核,业务部门有权力。
由此可见,数据治理工作的开展需要业务部门与信息部门共同来完成,如图 4-2 所示。

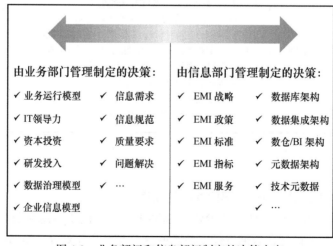

图 4-2　业务部门和信息部门制定的决策内容

1）业务部门主要在业务运行模型、IT 领导力、资本投资、信息需求、信息规范和质量要求等方面做出管理上的决策；

2）信息部门主要从数据库架构、数据集成架构、数据仓库架构、元数据架构、技术元数据、企业信息管理服务、企业信息化标准、企业信息化战略、企业信息化政策和企业信息化指标等方面指定决策。

2. 点面结合，既保证规划的覆盖度和指导性，又突出专项的深度和落地见效

目前数据治理在企业中落地较为缓慢，一方面是各企业对数据治理的概念仍然陌生，另一方面数据治理作为一项基础工作具有系统性和见效慢的特征，因此在企业发展中难受重视。为了实现企业数据治理的真正落地，需兼顾数据治理的全面性和深入性，采取"点面结合"的方式：

1）横向 - 全面性：面向全业务领域、全管流程、全数据生命周期，制定数据发展规划，构建数据治理体系；

2）纵向 - 深入性：面向企业迫切需要解决的数据问题，聚焦核心痛点场景或者最有可能产生直接效益的场景，结合现有条件分析，开展局部试点工作，解决家底不清、标准不明确、质量不及时等实际难题。

这样一来，在推进数据治理规划的同时，便可以切实的解决企业中的某一问题或是带来直接的效益，局部试点的成功将推动数据治理的理念和方法在整个组织的推广和落地，进而加快组织的数字化转型进程。

4.1.4 价值与挑战

1. 数据治理的价值

对于企业来讲，实施数据治理的价值通常包含以下 6 个方面：

（1）降低业务运营成本

有效的数据治理能够降低企业 IT 业务运营成本。一致性的数据环境让系统应用集成、数据清理变得更加自动化，减少过程中的人工成本。标准化的数据定义让业务部门之间的沟通保持顺畅，降低由于数据不标准、定义不明确引发的各种沟通成本。

（2）提升业务处理效率

有效的数据治理可以提高企业的运营效率。高质量的数据环境和高效的数据服务让企业员工可以方便、及时地查询到所需的数据，然后即可展开自己的工作，而无须在部门与部门之间进行协调、汇报等，从而有效提高工作效率。

（3）改善数据质量

有效的数据治理对企业数据质量的提升是不言而喻的，数据质量的提升本就是数据治理的核心目的之一。高质量的数据有利于提升应用集成的效率与品质，还可以增强数据分析的可信度与可靠性。伴随着数据质量的不断改善，将推动产品和服务质量的提升，进而塑造并强化品牌的市场声誉，赢得更多用户的信任与青睐。

（4）控制数据风险

有效的数据治理有利于建立基于知识图谱的数据分析服务，例如 360° 客户画像、全息数据地图、企业关系图谱等，帮助企业实现供应链、投融资的风险控制。良好的数据可以助企业更好地管理公共领域的风险，如食品的来源风险、食品成分、制作方式等。企业拥有可靠的数据就意味着拥有了更好的风险控制和应对能力。

（5）增强数据安全

有效的数据治理可以更好地保证数据的安全防护、敏感数据保护和数据的合规使用。通过数据梳理识别敏感数据，再通过实施相应的数据安全处理技术，例如数据加密/解密、数据脱敏/脱密、数据安全传输、数据访问控制、数据分级授权等手段，实现数据的安全防护和使用合规。

（6）赋能管理决策

有效的数据治理有利于提升数据分析和预测的准确性，从而改善决策水平。良好的决策是基于经验和事实的，不可靠的数据就意味着不可靠的决策。通过数据治理对企业数据收集、融合、清洗、处理等过程进行管理和控制，持续输出高质量数据，从而制定出更好的决策和提供一流的客户体验，所有这些都将有助于企业的业务发展和管理创新。

2. 数据治理的挑战

在向着数字化快速迈进的同时，当前企业数据治理面临着各种挑战，主要表现为以下6个方面：

（1）对数据治理的业务价值认识不足

"数据为什么重要？""数据治理到底能解决什么问题？""数据治理能实现哪些价值？"这是数据治理经常被企业领导和业务部门质疑的三大问题。传统数据治理是以技术为导向的，注重底层数据的标准化和操作过程的规范化。尽管以技术驱动的数据治理能够显示数据的缺陷，提升数据的质量，但是管理层和业务人员似乎对此并不满足。

由于传统以技术驱动的数据治理模式没有从解决业务的实际问题出发，企业对数据治理的业务价值普遍认识不足。为了快速实现数据价值和成效，最直接的方式就是以业务价值为导向，从企业实际面临的数据应用需求和数据痛点需求出发，满足管理层和业务人员的数据需求，以实现数据的业务价值、解决具体的数据痛点和难点为驱动来推动治理工作。

正如前文所述，企业数据治理的业务价值主要体现在降低成本、提升效率、提高质量、控制风险、增强安全和赋能决策。不同企业所面对的业务需求、数据问题是不同的，企业数据治理的业务价值不要求在以上6个方面面面俱到（也不要局限于这6个方面）。企业应该从管理层和业务部门的痛点需求出发，将数据治理的业务价值量化，以增强管理层和业务人员对数据治理的认知和信心。想要理解数据造成的业务痛点，最好的方法是询问和观察。数据治理必须着重于业务需求，并着重于解决让业务人员感到痛苦或他们无法解决的问题。

（2）缺乏企业级数据治理的顶层设计

当前企业普遍都认识到了数据的重要性，很多企业也开始了探索数据治理。然而可以看到，目前企业大量的数据治理活动都是项目级、部门级的，缺乏企业级数据治理的顶层设计以及数据治理工作和资源的统筹协调。

数据治理涉及业务的梳理、标准的制定、业务流程的优化、数据的监控、数据的集成和融合等工作，复杂度高，探索性强，如果缺乏顶层设计的指导，那么在治理过程中出现偏离或失误的概率较大，而一旦出现偏离或失误又不能及时纠正，其不良影响将难以估计。

数据治理的顶层设计属于战略层面的策略，它关注全局性和体系性。在全局性方面站在全局视角进行设计，突破单一项目型治理的局限，促进企业主价值链的各业务环节的协同，自上而下统筹规划，以点带面实施推进。在体系性方面，从组织部门、岗位设置、用户权限、流程优化、管理方法、技术工具等入手，构建企业数据治理的组织体系、管理体系和技术体系。

企业数据治理的顶层设计应站在企业战略的高度，以全局视角对所涉及的各方面、各层次、各要素进行统筹考虑，协调各种资源和关系，确定数据治理目标，并为其制定正确的策略和路径。顶层设计主要是抓牵一发而动全身的关键问题，抓长期以来导致各种矛盾的核心问题，抓严重影响企业信息化健康稳定发展的重大问题。唯有如此，才能纲举目张为解决其他问题铺平道路。

（3）高层领导对数据治理不够重视

数据治理是企业战略层的策略，而企业高层领导是战略制定的直接参与者，也是战略落实的执行者。数据治理的成功实施不是一个人或一个部门就能完成的，需要企业各级领导、各业务部门核心人员、信息技术骨干的共同关注和通力合作，其中高层领导无疑是数据治理项目实施的核心干系人。

企业高层领导对数据治理的支持不仅在于财务资金方面（当然这必不可少），其对数据战略的细化和实施充分授权、所能提供的资源是决定数据治理成败的关键因素。

为了保证数据治理的成功实施，企业一般需要成立专门的组织机构，例如数据治理委员会。尽管很多企业的数据治理委员会是一个虚拟组织，但是必须为这个组织安排一名德高望重的高管，姑且将这个岗位命名为"首席数据官"（Chief Data Officer，CDO）。数据治理委员会由 CDO、关键业务人员、财务负责人、数据科学家、数据分析师、IT 技术人员等角色组成负责制定企业数据治理目标、方法及一致的沟通策略和计划。

在数据治理项目的实施过程中，CDO 不仅需要负责统筹数据定义、数据标准、治理策略、过程控制、体系结构、工具和技术等数据治理工作，还需要关注如何为业务增加价值以及是否获得关键业务负责人的支持。CDO 经常关注数据的业务价值，并利用数据科学家、分析师和管理人员的更多技能，向 CEO 报告以获得持续的资金、政策和资源支持。

（4）数据标准不统一，数据整合困难

企业内部的数据标准不统一。我国各行业的企业信息化水平不均衡，数据缺乏行业层面的标准和规范定义。在信息化早期，信息系统的建设是由业务部门驱动的，由于缺乏统一的规划，形成了一个个信息孤岛。而随着大数据的发展，企业数据呈现出多样化多源化的发展趋势，企业必须将不同来源、不同形式的数据集成与整合到一起，才能合理有效地利用数据，充分发挥出数据的价值。然而由于缺乏统一的数据标准定义，数据集成、融合困难重重。

企业之间的数据标准不统一。各行业、各企业之间都倾向于依照自己的标准采集、存储和处理数据，这虽然在一定程度上起到了保护商业秘密的作用，但阻碍了企业（尤其是位于同一产业链上的上下游企业）之间的协同发展，不利于企业"走出去"加强企业间的交流和合作。

（5）业务人员普遍认为数据治理是IT部门的事

在很多企业中，业务人员普遍认为数据治理是IT部门的事，而他们自己只是数据的用户，因而对数据治理是"事不关己，高高挂起"的态度。这个认识是错误的，IT部门的确对数据负有很大责任，但不包括数据的定义、输入和使用。数据的定义、业务规则、数据输入及控制、数据的使用都是业务人员的职责，而这些恰恰是数据治理的关键。

大多数业务部门对IT部门的感情是复杂而矛盾的，一方面感觉到IT越来越重要，业务的发展离不开IT部门的支持。另一方面却对IT部门不是很了解，对IT的价值还心存疑虑。

数据质量问题到底应该由谁来负责？这也是IT部门和业务部门经常互相推诿的问题。难道IT和业务真的是两个不可调和的矛盾体吗？事实并非如此。离开业务的IT并不会产生价值，而离开IT的业务会失去数字化时代的竞争力。

因此，在数字化时代IT和业务更应当紧密融合在一起，朝着共同的目标努力。有效的数据治理策略是实现数据驱动业务、业务融入IT的重要举措，这些举措包括数据治理的规划应与业务需求相匹配，数据治理的目标应围绕业务目标的实现而展开。建立数据治理委员会，将业务人员IT人员融入同一个组织，让他们为了一致的目标而努力，荣辱与共。让业务人员与IT人员一起定义数据标准、规范数据质量及合理使用数据。

在企业数字化转型过程中，IT即业务，IT即管理，业务人员的目标是"在正确的时间、正确的地点获得正确的数据，以达到服务客户、做出决策、制定计划的目的"，而IT人员的目标则是"在正确的时间、正确的地点将正确的数据送达业务人员"，成为业务部门的可靠供应者。

（6）缺乏数据治理组织和专业的人才

数据治理实施的一个重要步骤是建立数据治理的组织并选拔合适的人才，这看起来容易，但真正执行起来却存在很大的挑战。成立实体的数据治理组织还是建立一个虚拟的组织？人员安排是专职还是兼职？到底哪种性质的组织和岗位设置更好？这些是经常被企业管理层问及的问题，实际应根据企业的组织、管理现状而定，没有最好的组织模型，只有更合适企业的组织模式。

4.2 典型数据治理理论框架

数据治理是一个比较新的领域，世界各个国家的组织都在这个领域开展了一些有意义的工作。通过对国内外典型数据治理理论框架的梳理，从发展背景、主要内容和理论解读三方面进行分析和总结。

4.2.1 国际数据治理框架

1. DAMA 数据管理知识体系

（1）发展背景

国际数据管理协会（Data Management Association International，DAMA 国际）成立于 1988 年，是一个由数据管理专业人士组成的、独立于厂商的国际性非营利性会员组织，致力于在世界范围内推广并促进信息和数据管理领域概念和最佳实践发展。DAMA 国际在世界范围内拥有 50 余个分会和过万名会员，DAMA 国际多年致力于企业信息和数据管理的研究、实践及相关知识体系的整理，在数据管理方面有极为深厚的知识沉淀和丰富的经验。2009 年，DAMA 国际通过对业界数据管理最佳实践的分析总结，在全球范围内首次提出数据管理知识体系 DAMA-DMBOK，为数据管理理论的产生和发展提供了重要的理论基础。

DAMA 国际通过对业界数据管理最佳实践的分析总结，组织众多数据管理领域的国际级资深专家编制，深入阐述数据管理各领域的完整知识体系，呈现了 DMBOK2.0，该书是市场上较早综合了数据管理方方面面的一部权威性著作。第 2 版英文版于 2017 年出版，给出数据管理的职能、术语和最佳实践方法的标准行业解释，提供数据管理总体框架，为数据管理发展提供了重要理论基础。

DAMA 体系强调"数据"已经被认定是等同于人、财、物一样重要的企业资产。需要组织或个人对其进行有效管控，发挥其价值，一般反映到企业的战略目标上，形成企业核心的竞争能力。同时，强调数据管理（Data Management，DM）是针对企业数据资产的一组业务职能，通常包括开发、执行和监督企业数据的政策、规划、方案、项目、流程、方法和程序，目的在于提高企业数据资产的利用价值。

DAMA 国际充分认识到数据管理职能中的过程需求，从全面和普遍被接受的角度对数据管理活动提出看法，列出 11 个职能域。同时，考虑组织环境因素，包括：目标和原则、活动、工具、角色和职责、技术、交付成果、组织和文化。进而提出在组织和文化范围内研讨的数据管理各方面问题，形成 DAMA 管理职能框架。

（2）主要内容

DMBOK2.0 理论框架由车轮图（11 个数据管理职能领域）和环境因素六边形图（7 个基本环境因素）共同构成 DAMA 数据管理知识体系，每一项数据管理职能领域都在 7 个基本环境因素约束下开展工作，如图 4-3 所示。

数据管理职能领域包括数据治理、数据架构、数据建模和设计、数据存储和操作、数据安全、数据集成和互操作、文档和内容管理、参考数据和主数据管理、数据仓库和商务智能、元数据管理、数据质量管理。基本环境因素：目标和原则、组织和文化、工具、活动、角色和职责、交付成果、技术。每一章介绍一个数据管理职能，讨论此职能的 7 个环境因素，每一章都遵循统一的结构。

DMBOK2.0 职能域及描述见表 4-2。

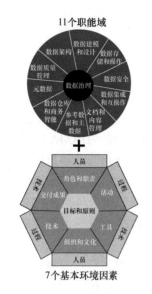

图 4-3　DMBOK2.0 理论框架

表 4-2　DMBOK2.0 职能域及描述

职能域	描述
数据治理	通过建立一个能够满足需求的数据决策体系,为数据管理提供指导和监督作用,权限和责任的建立应该考虑到组织的整体需求
数据架构	通过定义与组织战略协调的管理数据资产蓝图,指导基于组织的战略目标,制定符合战略需求的数据架构
数据建模和设计	以数据模型的精确形式,进行发现、分析、展示和沟通数据需求的过程
数据存储和操作	以数据价值最大化为目标,包括存储数据的设计、实现和支持活动,以及整个数据生命周期中,从计划到销毁的各种操作活动
数据安全	为了确保数据隐私和安全,使得数据的获得和使用有必要的安全保障
数据集成和互操作	包括与数据存储、应用程序和组织之间的数据移动和整合的相关过程
文档和内容管理	用于管理非结构化媒体数据和信息的生命周期过程,包括计划、实施和控制活动,尤其指支持法律法规遵从性要求所需的文档
参考数据和主数据管理	有核心共享数据的持续协调和维护,使得关键业务实体的真实信息,以准确、及时和相关联的方式在各系统之间得到一致使用
数据仓库和商务智能	有计划的实施和控制流程,来管理决策支持数据,并使得知识工作者通过分析报告从数据中获得价值
元数据管理	包括规划、实施和控制活动,以便能够访问高质量的集成元数据,包括定义、模型、数据流和其他至关重要的信息
数据质量管理	有规划和实施质量管理技术,以测量、评估和提高数据在组织内的适用性

(3) 理论解读

1) DAMA 领域间关系。DAMA 数据管理职能框架分为 11 个职能域，领域间关系可理解为 1 个统筹工作、4 个核心工作、3 个数据特性、3 个综合方案：

① 1 个统筹工作。是指数据治理职能，用于指导数据管理职能框架其他数据管理职能如何执行，可以理解为是对数据管理工作的管理，通常该项工作应在公司高层领导的支持和协调下，才能顺利开展。如果仅依靠单个部门的力量，则很难使数据治理工作具有实质性进展。

② 4 个核心工作。是指数据架构管理、数据建模和设计、数据存储和操作、数据集成和互操作四个职能。这三个职能实际上是对信息化系统全生命周期过程各阶段需要开展的数据管理工作进行统一管理，涵盖规划设计、开发实施、操作运维三个阶段。

③ 3 个数据特性。是指数据质量管理、数据安全管理和元数据管理三个职能。这三个职能是对人们最为关注的数据特征进行统一管理，保证数据定义和理解一致、数据质量良好、数据安全可控。

④ 3 个综合方案。是指数据仓库和商务智能管理、文档和内容管理、参考数据和主数据管理三个职能域。这三个职能为结构化数据（含基础数据和指标数据）、非结构化数据、主数据及参考数据管理提供了相应的综合方案，这三个综合方案的实施，需要前述 7 项数据管理职能的支撑。

2) DAMA 核心设计思想。DAMA-DMBOK 的核心设计思想集中体现在数据生命周期与数据管理、业务与 IT 的共同职责和数据治理的本质"数据政体"三个方面。

① 数据生命周期与数据管理。如图 4-4 所示，其设计可以体现在如下方面：

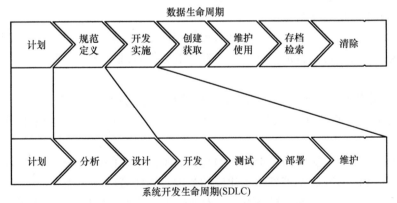

图 4-4 数据生命周期与系统开发生命周期

a. 从企业管理资产角度，提出数据作为资产从创建、获取、存储、维护、使用，最后到销毁的全生命过程；

b. 数据在生命周期中的各个环节都有成本和风险，只有在"使用"阶段才产生商业价值，即"数据价值"；

c. 有效的数据管理，数据获取在数据的生命周期之前，企业应事先制定数据规划、定义数据规范，为后期数据实现采集、交付、存储和控制提供技术能力；

d. 数据生命周期与系统开发生命周期的关系，DAMA 提出数据生命周期中的数据规划、数据规范定义活动应指导系统开发生命周期活动。

② 数据管理是业务与 IT 的共同责任。其设计体现在如下方面：

数据管理（DM）是针对企业数据资产的一组业务职能，通常包括开发、执行和监督企业数据的政策、规划、方案、项目、流程、方法和程序，目的在于提高企业数据资产的利用价值。

a. 强调数据管理工作应立足于整个企业范围，而非局限于 IT 范围；

b. 体现业务与 IT 共同责任，数据管理是企业各部门的共同责任，代表的群体利益，且在数据管理中赋予各方责任的问责；

c. 定位数据管理专业人士（IT 人士），在经营企业数据资产的技术专家角色；

d. 对数据的认识已经不仅仅从 IT 角度，更多是从数据资产的开发、利用角度的数据管理服务。

③ 数据治理的本质是"数据政体"。强调 3 个原则如下：

a. 数据治理强调"三权分立"即立法职能、司法职能和行政职能。立法职责主要设置策略和标准；司法职责关注问题解决；行政职能注重落实数据政策、标准和规程，实施数据架构，保护数据资产和利益相关者的利益，以及提供数据管理服务。

b. 数据治理通常即在企业级运作，也在本地级运作。大型组织中数据治理需要强调各级之间的运作，需要依企业规模而定。

c. 数据管理制度（立法和司法）和数据管理服务（执行）之间的职责分离为数据管理在一定程度上提供了协作和检查机制。

3）DAMA 的不足之处。DAMA 数据管理知识体系能够提供一套完整的数据管理领域的理论框架，这一点已经得到普遍认同。但是在企业数据管理实践中仍存在一些不足，具体体现为：

① 数据战略内容不明显，企业战略对数据管理工作的指导作用不突出；

② 由于阐述较多孤立的数据管理能力建设，数据价值在业务价值方面的体现不明显；

③ 数据管理 11 个职能域内容全面，但是缺乏不同企业的典型场景的实践原则和建议方案，在实践层面无法判断数据管理体系建设的范围、职能域建设的优先级；

④ DAMA 中的知识体系各部分描述较为理论化，缺乏示例说明，理解有一定难度。

2. DGI 数据治理框架

（1）发展背景

数据治理研究院（The Data Governance Institute，DGI）成立于 2003 年，是数据治理与管理领域业界最早的专注数据治理的研究机构，其创始人 Gwen Thomas 是数据治理领域早期实践者和领域专家。为满足业界对于数据职责、决策和行动相关的日益兴起的发展需求,DGI 于 2004 年发布了 DGI 数据治理框架,帮助数据领导、数据治理专业人士、业务人员和 IT 人员共同制定决策,以便更有效管理数据、实现数据价值、最小化数据成本和复杂度、管理风险、确保满足日益增长的业务需求和法规监管需求。DGI 数据治理框架如图 4-5 所示。

(2)主要内容

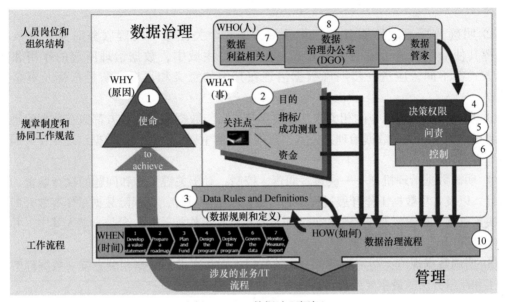

图 4-5　DGI 数据治理框架

(3)理论解读

1)DGI 总体定位及领域关系。DGI 数据治理框架总体定位于"狭义"数据治理,主要探讨数据管理工作涉及的"方向、组织、责权、流程"等问题,将数据治理分为 10 个组成部分但并不探讨其他数据管理职能(如数据架构、数据质量等),体现了"数据治理是对数据管理的管理"这一核心理念。

数据管理其他职能,则通过 6 个"关注域"——在以上 DGI 框架的 10 个组成部分之外,DGI 给出了数据治理工作的 6 个关注域(即数据治理工作所服务的其他 6 个工作领域),在这些关注域中,数据治理能够体现其价值,属于数据治理的"外延"。这 6 个关注域如下:

① 政策、标准和战略制定;
② 数据质量提升;
③ 隐私、合规和安全管理;
④ 架构和集成;
⑤ 数据仓库和 BI 建设;

⑥ 管理支持（涉及需要多方共同决策）。

2）DGI核心设计思想。DGI数据治理框架并不对企业数据治理工作如何开展给出直接的答案，而是提出了企业数据治理工作应该关注的10个组成部分，避免企业建立数据治理体系过程中遗漏关键因素。其框架设计要点包括：

① 明确数据治理的使命：DGI给出了3项通用的数据治理使命——主动定义规则、实现规则协同一致；为数据相关方提供持续的跨部门边界保障和服务；响应和解决问题。

② 明确数据治理所服务的工作领域：即6个关注域。明确服务对象，是数据治理发挥其使命、创造价值的主要方式。在每个关注域中，数据治理所起的作用和起作用的方式都不同，应进一步明确数据治理在其中的意义和目标、衡量指标及资金提供方式。

③ 明确数据治理工作的相关方、主要参与方：与数据相关的各方都应在数据治理工作中被考虑，同时强调了数据治理办公室、数据管家的重要性，他们是数据治理工作开展的主要参与方。

④ 明确数据治理机制——决策、职责、控制：对于关键工作和问题的执行职责、决策权设计，以及各项数据工作开展过程中的监督控制机制设计，是保障数据工作有效开展的基础。决策机制、职责机制、控制机制，应将数据治理工作相关方、参与方纳入其中，并融入数据治理流程中。

⑤ 明确数据规范：制定明确、一致的数据规则和定义是数据相关方统一数据理解、数据加工和使用方法的最主要手段。数据规则和数据定义应通过。

⑥ 明确数据治理相关的三层次流程：

a. 数据治理工作开展的流程（价值主张、演进路线图、计划和预算等，DGI共给出7步），是数据治理工作启动、开展和保持的总体方法；

b. 数据治理的具体执行流程（如解决问题、制定数据标准等），主要关注数据治理工作中有哪些具体操作流程，需要a的"设计"阶段开展；

c. 业务管理和IT管理中涉及数据的流程（如业务统计规则的定义，IT系统的数据采集等），主要关注数据治理流程应该融入到日常业务和IT的哪些工作流程中。

3）DGI理论框架不足之处。对比其他数据治理与管理模型，DGI数据治理框架主要存在以下两方面不足，一定程度制约了：

① 仅专注于"狭义"数据治理领域，未对其他数据管理工作职能进行阐述。对数据治理机制的设计有参考意义，但对于数据质量管理、数据仓库建设等数据管理工作职能，则无法进行指导。

② 关注数据治理领域的组成要素，而非严格定义每个组成要素的具体内容和开展方式。框架中界定数据治理工作应该由哪些组成部分，但对于每个组成部分的具体实践方式方法并不做说明和分析。例如：数据管家的设置原则、设置方式、不同方式的利弊分析等，并不做阐述。因此对于进行数据治理体系的具体设计，指导深度不够。

3. ISO/IEC 38505-1 数据治理标准

（1）发展背景

国际标准化组织（International Organization for Standardization，ISO）于2008年推出第一个IT治理的国际标准：ISO/IEC 38500，它是第一个IT治理国际标准，它的出台不仅标志着IT治理从概念模糊的探讨阶段进入了一个正确认识的发展阶段，而且也标志着信息化正式进入IT治理时代。

这一标准促使国内外一直争论不休的IT治理理论得到统一，也会促使我国在引导信息化科学方面发挥重要作用。

2015年5月，在巴西ISO/IEC JTC1/SC40全会上，中国代表团正式提出"数据治理国际标准"新工作项目建议并获通过。

经过会议讨论并形成决议，将数据治理国际标准分为两个部分：ISO/IEC 38505-1《ISO/IEC 38500在数据治理中的应用》（以下称ISO/IEC 38505-1）和ISO/IEC TR 38505-2《数据治理对数据管理的影响》（以下称ISO/IEC TR 38505-2）。

2017年3月31日，ISO/IEC 38505-1获得国际标准化组织批准，标准正式发布。ISO/IEC 38505-1的正式发布，代表着由我国提出的数据治理理念和方法论在国际上已达成共识，是中国对国际标准的重要贡献。

（2）主要内容

ISO/IEC 38505-1阐述了数据治理的意义，明确了治理主体的职责以及对数据治理监督机制的要求，提出了数据治理框架（包括目标、原则和模型）以帮助治理主体评估、指导和监督数据利用的过程。

在目标方面，ISO/IEC 38505-1认为数据治理应在提升利用数据价值的同时，确保合规约束和风险管控；在原则方面，ISO/IEC 38505-1沿用了IT治理的六条基本原则：职责（Responsibility）、战略（Strategy）、获取（Acquisition）、绩效（Performance）、合规（Conformance）和人员行为（Human Behavior），并具体阐述了这些原则如何指导数据治理中的决策；在模型方面，ISO/IEC 38505-1认为治理主体应运用评估（Evaluate）—指导（Direct）—监督（Monitor）的EDM模型来开展数据治理工作，如图4-6所示：

EDM模型用于评估、指导和监督：

1）评估：当前及未来的数据使用情况。例如评估数据方面的公司战略与商业模式、技术工具的应用情况等。

2）指导：编制及实施战略和政策，以确保数据使用符合业务目标。围绕评估情况制定数据战略及相应的治理体系政策。

3）监督：政策及战略的落地执行情况。建立相应的监督机制以确保在组织内部推行相关措施，例如将相关治理指标纳入KPI考核体系等。

其中，数据治理范围需涵盖数据治理责任图——收集、存储、报告、决策、发布和处置，如图4-7所示。

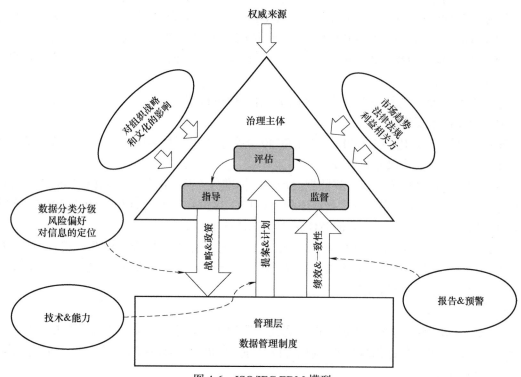

图 4-6 ISO/IEC EDM 模型

在实际数据应用中,企业通过创建、采集、采购等方式来收集数据并进行存储,将数据运用于报告分析、辅助决策来发挥其价值,并在某些情况下发布给外部各方或进行删除处置。因此数据责任图涵盖了数据应用范围,以促进企业改进数据责任点的管理,确保数据这一关键资产满足不同业务场景的需要和监管合规的要求。

(3)理论解读

1)ISO/IEC 38505-1 各领域之间关系。数据治理的目标:促进组织高效、合理地利用组织数据资源;

IT 治理的六条基本原则:职责、战略、获取、绩效、合规和人员行为。这些原则阐述了指导决策的推荐行为,每个原则描述了应该采取的措施;

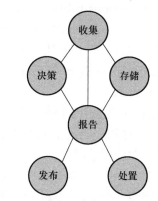

图 4-7 组织内的数据治理责任领域

数据治理模型:提出了数据治理的"E(评估)-D(指导)-M(监督)"方法论,通过评估现状和将来的数据利用情况,编制和执行数据战略和决策,以确保数据的使用服务于业务目标,指导数据治理的准备和实施,并监督数据治理实施的合规性等。

2）ISO/IEC 38505-1 核心设计思想。该标准为企业提供了数据治理的原则、定义、评估、指导、监督其企业数据处理和使用的方法和模式。

该标准将 ISO/IEC 38500 的 IT 治理原则和模型应用于数据治理，指导企业提升数据质量和保护数据安全。

数据治理的责任主体在治理层，治理层在开展数据治理的过程中主要通过制定数据战略来指导数据管理活动，而管理层需要通过管理活动来实现战略目标。同时，治理主体需要通过建立数据政策来保障数据管理活动符合数据战略的需要，进而满足企业的战略目标。数据治理体系文档由数据战略和数据政策组成。

3）ISO/IEC 38505-1 不足之处。涵盖"狭义"数据治理领域，强调了数据质量和数据安全，未对其他数据管理工作职能进行阐述。对数据治理机制的设计有参考意义，但对于数据标准、数据仓库建设等数据管理工作职能，则无法进行指导。

4.2.2 国内数据治理框架

1. DCMM 数据管理能力成熟度评估模型

（1）发展背景

随着大数据时代的到来，数据如同石油一样成为战略资源。但 CIO、CDO 对于数据如何管理依然是很迷茫：企业的数据团队该如何建设；数据管理应该制定哪些制度，数据管理应该有哪些职能，数据管理应当如何导入企业并有效落地实施；数据管理的未来该如何去发展等。由于企业在数据管理及应用方面的理论匮乏，企业数据的能力建设尚处于初期发展阶段。

在这样的背景下，全国信标委大数据标准工作组牵头组织编制了 GB/T 36073—2018《数据管理能力成熟度评价模型》（简称 DCMM）。通过吸取国内外相关数据领域经验，制定国家标准，促进组织数据管理能力的提升。该标准将组织数据管理能力划分成八个重要组成部分（数据战略、数据治理、数据架构、数据标准、数据质量、数据安全、数据应用、数据生命周期），描述了每个组成部分的定义、功能、目标和等级评估标准。标准适用于政府、企事业单位、信息系统的建设单位、应用单位等进行数据管理能力现状评估及发展规划、方案设计，从而提升组织数据管理水平，进而更有效利用数据资产。

（2）主要内容

数据管理能力成熟度评价模型（Data Management Capability Maturity Model，DCMM）是国家大数据重点标准之一，是一套综合标准规范、管理方法论、评估模型等多方面内容的综合框架，目标是提供一个全方位组织数据管理能力评估的模型。在模型的设计中，结合数据生命周期管理各个阶段的特征，对数据管理能力进行了分析和总结，提炼出组织在数据管理方面的八大能力域，并对每项能力进行了二级能力域的划分，发展等级的划分，以及相关功能介绍和评定标准的制定。

DCMM 划分为八大能力域，如图 4-8 所示。具体内容包括：数据战略、数据治理、数据架构、数据应用、数据安全、数据质量、数据标准和数据生命周期。

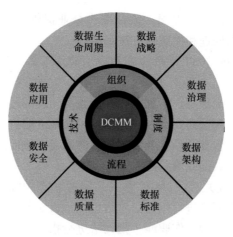

图 4-8 DCMM（数据管理能力成熟度模型）

DCMM 覆盖 8 个数据管理能力域。每个过程域包括若干数据管理领域的能力项，见表 4-3，共 28 个能力项。

表 4-3 数据管理能力成熟度模型能力域描述

能力域	能力项	能力域描述
数据战略	数据战略规划	数据战略域反映的是组织的数据战略规划、实施和评估能力，通过确立数据管理、开发和应用的战略驱动要因，反映组织关键利益相关者的数据需求，通过数据职能框架的逐步实现，达成数据管理和应用的愿景和目标，且考虑投资回报
	数据战略实施	
	数据战略评估	
数据治理	数据治理组织	数据治理域是通过组织、制度、流程、规范等方面的逐步构建，保障组织数据战略目标得以实现
	数据制度建设	
	数据治理沟通	
数据架构	数据模型	数据架构域是通过开发企业级模型，将数据需求反映到企业模型上，以数据形式构建统一的企业级数据模型，明晰数据的分布情况及集成共享关系
	数据分布	
	数据集成共享	
	元数据管理	
数据应用	数据分析	数据应用域是组织对数据进行分析、加工及应用服务，对内支持业务运营、流程优化、营销推广、风险管理、渠道整合等活动，对外支持数据开放共享、数据服务，提升数据在组织运营管理方面的价值转换，实现数据价值变现
	数据开放共享	
	数据服务	
数据安全	数据安全策略	数据安全域是组织开展计划、制定、执行相关数据安全策略和规程，确保数据资产在使用过程中的安全认证、授权、访问和审计等措施
	数据安全管理	
	数据安全审计	

(续)

能力域	能力项	能力域描述
数据质量	数据质量需求	数据质量域是指组织对数据资产的特性满足要求的程度，即从使用者的角度出发，满足用户对数据的使用要求程度
	数据质量检查	
	数据质量分析	
	数据质量提升	
数据标准	业务术语	数据标准域是指为组织中的数据提供规范化、标准化，是组织数据集成、共享的基础，是组织获得高质量数据的基础
	参考数据和主数据	
	数据元	
	指标数据	
数据生命周期	数据需求	数据生命周期域是对数据资产全生命周期的各个阶段的管理，确保数据在需求、概念设计、物理实现、应用开发、运维和退役等各个阶段的全过程管理。
	数据设计开发	
	数据运维	
	数据退役	

数据管理能力成熟度评价划分为 5 个等级：初始级、受管理级、已定义级、量化管理级和优化级。在此基础上，确定每个等级的具体特征，数据管理能力成熟度评价等级具体内容见表 4-4。

表 4-4　数据管理能力成熟度评价等级具体特征说明

等级	具体特征
初始级	①组织没有意识到数据的重要性；②数据需求的管理主要是在项目级来体现，没有统一的数据管理流程；③存在大量的数据孤岛，经常由于数据的问题导致低下的客户服务质量，繁重的人工维护工作等
受管理级	①组织已经意识到数据是资产；②根据管理策略的要求制定了管理流程，指定了相关人员进行初步的管理；③识别了数据管理、应用相关的干系人
已定义级	①数据已经被当作实现组织绩效目标的重要资产；②在组织层面制定了系列的标准化管理流程促进数据管理的规范化；③数据的管理者可以快速地满足跨多个业务系统的、准确的、一致的数据要求，有详细的数据需求响应处理规范、流程
量化管理级	①数据被认为是获取竞争优势的重要资源；②组织认识到数据在流程优化，工作效率提升等方面的作用；③针对数据管理方面的流程进行全面的优化，针对数据管理的过程进行 KPI（关键绩效指标）的考核，规范和加强数据相关管理工作；④应用相关工具对 KPI 考核相关的工作进行支撑
优化级	①数据被认为是组织生存的基础，相关管理流程能够实时优化；②能够在行业内进行最佳实践的分享

由于不同领域、行业、组织和企业的经营规模、业务范围,以及业务对数据管理能力的依赖性和数据管理能力定位等方面存在差异,组织或企业引入数据管理能力成熟度评价模型DCMM的使用时,需要"因地制宜"。

(3)理论解读

1)DCMM各领域之间关系。DCMM分为8个过程域,可以理解为1个战略引领、1个保障机制、4项应用环境建设、2项日常运营。具体如下:

① 1个战略引领:数据战略。
② 1个保障机制:数据治理。
③ 4项应用环境建设:数据生命周期、数据标准、数据架构、数据应用。
④ 2项日常运营:数据质量、数据安全。

过程域间逻辑关系可以理解为:在数据战略的引领下,以数据治理机制为保障,沿着数据全生命周期开展数据标准、数据应用和数据架构等应用环境建设,并保持2项日常工作的正常运营,确保数据质量良好、安全可控。过程域关系图如图4-9所示。

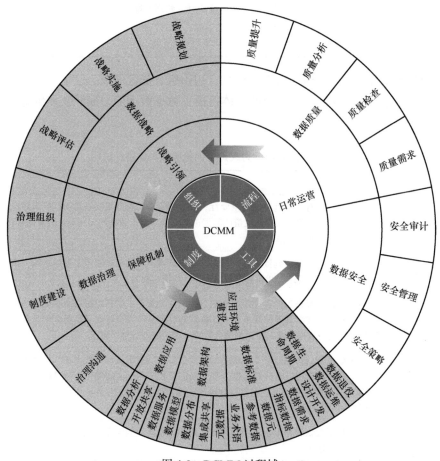

图4-9　DCMM过程域

数据战略引领方面，企业在开展数据战略时，通常应在企业战略、业务战略、信息化战略的指导下，开展制定企业数据战略。组织高层级应当明确数据战略的顶层设计价值及职能框架，对组织数据管理工作范围、数据范围、价值主张、相关具体数据管理工作目标提出要求，并制定总体规划，组织开展数据战略实施工作，实施任务考虑优先级排序，形成组织实施工作计划，在保证符合企业战略、业务目标的基础上，指导相关数据职能领域开展具体的数据管理能力提升工作任务。数据战略实施过程中，应阶段性开展数据战略评估工作，对数据战略提出评价和总结，保证数据战略实施方向的一致性。

数据保障机制方面，集中体现在数据管理工作的治理保障方面，包括组织架构、岗位设置、团队建设、数据责任等内容，是各项数据管理职能工作开展的基础。数据治理组织架构保障数据管理各项工作任务规范化有效运行；数据制度建设是数据管理和数据应用各项工作有序开展的行为准则，是数据管理工作开展的关键。沟通机制是确保组织内全部利益相关者都能及时了解相关政策、标准、流程、角色、职责、计划的最新情况，并能掌握各项数据职能任务的进展状态。

数据应用环境建设方面，强调企业数据资产管理的基础建设工作，包括数据生命周期、数据标准、数据架构、数据应用内容。从企业整体数据架构建设入手，开展企业级数据模型建设，对数据全生命周期进行管理，针对数据需求、数据设计开发、数据运维等阶段开展数据管理工作。健全数据标准建设，加强组织内部的数据理解，制定业务术语、参考数据、主数据、数据元、指标数据标准。构建数据应用服务平台，提供数据分析、数据开放共享、数据服务，提升数据资产的价值转换能力。

数据日常运营方面，重点考虑数据质量和数据安全两方面工作。结合企业数据战略制定数据质量原则和明确数据质量需求，通过对数据质量提升需求，落实好数据质量具体解决方案，不断提升企业数据质量水平。同时，提供数据安全策略、数据安全管理、数据安全审计等方面支撑，满足企业数据安全保障体系建设需求，以及外部法规、行业的数据安全监管要求。

以上四个方面，从企业的数据管理能力建设入手，强调企业在数据职能领域从"战略到执行""规划到运营"的整体建设，对 DCMM 理论框架内容进行了整合，不难看出 DCMM 各领域关系是相互依存的，提供了完整的企业数据管理能力提升框架。

2）DCMM 核心设计思想。基于对企业的数据管理能力各个领域的理解，进一步剖析 DCMM 的核心设计思想。提出如下关注重点：

① 数据战略引领：DCMM 中的数据战略域的核心设计思想在于强调企业的数据战略规划能力。数据战略反映的是企业最高层级制定总体战略规划能力，需要与企业战略、业务战略相一致。

例如：大多数企业在实际开展数据治理工作中对企业战略、业务战略不了解，缺乏方向的一致性指引，导致数据战略不明。DCMM 提出数据战略反映出企业战略在顶层规划的重要性，需要符合企业战略总体规划设计，注重自顶向下的数据战略规划方法，聚焦重点业务下的关键问题优化设计，保证数据战略规划的每项任务与企业战略、业务战略相一致，形成统一的数据战略框架引领数据管理各项工作开展。

② 数据保障机制：DCMM 充分考虑了数据治理的重要性，借鉴 DAMA 中数据治理作为统筹各项数据管理工作的核心，认为保证数据管理各项工作有效开展的基础在于运转良好的数据治理机制，主要涉及组织、制度、流程等。

例如：企业在推进数据管理工作时，往往缺乏对组织、制度、沟通机制的建设，直接反映的结果就是数据管理工作得不到认同，无法形成统一的数据管理共识，数据管理工作无法开展。究其原因，多是数据治理工作机制不完整、不健全，职责和流程不清，制度和规范等不明，没有专职的数据治理组织来保障支撑。DCMM 在数据治理方面的关注数据治理组织架构建设、注重健全数据管理制度体系，旨在提升全员对数据管理的意识和能力，保证组织数据管理工作有效开展。

③ 数据应用环境建设：DCMM 在应用环境建设方面注重数据架构、数据标准、数据生命周期和数据应用领域。设计理念源于组织数据资产的开发和利用能力。数据应用环境建设是组织使用数据资源的根基，应充分考虑数据架构的整体性、标准的一致性，保证数据全生命周期的可控和数据应用价值的转换。

例如：DCMM 中对数据生命周期管理进行了细化，对数据生产全流程中各阶段数据价值提出管理要求，解决数据需求、数据设计和开发等阶段中出现的数据需求不清、数据反复设计、研发重复开展等问题；

同时，增强了企业数据架构对企业数据模型、数据分布、数据集成共享的管理。并提出元数据管理要求，对企业元数据的创建、存储、整合进行控制。解决了由于企业数据分散得不到整合，无法获得对数据资产管控的问题。通过企业数据资源统一管理，解决企业的核心权威数据来源不清的问题。

强调数据标准能力，注重企业业务与 IT 对数据理解的一致性，对业务术语标准、参考数据标准、主数据标准、数据元和指标数据标准提出管控要求。解决由于组织中各业务数据理解不一致，导致的数据质量问题。并通过主数据管理，解决部门间的共享数据缺乏统一，无法实现跨部门、跨系统共享等问题。

强调数据应用价值转换能力，以数据服务和数据开放共享为前提，构建数据应用能力，重点提升数据分析、数据开放共享、数据服务中的应用局限，增强企业对外数据服务的价值。

④ 数据日常运营：DCMM 考虑数据日常运营在数据质量和数据安全下的持续运营。实际企业数据运营中，不难发现以"重建设、轻质量和重应用、略安全"的形式开展数据管理工作仍较为普遍，数据管理部门只管建设，涉及的质量问题和安全问题，缺乏常态的日常运营机制，导致数据问题层出不穷、信息化建设后的成果难以转化，甚至导致直接废弃。

DCMM 强调数据日常运营应以持续提升数据质量为前提，保证企业数据资产的可用性、可靠性和完整性。强调只有高质量的数据资产才能获得高品质的数据服务价值。提出从数据质量需求、数据质量检查、数据质量分析、数据质量提升的全过程管控，强调预防胜于事后处理的事前、事中、事后的全面数据质量管理。

DCMM 在数据安全方面提出以数据安全策略为核心，构建符合外部监管要求和企业数据安全需求的数据安全标准与策略，通过对数据访问授权、分级防控、实时监控等，对企业数据安全提出管理要求，采取阶段性的数据安全审计，对组织数据安全管理提出评价、改进建议。

⑤ 数据管理能力成熟度等级划分：数据管理能力成熟度等级划分的 5 个等级，从已实施、已管理、已定义到可测量、优化级，逐步对企业数据管理能力提出提升要求，为企业开展数据管理能力提升，提供了清晰的演进路线。

这里对成熟度等级解读如下："前三级"被认为是在组织体内部重点开展的数据管理能力提升建设，标志着企业将数据当作实现绩效目标的重要资产，在企业级层面形成系列的标准化管理流程，且较好促进数据管理的规范化。"后两级——可测量和优化级"，被反映成组织在数据管理能力方面的效能量化和竞争优势，能够推动相关行业的最佳实践和能力引领。

3) DCMM 不足之处。DCMM（数据管理能力成熟度评价模型）在实践中仍存在一些不足，这里结合实践的 DCMM 评估项目，提出以下几点：

①未体现业务范围、组织范围、管理范围和系统范围。如：数据治理能力域下的组织形式、职能职责，以及相关数据管理活动不够具体，数据应用能力域下的商务智能和数据仓库中的管理活动缺乏实践和方法论支持等。

②未明确数据管理能力的相关构建方法。如：缺乏数据管理下的业务/数据、数据/系统等的矩阵工具、RACI、CRUD 等方法论的解读。

③未明确数据管理能力的实施路径。虽然对企业数据管理能力成熟度等级进行了明确的划分，但是未对等级之间的差距指明实施提升路径，企业无法清晰该通过何种途径获得相关能力。

④以上发现，企业采用数据管理能力成熟度开展数据管理工作时仍显不足，还需要结合自身实际情况进行具体的顶层设计、详细规划和实施控制，需要补充开展数据管理方面的战略规划方法、实施策略和能力项建设。

2. 信息技术服务　治理　第 5 部分：数据治理规范

（1）发展背景

业务的数据化和数据的业务化，是各行业、各领域数据服务和应用的重点和趋势。为了促进组织有效、高效、合理地利用数据，有必要在数据获取、存储、整合、分析、应用、呈现、归档和销毁过程中，提出制定相应的国家标准，从而实现运营合规、风险可控和价值实现的目标。

2019 年 1 月 1 日，国家标准 GB/T 34960.5—2018《信息技术服务　治理　第 5 部分：数据治理规范》实施。

（2）主要内容

我国发布的信息化标准 GB/T 34960《信息技术服务　治理》系列中包含五部分内容：

第 1 部分：通用要求；

第 2 部分：实施指南；

第 3 部分：绩效评价；

第 4 部分：审计导则；

第 5 部分：数据治理规范。

其中第 5 部分"数据治理规范"提出了数据治理的总则和框架。如图 4-10 所示，包含顶层设计、数据治理环境、数据治理域和数据治理过程四大部分。

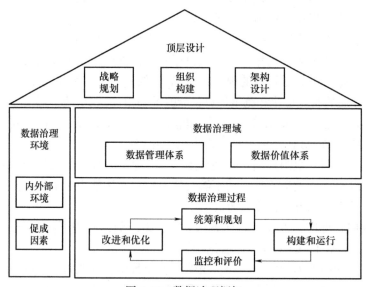

图 4-10　数据治理框架

（3）理论解读

1）各领域之间关系。

① 顶层设计：包含数据相关的战略规划、组织构建和架构设计，是数据治理实施的基础。

② 数据治理环境：包含内外部环境及促成因素，是数据治理实施的保障。

③ 数据治理域：包含数据管理体系和数据价值体系，是数据治理实施的对象。

④ 数据治理过程：包含统筹和规划、构建和运行、监控和评价以及改进和优化，是数据治理实施的方法。

2）核心设计思想。提出了数据治理的总则和框架，规定了数据治理的顶层设计、数据治理环境、数据治理域及数据治理过程的要求，适用于：

① 数据治理现状自我评估，数据治理体系的建立；

② 数据治理域和过程的明确，数据治理实施落地的指导；

③ 数据治理相关的软件或解决方案的研发、选择和评价；

④ 数据治理能力和绩效的内部、外部和第三方评价。

3）理论不足之处。

① 未明确数据管理能力的相关构建方法。如：缺乏数据管理下的业务 / 数据、数据 / 系

统等的矩阵工具、RACI、CRUD 等方法论的解读。

② 该标准作为较新的理论指导，落地参考案例较少。

3. 数据资产管理实践白皮书

（1）发展背景

《数据资产管理实践白皮书（5.0 版）》发布于 2021 年 12 月，是大数据技术标准推进委员会、中国信通院云计算与大数据研究所自 2017 年以来发布的第五版白皮书。基于多年理论研究和案例分析，本白皮书将以政府机构和企事业单位作为研究主体（侧重企业），以数据资产赋能业务发展作为核心逻辑，阐述数据资产管理的概念内涵、演进历程、发展现状，重点讨论数据资产管理的活动职能、保障措施、实践步骤等，并对数据资产管理进行总结与展望。

（2）主要内容

数据资产管理白皮书定义了数据资产管理的架构，如图 4-11 所示，包含 10 个管理职能和 5 个保障措施。管理职能是指落实数据资产管理的一系列具体行为，保障措施是为了支持管理职能实现的一些辅助的组织架构和制度体系。

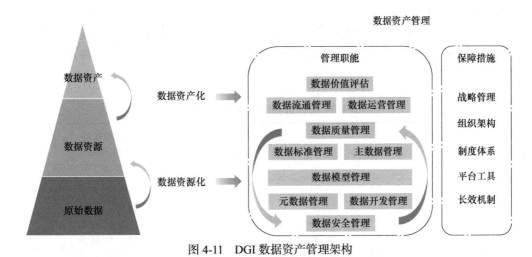

图 4-11　DGI 数据资产管理架构

数据资产管理包含数据资源化、数据资产化两个环节，将原始数据转变为数据资源、数据资产，逐步提高数据的价值密度，为数据要素化奠定基础。

（3）理论解读

1）各领域之间关系。从数据资源化到数据资产化管理，参考 PDCA 方法，从计划、执行、检查、改进四个环节着手，阐述数据资产管理活动职能的核心理念与实践要点。

2）核心思想。数据资源化通过将原始数据转变成数据资源，使数据具备一定的潜在价值，是数据资产化的必要前提。数据资源化以数据治理为工作重点，以提升数据质量、保障数据安全为目标，确保数据的准确性、一致性、时效性和完整性，推动数据内外部流通。数据资源化包括数据模型管理、数据标准管理、数据质量管理、主数据管理、数据安全管理、元数据管理、数据开发管理等活动职能。围绕"资产"管控开展的资产认定、权益分配、价值评估等活动受组织外部影响因素较多（包括数据要素市场相关交易模式、市场机制、法律法规或政策等），本白皮书所定义的数据资产化强调其对于推动组织数据资产管理的作用。

3）不足之处。关注于数据资产总体管理，对数据治理基础理论的阐述相对不足。该理论是由大数据技术标准推进委员会、中国信通院云计算与大数据研究所组织撰写、定期更新，基于多年理论研究和案例分析，本白皮书将以政府机构和企事业单位作为研究主体（侧重企业），以数据资产赋能业务发展作为核心逻辑，阐述数据资产管理的概念内涵、演进历程、发展现状，重点讨论数据资产管理的活动职能、保障措施、实践步骤等，并对数据资产管理进行总结与展望。

4.2.3 数据治理理论指导

在实施数据治理相关工作前，要充分论证和思考，明确企业进行数据治理的驱动力，也就是回答"为什么"的问题，从而能够有明确的方向和目标，选择数据治理理论应因地制宜、洞察核心、注重落地，可以基于一个或多个治理框架结合使用，确保数据治理工作能够有效落地和产生实际价值。

结合以上国内外数据治理理论的分析，从范围、深度、适用场景、应用建议共四个视角进行说明，同时给出企业在数据治理实践中所需的补充材料，主流数据治理体系对比分析见表4-5。

表4-5 主流数据治理体系对比分析

内容	DAMA	DGI	ISO/IEC 38505-1	DCMM GB/T 36073—2018	数据治理规范 GB/T 34960.5—2018	白皮书
范围	完整 覆盖10个职能域	单一 仅覆盖数据治理领域	单一 仅覆盖数据治理领域及数据安全和数据质量	完整 覆盖8个过程域，在DAMA基础上增加了数据战略、数据标准、数据生命周期等领域	完整 包含顶层设计、数据治理环境、数据治理域和数据治理过程四大部分	完整 10个管理职能和5个保障措施
深度	较详细：每个职能域有管理活动的较详细介绍，但缺少示例和实践案例	不足：仅给出了数据治理的组成要素，但对于要素的详细内容没有严格定义和分析	不足：仅给出数据治理的目标、原则和评价模型，但对于要素的详细内容没有严格定义和分析	较详细：对于领域活动概要性介绍 通过等级评价标准可以较详细了解每个领域应该开展的工作以及应达到的程度，但系统性不及DAMA	较详细：通过附录的形式对数据管理体系的治理和数据价值体系的治理进行补充说明，但系统性不及DAMA	较详细：每个职能域和保障措施有较详细的介绍，同时包含示例

(续)

内容	DAMA	DGI	ISO/IEC 38505-1	DCMM GB/T 36073—2018	数据治理规范 GB/T 34960.5—2018	白皮书
适用场景	较详细学习+实践对标：对数据管理领域的各项工作进行完整了解、并进行工作总体规划，并将实践与理论框架对比。对数据管理在企业内的实施范围和深度具有一定指导意义	总体了解：因缺少严格定义和分析，DGI框架适用于大致了解数据治理领域的组成要素，对实践指导作用有限	总体学习+实践对标：提供了数据治理的原则、定义、评估、指导、监督其企业数据处理和使用的方法和模式，但其覆盖内容不全及缺乏评估实践不适合做整体成熟度评估	总体学习+实践对标+成熟度评价：对数据管理领域的各项工作进行完整了解、并进行工作总体规划，并将实践与理论框架对比、量化分析得出成熟度等级；对数据管理在企业内的实施范围和深度具有一定指导意义	总体学习+实践对标：涵盖数据管理体系和数据价值体系的治理，对数据管理在企业内的实施范围和深度具有一定指导意义	总体学习+了解：紧密结合国家政策，参考内外部理论和实践，从数据资产的价值实现的角度进行阐述，具有学习和指导意义
应用建议	由于理论性较强，不能完全照搬职能框架 需要将实践案例分析、企业自身实践与DAMA框架对标，识别实践中的缺漏项	在数据治理项目启动前，参照6个关注域确定本企业数据治理工作所服务的领域 数据治理体系设计过程中，对标本框架、保证体系设计相对完整 对于详细设计内容，本框架无法提供指导	该标准的正式发布，代表着由我国提出的数据治理理念和方法论在国际上已达成共识。在项目中参考数据治理框架（包括目标、原则和模型）以帮助治理主体评估、指导和监督数据利用的过程。在具体数据职能域的建设和评估方面参考DAMA和DCMM	作为国标，与DAMA理论结合应用。通过DAMA详细了解数据管理的职能域及每个职能域的工作内容；通过DCMM了解每个职能域的工作应做到的深度；两者结合，可以对企业数据管理工作的内容、实施深度有较好把握	作为国标，在项目中参考顶层设计、数据治理环境、数据治理域和数据治理过程四大部分，结合其他理论进行补充	因其定期更新版本，动态掌握数据资产管理趋势，综合了各类数据治理理论和实践，在项目过程中学习和了解，结合其他数据治理基础理论和公司现状进行应用
所需补充材料	1）其他企业整体的数据管理实践案例 2）每个数据管理领域面向操作的书籍、理论、方法和实践经验 3）识别本企业数据管理现状，确定实施目的、目标、范围、优先级					

4.3 数据治理体系实践

数据治理体系实践落实数据治理总体目标，打通业务、信息化等人员沟通的桥梁，确保数据资产看得见、管得住、用得好。根据不同的框架选择，其路径不同，至少包含数据管理能力成熟度评估、数据治理体系规划和数据治理保障体系建设三部分内容：

1）数据管理能力成熟度评估：诊断企业数据管理现状能力，发现企业内部存在的关键问题，进行量化评价，对未来数据能力提升方向给出建议。鉴于上述理论分析结果，后续以数据管理能力成熟度评估模型（即 DCMM，GB/T 36073—2018）为例进行说明。

2）数据治理体系规划：是以企业数据战略、愿景和使命为纲领，以急用先行为原则，以分步实施为策略进行的整体设计和规划。

3）数据治理保障体系建设：从狭义的数据治理角度，建设组织级的数据管理组织、制度、流程等内容，在宏观上对数据管理进行指导和监督。

4.3.1 数据管理能力成熟度评估

根据国务院国资委印发的《关于加快推进国有企业数字化转型工作的通知》要求，明确指出了数据治理是企业数字化转型的必经之路，企业数字化转型方兴未艾，数据治理被推向了"风口浪尖"。企业亟须一套符合中国国情、中国企业文化，并且能够指导企业开展数字化"基础设施"建设的参考框架，而 DCMM 就是一个合适的参考框架。

1. DCMM 贯标流程

DCMM 贯标流程主要分为三个阶段，如图 4-12 所示：

差距分析：贯标启动，进行差距分析；

能力提升：建立数据管理组织，完善制度，内部试运行并开展自评估；

评估确认：组建评估队伍，开展第三方评估，获取评估报告和能力证书。

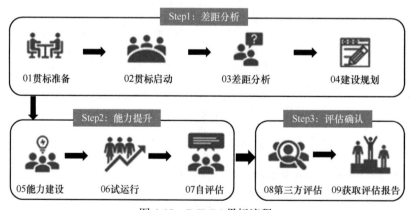

图 4-12　DCMM 贯标流程

为促进标准落地应用，2018 年成立中国电子工业标准化技术协会数据管理应用推进分会，在工信部信软司的指导下，不断丰富完善并建立了 DCMM 评估体系。

DCMM 的评估是在工信部的指导下，由中国电子信息行业联合会统一组织，包括：评估机构选取、评估项目实施、优秀标杆评选、DCMM 证书发放等。

根据中国电子信息行业联合会的公开资料，DCMM 评估分为以下四个阶段，如图 4-13 所示。

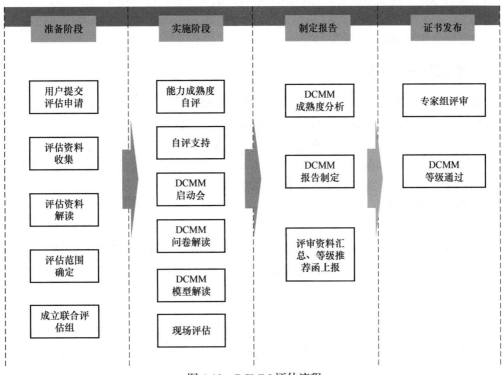

图 4-13　DCMM 评估流程

评估服务包括：

1）评分结果：全面展示企业数据管理各能力项成熟度评估等级。

2）评估报告：分析企业数据管理现状，识别数据管理问题及改进项，给出数据管理能力成熟度等级推荐建议。

3）数据管理发展路线图（可选）：根据企业管理的需要，以及业界最佳实践，制定针对性的企业数据管理发展路线图，并且根据现状制定针对性的行动计划。

4）评估证书：颁发企业数据管理能力成熟度评估证书。

2. DCMM 评估价值

DCMM 评估企业收益：为企业数字化转型赋能！

与欧美国家相比，在数据管理领域我国一直缺乏完善的数据管理成熟度体系的研究，DCMM 填补了这一空白，为国内组织的数据管理能力的建设和发展提供了方向性指导。

DCMM 国家标准的发布对促进我国数据产业的发展有着重要的意义。

通过 DCMM 评估，有利于帮助企业更加熟练地管理数据资产，增强数据管理和应用的能力，并提供一致和可比较的基准，以衡量一段时间内的进展。通过 DCMM 评估，有利于帮助企业理清数据管理能力的长处和不足在哪里，帮助企业确定选择治理的优先顺序、治理范围和内容，更有效地管理和使用数据。通过 DCMM 评估，有利于帮助企业建立与其发展战略相匹配的数据管理能力体系，包含组织体系、制度体系、标准体系以及工具和技术体系等。通过 DCMM 评估，有利于帮助企业建立数据管理和应用的队伍，培养数字化人才，有利于推动数据思维和数据意识的建立。

4.3.2 数据治理体系规划

数据治理路线规划是建立一套管理数据的组织策略、流程和技术的框架以确保数据的质量、安全、有效性和价值。数据治理路线规划是企业在实施数据治理时的一个重要步骤，重点是给出具体的阶段目标，以及实现这些目标所需的步骤、方法、资源、技术、工具等。

数据治理不是一蹴而就的，需要对治理目标进行分解，对治理任务进行排序，明确每个任务的优先级，制定符合现状和需求的数据治理路线规划。

1. 数据治理规划原则

（1）立足现状、注重落实

数据治理工作应植根于企业当前现状，不搞全面铺开，而应集中力量，从迫切度、配合度、可落地性等角度找准应用场景为突破口，确定试点范围，牵住数据治理工作的"牛鼻子"，推进治理工作快速见效。

（2）价值导向、关注成效

不搞人浮于事的"面子工程"，而是以真正满足需求、解决实际问题、能产生实际效益的价值导向为指引，关注数据治理工作实际成效。

（3）统筹规划、分步实施

数据治理是业务和 IT 之间的共同职责，应整体一盘棋，统一谋划，统筹安排各方资源，分步骤、阶段性集中力量实现重点突破，避免因缺乏协同而重复无序建设，造成资源浪费。

（4）建章立制、促进创新

数据治理不是一个运动式项目、而是一项常态化工作，其目的在于在实现价值的过程当中，探索建立一套能够确保问题不再重复发生、满足多样化需求的常态化、长效机制，实现数据驱动业务模式升级，多维度促进业务创新。

2. 数据治理规划思路

数据治理路线规划是一个系统工程，既源于现状、又高于现状。规划成果需要经历多轮迭代才能得到各方认可，是各利益相关方相互博弈、妥协的产物，数据治理规划通用步骤如图 4-14 所示。

1）为保证数据治理各项工作能够得到落实，应识别开展数据治理工作的原始内在驱动力，以明确治理工作价值点。

2）基于对国际、国内数据治理理论和行业最佳实践的深刻理解，聚焦于数据治理价值体现，注重业务价值实现与信息化建设之间的有效衔接，规划数据治理体系职能框架，厘清数据治理工作机制、数据资产管理专业能力、平台建设之间的关联依赖关系，为各方协同开展数据资产管理各项工作提供参考依据。

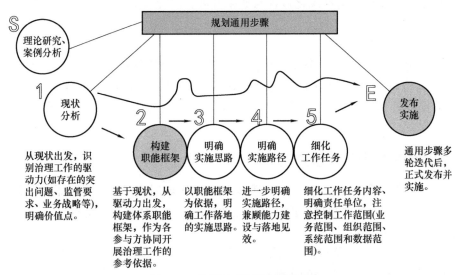

图 4-14 数据治理规划通用步骤

3）通过识别数据治理工作开展的内在驱动力，明确工作开展的价值点，以价值驱动为导向，分层级、不同视角开展数据资产管理工作任务，以应用场景为切入，驱动各项专业能力、工作机制、平台建设持续开展，形成常态化运营机制。

4）明确数据资产管理总体实施路径，兼顾能力建设与落地见效。

5）细化数据资产管理工作任务，注意精确控制范围。

数据治理路线图的规划需充分结合企业数据管理的现状和需求，采用"大处着眼，小处入手"的原则推进，同时考虑建立人、流程和技术协调发展的数据治理环境，以保障数据治理工作的稳步推进。

3. 数据治理规划路径

基于数据治理规划的原则和思路，数据治理规划路径可参考以下四个阶段：

（1）第一阶段：统筹规划

基于数据管理能力成熟度评估结果，开展数据资源梳理、编制数据战略、建立组织责任、搭建数据治理体系等内容，为后续数据资产管理和运营锚定方向、奠定基础。

（2）第二阶段：管理实施

第二阶段的工作目标主要是通过建立数据资产管理的规则体系，依托数据资产管理平台工具，以数据生命周期为主线，全面开展数据资产管理各项活动，以推动第一阶段成果落地。第二阶段管理实施的开展主要包括建立规范体系、搭建管理平台、全流程管理、创新数据应用等内容。

（3）第三阶段：稽核检查

企业在第二阶段基本完成由原始数据到数据资源的转变，第三阶段稽核检查关注于如何评价数据资源化成果、改进管理方法，该阶段的主要目标是根据既定标准规范，适应业务和数据的变化，通过对数据资源化过程与成果开展常态化检查，优化数据资产管理模式与方法。

（4）第四阶段：资产运营

在前三个阶段的基础上，企业具备向数据资产转变的基础。数据资产管理的第四个阶段是资产运营阶段，该阶段的主要目标是通过构建数据资产价值评估体系与运营策略，促进数据内外部流通，建立管理方与使用方的反馈与激励机制，推动数据资产价值释放。

4.3.3 数据治理的保障体系建设

数据治理保障体系是数据战略落地和数据治理路线规划执行的重要保证，为实现数据战略目标，企业需要开展各项数据管理活动，而数据治理保障体系就是为这些活动提供的各种保障，通常包括以下部分：

1）数据治理组织：由参与企业数据治理活动以及与数据利益相关的业务团队、IT团队等组成，其职责是推动数据战略的实施；

2）数据管理制度：定义数据管理归口/主责部门，明确数据管理的责任分工、岗位职责、操作要求以及相应的考核措施等；

3）数据管理流程：定义数据的创建、使用、变更和相关策略。

1. 数据治理组织建设

数据治理组织架构的构建旨在建立与开展公司数据相关工作相适应的各层级权责明确且内部沟通顺畅的组织框架，确保公司数据战略的推动实施。

数据治理组织模式有3种不同的模式，如图4-15所示，分别为集中式、联邦式和分布式策略。集中式策略是单独成立部门做，联邦式策略是总协调+各部门一起做，分布式策略是各做各的。

组织模式	优点	缺点	说明
集中式策略 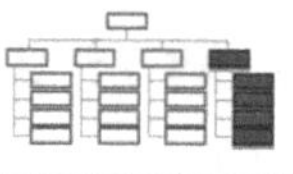	• 设立专门组织作为企业数据资产的管理部门职责明确，目标清晰 • 管理力度大，驱动力强	• 对现有的企业组织架构影响较大 • 投入较大，需要较多的人员配置	设立专门的组织来管理整个企业的数据治理工作，所有数据治理职责均由该组织承担
联邦式策略 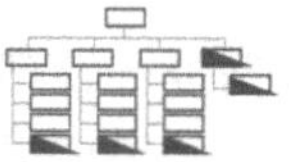	• 在较小的投入下可取得较好的数据治理成效 • 对现有的组织机构影响较小	• 数据治理日常管理部门对其他部门的影响力有限 • 对数据治理日常管理部门的协调能力要求较高，需要较强的影响力和协调组织能力来推动数据治理工作	设立专门的组织作为数据治理的日常管理部门，牵头负责数据治理管理各环节的协调和组织工作
分布式策略 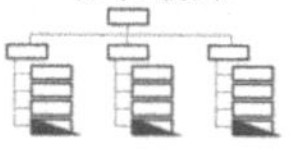	• 起点较低，容易在单个业务领域实现 • 资源要求不高	• 管控力度最弱 • 缺乏企业级视角，无法实现企业级的数据治理	不设立专门的企业级组织来行使数据治理管理职责，各业务单元只负责本业务领域的数据治理工作

图4-15 数据治理组织模式

(1) 集中式策略

设立专门的组织来管理整个企业的数据治理工作，所有数据治理职责都由该组织承担，如图 4-16 所示。

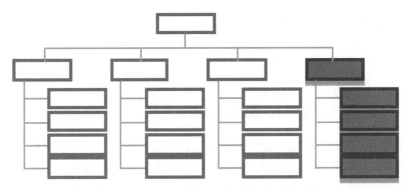

图 4-16　集中式策略数据治理组织模式

优点：设立专门组织作为企业数据资产的管理部门，职责明确，目标清晰；管理力度大，驱动力强。

缺点：对现有的企业组织架构影响较大；投入较大，需要较多的人员配置。

(2) 分布式策略

不设立专门的企业级组织来行使数据治理管理职责，各业务单元只负责本业务领域的数据治理工作，如图 4-17 所示。

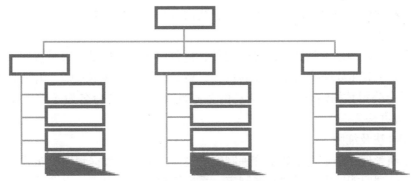

图 4-17　分布式策略数据治理组织模式

优点：起点较低，容易在单个业务领域实现；资源要求不高。

缺点：管控力度最弱；缺乏企业级视角，无法实现企业级的数据治理。

(3) 联邦式策略

设立专门的组织作为数据治理的日常管理部门，牵头负责数据治理管理各环节的协调和组织工作，如图 4-18 所示。

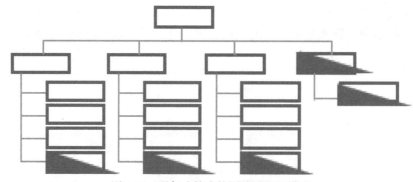

图 4-18 联邦式策略数据治理组织模式

优点：在较小的投入下可取得较好的数据治理成效；对现有的组织机构影响较小。

缺点：数据治理日常管理部门对其他部门的影响力有限；对数据治理日常管理部门的协调能力要求较高，需要较强的影响力和协调组织能力来推动数据治理工作。

数据是动态变化的，数据治理组织体系也是不断演进的，随着数字化的发展，企业的数据治理组织体系必定会经历一个从无到有、从虚拟组织到实体组织、从兼职管理到全职岗位、从离散项目管理到全面数据质量控制的过程。

2. 数据管理制度建设

建立有效的数据管理制度和流程，对数据的生产、采集、处理、加工、分析、应用等环节的操作进行约束和规范，以输出高质量数据并保障数据安全合规使用。数据治理制度和六层是数据治理成功落地的保障机制，也是促进企业员工形成数据素养的重要手段。

数据管理制度体系设计应覆盖各项数据管理职能活动，为数据治理的落地实施提供指导、规范和监督评价，数据管理制度体系分层结构可分为 3 个层级。

（1）纲领文件

企业数据管理最顶层纲领性、政策性文件，通常由数据治理最高决策机构（比如数据治理委员会）制定。其主要明确数据管理的目的、意义、目标、基本原则、组织职责、管理范围等，是指导全公司数据治理与管理活动的基础性文件，通常命名为《数据管理办法》或《数据资产管理办法》。

（2）管理办法及细则

各数据专项管理办法是企业数据管理制度的主体，由不同数据管理职能域的数据专业人员制定，为各管理职能域内的活动开展制定一系列管理原则、内容、要求及流程，确保对数据管理各领域工作开展进行有效地指导、规范和监督。专项管理办法应符合数据政策规定，伴随数据管理各职能域工作的开展、推进而逐步建立、完善。总部各部门及下属公司在开展数据管理各领域工作时均应遵守相关管理办法规定。专项办法通常命名为"××××管理办法"，比如《数据认责管理办法》《数据安全管理办法》。

管理细则承接各数据管理办法，围绕管理办法相关要求，细化数据管理工作内容及要求、实施方式、流程和规范等，进一步使管理办法更具体、更有可操作性。不是所有的专项办法都需要细分的管理细则，管理细则依据实际需要而制定。管理细则通常根据具体对应的管理职能项进行命名，如《数据分类分级管理细则》。

（3）规范/标准

规范/标准是企业数据管理操作层面的指导性文件，是已有数据制度文件的从属性文件，补充解释特定活动或任务中具体操作内容、步骤、方法、技术等，是特定活动的执行中需要遵守的操作规范或标准，以指导提升数据管理活动的规范化、标准化程度，保障数据管理活动的落地和质量。规范/标准伴随制度的执行而产生，并持续优化完善。规范/标准可对应具体的管理活动或对象进行命名，如《数据认责技术规范》。

3. 数据管理流程建设

为了进一步明确复杂数据管理职能活动的依赖关系、先后顺序、与各责任相关方的关联关系、活动的输入输出等具体工作内容，需对复杂管理活动做流程设计，以保证数据管理活动和措施能够有序地、有效地落地执行。一般在数据管理制度文件中按需配套设计数据管理流程，制度文件管理内容中可用业务流程图表述的部分，将业务流程图作为制度文件的附录。

管理流程设计也遵循总体设计到细化展开的思路，概述性的管理办法对应粗粒度管理流程设计，承接办法细化内容的管理细则对应细粒度管理流程设计，管理流程中明确组织部门、甚至具体人员角色在相关管理活动中的具体工作内容和输入输出。以数据标准管理域为例，数据标准管理办法中会约定数据标准制定流程、数据标准修订流程、数据标准落地审核流程、数据标准复审流程等。

4.3.4 数据治理的成效

通过数据管理能力，治理路线规划的指引，保障体系的建设，并能够通过技术或管理手段，深化治理，实现数据价值的提升，使数据有效支持业务，以此打造良好的数据治理生态，形成数据治理自我驱动、自我进化、可持续发展的长效运营机制。

4.4 数据治理项目实践案例——某电信运营商源端数据治理

某电信运营商省公司（以下简称"公司"）同样面临着如何有效发挥数据资产价值的重大挑战，数据运营与大数据建设是公司战略体系的重要组成部分，但随着数据量的不断增大，如何有效识别和管理关键数据？如何有效提升需求开发质量？此外缺少基于全局的、一致的数据统计结果，影响高层领导和业务部门的经营分析与决策，不利于企业在新形态的市场竞争中把握稍纵即逝的市场机会等都是公司目前所面临的数据问题，导致各部门的数据诉求得不到满足，如图4-19所示。

公司从战略和业务层面都亟须提升数据管理能力，建立从上到下的数据治理体系。

1）从战略层面，集团总部对省级大数据平台的数据治理能力提出了更高的要求，数据治理需要做到可视化、高效化、可靠化。同时，公司大数据发展规划提出构建全新的数字化创新战略体系。从战略规划来看，高价值数据整合及共享的要求促使公司必须提升数据管理能力。

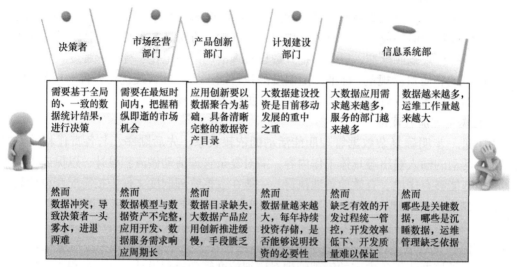

图 4-19　各部门数据诉求与现状

2）在业务层面，数据质量问题也影响着业务开展。一方面，公司已发展自有渠道三百余家、社会渠道三万余家，但是各系统间分类体系不统一、重点业务数据不一致、不准确、不及时等问题，影响了渠道的健康发展，造成了业务部门对信息系统数据质量的投诉与质疑；另一方面，市场部每天有上百个指标，指标按月对比波动，管理层无法知晓指标波动背后的原因。

因此，公司立项了"企业级数据治理"项目，并将其纳入年度四项重点工作之一，要求作为全公司全力推进的重点项目，在参考总部规范的基础上，立足数据管理现状，围绕关注的热点业务，结合数据重要性和紧迫性，开展数据治理工作，旨在构建全面有效的数据治理治理体系，同时面向业务部门，提升重点业务数据质量，赋能业务运营。

项目组采用顶层设计与热点业务问题结合的建设方案，分五个关键阶段推动执行。顶层设计涵盖资产梳理和体系设计，业务问题解决方案主要结合大数据平台分析解决具体业务问题。分为项目筹备、现状诊断、顶层设计、细化设计、以及成果建设等阶段，同时配合热点问题的调研、分析和改进，旨在短期解决业务实际问题，长期提升数据管理能力，如图 4-20 所示。

4.4.1　基于 DCMM 开展数据管理现状分析

在现状分析阶段，基于数据管理能力成熟度评估模型（DCMM），开展了顶层设计和具体业务问题的现状分析调研。如图 4-21 所示，项目组基于业务发展重要性及数据质量提升紧迫性，优先选择家庭宽带和渠道两个模块，针对酬金结算不准和订单数据不准等场景作为切入点，对相关的 5 个系统累计进行 13 余次深入调研。

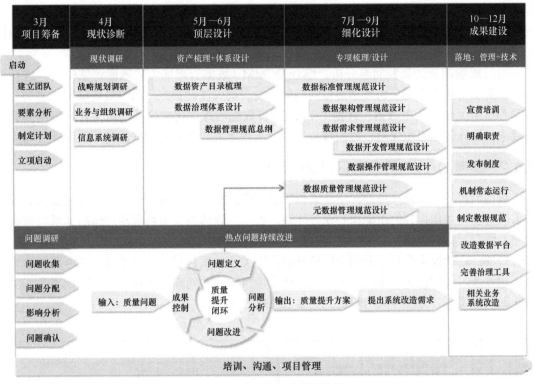

图 4-20　建设方案及计划安排

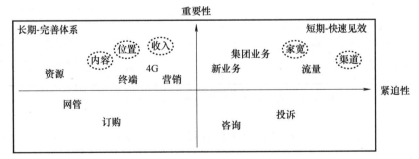

图 4-21　项目组业务范围分析

其中，流程梳理主要包含业务流和数据流。

1）在业务流梳理过程中，根据"先主流程、后支线流程""先粗后细"原则梳理业务流程，项目组关注数据承载业务及流程前后衔接、上下对应关系，识别各类数据管理问题及风险共计 15 类。

2）在数据流梳理过程中，按照现有数据及数据特点，将数据分为接口数据、基础数据、业务数据，重点分析接口数据、基础数据现状，关注数据承载业务及流程前后衔接、上下对应关系，识别各类数据管理问题及风险共计19类。重点分析接口数据、基础数据现状，进行自下而上数据流分析。例如，分析渠道收益阶段的指标在数仓是如何加工的、由哪些数据加工、基础数据的分布情况、各部门在哪些系统修改创建数据等。

通过现场调研访谈和问卷分析，结合DCMM（数据管理能力成熟度评估模型）进行评估，了解项目相关方对公司数据治理的期望以及当前关注的热点问题。最终确定工号类、渠道类和组织类数据是主数据，并提出19项初步数据治理优化建议。同时，针对短期问题解决要求，设计包括组织保障、数据规范、制度流程等方面在内的数据质量问题管理机制。

4.4.2 参考DAMA开展数据治理体系规划

数据治理的需求是全局的，主要来自于公司管理层和业务部门，需要从管理层到业务层均采取行动，并优化其组织架构和业务体系。数据治理体系分为数据治理组织体系与数据治理能力体系。

自项目启动以来获得了公司高层领导的高度关注，项目建设之初就成立了由高层领导挂帅、业务部门与信息部门协同的数据治理联合项目组，并明确了领导小组、管理团队、支持团队和执行团队各方参与人的职责，具体如图4-22所示。

团队	角色	职责	团队	角色	职责
项目领导小组	公司领导 部门领导	• 负责领导数据治理项目组的相关工作，对数据治理日常工作中发生的重要事件进行监督、管理和控制 • 负责听取项目汇报、签批公司级重要项目成果	项目执行团队	首席顾问	• 负责规划和设计本项目的目标、原则、工作方案和计划 • 负责对项目过程中的各项工作提出建议、指导
项目管理团队	项目总监 项目经理	• 负责制定项目计划并管理项目执行过程 • 负责安排和协调本项目组各方参与人员 • 负责与项目相关业务部门或其他项目组之间的沟通协调 • 负责本项目问题和风险管理，根据需要对重大风险提报领导小组		技术负责人	• 常驻现场，负责从数据治理专业方面统管本项目各项工作任务，保证项目交付质量
				咨询顾问	• 负责与组织、职责、流程、工作机制相关的工作任务和交付物 • 负责数据质量问题解决提供方法论支持，参与重点问题解决 • 参与细化数据梳理、数据规范制定的讨论，提供解决建议
项目支持团队	各部门接口人	• 代表本部门对接数据治理项目组，根据项目需求在本部门内协调相关资源为项目提供支持		数据顾问	• 负责诊断数据问题、细化数据梳理、制定数据规范等工作任务和交付物 • 参与数据质量问题细化分析、制定细化解决方案
	业务部门业务专家	• 代表本业务领域，对业务需求、数据需求、数据问题、数据定义提供解释、说明，参与数据问题分析讨论		本地支持人员	• 配合咨询顾问、数据顾问进行数据梳理、数据规范制定工作 • 负责与本系统相关的技术操作工作
	各系统项目经理	• 根据数据治理项目需要，调配本系统项目组支持人员提供技术文档、问题澄清、问题分析、问题解决等支持		数据治理IT平台负责人	• 负责分析数据治理咨询成果，评估数据治理平台对咨询的支撑能力 • 负责根据咨询成果整理数据治理功能优化需求，分析需求并提出数据治理应用规划设计
	各系统技术专家	• 根据数据治理项目需要，为本数据域相关的技术实现细节提供支持，协助解答数据资产相关的疑问			

图4-22 数据治理项目组团队—角色—职责说明

同时项目组建立了以问题为导向的有效沟通机制，如图4-23所示，为项目最终成功交付提供了有效的支撑及工作保障。

根据现状调研及热点问题数据质量根因分析的数据范围，选取"出现频繁""与项目紧密相关"的渠道基础数据，通过对渠道基础数据专项治理，提升数据质量，提高数据处理效率及问题处理效率。

参考DAMA数据管理理论，结合公司实际业务、系统特点，设计了完整的符合公司的"基础数据数据治理方法论"模型，如图4-24所示。

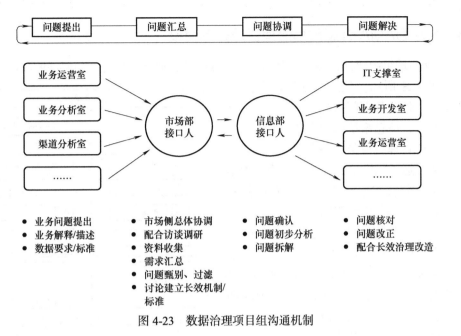

图 4-23 数据治理项目组沟通机制

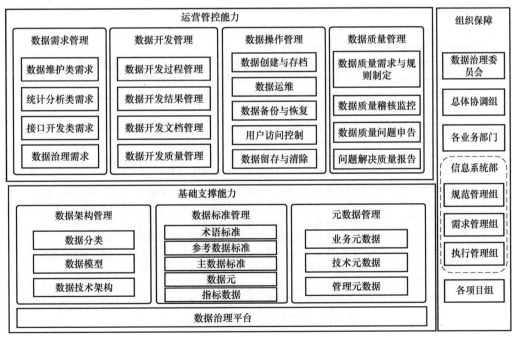

图 4-24 企业级数据治理体系框架

数据治理体系涵盖数据标准管理、数据架构管理、数据需求管理、数据开发管理、数据操作管理、数据质量管理、元数据管理七个方面，并以组织责任体系为保障，最终实现对企业数据资源的价值创造。

4.4.3 结合 DAMA 开展数据治理保障体系建设

1）数据治理组织建设：建设由公司高层领导挂帅，业务与信息部门协同的数据治理组织体系。如图4-25所示。包括数据治理委员会、总体协调组，各业务部门数据治理接口人、专员和业务专家，信息系统部规范管理组、需求管理组、执行管理组成员，各分公司，各项目组开发团队、运维团队和技术专家。其中数据治理委员会是最高议事机构，负责全面协调、指导和推动公司的数据治理工作。

2）数据治理制度建设：建立1个总纲，7个管理分册，1套数据规范的"1+7+1"数据治理体系。规定数据治理目的、范围、原则、组织职责及工作内容、工作评估方法。如图4-26所示，基于此，公司从顶层设计和业务运营方面实现了数据治理效果提升。

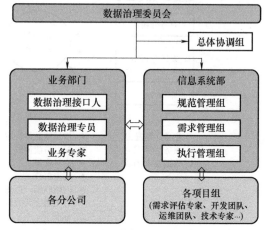

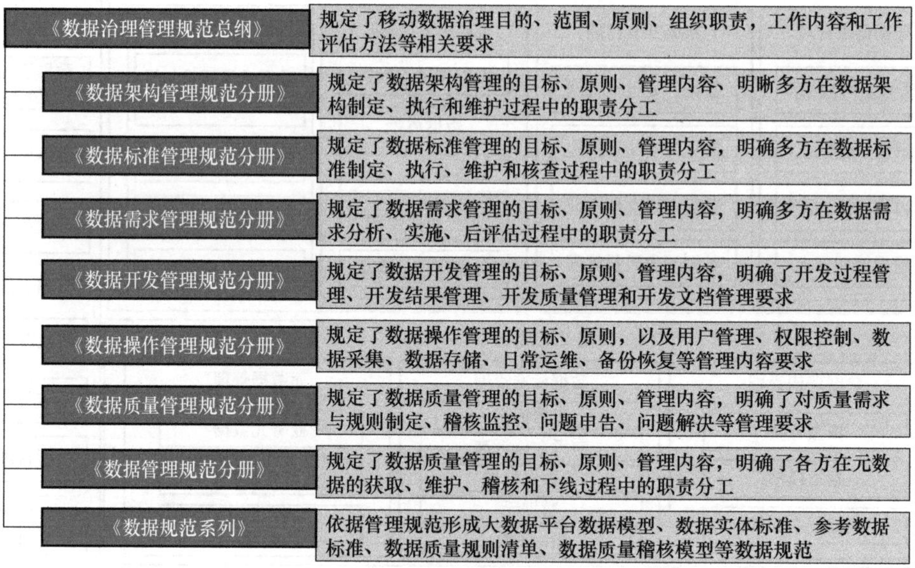

图 4-25 企业级数据治理组织体系框架

图 4-26 企业级数据治理管理规范清单

4.4.4 通过数据质量十步法开展专项治理

从前期业务部门反馈及现状调研过程中收集的共19个数据质量问题清单中，选取与核心业务发展、与内外部客户满意度密切相关的问题，作为本次热点问题重点分析。

项目组选取发卡数据不一致、家宽酬金数据不准确、酬金 BI 接口问题、4A 基础数据准确性、问题管理机制不完善 5 类与核心业务发展、与内外部客户满意度密切相关的问题，结合国际先进的"数据质量问题分析十步法"方法论，从分析信息环境、评估数据质量、评估业务影响方面确定质量问题根本原因，并制定相应改进计划，如图 4-27 所示。

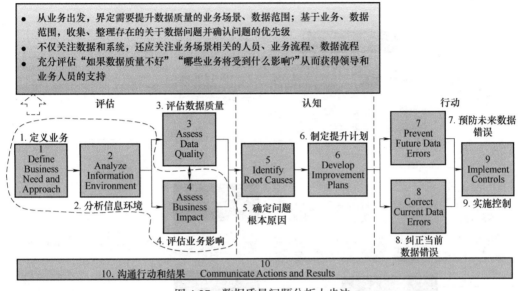

图 4-27　数据质量问题分析十步法

通过开放业务部门反馈数据质量问题渠道，有效分析关注数据质量问题，完成了 5 类热点问题根因分析及改进方案制定，并选择渠道酬金结算场景作为专项治理，如图 4-28 所示。

序号	热点问题简述	涉及系统	选取原因
1	发卡数据不一致	CRM、BI、CHL	涉及CRM、BI、CHL三个系统，接口数据源、统计口径等方面问题，系统较多，业务规则复杂 关系到业务统计分析数据权威性、准确性，关系到业务部门报表数据使用，用户满意度不高
2	家宽酬金数据不准确	CHL、4A	涉及CHL、4A两个系统 关系到酬金数据准确性的关键问题
3	酬金BI接口问题	BI、CHL	涉及BI、CHL两个系统，接口保障、问题处理、管理机制问题 关系到酬金数据计算及时性、准确性
4	基础数据准确性	4A、BI、CHL	重点分析CRM工号与渠道对应关系数据在BI及CHL中的数据质量问题 关系到酬金数据计算准确性
5	问题处理机制不完善	CHL、BI	主要分析渠道管理系统现有问题处理机制缺失 关系到内部业务部门客户满意度

图 4-28　5 类热点问题清单

专项数据治理工作由公司信息系统部大数据支撑中心牵头，会同市场部相互协作，历时2个月，保证了基础数据优化及改进工作。同时企业级数据治理项目组协同各系统厂商、市场部业务人员详细分析了基础数据在重点系统间的信息价值链，绘制了渠道酬金基础数据信息价值链全视图，如图4-29所示。有效分析了数据系统间使用冲突，并根据信息价值链分析原理，给出了科学的数据源权威系统建议。

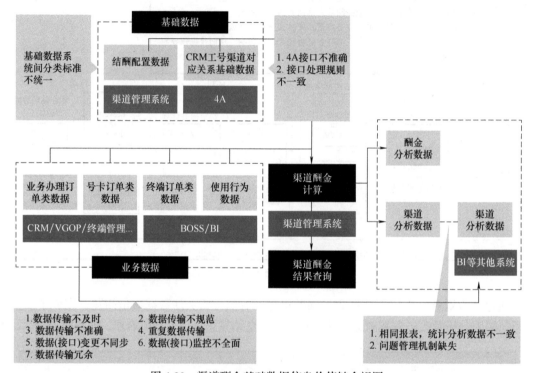

图4-29　渠道酬金基础数据信息价值链全视图

数据治理并非仅仅清洗数据并存入数仓，而是要结合业务场景进行深度治理，在源端改变业务人员的职责、业务流程和业务系统自身的数据规范和接口，同时改变后台数据仓库的规则、标准和模型。项目组选取出现频繁、与项目紧密相关的基础数据，设计"基础数据数据治理方法论"模型，设计数据标准和数据质量规则，进行基础数据专项治理，提升数据质量。

1）在数据标准管理方面，项目组制定业务术语标准、参考数据标准、主数据标准以及指标数据标准；

2）在数据质量管理方面，根据基础数据数据价值链分析，制定系统间数据校验规则，以加强数据质量管理。

如图4-30所示，在技术部门与业务部门相互协作，有效配合下，专项数据治理完成了3大类10小类单项基础数据数据治理，涉及2类数据命名规范、3类数据编码规则制定、5

类模板完善、10 类接口新增、16 类数据流优化、超 50 项数据校验规则新增。完成了 4 类关联数据数据治理，涉及 4 类数据流程优化。并由市场部牵头面向 4A 系统、渠道管理系统集中下发改造需求。最终完成渠道资质核对，保证了与渠道酬金紧密相关的资质数据的准确性。极大地提高了主厅业务办理量，渠道业务办理量统计数据准确性。

4.4.5 本项目价值收益

长期来看，该分公司建立了完善数据治理体系，规定数据治理目的、范围、原则、组织职责及工作内容、工作评估方法。

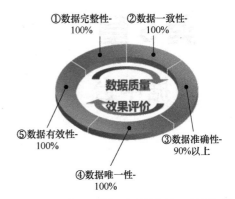

图 4-30 渠道基础数据质量数据清理效果评价

在顶层设计层面，公司建立了数据治理组织架构，提升数据管理能力，编制数据治理体系制度，为数据治理运营管控提供基础保障。建立了长效机制，指导后续工作常态开展。

在业务层面，公司实现了三方面的效果：

第一，改进底层数据质量。通过数据质量问题管理机制，开放业务部门反馈数据质量问题渠道，有效分析并解决了 17 类市场部关注数据质量问题，完成了发卡数据不一致、家宽酬金数据不准确等 5 类热点问题的根因分析及改进方案制定。

第二，消除了业务流程中的断点，改善业务运营。

第三，提升业务绩效。项目组实现了数据治理体系创造收益的量化分析。例如，可基于公司原本的每月错误业务归属订单评估数据治理为业务带来的价值，对该项目进行业务 ROI 测算。数据统计的指标长期稳定，波动减小，和营业厅的数据核对差异很小。

该数据治理项目成功的核心在于和市场部门的业务场景紧密结合，率先实现了部分业务收益，获取管理层和市场部分的进一步投入与支持，进而能够持续数据治理体系的建设。

本章小结

本章主要介绍了数据治理的概述、国内外数据治理理论框架、数据治理体系实践和数据治理项目实践案例及部分，这些内容为企业数据治理提供了理论方法和实践指导，尤其强调"数据治理是业务部门与信息部门共同的职责"的理论基础，以及"点面结合，既保证规划的覆盖度和指导性，又突出专项的深度和落地见效"的实施要点，对于企业开展数据治理具有重要意义。

第 5 章

数据中台

5.1 数据中台起源与概念

数据中台是支撑企业数字化转型的重要基础,本章将从数据中台的产生、发展、概念定义、体系架构、建设方法等方面,介绍数据中台的基本知识、应用案例,以及数据中台如何为企业解决实际业务问题等内容,以期帮助读者掌握数据中台的核心思想和方法论。

5.1.1 数据中台的发展历程

阿里巴巴公司于 2014 年从芬兰 Supercell 公司了解到中台概念,次年提出并实践了"大中台,小前台"的业务战略。基于阿里的数据中台经验和对新零售、新金融等业务的创新,引领了行业的"中台"热潮。

2018 年,百度、京东、腾讯等互联网企业纷纷设立中台部门或组织。

2019 年,连锁零售、地产、金融等行业开始通过数据中台打通各个业务板块的数据,实现数据的价值化和资产化。

2020 年,政务数据中台在各级政府推广,为政府决策、公共服务、社会治理提供数据支撑。

此外,制造、医疗、教育、传媒等行业也广泛应用了数据中台,目前大多数中大型企业都将数据中台视为数字化转型的重要组成部分。

5.1.2 解码数据中台

数据中台是一个热门的概念,但没有统一的定义。不同的人从不同的角度理解数据中台,有的人认为它是云平台的一部分,有的人认为它是数据+技术+产品+组织的组合,有的认为它是企业的数据大脑,有的认为它是数据服务的集合,有的认为它是数据共享、整合和分析,有的认为它是计算平台+算法模型+智能硬件。这些理解都反映了数据中台的不同侧面，但都不能完全概括数据中台的本质。

综合多方理解并结合实践，其概念可以概括为：数据中台是一套让数据用起来的机制，是一种战略选择和组织形式，是根据企业特点，通过产品和方法论支撑，把数据变成资产并服务于业务的机制。

数据中台能够实现数据可见、可懂、可用、可运营，提升管理、决策和业务水平。数据中台不只是技术或产品，而是需要企业战略、组织、人才等全方位的规划和配合。每家企业的数据中台都是独具特色的，需要针对不同业务、数据、应用场景进行体系化的实施。

5.1.3 数据中台核心能力

各行业的数字化先行者们从 2015 年起从战略、组织、方法论等层面构建数据中台。随后，数据中台成为多行业数字化变革的选择，各行各业对数据中台的需求不尽相同。综合多种类型企业的定位与诉求，数据中台需要具备数据的汇聚整合、提纯加工、服务可视化、价值变现四个核心能力。

1. 汇聚整合

中大型企业的业务多元化需求某种程度上导致公司各种系统、功能、应用和数据的重复和浪费，也导致了数据孤岛问题的存在，一般没有实现数据的全局规划。数据中台具备数据集成能力，能够处理多源异构数据，作为一站式的大数据平台工具，可整合全域数据，实现数据的采集、交换等，帮助不同部门和团队的数据使用者定位和理解数据。同时，数据中台在支持多种系统部署模式的同时，需要保证数据的安全。

2. 提纯加工

数据需要提纯加工才可能变成资产，企业需要建设以业务价值为导向的数据体系，实现业务数据的资产化。传统的数字化建设只关注单个业务流程，忽略了多业务的数据关联，缺少对数据的深度理解。数据中台通过统一的数据标准和质量体系整合全域数据，构建标准的数据体系，满足企业业务对数据的需求。

3. 服务可视化

数据中台为满足客户的动态需求，需提供快速的数据服务能力，让相关人员能够开发数据应用，支持数据的场景化输出。多数企业希望数据中台可以提供数据化运营功能，帮助企业实现数据的可视化分析，提供实时流数据分析、预测分析、机器学习等高级服务，为企业数据化运营赋能。此外，随着人工智能技术的发展，多数企业期待通过 AI 技术丰富数据中台分析功能，让数据服务于业务，解决企业的数据洞察，实现数据与业务的紧密结合。

4. 价值变现

企业希望利用数据中台跨部门、跨业务的数据打通，提升通用的业务价值能力，管理数据应用，将数据洞察转化为业务行动，推进数据实践。同时，企业也关注评估业务行动的效果，希望通过效果评估进行有效反馈，迭代更新数据应用，持续为客户创造价值。

5.2 数据中台架构

5.2.1 数据应用价值框架

数据中台的使命是让数据用起来，它的功用是把数据这种生产要素独立出来，让数据作为生产资料参与业务价值创造，持续产生价值。数据中台作为企业各个业务所需数据服务的提供方，通过平台能力和业务对数据的滋养，形成一套数据体系和数据服务能力。这样，当有新的市场变化，需要建新的前台应用时，数据中台可以快速提供合适的数据服务，支持业务创新，响应创新需求。业务产生数据，数据服务业务，形成闭环，如图 5-1 所示。

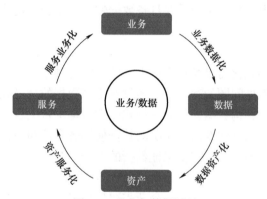

图 5-1　业务与数据闭环

数据中台不是单纯的技术叠加，与技术化的大数据平台相比，二者区别为：大数据平台针对技术人员，关注技术层面；数据中台不仅面向技术人员，更面向多部门的业务人员，核心是数据的业务服务能力，需结合具体业务场景，通过服务赋能到业务应用。在数据中台建设过程中，不论是由信息化部门牵头还是由业务部门牵头，都要注意该区别。

5.2.2 数据中台架构

数据中台提供工具、方法和运行机制，目的均是把数据变为一种业务应用能力，让数据更方便地被业务所使用。数据中台总体架构是一整套体系，底层为云基础底座，上层为业务应用。如图 5-2 所示，数据中台部分包括数据汇聚、数据开发、数据体系、数据资源管理、数据应用以及数据安全与运营。数据中台屏蔽掉底层云底座存储计算平台的技术复杂性，以降低对技术人才的要求，让数据的使用门槛和成本更低。通过数据中台的数据汇聚、数据开发模块建立企业数据体系，通过数据资源管理、治理让数据资源有序可用，利用数据应用把数据资源变为业务服务能力，服务于企业业务。数据安全管理、数据运营体系保障数据中台可以长期健康、持续运转。

第 5 章 数 据 中 台

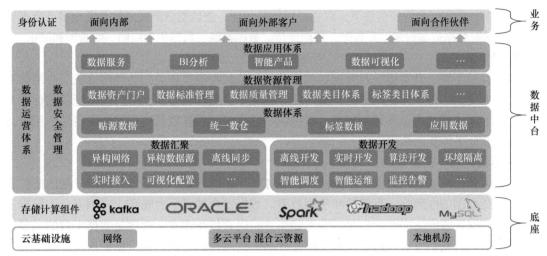

图 5-2　数据中台总体架构图

1. 数据汇聚

数据汇聚是数据中台数据接入的入口、核心工具之一。数据中台本身几乎不产生数据，所有数据来自于业务系统、日志系统、IOT 设备、文件、互联网等，这些数据分散在不同的网络环境和存储平台中。数据汇聚把各种异构网络、异构数据源的数据采集到数据中台中进行集中存储，为后续的加工建模做准备。数据汇聚方式一般有数据库同步、埋点、网络爬虫、消息队列等，从汇聚的时效维度，分为离线批量汇聚和实时采集。

2. 数据开发

通过数据汇聚模块汇聚到中台的数据没有经过处理，基本是按照数据的原始状态堆砌在一起，业务很难使用。数据开发是一整套数据加工以及加工过程的管控，数据开发、算法建模人员利用中台提供的数据开发模块，可快速把数据加工成有价值的形式，提供给业务使用。数据开发模块提供离线、实时、算法开发工具，以及任务管理、代码发布、运维、监控、告警等一系列集成工具。

3. 数据体系

有了数据汇聚、数据开发模块，中台已经具备传统数据仓库（数仓）平台的基本能力，可以做数据的汇聚以及各种数据开发，可以建立企业的数据体系。数据体系是中台的血肉，由于要处理的数据量大、增长快速、业务对数据的依赖度高，必须考虑数据的一致性和可复用性，并摒弃过往垂直的、烟囱式的数据建设方式。各业务数据不同，其数据体系建设内容就各不相同，但是数据体系建设方法可以是相似的，需要遵循相似的层次划分和建模规范。比如，数据体系可按照贴源数据层（ODS）、统一数仓层（DW）、标签数据层（TDM）、应用数据层（ADS）进行分层，每一层按照各自的标准建模规范统一建设。

4. 数据资源管理

通过数据体系建立起来的数据资源偏技术角度，业务人员还是比较难于理解。数据资源管理是在考虑权限和安全管控前提下,以更好理解的角度,把数据资源展现给企业全员。数据资源管理包括对数据资源目录、元数据、数据质量、数据血缘、数据生命周期等的管理和展示。

5. 数据应用

数据经过汇聚、开发建设及管理展现步骤后,依然没有发挥数据的经济价值。应用体系通过把数据变为一种业务应用能力,激活整个数据中台的存在价值。中台产品配备的标准数据应用一般无法满足企业多元的需求,需提供一套生成和管控数据应用的功能组件,用于打造符合企业业务需要的数据应用。

6. 运营体系和安全管理

数据运营体系通过对数据质量的监控、服务使用率的评估、存储计算资源分配的监控等方式,提高数据的准确性、有效性和使用效率。数据安全通过平台安全、应用安全、数据安全等方式,保护数据的完整性、可靠性和隐私性。运营体系和安全管理是数据中台的重要保障和关键措施,它们可以让数据中台及时发现和解决存在的问题,保持更新迭代,以更符合法规和隐私保护要求。

5.3 数据中台建设方法

5.3.1 数据中台建设方法论

数据中台建设的方法框架如图 5-3 所示,建设需要从战略定位、组织保障、目标准则、建设内容、实施步骤五个层面加以考虑。

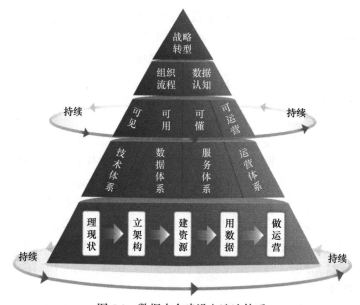

图 5-3 数据中台建设方法论体系

1. 战略行动

数据中台是为了支撑企业数字化、智能化升级，需以公司战略视角来进行规划，并以公司全局角度协调和推进建设所涉及的相关资源，是"一把手工程"。现实中，企业业务发展不均衡，各部门业务结合不紧密，导致共建、共享难。数据中台的目标是实现企业经营的数据化、精细化、智能化，本质是建设一套让企业数据用起来的机制，要求整个企业共用一个数据技术工具平台、共建数据体系、共享数据应用能力。因此，数据中台不仅是技术架构的改变，还是企业业务运转模式的改变，需要有组织、制度、流程、资源的保障，属于企业的战略行动，不是一个项目组或小团队能做到的。对于建设实施方来说，数据中台涉及企业的各个方面，首先需要对企业进行业务梳理，同时结合技术，可以从具体的某项业务或某个部门开始实施和应用，再在组织支撑下，逐步推广。

2. 保障条件

数据中台是企业级战略，支撑企业数字化转型，需要有组织保障和全员数据意识。首先，须建立数据中台团队，并让其他团队有指定人员负责与中台团队对接；其次，需提升企业全员的数据意识。数据意识包括：数据源意识——尽可能采集一切业务触点数据；采集意识——了解可能的数据采集方式和数据采集范围；标准化意识——保持数据的统一标准，减少因数据口径不一导致资源浪费；使用意识——掌握数据可能的使用方式，打破原有经验，通过使用发挥数据的业务价值；安全意识——数据不随意使用，数据定级足够，数据使用需脱敏、不得侵犯隐私、不可触犯法律等。

3. 建设准则

指导企业建设数据中台有四项建设准则，即可见、可懂、可用、可运营，这四个准则也可以用来评估数据中台的完整度。

可见：建立数据台账，让各系统的数据源清晰看见；数据资源易查找，数据的获取、加工、去向、使用效果都清晰可见；

可懂：使数据在用户端清晰可识别，理解数据的描述、语境和适用性，并信任数据质量，能够在适用的场景下选择合适的数据；

可用：可用包含业务可用和技术可用。业务上可用，数据要做标签化或指标化处理，且符合业务标准和质量要求；技术上可用，数据的产出时间、稳定性有保障，开放便捷，且安全可控；

可运营：数据有效地作用到业务域并获得业务方的反馈，推动数据使用并改善对业务端需求的响应，持续提升数据质量、丰富度和价值密度。

4. 建设内容

数据中台的建设涉及工具体系、数据体系、应用体系、运营体系四方面的内容，是数据中台产出和价值的核心。工具体系有如骨架，是基础支撑；数据体系有如血肉，是数据中台的主要内容；应用体系是数据中台的价值所在，类似灵魂，让数据中台动起来，发挥价值；运营体系是数据中台的守护者，保证整个中台的健康、持续运转。

1）工具体系。分大数据存储计算工具和数据中台工具组件两个层面。大数据存储计算工具，企业只需要进行合理选型即可。数据中台工具组件包括数据汇聚、数据开发、数据资源管理、数据应用管控等。数据中台是企业制定和实施数据汇聚、建模和加工规范的场所，也是企业数据体系存储管理的工具平台。通过工具化、产品化、可视化降低技术门槛，让数据能够更方便地被加工使用。

2）数据体系。全企业的数据通过各种方式汇聚到数据中台，不同的企业根据不同的业务、数据在数据中台里按照一定的建模方法进行梳理加工，形成各自相应的企业数据体系。

3）应用体系。通过数据中台的应用组件，把数据变为服务或产品，提供多种应用生成、发布、监控、管理功能，可根据不同的业务诉求形成不同的数据应用，为业务带去价值。

4）运营体系。提供包括平台流程规范执行监督、平台资源占用监管及优化推动、数据质量监督及改进推动、数据价值评估、数据应用推广等流程保障。

5. 关键步骤

数据中台结合技术工具、数据资源、应用服务、运营管理逐步开展闭环落地实施的相关工作，更多考虑基础设施部分的能力。闭环建设完成后，进入各环节丰富能力，逐步形成数据应用体系阶段，主要建设过程包括理现状、立架构、建资源、用数据、做运营这五个关键步骤。

1）理现状。梳理企业已建设的系统、已有的数据以及业务特点等现状，了解企业对数据中台的认知，以及数据文化建设情况。与管理层、业务部门、IT部门进行沟通，获取企业的业务战略、产品和服务信息、组织形态、IT建设情况和业务数据沉淀情况，形成业务现状调研报告。

2）立架构。根据现状形成整体的规划蓝图，形成技术产品、数据体系、服务方式以及运营重点等相关方案，确立各块架构。企业信息架构所涉及的业务架构、技术架构、应用架构和数据架构都需要在这个阶段进行确认。业务架构保障数据中台能够适用于企业的业务模型和流程体系；技术架构主要是指技术体系中的数据基座，根据业务架构规划，对数据的存储和计算进行统一的选型；应用架构特指数据中台应用架构，后面几个关键步骤的内容所依赖的工具主要由数据中台作为平台应用来承接；数据架构是数据中台的数据建模、数据存储、数据管理和数据流通开放相关的架构设计。

3）建资源。结合数据架构的设计，通过数据体系建设方法，帮助企业构建既符合场景需求又满足数据架构要求的数据体系并实施落地，涉及数据汇聚、数据仓库建设、标签体系建设以及应用数据建设。

4）用数据。从应用场景出发，将已经构建的数据资源应用到具体的业务中。将数据资源快速形成业务应用能力并与业务进行对接，实现数据的服务化、业务化，在业务中产生数据价值。在数据应用的过程中，要注意数据安全问题，哪些人能看到什么数据，能选择什么类型的数据应用都需要执行严格审核，需要建立相应的审核机制。

5）做运营。数据应用于业务后，其产生的价值通过运营能力的不断优化迭代，让更多的人员感知到数据的价值点。企业通过多个组织之间的配合推进，通过运营逐步形成企业特有的数据文化和认知。

5.3.2 数据中台建设成功要素

数据源源不断地产生，业务动态变化，对数据能力的需求也在改变。数据中台建设是长期动态的过程，涉及企业所有部门，利益复杂，系统庞杂，难度相当大。要保障数据中台建设顺利推行、取得成效，需要有清晰可行的数据战略、强有力的组织、重视数据的企业文化、合理的制度和流程，以及统一的标准和规范、成熟的软件系统、科学的现场实施。

1. 清晰可行的数据战略

数据战略是否与企业发展战略相吻合是衡量数据中台建设是否成熟、是否成功的重要标准。清晰可行的数据战略应该有明确的目标，对数据现状有清晰的认知，与业务紧密配合，短期效益与长期效益结合，并且有详细的行动计划。企业高层和数据中台的牵头部门要在企业发展战略框架下，建立数据战略文化，包括企业高层领导对数据的重视程度、所能提供的资源、重大问题的协调能力、未来的目标和发展规划等一系列措施，通过数据中台建设以及数据与业务的充分融合达到数据战略落地的目标。

2. 强有力的组织架构

在开展数据中台建设工作之前，对于组织及其责任分工做出规划是非常必要的。数据中台建设涉及的范围很广，牵涉到不同的业务部门和信息部门，是一件全局之事。如何成立和成立什么样的组织，应该依据企业本身的发展战略和目标来确定，但通常，这一组织架构需要企业高层领导牵头，涵盖业务部门和信息部门。结合企业自身的管理架构，本着专人专事的原则，完整的数据中台组织架构中通常需要有如下角色：领导决策层、业务部门主管角色、IT部门主管角色、执行项目经理、执行团队等。在具体的执行岗位上，需要有专人从事专门的工作，如设立数据委员会、平台技术岗、数据建模岗、数据应用岗、数据质量管理岗、数据安全管理岗等专门的岗位。建议由懂业务、懂数据、懂技术的专职人员来承担数据中台的核心工作，在专职人员无法到位的情况下，可暂时由各部门抽调兼职人员来组成一个临时组织，但为保障工作顺利推进，须对组织相关人员进行充分授权。

3. 重视数据的企业文化

大数据时代，要把"大数据"这个科技符号变成企业文化的重要组成。企业管理者应该重视数据的战略价值，逐步引导并培养一种"数据即资产"的价值观，倡导"基于数据做决策，基于数据做创新"的企业行为规范。当全员认识到数据是一种宝贵的资产后，才会有意识地采集、管理、使用数据，进而提升业务价值，实现数据变现。建立大数据意识和大数据思维，形成大数据文化，做好企业业务模式变革准备，以迎接时代带来的发展机遇，实现跨越式发展。

4. 合理的制度与流程

数据管理制度和流程应该由数据管理人员和协调人员共同制定。常见的制度包括但不限于：数据需求管理办法、数据标准管理办法、元数据管理办法、主数据管理办法、数据质量管理办法、数据共享管理办法、数据安全管理办法、数据生命周期管理办法、指标口径管理办法、数据运营管理办法等。

5. 成熟的软件平台

软件平台，如存储计算平台、数据采集平台、数据开发平台、数据资源管理平台和数据应用服务平台等是数据中台建设工作能够顺利开展的技术和工具保障，能够大大降低数据中台建设工作的门槛，提升工作效率，减少人工投入的工作量，更有利于标准化的实施。建议选用国内外成熟的软件平台，以保障数据中台建设工作的顺利开展。

6. 科学的项目实施

数据中台建设并不是一次性的项目工作，而是需要长期持续不断地改进，这点与一般项目不同。因此，实施时不仅要考虑到项目管理的范围边界、实施周期、人力成本、交付质量等重要因素，在建立起数据战略、组织架构、制度流程、标准规范、软件平台的基础上，同时也要充分考虑到项目的长期性，要仔细考虑如何合理配置资源，以保证数据中台工作不间断地进行。通常来说，面对复杂多变的信息系统现状和数据现状，数据中台工作不宜立即全面铺开，而是需要整体规划，分步实施，突出重点，逐步推广。可以从业务最关心的数据、最重要的数据入手，取得一定的成果，建立起业务的信心和领导决策的信心后，再推广到更大的范围中。

7. 不断迭代的中台运营

建设数据中台是一个有起点、没有终点的持续提升过程，数据需要被更多的业务用起来并发挥价值，这需要一个持续的运营迭代机制。通过运营，发现数据及使用的问题，及时给予解决，并不断发掘新的数据与新的数据应用，丰富服务能力边界，达到统一数据战略、优化组织结构、增强数据文化氛围、促进规范制度落实的目的，使数据这一生产要素真正成为企业的核心竞争力。

5.4 数据中台应用场景

5.4.1 应用场景现状及需求

不同行业的不同企业在不同的数字化阶段，对数据中台支撑应用的需求非常不一样。基于本书作者的调研感受，列举几个行业现状及对数据中台的需求：

1）大金融：业务强依赖于数据，企业一般拥有自己的数仓和技术团队，希望自主可控，对中台服务商要求较高；

2）公共安全：业务对数据强需求，大多已进行了数据中台和数据治理建设，对于业务领域专业要求高，对中台服务商资质要求较高；

3）零售：业务涉及多端多渠道，企业需要较强的数据整合运营能力，多看中短期营销获客，做完整数据中台建设的资源投入多存在不足；

4）地产：主业增量市场有限，企业尝试多业态发展，需要数据整合能力的支持，信息化基础一般，业务部门和技术部门数据意识多需要增强；

5）工业制造：随着物联网、5G等信息技术的普及，制造业一般拥有完整采集的数据基础、效率提升、工艺优化、质量监督等场景清晰，设备数据的开放性和标准程度不够，行业领域专业知识要求高；

6）政府：数据丰富，伴随智慧城市的推进，工作人员数字化意识高，数字建设推动力强，但数据使用率低，类目繁杂；

7）央企：业务多元化，数据跨业态，企业信息化基础好，人员意识超前。

企业是否适合上中台与资源投入、人员能力、投入产出比预期有直接关系，不能做一刀切的评判，企业需要根据自身所处的数字化程度和目标进行评估和规划。

5.4.2 政务数据中台应用案例

1. 项目需求

2021年，浙江省打造一体化智能化公共数据平台建设导则明确，县级平台是省市两级平台向县的拓展和延伸。作为试点区县，Y区公共数据平台项目的建设即要遵从建设导则要求，做到省、市、县三级平台应统一技术标准和管理规范，还要注重自建平台的经济适用。

Y区聚集大量互联网企业及相关产业链公司，数字产业蓬勃发展，Y区在数字政务创新方面活跃度与水平都较高。但随着数字化改革的深入，出现了两个问题。一个问题是部门业务应用的数据需求得不到保障，体现在三个方面：一是新型综合应用对数据需求更广、更密集，涉及省市区各层级部门；二是数据存在"找不到、获取难"问题；三是部门间数据资源共享的对接沟通复杂。第二个问题是部门数据质量不一，也体现在三个方面：一是窗口办事登记，往往是省市统建系统，虽然数据质量高，但区县部门无权限共享给业务关联部门；二是镇街、社区工作人员、网格员、执法队员等基层工作人员手工采集数据，录入工作量大，缺乏数据校核，规范性不足、约束性不强时，数据质量低；三是物联网数据，联网设备涉及多家厂商的多种设备，数据的格式不一，设备管理维护的不到位也导致数据质量不稳定问题。

2. 解决方案

通过初步调研，Y区数据需求涉及政法委、教育局、住建局等近二十个部门，数据应用需求包含人口户籍数据、常住数据、疫苗接种数据、居民用水数据、燃气管网数据、地理信息数据等百多个数据项。Y区自建应用系统多达168个，但数据目录仅500多个，很多需求数据在数据目录中并未显示，也多都没有编目，更没有归集回流，另外，省市对区县数据目录数量质量的考核工作也比较紧张。

根据建设要求以及实际调研情况，给出利用数据中台建设方法来构建Y区公共数据平台的方案建议，构建一体化数据体系，同时在政策制度、标准规范和网络安全方面进行机制配套。Y区公共数据平台的架构如图5-4所示。

Y区公共数据平台主要包含三个系统，面向数据开发、运维人员的大数据开发系统，面向区数据管理部门运营人员的数据运营系统，以及面向部门运营和业务人员的部门数据工作台。平台通过数据编目、数据归集、数据治理、数据共享等子系统，解决多层级、跨业务组织间找数据、管数据、用数据的问题。能够加快数据协同，提高数据运营，持续数据流通，赋能具体应用场景。

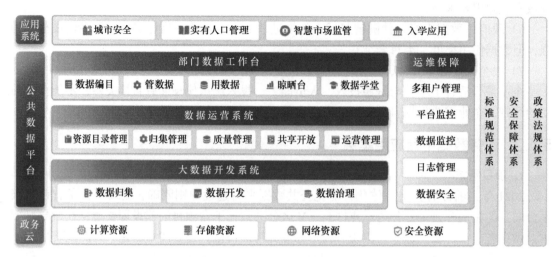

图 5-4　Y 区公共数据平台架构

按照数据中台的建设方法论，2022 年底，Y 区公共数据平台项目在组织变革和数据认知方面基本达到预期，落地实施路径总结如下：

1）数据目录，从帮助编制到完善制度规范。数据目录是数据可见的基础，在完善数据编目的同时，完善相关的流程、职责、制度，以保障数据目录编制的动态可持续。

2）数据归集，从沟通对接到分散归集。秉持"先易后难、循序渐进；急用先行、保障重点；先归存量、再归增量；源头管控、制度保障"的原则，依托公共数据平台，实施全区公共数据"全量全要素"归集工作，先解决"有目录无数据"的问题，再解决"有数据无目录"的问题。

3）数据治理，从简单清洗到构建体系。数据治理覆盖了数据归集、加工、共享、开放和应用等各个环节。具体通过两方面实现：一方面主要依赖技术手段进行治理，对清洗规则、数据标准进行相应的定义和配置，实现基本的数据治理；另一方面，通过建立相应管理制度体系进行治理，具体制度包括数据质量管理办法、数据开放共享原则等一系列制度。

4）建设数据仓，帮助数据有效管理和高频复用。经初步清洗的数据，存储在 Y 区区级数据仓中。一类用于部门、镇街数据仓，主要服务于各部门、各镇街对自己产生公共数据和申请公共数据的管理；另一类用于专题库，主要聚焦高频使用的场景。建设顺序是先构建需求频率高的几个重点专题库，如城市安全、矛盾风险以及晴朗网络等。审批流程为：专题库拟建牵头部门提出申请，相关部门配合，区数据主管部门审核，审核通过后向专题库建设牵头部门提供对应专题库项目空间。专题库由牵头和配合部门进行建设和维护，数据管理部门起监督、指导、协调作用。

5）数据共享，从线下到线上。基于数据目录的开放属性，依据安全保障体系以及相关的流程制度，梳理出开放清单，经数源部门确认后，把清单上传至开放空间，整个数据共享工作就搬到了线上。

6）多维保障，保障项目落地。通过政策制度、标准规范、组织保障、安全保障等保障体系的建设，保障项目落地。

3. 取得成效

1）数据目录可动态管理，可传递特殊需求。通过平台工具进行数据目录的编制、报送和审批，同时支持部门目录信息统计等。对于仍未归集的数据，可在线提出包含数据需求部门、联系人、联系方式、应用场景、申请理由、需求数据项、数源单位等要素的数据需求。对于涉及全省范围的需求，平台会自动逐层转发至省级平台。对于规范合理的数据需求，省市县三级平台根据数据需求自动形成数据需求清单与责任清单，基于数据责任清单形成数据归集任务，下发给同级数源部门并完成数据归集，实现数据供需的统一化、动态化、智能化管理。截至 2022 年 10 月底，已经完成 Y 区 2000 多条数据目录的审批和发布，和上百条数据目录的回流工作。

2）数据归集回流情况清晰可查、可管理。借助数据运营系统的归集报表实现数据汇聚归集管理，归集报表展示了各部门归集的数据库数据量、运行状态、最新更新时间、历史记录。运营人员可查看具体某段时间内的数据归集量有没有变化、归集量为 0 等问题。平台支持前置库、各种数据接口、电子文件、网络内容采集等归集方式。截止到 2022 年 10 月底，项目完成了对 60 多个部门，150 多个系统的 63 亿条数据的归集，以及 13 亿条公共数据的回流。

3）数据治理管理闭环。项目初步构建了数据治理闭环，数据使用部门反馈数据问题，数据管理部门确认反馈，发布数据治理工单到数源部门，数源部门进行源头治理。治理闭环涉及反馈通道、评价体系、过程追溯。截止到 2022 年底，已经治理的数据工单近百个，推动了近 1 亿条的数据共享和近 2 亿条数据开放。

5.4.3 制造业数据中台应用案例

1. 项目需求

K 集团是制造业头部企业，业务涉及多个管理相对独立的业务板块。K 集团正在实施数字化战略，包括产品智能化、制造智能化、应用智能化。希望通过数字化能力把握业财一体化和财务数字化的方向，用新技术实现业务与财务融合，在变化的环境中占据优势。

K 集团财务资金风险监控工作中存在诸多痛点：缺乏统一的监控平台，业务与财务数据未打通，数据质量差，监控效率低，难以洞察业务合理性等。具体表现如下：

1）大额支出检查业务，需在多个系统中切换，线下数据找不到，监控不全面；

2）特批付款检查业务，数据分散、无标签、非结构化数据未转换、检索功能弱、数据未打通，监控不实时；

3）按合同付款检查业务，查询一笔付款耗时 2~3 天，海量付款难以监控，跨部门协作效率低，监控不持续；

4）个人垫支检查业务，需与各经办人线下联系，效率低且不利于留痕，非结构化数据

未转换,反馈困难,监控不独立;

5)预付款、拆分付款、外协供应商核查业务,取数耗时长,难以检索,完整性差,跨多个系统,难以追溯,监控不深入;

6)通过Excel等工具手工分析监控数据,面对海量业务数据时,难以洞察业务合规合理性。

K集团希望通过建立财务资金监控平台,提高应收应付的数字化水平。具体表现为:

1)汇聚与应收应付相关的全域数据留痕,并倒逼数据治理;

2)打通应收应付全业务链,每一笔业务双向实时可视;

3)增加如时间、地点、人物等数据元颗粒度,并设立防篡改规则和合规规则以进行违规预警;

4)通过多维建模分析和AI引擎进行智能化监控;

5)建立应用管理中心和运营管理中心,整合已立项的应付共享数字化项目和第四张报表自动化项目。

2. 解决方案

根据K集团的现状和需求,提出利用数据中台建设思路打造K集团财务资金风险监控云平台,总体方案如图5-5所示。

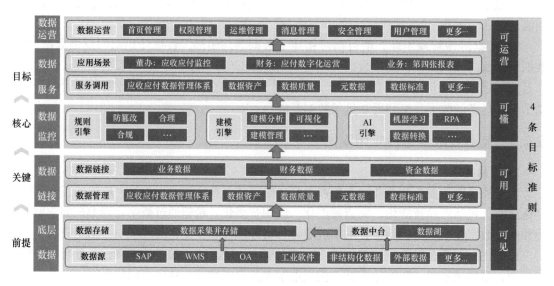

图5-5 项目总体规划设计思路

基于"可见、可懂、可用、可运营"的建设准则,依托项目蓝图规划的工作:

1)建设财务资金监控平台。打通全业务链,保证全域数据留痕;建立可视化实时监控预警机制,实现对业财领域数据监管,对财务变化风险实时预警,保证每一笔应收应付都能看得见;

2）建设防篡改引擎工厂。建立包括规则引擎、建模引擎、AI 引擎等在内的引擎工厂，供应用场景调用，通过防篡改规则检查业务链的完整性、一致性、准确性，发现和防止篡改，通过合规规则验证业务合规性，通过大数据建模分析洞察业务合理性，通过 AI 引擎来实现智能化监控；

3）建设场景应用。依托 AI+BI+RPA，实现数据平民化和服务共享化。前期主要实现应收应付监控、应付数字化运营、第四张报表自动化场景应用，后期通过能力复用和服务共享，实现应用场景的扩展；通过运营管理建设，提供用户管理、需求管理、权限管理、推送管理、消息管理、报告管理、首页管理、大屏管理、运维管理等功能。

3. 取得成效

提升数据时效数倍，风险监控覆盖率从 60% 提升到 80%，实现全流程业务数据的闭环链接，监控形式从多部门到平台自动监控，监控范围从多系统到统一的监控平台，监控工具从非结构数据到全域数据可视，监控效率从人工检查升级到机器监控。

5.4.4 汽车数据中台应用案例

1. 项目需求

W 集团是国际头部车企，早在 2006 年就开始布局车联网产业，开发各种车载系统和智能互联驾驶座舱。截至 2021 年底，W 集团在全球有超过 250 万辆车联网车辆，其中 1/3 在中国，这些车辆时刻产生巨量数据，包括传感器数据、驾驶数据、服务日志以及售后数据等。

W 集团意识到数据蕴含着巨大的价值，能提升品牌价值和客户黏性，但数据使用效率低，数据未发挥有效作用。如何汇聚数据，服务于业务场景，提升数据处理和应用能力，是 W 集团面临的问题。

W 集团希望通过车联网大数据分析平台，汇聚各类车联网数据，辅助智能化网联决策，包括服务偏好分析、服务故障分析、服务发展趋势等。W 集团还希望借助数理统计和深度学习算法为客户提供了里程预测、驾驶行为分析等高阶数据挖掘，提升数据服务能力。

2. 解决方案

W 集团数据和相关应用均部署在 AWS 云上，针对 W 集团的现状和需求，给出了解决方案架构如图 5-6 所示。

1）整个平台搭建在 AWS 云上，云计算基础设施采用 AWS 提供的 EC2、EMR、S3、RDS 等；

2）搭建数据中台整套工具平台，包括数据汇聚平台、数据开发平台（离线开发、实时开发、算法开发）、数据资源管理平台、数据应用平台（数据服务管理、数据可视化、数据应用）；

3）汇聚 6 类数据，包括车联网后台日志数据、车辆状态日志数据、传感器数据、售后数据、舆情数据、销售数据；

4）在数据汇聚基础上，形成统一标准的数仓数据，拉通车辆、车主、服务相关数据，并围绕各对象主体形成标签体系。

图 5-6　W 集团车联网大数据分析平台架构

3. 取得成效

开发了车联网数据分析看板，功能包括：服务使用分析，包括服务激活分析、服务使用服务分析、服务使用汽车分析、服务使用品牌分析、服务使用趋势预测；影响分析，包括事件或服务中断原因分析、新功能推出影响分析、舆情影响分析、品牌活动影响分析；趋势分析，包括车、车系、品牌等服务趋势分析、远程服务趋势、服务成本结构、中国市场地位分析等；还做了 AI 应用场景的尝试，主要实现了里程预测及驾驶行为分析。

5.4.5　零售数据中台应用案例

B 企业是国内领先的水果生鲜新零售企业，在全国拥有上千家门店和数千万会员用户。生鲜新零售是一种以速度为核心竞争力，以年轻人为目标客户，能够满足高频、广泛、小额的消费需求，但存在流量增长难、产品差异化弱、客户洞察少、运营效率低等瓶颈。

2018 年开始，B 企业进行战略升级，打造数据资产化能力，B 企业在"线下水果便利店"的基础上，打造了"线上线下一体"的社区小店，"实体店＋线上虚拟店"的模式让水果产品与顾客零距离接触，从"时间、空间、场景"三个维度出发，满足消费者多样化需求，提高运营效率和用户黏性。

1. 项目需求

B 企业面临三大数据问题：一是数据碎片化，业务系统多而散，数据割裂无法支撑决策；二是用户运营难，缺乏统一数据标准，无法精细化运营用户；品牌缺少客户洞察，错失转化机会；数据建设依赖开源组件产品，使用难度大，性能不稳定，运维成本高；三是数据服务灵活性差，无法快速响应业务需求，无法及时赋能业务人员。

为了解决上述问题，B 企业选择搭建"零售大数据平台项目"，打造自己的零售数据中台。三大建设目标：一是数据打通。收集企业 ERP、会员、电商等五个业务系统全域数据，并打通了微信公众号、H5/ 小程序、App 和门店等系统中的消费者数据，建立了统一 ID 体系；二是建设标签体系。结合业务场景和已有数据进行资源盘点，利用自身行业沉淀的"人、货、场"标签完善商品和会员数字化体系；三是数据运营服务。提供高自由度数据服务开发机制，根据场景形成服务。通过灵活运用数据标签，在用户运营、种植选品、门店选址、营销预测等场景发挥积极作用，实现数智化运营转型升级。

2. 解决方案

结合 B 客户现有系统架构进行了针对性改造，以"消费者"为中心，提供咨询、产品、销售服务，规划多个应用场景，为决策和运营提供数据支持，通过场景、互动、链接、体验等途径提高品牌黏性，创造新客群、新需求和新服务。通过对消费者画像实现个性化产品和服务推荐。B 企业零售大数据平台系统整体架构如图 5-7 所示，由 5 部分组成：

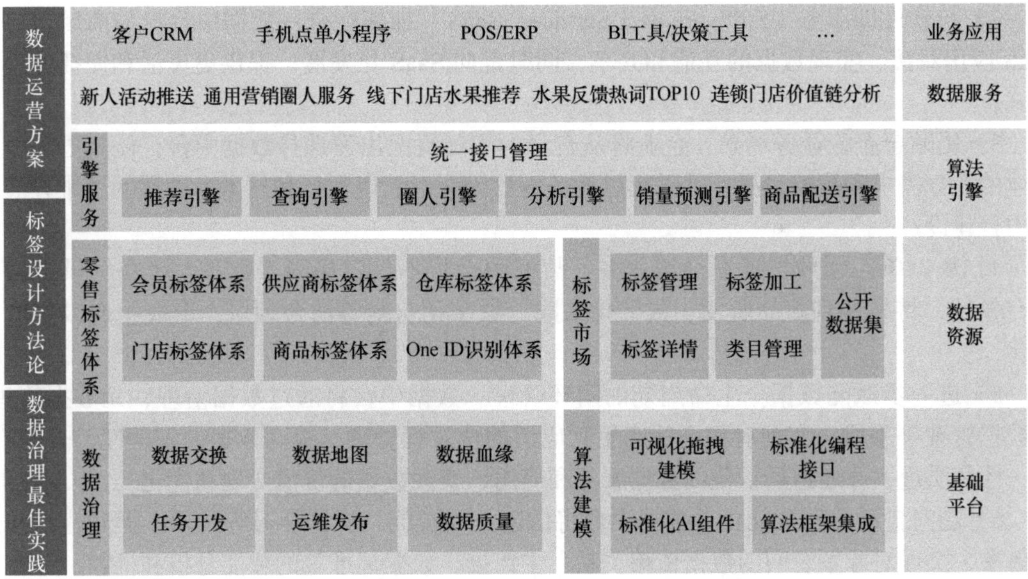

图 5-7 B 企业的零售大数据平台系统整体架构

1）基础平台层：该层主要实现数据治理和算法建模；

2）数据资源层：该层实现包括"人、货、场"三个维度的 5 大标签以及 One ID 识别，由标签管理构成一套完整的标签体系；

3）算法引擎层：该层支撑数据挖掘，提供计算能力与存储能力。包括 6 个引擎：推荐引擎、查询引擎、圈人引擎、分析引擎、销量预测引擎、商品配送引擎；

4）数据服务层：该层对数据进行计算逻辑的封装，生成 API 服务，上层应用可直接调用所生成的 API；

5）业务应用层：主要负责与外部的应用连接。并建有一套体系，可同步制订数据运营方案，进行标签设计，对会员、导购、店长赋能，使数据更好地使用起来。

3. 取得成效

B 企业利用数据中台支持多种应用场景，如千人千面推荐、精准分析、决策判断等，提高了用户黏性和销售转化效率，其中人均线上购买频次从 2.7 次提升至 6 次以上。

5.5 数据中台发展趋势及人才需求

5.5.1 发展趋势

数据中台未来的发展趋势涉及以下几个方面：

1）从定制化转向基于产品的一整套服务：企业将更倾向采用"咨询方案 + 产品交付 + 运营辅导"的模式；

2）与软件即服务（Software as a Service，SaaS）加速融合：数据中台将与前后台各种 SaaS 应用对接，实现数据的互通和共享，同时也向 SaaS 化发展，提供更灵活和便捷的部署方式；

3）更贴合企业业务场景：企业将从自身的实际情况出发选择数据中台，使其更加符合企业的业务需求和战略目标，并采用以业务场景为牵引、以数据和技术为支撑的思维开展数据中台建设；

4）从以单一领域扩展至全域业务：数据中台将不仅仅局限于财务、生产、供应链等后台领域，将扩展到新品研发、数字化采购、数字化营销等前台领域，形成企业级的数据中台；

5）进一步赋能数据全生命周期的闭环管理：数据中台将通过数据治理、元数据管理、主数据管理等手段，实现对数据从产生到应用的全过程管理，提高数据的安全性、合规性、统一性和质量，并通过场景化的数据服务和应用，实现数据的价值变现和优化；

6）趋向自动化和智能化：数据中台将借助人工智能、机器学习等技术，提升建设和运营效率，实现对源系统间的数据依赖关系、主数据、数据标准等的智能分析和推荐，并在上层应用中构建各种人工智能模型和产品，实现更高级别的数据分析和应用；

7）改变企业经营管理模式：数据中台将帮助企业实现从传统信息化架构到基于服务的应用系统集群的转型，打造适应数字时代、市场快速变化条件下的新一代 IT 架构，并通过监控中心、决策中心、指挥中心和策略中心等方式，实现实时、多维、智能、自动的数据应用，引领企业数字化转型进程；

8）关注数字化转型的未来的新方法、新技术、新工具，关注与其他技术手段方式的融合与适配，以更利于数据价值挖掘的方向发展数据中台及相关。

5.5.2　人才需求

随着数据中台在各行各业的广泛应用，数据中台人才需求量持续增长。据统计，2021年，数据中台相关岗位的招聘需求同比增长了近300%。数据中台人才不仅需要具备数据分析、数据挖掘、数据治理等技术能力，还需要具备业务理解、沟通协作、创新思维等综合素质。由于数据中台是一个跨领域、跨界的新兴领域，目前还没有成熟的教育体系和标准化的培训课程。因此，数据中台人才的培养模式多样，主要有以下几种：

1）内部培养：一些大型企业或互联网企业会通过内部培训、内部转岗、内部项目等方式，培养自己的数据中台人才，利用现有的业务和技术积累，打造适合自己的数据中台团队；

2）外部引进：一些缺乏数据中台经验或急需补充数据中台人才的企业会通过外部招聘、外包合作、并购收购等方式，引进具有数据中台背景或经验的人才或团队，快速提升自己的数据中台能力；

3）校企合作：一些高校或教育机构会与企业合作，开设数据中台相关的课程或专业，结合企业的实际需求和案例，培养具备数据中台理论和实践能力的人才，为企业输送优秀的毕业生或实习生。

第 6 章

隐私计算

6.1 国内外数据安全政策现状

2020 年 4 月,中共中央、国务院发布了《关于构建更加完善的要素市场化配置体制机制的意见》,将数据作为一种新型生产要素并列土地、劳动力、资本和技术等传统要素之列,参与分配。随着数据要素市场改革的推进,传统数据流通机制得到了进一步升级,数据协同模式也由一次性交易向多次安全应用的方向演进。此外,数据要素市场改革也推动了数据产业商业模式的创新,对数据安全提出了新的要求。

数据安全是数据流程的基本需求,而数据隐私是基于数据安全的数据价值观。在近年来,国内外已初步形成了由法律法规、规范性文件和技术标准组成的多层次法律政策体系,这为隐私计算技术的发展提供了有利的政策背景,加强了数据安全。

1995 年 10 月,欧洲议会和欧盟理事会颁布了《关于涉及个人数据处理的个人保护以及此类数据自由流通的第 951461EC 号指令》;2018 年 5 月,欧盟颁布了《通用数据保护条例》;同年 6 月,美国加州颁布了《消费者隐私法案》;加拿大在 2001 年 1 月颁布了《个人信息保护和电子文件法》,而日本在 2020 年 6 月对《个人信息保护法》进行了修订。这些法律法规和政策文件的出台,对于保护个人隐私和数据安全发挥了重要作用,也加强了隐私计算技术的发展和应用。

近年来,我国的隐私问题逐渐从理论上落地实现,尤其强调数据应用过程中的数据安全。这些相关话题从懵懂的意识、社会讨论,到共识生成,最终到立法机构推动、行业标准形成和约束机制等方面落地。

2017 年,《网络安全法》的颁布重点在于保障网络安全,维护网络空间主权和国家安全方面。这部法律使得网络空间更加安全,防止恶意攻击和黑客入侵,保障国家的信息安全。

2019 年,《数据安全管理办法》的征求意见稿中强调在数据采集、数据处理使用、安全监管等方面的保护。这部管理办法的推出,加强了数据安全管理和监管,保障了数据的安全使用，防止个人信息泄露等问题。

2020年，《民法典》《工业数据分类分级指南（试行）》的颁布，明确了个人信息受法律保护，提出工业数据基本概念，明确企业为数据分类分级主体。这些法律的出台，为个人信息和工业数据的保护提供了明确的法律依据和指导。

2021年，《数据安全法》规范数据处理活动，保证数据安全，促进数据开发利用，《个人信息保护法》保护个人信息权益，规范个人信息处理活动，促进个人信息合理利用，《关于加强网络安全和数据保护工作的指导意见》提出加强医疗数据安全保护的相关要求，《要素市场化配置综合改革试点总体方案》建立数据用途和用量控制制度，数据使用"可控可计量"。这些法律和指导意见的出台，使得数据处理活动更加规范和有序，保障了数据的安全和隐私。

2022年，我国各地陆续出台多部重要法律法规，涵盖了数据保护、数据安全和数字经济等方面。其中，上海市在2022年1月1日开始施行《上海市数据条例》，这部法规重点在于数据分级分类保护、重要数据目录管理以及数据安全管理等配套措施。为了落实这些措施，该法规规定了重要数据备案和数据安全评估制度，以保障重要数据的安全性。

深圳经济特区也开始施行《深圳经济特区数据条例》，这部法规包括个人数据、公共数据、数据要素市场和数据安全等方面的内容。根据该法规，对于数据处理的全流程，都必须进行记录，以保障数据来源合法并确保数据处理全流程清晰、可追随。这部法规的目的是确保数据的安全性和合法性，并维护数据主体的权益。

除此之外，我国政府还出台了《"十四五"数字经济发展规划》。该规划旨在推动数字经济的发展，提升重设施设备的安全可靠水平，并增强重点行业的数据安全保障能力。随着数字经济的迅速发展，数据安全和保护已经成为一个越来越重要的问题。

网络安全是数字经济中的一个重要方面。《网络安全审查办法》将网络平台运营纳入网络安全审查范围，其中规定，如果一个平台掌握超过100万用户的个人信息，并且要赴国外上市，那么必须申报网络完全审查。这项规定旨在确保平台不会泄露用户的个人信息，并且保障用户的隐私安全。

除了这些法律法规，我国政府还制定了《2022年提升全民数字素养与技能工作重点》的计划，该计划旨在增强网络安全和数据安全防护意识和能力，并加强个人信息和隐私保护。此外，《要素市场化配置综合改革试点总体方案》也在保护个人隐私和确保数据安全的前提下，分级、分类、分布有序推动部分领域数据流程应用。

这些法律法规和计划的制定，将有助于保障我国数字经济的发展和数据安全。它们强调了个人数据隐私和信息安全的重要性，并规定了必要的措施来确保这些问题得有效解决。

6.2 隐私计算的背景与定义

随着移动互联网的迅猛发展，数据已经成为数字经济时代的核心资源。现在，互联网用户可以通过大数据应用获取各种个性化服务，从而为他们的生活带来了极大的便利。但是，随着数据收集、存储、传输、使用和分析的不断进行，数据泄露的风险也越来越高。因为数据本身的敏感性、隐私性等特点，收集的信息可能包括联系方式、地理位置、爱好、身份等敏感信息。一旦个人隐私信息泄露，就会给个人和组织带来难以估量的安全风险。

由此，越来越多的政府、组织和企业开始重视隐私保护，并探索从源头上防止隐私泄露的方法。如何在保证数据使用效果的前提下，确保隐私安全呢？隐私计算的出现为数据安全提供了技术解决方案。

隐私计算是一种将数据处理过程中的隐私保护作为核心要素的技术，它通过对数据进行加密和分散存储，使得数据分散在多个地方，从而保证了数据的安全性和隐私性。这种技术可以确保数据在处理过程中不被窃取、篡改或泄露，从而在不暴露原始数据的前提下，为组织和个人提供有效的数据处理服务。

在隐私计算中，数据加密和去标识化是两个关键技术。数据加密可以确保数据在传输和存储过程中不被窃取和篡改，而去标识化则可以在保护数据隐私的同时，仍然能够允许数据的有效分析和处理。此外，隐私计算还具有高效性和灵活性等优点，可以适应不同类型的数据处理需求。

现在，隐私计算已经被广泛应用于金融、医疗、人工智能、智能交通、物联网等领域，并在实践中得到了验证。例如，在金融领域，隐私计算可以帮助银行进行客户数据处理和风险评估，同时保护客户的隐私不被泄露，进行反欺诈、风险评估和信用评级等业务。在医疗领域，隐私计算可以在保证患者隐私的同时，帮助医院进行精准医疗和疾病预测。多个医院和研究机构可以共同使用匿名化的患者数据来进行疾病预测和治疗方案的制定，从而提高医疗水平和服务质量。在人工智能领域，隐私计算可以在不暴露原始数据的情况下，为人工智能模型提供更加准确和可信的训练数据，从而提高人工智能的性能和效率。在智能交通领域，车辆和交通基础设施可以通过隐私计算共享交通状况和路况信息，提高交通效率和安全性。在物联网领域，设备和传感器可以使用隐私计算来共同处理数据，实现更加智能化的服务和应用。

尽管隐私计算已经在许多领域得到了广泛的应用，但是它仍然面临着一些挑战和难题。首先，由于隐私计算需要对数据进行加密和分散存储，因此它可能会对数据的处理效率和速度造成一定程度的影响。其次，由于隐私计算涉及复杂的技术和算法，因此对于一般的数据处理人员来说，学习和使用起来可能相对困难。此外，隐私计算的标准化和监管也需要进一步完善，以确保其安全性和有效性。

总体来说，隐私计算作为一种新兴的数据隐私保护技术，为数据处理提供了可靠的安全保障。它可以在保护个人隐私的前提下，为组织和个人提供高效和灵活的数据处理服务，是数字经济时代必不可少的重要技术之一。未来，随着技术的不断发展和完善，隐私计算有望在更多的领域发挥其巨大的潜力，为人们的生活和工作带来更多的便利和安全保障。

6.3 隐私计算的技术路线与应用

隐私计算是一种针对数据和隐私保护的计算技术，其核心是保护用户的数据安全性和隐私，同时实现数据的共享和计算。这项技术的主要目的是让多个数据拥有者能够在不泄露数据本身的情况下进行数据共享、互通、计算和建模,从而产生比单一数据更加有价值的信息,以支持更广泛的业务应用和决策。隐私计算技术包含人工智能、密码学、数据科学等多个领域的交叉融合,形成了一个跨学科技术体系。该技术的主要目标是使数据不可见,同时支持数据查询、数据建模等多数据协同利用的场景,进而实现对于数据价值的挖掘。在隐私计算技术中,多方安全计算、联邦学习、可信执行环境计算等关键技术发挥着重要作用。

隐私计算有多种技术路线,包括多方安全计算(Secure Multi-Party Computation,MPC)、可信执行环境(Trusted Execution Environment,TEE)、联邦学习(Federated Learning,FL)等。其中,MPC 技术允许多个参与方在不暴露各自私有数据的情况下,进行安全的数据计算。这种技术是基于密码学的安全计算,确保不同参与方在计算过程中仅知道结果,而不会知道其他参与方的输入数据。另外,TEE 技术利用硬件和软件的联合特性,提供了一个可信的执行环境,确保数据在计算过程中得到安全保护。FL 技术则是基于合作学习的方法,使得多个参与方可以在不共享原始数据的情况下,共同完成模型训练和更新。

隐私计算的优点是显而易见的。首先,它可以提高数据的可用性和可信度,从而促进数据的共享和合作。其次,隐私计算可以保护个人隐私,避免个人敏感信息被滥用和泄露。此外,隐私计算可以帮助公司合规,以满足不同国家和地区的数据隐私法规要求。

6.3.1 多方安全计算

多方安全计算(Secure Multi-Party Computation,MPC)被认为是密码学领域中一个重要的分支。MPC 的创始人姚期智院士于 1982 年提出了"百万富翁"问题的设想,并在同年发布了 MPC 的理论框架。在接受《人民日报》采访时,姚院士解释了 MPC 的概念:"我们两个人中每个人有一个数据,想要两个人数据合起来,但不想把数据交给对方。我们希望使这个计算实现,但是完全不透露我们的数据是什么。"

多方安全计算是一种利用隐私数据参与保密计算的技术,在确保互不信任的参与者在不泄露各自隐私数据的情况下,共同完成某项计算任务。多方安全计算要保证输入数据的独立性、传递数据的准确性以及计算过程的正确性,同时不能把输入值泄露给参与计算的其他成员。在数字签名、电子拍卖、秘密共享、门限签名等场景中,多方安全计算技术发挥着重要的作用。

MPC 旨在保护参与者的隐私,使得多个参与者可以进行计算而不会泄露他们的私密数据。在 MPC 的计算中,每个参与者将数据分成若干份,然后加密并发送给其他参与者。接收方收到加密的数据后,只能通过解密才能得到原始数据。然后参与者通过运用协议来计算结果,这个结果将被保护起来,即使有恶意方试图获取结果,也无法得到原始数据。在 1986 年,姚期智院士进一步提出了基于混淆电路的通用解决方案,这进一步验证了多方安全计算的普遍可行性,也奠定了现代计算机密码学的理论基础。此后,多位密码学家对 MPC 进行了进一步研究和创新,这使得 MPC 逐渐成为现代密码学的一个重要分支。2008 年,第一家专注于多方安全计算解决方案的技术厂商 Partisia 在丹麦成立,同时多方安全计算技术首次被应用到拍卖比价过程中。2011 年微软开始深入研究多方安全计算。2016 年国内开始出现独立的隐私计算商业项目。

姚期智院士指出，在 MPC 刚刚诞生的时期，该技术没有真正发挥作用，因为计算机的计算能力无法实现相应的计算。但是随着计算机技术的迅速发展，现代计算机终于足够快，能够把三十年来不断改进的 MPC 方案开始运作起来。随着各个领域对数据隐私的需求越来越高，MPC 作为一种可靠的保护数据隐私的技术将会有更广阔的应用。

6.3.2 可信执行环境

可信执行环境（Trusted Execution Environment，TEE）是一个隔离、安全的执行环境，专门用于处理敏感数据和操作。它是一种硬件和软件的组合，旨在保护设备和应用程序免受恶意攻击和未经授权的访问。

可信执行环境计算是一种在受信任的硬件执行环境基础上构建安全区域，对使用中的数据进行保护的技术。机密计算的所有参与方将需要参与运算的明文数据加密传输至该安全区域内并完成运算，安全区域外部的任何非授权的用户和代码都无法获取或者篡改安全区域内的任何数据。可信执行环境计算的实现原理是通过软硬件方法，在中央处理器中构建出一个安全区域，计算过程执行的代码 TA（Trust Application）仅在安全区域分界中执行，外部攻击者无法通过常规手段获取和影响安全区的执行代码和逻辑，以此来实现敏感数据的隐私计算。

TEE 最初的概念来自于 2006 年 OMTP 提出的标准，目的是保护移动设备上的敏感信息。传统的系统操作环境（Rich Execution Environment，REE）可能受到攻击或病毒的影响，因此需要一个隔离的安全系统来处理敏感数据。TEE 为此提供了一个解决方案，它可以在不影响 REE 的情况下处理敏感数据。随着 TEE 的发展，全球平台组织于 2010 年 7 月为 TEE 系统起草并制定了一套系统标准，这套标准已经成为许多商业或开源产品定义其各种功能接口的标准参考。这些标准确保 TEE 的安全性和互操作性，同时提供对硬件、软件和安全性的通用性支持。2015 年，Intel 发布了首款商业化支持 TEE 方案的 CPU Intel SGX。这个 CPU 提供了一个硬件隔离的执行环境，可以保护应用程序免受侧信道攻击和物理攻击。它可以保护应用程序的数据、代码和运行时环境，同时保护 TEE 本身免受攻击。Intel SGX 被广泛应用于各种安全场景，如加密货币、数字版权管理、机密计算等。2018 年，百度安全与 Intel 联合发布了 MesaTEE，这是全球首个内存安全的可信安全计算服务框架。MesaTEE 提供了一个通用的 TEE 框架，可以在各种硬件平台上运行。它支持多种 TEE 标准，包括 ARM TrustZone 和 Intel SGX。MesaTEE 为大势所趋的"函数即服务"（Function-as-a-Service，FaaS）云计算模式提供了革命性的安全方案。它可以保护应用程序免受攻击和数据泄露，同时保护用户的隐私和数据安全。2020 年，阿里巴巴发布了一个用于多种 TEE 的内存安全多任务用户态的开源操作系统 Occlum TEE 系统。Occlum TEE 系统提供了一个通用的 TEE 框架，可以在各种硬件平台上运行。它支持多种 TEE 标准，包括 ARM TrustZone、Intel SGX 和 RISC-V TrustZone。Occlum TEE 系统提供了一个安全的执行环境，可以保护应用程序免受恶意攻击和未经授权的访问，同时提供硬件级别的安全保护。它可以在云计算、物联网和边缘计算等各种场景下使用，为企业和个人提供了安全可靠的解决方案。

TEE 的应用范围越来越广泛，它已经成为许多行业的标准。在金融、电信、医疗、军事等领域，TEE 被广泛应用于保护敏感数据和应用程序的安全。例如，在金融领域，TEE 可以用于安全支付、数字货币、身份认证等方面。在医疗领域，TEE 可以用于医疗记录保护、患者隐私保护等方面。在电信领域，TEE 可以用于移动通信、物联网等方面。随着可信执行环境的发展，人们对 TEE 的需求也越来越高。未来，TEE 将在安全性、性能和可用性方面得到进一步的改进和发展，为更广泛的应用场景提供更好的保障。

6.3.3 联邦学习

联邦学习（Federated Learning，FL），近年来，国内外还涌现出一系列"联邦学习"技术，例如联合学习、共享学习、知识联合和联合智能等，以解决多方数据联合机器学习问题。联邦学习的本质是分布式机器学习，它不仅能够保证数据隐私和安全，还能够实现联合建模，提高模型的效果。

联邦学习是一种分布式机器学习技术或框架。在联邦学习过程中，各参与方的数据始终保存在其本地服务器，参与方之间交换训练中间结果和模型参数，而不交换数据本身。这种技术有效降低了传统中心化机器学习带来的数据泄露风险。目前，联邦学习技术通常与安全多方计算技术以及区块链等技术相结合，进一步保护数据隐私。

早在 2012 年，王爽教授就发表了相关研究成果，开创性地提出了全球首篇医疗在线联邦学习底层框架。直到 2016 年，谷歌才首次提出联合学习的概念，使得联邦学习逐渐受到更多的关注。2018 年微众银行开发了全球首个工业级联邦学习开源框架 FATE。联邦学习的目标是实现联合建模，以保护终端数据隐私，而无须聚合参与者的原始数据。具体而言，联邦学习通过分布式地在不同的终端设备上执行本地模型训练，将模型参数进行聚合并融合成全局模型。由于每个参与者的数据都被保留在本地，因此联邦学习能够实现数据隐私保护，并避免泄露敏感信息。

根据不同类型的数据集，联邦学习可以分为横向联邦学习、纵向联邦学习和联邦转移学习。横向联邦学习通常用于处理相同特征集合的数据，例如在不同的医院之间联合训练病人的生存预测模型。纵向联邦学习则用于处理不同特征集合的数据，例如在联合训练一个人口统计学模型时，其中一个参与者提供性别和年龄信息，而另一个参与者提供教育和收入信息。联邦转移学习则用于在具有不同数据分布的设备之间共享知识，以提高各自的性能。例如，在智能手机和物联网设备之间进行联合学习，以提高设备的语音识别和图像识别能力。

总的来说，联邦学习是一种强大的机器学习技术，它可以解决多方数据联合机器学习问题，并在保护数据隐私和安全的同时提高模型的效果。虽然联邦学习仍面临一些挑战，例如参与者之间的通信问题和模型融合的有效性，但是随着技术的发展和研究的深入，这些问题将逐渐得到解决。

联邦学习的应用领域非常广泛，尤其在医疗保健、金融、物联网等领域具有巨大的潜力。例如，在医疗保健领域，联邦学习可以用于联合训练医疗影像识别模型、预测疾病风险等。在金融领域，联邦学习可以用于联合训练欺诈检测模型、预测贷款违约风险等。在物联网领域，联邦学习可以用于联合训练智能家居设备的语音和图像识别模型，提高智能设备的性能。

联邦学习是一种非常有前途的机器学习技术，它不仅能够解决多方数据联合机器学习问题，还能够保护数据隐私和安全，提高模型的效果。在未来，联邦学习将会在更多的领域得到应用，成为机器学习领域的一项重要技术。

除了在上文中提到的关键技术外，隐私计算还需要结合其他辅助技术来提高数据的隐私保护和安全性。例如，数据加密、数据去识别化、差分隐私、同态加密等技术都可以被应用于隐私计算中，主要用于保护计算结果，辅助保障隐私安全。

6.3.4 隐私计算助力数据的安全流通与共享

数据安全一直是信息安全领域中的一个重要问题，特别是随着人工智能和大数据技术的不断发展，数据隐私泄露的风险也越来越高。在这种情况下，隐私计算技术的出现和发展为保护数据安全提供了有力的工具和手段。

除了保障数据安全，隐私计算还可以促进数据的共享和利用。在传统的数据共享模式中，数据集通常由一个组织或个人掌控，其他组织或个人想要使用这些数据必须先获得掌控者的授权。而在隐私计算技术的支持下，数据共享的模式可以更加开放和灵活，参与者可以在不泄露数据隐私的前提下进行数据协同利用，实现数据的更好利用和价值挖掘。

在我国的数据市场，随着政策引领、试点推进以及企业主体和关键技术创新的推动，数据流通需求不断发展和改革。当前，数据流通方式已经经历了数据流通1.0和2.0时代，正在向数据流通3.0的方向发展。

数据流通1.0时代是直接传输原始数据，流通特点是将原始数据或简单预处理后直接流通。该方式存在着二次利用甚至泛用的风险，同时也存在着隐私信息暴露的风险。数据被泛用或者随意使用的情况比较普遍，这种方式不符合法律法规要求，风险也很高。

为了解决这些问题，数据流通2.0时代出现了。这种方式采用了API+数据脱敏的方式，即数据提供方单方提供数据处理或分析结果。这种方式可以在一定程度上保护数据的隐私信息，但是仍然存在被二次利用或泛用的风险。此外，关键数据被脱敏后也会降低数据的价值和融合的可能性。

在数据流通2.0时代的基础上，数据流通3.0时代则采用了API+隐私计算的方式。这种方式通过融合多方数据资源价值来实现数据流通。与前两种方式不同的是，数据流通3.0时代不再直接流通原始数据，而是通过多方安全计算、联邦学习等隐私计算实现数据的价值挖掘。这种方式可以避免原始数据直接流通，规避数据泛用的风险，实现数据的价值挖掘。这种方式采用API接口技术+多方安全计算、联邦学习等隐私计算技术。

综上所述，数据流通3.0时代是数据流通方式的一个重要发展阶段。在这个阶段，数据价值得到了更好的挖掘，数据安全性也得到了更好的保障。而API接口技术和多方安全计算、联邦学习等隐私计算技术的运用，更是为数据流通3.0时代的实现提供了坚实的技术支撑。

6.4 隐私计算平台的搭建

从2019年开始，隐私计算技术的落地需求逐渐增长，市场从落地初期验证阶段进入了加速落地阶段。随着需求的落地和政策层面的支持，隐私计算技术可以释放更多的数据资产价值，带动经济增长，在社会经济中发挥越来越重要的作用。

隐私计算技术的应用行业非常广泛，政府、企业以及个人都能够受益于隐私计算技术的应用。随着政策文件的密集出台和资本的投入，隐私计算技术逐渐走向主流，受到了各行各业的广泛关注。越来越多的企业开始结合隐私计算技术研发产品，这为隐私计算技术的推广和应用打下了良好的基础。以清图数据科技公司研发的"清图数智"平台为例，介绍一下隐私计算平台的架构及搭建过程。

"清图数智"采用数据治理、数据流通及数据计算的通用产品基座，以安全多方计算技术为核心，构建一个基于数据安全与隐私保护的数据共同体，应用联邦学习、人工智能等基础能力，为各行业提供数据驱动的解决方案。该平台在政务，教育和通信领域得到广泛应用。在政务领域，清图数智平台主要用于数据治理方面，提高数据的安全性和可信度。结合区块链技术，实现政务数据的确权、溯源和资产化，促进政务数据的流通和应用。在通信领域，主要用于数据的流通和计算，提高数据的处理效率和安全性。在教育领域，主要用于数据处理和管理，提高教学质量和效率，结合人工智能和机器学习等技术，为学校提供个性化的教学解决方案，更好地满足不同学生的需求。

清图数智平台是一个由多个系统架构组成的综合性数据处理平台。如图 6-1 所示，该平台的架构包括基础设施、区块链联盟链基础服务、计算模型与架构、数据中心与特征工程、联合建模平台和开放市场服务。

1）基础设施是平台的基础，包括基础 OpenStack 云服务架构和 Kubernetes 容器服务，这使得平台拥有可灵活分配调度的 CPU 和 GPU 计算资源池以及分布式存储单元。此外，平台拥有加密的网络安全环境，确保数据的安全性。

2）区块链联盟链基础服务是平台的核心部分，包括了分布式身份认证系统、计算模块、数据目录与数据分类智能合约、数据确权、数据授权系统以及全链统一的溯源与审计系统。这些服务的作用是保证数据的可信性和完整性，同时还能够提高数据交换的效率和安全性。

3）计算模型与架构是平台的另一个关键组成部分，包括了平台的横向联邦与纵向联邦学习架构、内置 PyTorch、Tensorflow、Scikit-learn 等机器学习与深度学习框架以及流式计算框架。此外，平台还拥有半同态库、不经意传输数据传输架构、零知识证明算法库、混淆电路、差分隐私、秘密分享等的算法库，这些库可以保证数据的安全性。

4）数据中心与特征工程是平台的另一个重要组成部分，它对数据的载入进行安全把关，完成数据清洗与特征工程，提高数据的质量和准确性。

5）联合建模模块主要提供多种联合建模的方式，包括使用传统 Jupyter Notebook 的模式，对平台的初体验者提供友好和属性的数据分析与建模界面。平台还提供了特有的 DSL 语言，用于配置模型与参数，并使用 DAG 进行模型训练，使得建模过程更简便，脱离代码。最后使用统一的模型评估库对模型进行评估。

6）开放市场部分是平台的对外提供服务的网关，提供了在线推理、离线跑批等模型服务，并为模型、参数、数据的分享与交流提供应用市场。促进平台内外的数据共享和交流，提高数据处理的效率和精度。

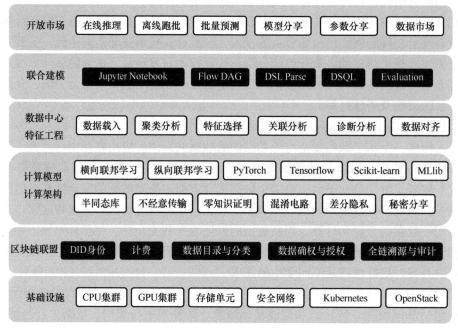

图 6-1　清图数智平台架构

6.5　隐私计算技术在普惠金融场景的探索与实践

我国小微企业数量多、总体规模大，在繁荣经济、稳定就业等方面发挥着独特的重要作用，对小微商户的普惠金融服务已成为当下稳定我国基本面的重要支撑力量。

对金融机构而言，小微企业群体需求多样、交易活跃，发展前景广阔，是未来优质客户的重要来源。但在传统融资风控场景下，面对小微企业，银行评价贷款风险的相关模型往往面临缺乏数据、难以提高精度的困难，造成了小微企业审核流程长、放款额度低、融资利率高等一系列融资难问题。究其原因，在于银行所需要的小微企业相关数据散见于不同机构，而各实体自身的隐私合规要求及保有商业秘密的需要阻碍了这些数据的融合应用，使得银行难以准确评估小微企业融资风险，不得不采取谨慎的态度进行融资审查，并通过降低额度、提高利率以对冲风险。这一做法提高了小微商户的经营难度和风险。

利用联邦学习技术，银行得以在供应商数据不出库、对银行不可见的前提下完成数据利用，从而合规地引入外部数据，在合理的风险水平和风控措施下将足量的金融服务延伸到真正急需融资的目标客户。

6.5.1　应用需求

各家银行在推动普惠金融业务时，面对的最大难点之一是风险把控：银行获取企业信息成本较高，面对数量极大的小微企业，从审核到风控的各业务环节都需要克服信息不对称、数据不完善的困难。本案例就通过隐私计算技术解决上述问题，与数据供应商达成数据合作，增强银行风控能力。

6.5.2 关键技术

银行和数据供应商首先通过隐私求交，确认双方数据中的用户交集，再通过隐私计算技术进行联合建模，双方仅交换更新模型参数，以保证在数据不出库的前提下应用双方数据完成模型，如图 6-2 所示。

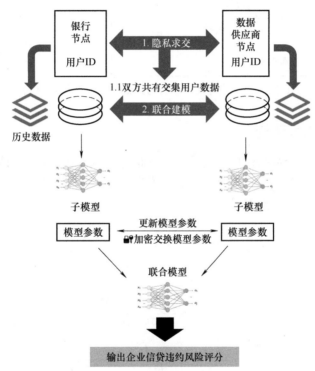

图 6-2　联邦学习应用概要

如图 6-3 所示，在普惠场景中，银行通过在数据供应商侧部署训练企业主个人模型及商户子模型，在银行侧部署训练关联信息、资产、征信、流水等子模型，并通过集成算法在两侧各自集成后完成模型融合，来优化商户违约预测模型。

银行通过隐私计算技术实现数据补充，数据维度更为丰富，模型效果提高，与应用隐私计算前的模型相比，小微商户业务模型的性能提升 20%，且客户准入率明显提升。

通过联邦学习技术，帮助机构间在数据不出库、可用不可见的要求下，打破数据壁垒进行满足数据隐私、安全和政策法规监管的数据共享使用，相较传统开发实施成本降低 50%，计算效率提升 2 倍以上。

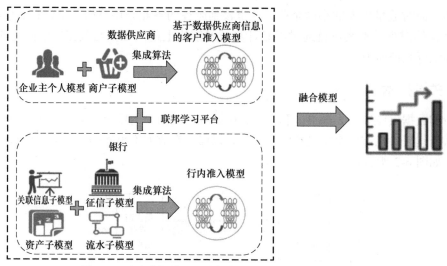

图 6-3 通过联邦学习，银行与数据供应商训练融合模型

6.5.3 场景落地方案架构

如图 6-4 所示，结合数据供应商提供的特征信息，以及银行持有的征信、流水等信息，进一步丰富目标客群风险画像，以此大幅提高预测目标客户贷款违约、欺诈行为等风险的模型准确性与效率，精准识别潜在风险。

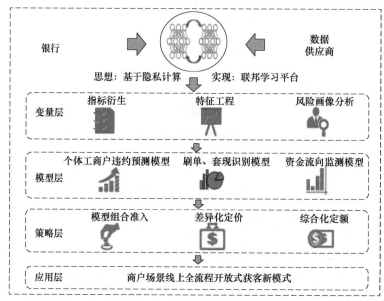

图 6-4 融合内外数据，建设适用于普惠金融的风控体系

如图 6-5 所示，在客户行为维度，通过应用融合模型，银行在审批客户融资申请时实时得

到其风险评分，据此为客户提供定制化的服务方案，并做到高准确度的实时通过；在客户进行提款动作时，银行通过风控模型进行行为识别，根据识别结果触发对应级别提款控制压降潜在风险；在融资存续期，银行通过风控模型监测资金流向和风险信号，据此进行贷后风险控制。

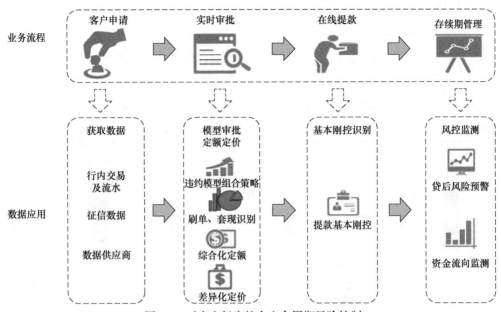

图 6-5　对客户行为的全生命周期风险控制

银行通过融合外部数据引入成规模的熟人刷单、整百大额交易、高频定时刷单、单日超常交易等异常行为的特征数据，如图 6-6 所示，并以此数据为基础，进行训练后汇总形成异常行为评分模型，精准识别"刷单套现"等异常行为，防范潜在融资风险，从而降低信贷成本。

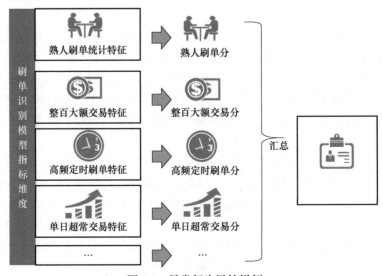

图 6-6　异常行为风控样例

6.5.4 实施流程及关键节点

以下是本案例中银行与银联通过联邦学习技术进行合作的实施流程。

1）商户违约评分模型训练阶段，如图 6-7 所示。

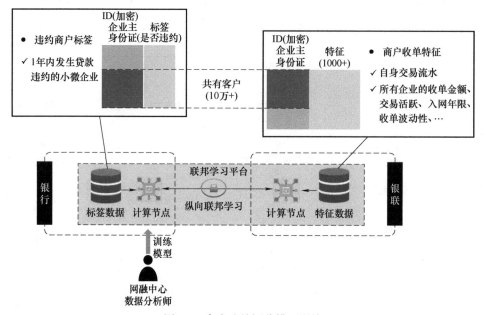

图 6-7 商户违约评分模型训练

① 银行提供商户标签数据：该标签数据由银行的网络融资中心数据分析师从银行数据湖中加工并下载，标签将贷款发放后1年内发生逾期超过90天的小微企业标识为1-"违约"，其余标识为0-"正常"。

② 双方数据构建样本：双方通过加密的"企业主身份证号码"，通过联邦隐私求交算法完成数据对齐，最终求得双发交集客户数据10万余条作为训练样本。

③ 双方数据联合训练：在联邦学习平台上选择梯度提升树中的Xgboost算法开展纵向联邦模型训练，模型以密文方式保存在银联侧的联邦学习节点上，供后续推理商户违约评分计算使用（该模型的评分结果会进行非对称加密，在没有银行方秘钥情况下，银联无法将该模型给其他机构使用）。

2）商户违约评分模型正式线上服务阶段，如图 6-8 所示。

① 银行联机实时查询商户违约评分：当企业申请银行商户贷款产品时，银行将企业主的身份证加密后作为查询条件，银联查询计算出该商户的违约评分（密文）后，返回银行。

② 银行解密商户违约评分：银行侧的隐私计算节点收到密文的商户违约评分后，使用秘钥进行解密，并将解密后的明文商户违约评分返回给信贷与投资管理系统，该系统根据评分自动执行贷款审批策略，为符合条件的企业客户快速发放贷款，如图 6-9 所示。

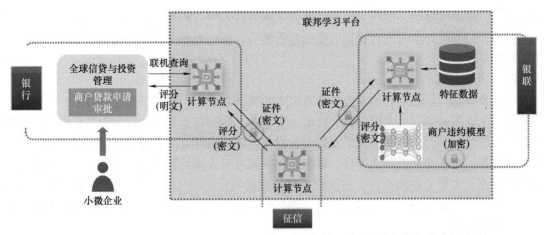

图 6-8 商户违约评分模型正式线上服务（因涉及征信，需要持牌征信机构参与中转）

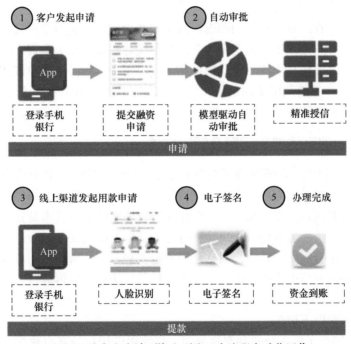

图 6-9 从商户申请到资金到账，全流程自动化运作

6.5.5 场景应用效果

基于隐私计算技术，银行实现了数据补充，丰富了商户的画像刻画维度，通过还原商户真实交易收单数据，反映商户真实收入情况，提升了银行对客户资质的识别性能，为贷前评估和贷后预警模型夯实了数据基础，明显提高了模型预测能力。通过模型推理精准判定客户

实际情况、排除风险后，银行方面大幅提高了场景准入率，户均授信提高了30%。

同时，依靠联邦学习平台提供的数据监管能力，银行对相关数据和行为也实现了有效监管和溯源审计。

（1）详细案例1

银行业务部门在模型评估客户画像及风险的得分基础上，制定了综合化授信、差异化定价等精细化应用策略，并实现全线上智能运维管理。同时打造开放式融资服务新模式，将服务群体拓展至数千万商户，扩大了服务面，提升金融普惠性。商户普遍可以通过自助方式在线申请业务，由系统开展自动审批。审批流程中通过引入违约评分等人工智能模型来替代人工逐项审查，实现全自动流程，将商户申请贷款的等待时间从数个工作日压缩到立等可取，实现最快"三分钟申请、一分钟放款"，节约了大量人力，并且避免了人为错误和主观判断带来的潜在风险。

（2）详细案例2

除客户主动发起融资申请外，在实际业务中，客户经理也会使用上述的违约风险评分等模型对潜在客户的贷款意愿进行评估。

由于部分客户存在对负债经营的顾虑以及不同客户抗风险能力差距较大，导致相关融资行为成交比例低；客户经理需要大范围地尝试向各类客户推销相关融资产品，时间成本投入较高，效率低下。因此银行引入了评分模型并进行应用，可对潜在客户进行筛选，使得客户经理尝试推销融资产品的范围更加精准，将推销成功率从约10%提升到了约40%，明显提高了一线营销人员的工作效率。

6.5.6 实施过程遇到的典型问题及解决方法

"十四五"时期以来，国家加强了对数据隐私方面的法律法规和监管力度，本案例所涉及的模型训练数据、以及实际应用中作为模型使用对象的客户数据，同样属于新增的法律监管范围之内。在本案例执行中，由于此类合作所涉及的联邦学习技术及其应用模式尚无成熟经验可循，可能存在法律方面的合规风险，也存在技术方面的安全风险，为保证依法依规展开数据合作，需要在合同中明确客户数据利用的范围和方式，所使用的数据必须严格限定在客户授权协议所许可的范围之内，确保不侵犯客户的合法权利后再进行合同签署，以此避免潜在的法律风险。

同时，也可采取以下措施：

1）对数据源进行了深入分析和严格把关，仅使用已授权的客户数据，并在业务流程中设置向客户征求数据使用授权的流程，来满足法规监管需要。

2）避免在用户可感知场景中使用联邦学习技术，应注意保护客户隐私；制定完善的规范流程，避免因第三方推送营销信息而导致用户主观认为隐私遭到侵犯。

3）通过制定技术规范加强对联邦学习中间数据的保护，避免合作方还原出用户的隐私信息。

未来，在跨机构数据合作形成成熟的行业规范和操作惯例后，类似本案例的数据合作应当遵守行业对数据确权、数据定价和数据监管方面的各项规定，以避免造成法律风险、数据风险和企业形象风险。

6.5.7 实施效果

在本案例中，银行通过运用隐私计算技术，与数据供应商开展深度合作，达到了以下效果：

在技术层面上，本案例通过应用联邦学习技术，在原始数据不出库的前提下，实现银行、数商联合建模，研发了商户违约预测、"刷单套现"精准识别、资金流向违禁领域探测等模型，实现对贷款风控审查、反欺诈、贷后资金流向监测等普惠金融关键业务需求的全面覆盖。

在业务层面上，一方面通过风控模型排除高风险用户，业务面得以简化审批授信流程；另一方面通过联邦学习获取外部数据，细化用户画像，业务得以制定综合化授信、差异化定价，同时简化了审批授信流程，从而实现流畅的全线上运营以及开放式商户融资服务的新模式。

第 7 章

低代码

7.1 低代码概述

近两年,低代码开发平台勃然而兴,成为争相讨论的行业热词。那么低代码究竟是什么呢?

"代码"是应用程序开发的基本方式,而"低代码"在广义上是针对传统意义的"高代码"而言的,通过减少开发者对代码编写需求进行系统搭建。现阶段,国内市场的低代码开发指业务人员可通过少量代码、或无需代码,以可视化的方式拖、拉、拽、点已被封装完善的功能控件组件,从而如同搭积木一般,完成应用搭建。因此,相较于传统软件开发应用,低代码开发的主要特点在于其构建应用的速度非常快,在助力业务应用程序快速交付的同时,降低企业应用的开发成本,并支持随时修改、更新优化,适应企业的各种业务需求变化。

如图 7-1 所示,低代码属于企业数字服务产品的平台层[一],是应用软件产品研发的高生产力引擎,帮助企业实现数据采集、数据储存、可视化数据展示、与其他系统连接集成等需求,并作为业务中台助力企业构建企业级业务能力的复用,提高创新与协同。

低代码开发除了可以帮助业务人员满足自由搭建企业通用及创新业务场景需求之外,还可以助力 IT 人员通过拖拽前端组件快速生成后台管理系统,作为企业的信息化核心与企业原有系统集成。此外,低代码平台让组织内每一个管理者的管理思想、产品设计能力有的放矢,极大地提高了公司的效率与组织能力。在小微企业中,CEO 作为最了解业务的人,可以凭借一己之力实现业务的数字化;在部门中,经理可以用其管理自己的业务场景;在集团中,可以发挥其平台优势,建立公司、部门两个层级的系统机构,让所有管理者都参与到系统搭建中。因而,随着企业的不断扩张,对管理系统的需求增加,低代码平台将发挥更大的

[一] 海比研究院. 2022 年中国低代码/无代码市场研究及选型评估报告. 2022.06.

价值，帮助企业实现标准化、数智化和高效办公。

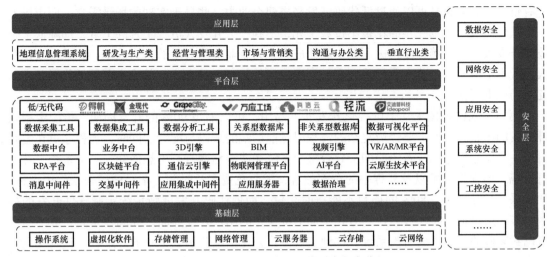

图 7-1　海比研究院：低代码产品定位

本章将分为四个主要内容板块进行论述介绍：①从低代码的主要特征及诞生背景出发，带大家深入挖掘低代码与无代码关系，以及国内外低代码现状；②论述低代码开发平台在各行各业、通用场景、创新场景的应用，并揭示其在企业中的最佳定位；③通过层层递进式陈述低代码开发相较于传统开发在各领域优势，体现其价值，并通过案例证明；④辩证对低代码在不同群体中的应用、市场发展及应用场景进行展望。

7.1.1 低代码主要特征

低代码开发能够在近几年竞争激烈的市场中脱颖而出，飞速发展，与其成本低廉、高效便捷以及个性化程度高的开发特征脱不开干系，如图 7-2 所示。

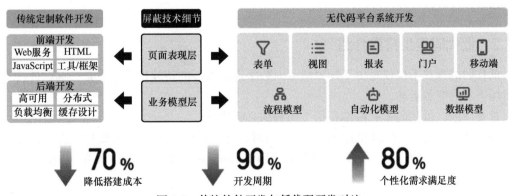

图 7-2　传统软件开发与低代码开发对比

第一，低代码开发使业务人员也能参与系统搭建，可以降低 70% 的搭建成本。企业聘请高技术 IT 人员的花费很高，因而将这些优秀的 IT 人员用在企业重大的项目和技术难题上更有价值。业务人员可以通过低代码开发来搭建企业内一些易于实现的场景需求，而市场上一个低代码开发工具一年的花费不过数千元，不到一个开发人员一个月的工资，却降低了企业对开发人员的依赖程度，进而减少雇佣成本，为企业节约大量的人力成本。此处仅仅是在人力成本上的节省，若企业是采用自己开发或者外包开发的方式，其成本更是低代码开发的几十乃至上百倍。

第二，低代码技术基于可视化开发非常易用，可以缩短 90% 的开发周期。传统定制软件开发的瀑布式开发需要经历复杂的流程以及前后端的编码与配合。同时，当程序员在编码时，一个符号的遗忘或者错误即会导致整个系统无法顺利运行，可想而知，一个系统，几万行代码，错误发生率以及复查率的全部整合，需要花费多长时间。毕马威曾在报告中声称，如果采取传统路线，80% 的项目不能按时交付。而低代码开发屏蔽传统定制软件开发的技术细节，通过拖、拉、拽、点的方式，加上可视化的用户开发界面，如同搭乐高一般，即可将已封装好的代码拼成所需系统。这种实现方式，无论经验多么丰富的开发者，代码实现的速度都不可能追赶得上一种低代码解决方案。

第三，低代码开发灵活度极高，可以达到企业 80% 的个性化需求满足度。在用户需求多变、丰富的大环境之下，企业业务的变化也是日新月异。传统开发之所以被称为定制软件开发，正是因为这些程序的独一无二性，为满足某种需求而特别定制的，难以产生变化。因此，传统开发模式无法满足企业业务变化的个性化需求，而低代码开发在部分场景下可以通过少量代码的支持来应对不同需求的灵活扩展适应业务，无需业务适应软件，拥有丰富组件来应变各种各样的业务场景。由此可见，低代码开发可以满足不同企业的个性化需求，将管理者的管理理念快速落地成数字化工具，验证企业管理模式的可行性，提高投入产出比，带来实际效益，为企业构建灵活的能力来适应乌卡时代。

综上所述，低代码开发在成本、时间以及灵活度上的优势，解决了传统定制软件开发的痛点，可以快速将管理者的管理思维落地到系统上，快速验证企业管理模式的可行性，提高投入产出比，满足企业对效率及生产力需求，为企业带来真正的实际效益，从而使其成为市场所需。

7.1.2 低代码诞生背景介绍

低代码的火热不仅仅是由于国家政策对数字经济发展的持续推动，更是一场软件技术驱动市场需求的变革运动。

首要原因，低代码是软件编程衍生历程的必经之路。

如图 7-3[一]所示，在 20 世纪 80 年代，当时的计算机科学理论与高级程序设计语言已逐步趋于完善，此时推出了第四代编程语言（4th-Gereration Language，4GL），也就是"结

[一] 海比研究院. 2021 年中国低代码/无代码市场研究报告. 2021.01.

构化语言"。通过发出指令，计算机就可以根据程序员已封装的代码，将相应功能运行。随后到 2000 年，可视化编程语言（Visual Programming Language，VPL）面世，其衍生方式就是在 4GL 的基础上，将系统运行过程以图标、表格、图表等可视化的方式呈现。自此，在高级编程语言在不断成熟的过程之中，2010 年是传统软件和软件即服务（Software as a Service，SaaS）软件兴起的时代，许多软件开发项目接踵而至，甚至超过了编程人员增加的速率。与此同时，他们也发现很多软件功能的相似度非常之高，但是却需要重复编程，对此，软件编程的高重复、低效率的问题暴露无遗。2014 年，著名的国际市场调研公司 Forrester 正式提出低代码和无代码概念，来解决历史的痛点。其后，国内第一个低代码平台出现，中国低代码市场进入发展期，到 2016 年，国内许多独立的低代码平台都开始相继成立。2018 年，Gartner 提出应用程序平台即服务（Application Platform as a Service，aPaaS）和集成平台即服务（Integration Platform as a Service，iPaaS）概念，着重于解决软件间壁垒以及满足企业对软件开发的高性价比追求，2021 年再次为低代码、无代码的发展推波助澜。

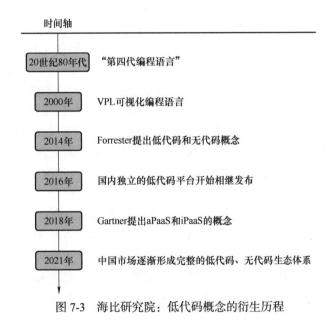

图 7-3　海比研究院：低代码概念的衍生历程

迄至近两年，低代码、无代码平台全面兴起，面向所有软件厂商和企业开放，成为数字化转型的火热概念，中国市场也逐渐形成完整的低代码、无代码生态体系。

其次，低代码技术的出现对企业应用程序快速交付能力要求提高，使市场处于变化性极强 VUCA 时代。在如今的 VUCA 时代，VUCA，即不稳定（Volatile）、不确定（Uncertain）、复杂（Complex）、模糊（Ambiguous）四个英文单词首字母缩写的合称。VUCA 时代，企业是否足够柔韧正变得越来越重要。从传统的垂直化供应链、精细化供应链管理到柔性供应链管理，业务管理的模式也在不断适应这个变幻莫测的环境，一个组织快速适应大环境波动以及满足不同情况下客户期望的能力变得愈加重要。据 Mendix 最新的调查报告显示[一]，59%的中国 IT 决策者表示，疫情期间的数字变革速度超过了他们的预期，93% 的中国 IT 开发者认同其企业的软件开发速度需要加快。

但是，越是快速发展或创新的行业，其标准化就越难做，越是没办法通过一次性的 IT 投入来完成信息化建设。业务应用级别的企业软件保质期也在逐渐缩短。因此，企业需要寻求一种新型数字技术的开发方式既可以摆脱其对 IT 人员依赖、又可以满足在 VUCA 时代下快速交付的需求，作为其数字化转型的"加速器"。这听起来似乎非常矛盾，不用 IT 开发人员，还能快速交付，简直天方夜谭？而答案早已出现——低代码技术。

总而言之，在软件编程技术的发展之下，低代码的出现解决了原有软件编程高重复、低效率的问题。与此同时，其快速开发的重要特征使市场对应用程序交付速度要求提升，市场波动性加剧，企业需要通过采用低代码技术适应技术驱动之下的市场变化。

7.1.3 低代码与无代码关系

在上文的低代码概念衍生历程中，有一个与其密切相关、多次出现的概念即无代码。低代码与无代码都是帮助企业实现应用程序快速交付的数字化工具，只是实现方式有所区别。

提出低代码概念的 Forrester，关于低代码开发平台是这样定义的[二]：低代码开发平台指可通过最少的手工编程就能快速交付应用程序，并能高效设置和部署用于参与系统的平台。换句话说，可以认为低代码是一种利用抽象原理进行应用程序开发的可视化方式、通过少量编写代码，即可快速搭建应用系统的开发技术。由于低代码仍涉及部分代码的编写，有一定的使用门槛，因此，更适合 IT 开发人员采用，加快企业的开发速度，降低开发成本。此外，低代码可实现的应用场景较多，面向企业以中大型企业为主。

无代码开发是一种无需代码基础，用户直接通过拖、拉、拽、点的直观界面，如同搭积木一般，快速构建应用，并适应企业的各种需求变化，用户在几天甚至几个小时内就能完成系统的开发、测试和部署，并能够随时调整或更新。因而，无代码开发平台降低了开发门槛，是更适合业务人员使用的数字化开发平台，能够提升系统搭建和维护效率，降低数字化成本。其次，无代码的简便，与之对应的是可实现的场景较少且浅，因而面向企业以大型企业非核心产品业务、中小型企业为主。

无代码和低代码之间的界限并不总是很清楚——这会延续到低代码和无代码平台本身。许多技术产品分析师认为无代码是低代码市场的一部分，因为即使是最强大的平台也需要对部分应用程序开发和部署过程进行一定程度的编码。供应商在为不同的客户群体定位产品时，很大程度上区分了低代码和无代码平台功能。

低代码产品定位的使用群体是 IT 开发者，无代码的使用群体是业务人员。面向群体的

一 Mendix. 2021 年低代码现状报告（中国）：回顾过去，展望未来. 2021.11.

二 Forrester. Low-Code Platforms. category.

不同，也代表着低代码与无代码是两种开发人员相异，而结果趋同的交付方式。具体而言，低代码开发通过提高 IT 人员的效率，从而达到快速交付的目的；而无代码开发则跳过 IT 人员，无需他们的支持，直接由业务人员搭建进行应用程序交付。

随着 Gartner 2019 年发布的 Low-Code 报告，解读了无代码与低代码的关系，如图 7-4 所示，Gartner 认为无代码产品并未脱离低代码产品族群⊖，而是低代码领域的子集，低代码产品的前端界面构建方案中，重要的实现方式就是通过零代码的理念或组件。因此，可以认为无代码平台是一种特殊类型的低代码平台，他们提供相同的基本优势，加速应用程序的开发和交付。

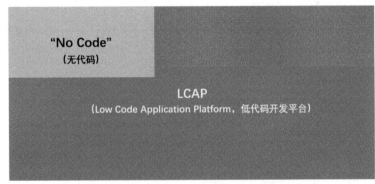

图 7-4　Gartner：无代码与低代码关系

低代码与无代码有很多相似之处与优势。其相似之处在于它们旨在通过使用可视化界面和预配置模板来抽象编码的复杂方面。两种开发平台都可用作 PaaS 解决方案，并采用基于业务流程的设计来定义数据的逻辑进程。由于采用共同的方法，它们共享许多好处，例如技术民主化、推动生产力、提升成本效益与促进构建而非昂贵且一刀切的商业现货购买。

7.1.4　国内外低代码现状

在国外市场，根据上述受众群体的差异，低代码厂商与无代码厂商之间区分明晰。

如图 7-5 所示，国内低代码和无代码厂商开始的定位都有各自适合的方向，无代码更偏向业务人员使用，而低代码更偏向 IT 人员使用。例如，轻流对外的产品定位是企业级的无代码搭建平台；而氚云定位于帮助企业 IT 人员提高开发效率的低代码产品。此外，各大厂商针对用户群体规模也有所区分，对于个人团队级用户，低代码或无代码厂商的部署方式以 SaaS 版本的公有云为主，适合人数较少的轻量标准化业务，实现微小企业内部业务管理；而企业级用户对系统环境的安全性及业务场景的个性化级别要求较高，通常以专有云为主，支持多种方式的独立部署，拥有高性能、高自主、高安全的环境特点，其产品能力、安全升

⊖　Gartner. Magic Quadrant for Enterprise Low-Code Application Platforms. 2019。

级、多样部署、企业级服务等多项能力，满足企业多样化需求，助力中大型企业的数字化升级。

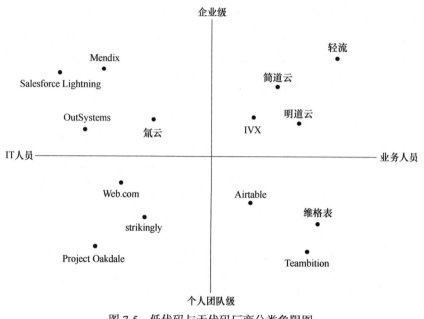

图 7-5 低代码与无代码厂商分类象限图

但是随着市场波动对技术的反驱动力，一线厂商的定位开始趋于融合，无代码、低代码、机器人流程自动化（Robotic Process Automation，RPA）等数字技术都将融合成为企业快速交付的工具。例如上述的无代码厂商轻流，在市场与企业需求的推动之下，其产品不止包括无代码，还有低代码与 BI 数据分析产品线；针对不同群体，厂商提供不同程度的公有云、私有云、本地化部署等全面版本以全方位服务企业，助力应用程序快速交付。

如图 7-6 所示，Forrester 曾在 2020 年发布报告中提到⊖，在 VUCA 时代的背景下，传统长周期、大制作的系统开发方式正在被逐渐淘汰，由无代码、低代码技术组成的低代码系统开发平台与业务流程管理平台（Business Process Management，BPM）发展过程中衍生的数字流程自动化平台（Digital Process Automation，DPA）、RPA 技术，正在数智化大环境的推进下相互融合，逐步构建一个快速应用交付市场，并将在未来承接主要的应用产出与交付，以满足市场最初需求。

因此，在现阶段国内市场，低代码厂商与无代码厂商的区别并不如上述的定义一般清晰。本篇章所介绍的低代码是指国内现状所代表的低代码形态，如开篇所定义的——即为业务人员可以通过拖、拉、拽进行快速应用开发的工具，涵盖一些代码，但是主体上是界面操作友好的产品形态，与无代码可实现的场景需求一致。

⊖ Forrester. Navigating The Rapid App Delivery Market. 2020.09.

图 7-6 Forrester：快速应用交付平台支撑企业数字需求

7.2 低代码技术赋能各行各业，纵深应用场景

7.2.1 低代码推动各行业信息化建设

低代码开发技术的简单易用、灵活可靠、降本增效的特质充分赋能企业数字化转型，根据图 7-7 所示，其覆盖的行业范围包括：零售业、金融行业、制造业、医疗健康行业、教育行业、公益行业等各行业的各个场景领域。

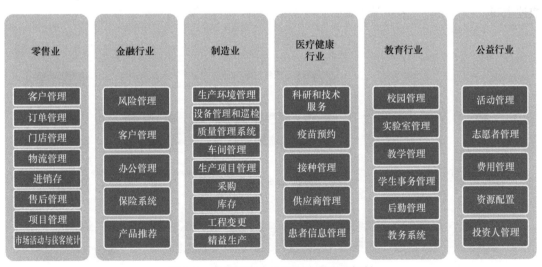

图 7-7 低代码平台在行业中的应用场景

零售业：零售业在全行业中占据重要地位，拥有相当大的比重，但是其供应链丰富且分

散，内部流程链条复杂多样，给企业的管理增加难度。此外，零售业需要面对海量用户，企业需要更加直观的管理界面、标准化的业务流程以及支持移动应用等功能来满足用户的个性化搜索、获取报价、支付等操作，并且还需要具备持续系统优化能力来及时响应用户变化。低代码可以满足零售业的以上需求，从前端的销售应用到后端的库存管理、订单管理、财务结算等全流程系统，一个低代码平台皆可实现，帮助企业低成本、短周期探索新业务新增长。

金融行业：金融行业的数字化转型意识较为成熟，不少企业正处于加速数字化转型的阶段，急于开拓远程工作解决方案与增加自动化的使用率，以应对市场高速发展的压力。对此，相较于组织一个庞大的研发团队，投资巨大成本、定制化开发周期长，且上线后不能快速迭代的传统开发模式，很多金融企业选择低代码开发平台进行应用程序的搭建。通过低代码平台，金融企业一方面可以将已有的系统进行打通，实现数据的连接共享，提升协同效率；另一方面对于一些创新业务场景也可以快速上线应用，在使用过程中持续迭代完善。

制造业：随着消费者需求的多样性增加，客户需求也在不断提升，如今的制造业已经不同于传统制造业，一套生产流程持续使用。市场要求制造业转向智能制造，快速满足消费者的各种新型需求，在交付实体产品的同时还要提供服务。对此，企业需要借助现代数字化系统完成设备、客户、流程的互联网络，与市场紧密连接，以达到企业向智能制造转型。

如图 7-8 所示，制造业基于低代码平台全方位覆盖企业核心业务、辅助业务和日常业务流程、深入业务管线的每一环节。从而解决传统手工管理各项活动，纸质单据信息易出错且易丢失、生产进度不明确、产品质量问题无法追踪、生产数据无法实时更新等问题，实时把控组织的生产过程、产品质量，提升企业信息化技术水平与管理能力，实现创新发展，产品快速上市。

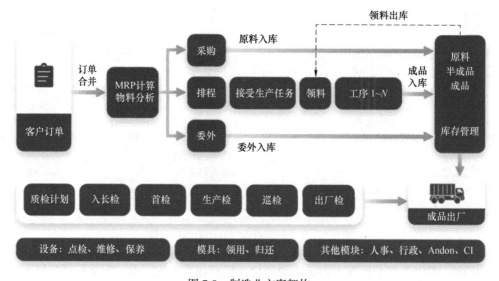

图 7-8 制造业方案架构

医疗健康行业：在新冠疫情横扫之下，面对面医疗服务急剧下降，医疗健康行业也迎来数字化转型的科技革命，聚焦于医疗机构内的管理与服务，致力提升服务质量、体验和效率。通过低代码的信息化赋能，患者、医务人员、医疗机构与医疗设备之间轻松实现互联互通与消息共享，同时促进内外业务协同，有效平衡医疗资源，提升患者服务体验，满足他们多样化健康保障需求。因而，低代码帮助医疗供应商重塑管理模式、使医院开启数字化模式，优化其就诊流程管理，实现一体化、智能化办公，助力医疗健康行业持续有序信息化建设。

教育行业：教育行业包括学校和各大培训机构，相较于其他行业对于市场的变化能动性较低，而且IT资源较于匮乏，但覆盖的用户数多，因而需要处理的事务杂、场景多，尤其是涉及学生服务相关，随时都在变化和优化。其中包括信息管理、课程管理、教材消耗品管理和教务管理等业务内容，这对于管理提出很高要求。因此，越来越多的校园及教育培训机构采用低代码平台构建教务管理、员工管理、家长服务及数据分析等系统，一个平台处理所有事物，消除了多地业务办理的不便。从而使教育培训行业可以轻松实现业务的信息化和流程化管理，并进行精细化的成本管控，实现了"育人服务和管理"的有机统一。

公益行业：在公益慈善领域，有IT背景的专才也很少见，但这并不代表公益机构不需要数字化。相反，公益机构有很多标准流程、琐碎事务，面对市场需求和机会，如果借助数字化来创造工具或产品，就能将更多的人力、资金投入到那些更能体现公益组织独特价值的事情上去。只不过，公益机构通常很难在市面上直接找到适合公益场景的、开箱即用的数字化产品，而低代码技术的出现，给公益数字化带来很大的施展空间。通过低代码开发平台构建适合自身行业的个性化活动管理系统、志愿者管理系统、资源配置系统、投资人管理等系统，解放一线员工事务性工作，提升日常工作效率。

由以上低代码适用的行业场景可见，各行业在一定程度上都需要低代码，其中多行业涉及相同的使用场景，例如人事关系、行政管理、活动管理、进销存管理、客户关系管理等等，他们都有相同的愿景，就是通过低代码解决企业目前的管理痛点，推动企业数字化进程，提高生产力，实现降本增效。正如"低码时代"报告中所列举的[⊖]，低代码开发在政务与公共事业、通信运营商、房地产、建筑业等领域也展示了其实践效能。因此，低代码厂商没有依托于某特定行业进行功能场景设计，其行业属性弱，是一个通用的业务开发平台，可以实现不同的场景，包括市场新需求的创新场景，横跨各个行业。

与此同时，随着低代码厂商服务行业的时间长度增加和深入，对于这一行业会形成自身的认知与理解，因此也会形成行业化解决方案，生成即取即用并支持个性化调整的行业模板，加速行业数字化转型。以智慧校园管理系统为例，低代码厂商在服务多所校园管理系统搭建的过程中，接触到校园各种场景之下的管理问题，梳理其中利益相关方及运行流程，最后将所有场景综合，搭建出一套适用于所有校园的管理系统模板，即智慧校园解决方案，其

⊖ LowCode低码时代.构建敏捷数字实践力：中国低代码/零代码行业研究报告.2022.05。

中涉及行政管理、后勤管理、教务德育、学生管理、家校管理等五个板块，全方位信息化帮助提升校园管理效率，持续完善学校教育信息化、现代化水平。

如图7-9所示，除了校园之外，低代码的行业化解决方案已覆盖服务业、贸易零售、房地产、公益等行业场景，并在不断快速扩展中。

图7-9　低代码行业模板

7.2.2　低代码面向各行各业的通用场景

前文已经讲述了低代码的行业属性极弱，因此，从场景维度来看，低代码在实践过程中会产生一些面向各行各业的通用场景解决方案，被企业高频率需要以及采用，包括进销存、客户关系管理以及人事管理。

进销存：在制造业、零售业及电商等行业，越来越多的企业通过使用进销存系统，追踪单个货品从供应商下单到客户交付的全生命周期，整体提升进货、销售、库存、财务等方面的管理效率。对于中小型零售企业来说，进销存的管控在整个生产销售链条上都至关重要。而基于低代码开发平台，即使是信息化水平不高、学习时间又不充分的业务人员也可以在数小时内完成系统的落地搭建。并且，企业可以根据实际业务场景自定义审批流程，业务流程调整后系统也可以随之更改调整并快速上线使用，实现采购、库存、项目、客户、内部管理的流程化、数据化及智能化。此外，进销存中涉及的采购库存管理信息搜集表单、销售流管理程等均可使用低代码自定义搭建完成，收集到的数据可以生成自动化数据报表，清晰展示相关业务的动态变化。因此，通过基于低代码开发平台构建的进销存包含多个板块管理，让企业实时掌握商品库存情况，同时可以对进销情况进行财务结算分析，针对经营状况及时做出调整措施，让经营管理思想得以落地。

客户关系管理：客户对每个企业来说都是一项重要的资产，因此客户关系管理作为一种商业策略被企业用来加强客户服务、提升客户满意度，从而与客户建立长期有效的业务关系，实现双方的合作共赢。但是在以往落地客户关系管理的过程中，企业通常会面临销售客户线索资源分配不均、客户跟进记录分散不清晰以及销售业绩统计凌乱等问题。然而，基于低代码开发平台企业管理者可以快速搭建符合客户管理需求的管理系统，将不同阶段的客户数据打通。并通过低代码开发平台的连接功能、数据分析功能以及自动化功能等，实现从售前到售后的一站式客户数据管理。同时，在面对企业不断变化的业务需求时，低代码开发平台可以随心所欲地进行个性化调整，成本低、速度快、效果佳。

人事管理：对于各行业而言，人才都是企业最核心的竞争力，因此人力资源管理方式至关重要，传统的人事管理势必面临转型，落地更智能化、数字化、高效化的人事管理方式。无论是数字化能力薄弱的中小企业或组织，还是大型集团型企业，其实都可以通过低代码搭建的人事管理解决方案，实现业务的敏捷响应，优化人力资源的运营效能。具体而言，低代码平台开发可以使企业招聘与事务处理线上化，摆脱线下信息收集不便的苦恼。此外，流程自动化可以帮助 HR 追踪记录招聘流程，包括招聘需求、面试记录、面试官评估等，以及员工入、转、调、离全生命周期的流程管理，自动串联企业内各部门、组织，使各部门实现真正地"协同"办公。同时，对于复杂的薪酬、绩效管理，也可以通过人事管理系统中的薪酬管理板块实现"一键计算员工工资"，高效完成复杂项目处理。最后，所有的数据可以实现多维度数据可视化，企业管理者通过数据仪表盘看到正在进行和未来规划的人事任务，即时的进行监控和分析。

低代码开发平台的灵活、个性化可以实现众多企业的通用场景，除了以上三个场景之外，还包括行政管理、财务管理等等。然而，大家经常能在市面上看到非低代码厂商的 SaaS 平台也能实现相应的场景，例如人才一体化管理 SaaS 平台、数字化办公 SaaS 平台。这是低代码行业的一个典型现象：很多传统 SaaS 服务厂商在 SaaS 技术顶上低代码化。那么他们为何入局低代码开发平台呢？据腾讯云调查分析㊀，对于 SaaS 的实施和交付过程来说，具备低代码的生产能力是至关重要，其高效率的开发环境，是 SaaS 交付的关键。此外，SaaS 本身较为标准化、自定义程度弱，它的方案定制化和个性化，也需要在一个 aPaaS 上，通过业务自定义和配置实现。以上两点来看，低代码是 SaaS 服务厂商的交付神器也不为过，因此，很多传统 SaaS 巨头服务厂商已经完成向低代码化的方向转变，以满足企业的个性化需求。

7.2.3 低代码创造不存在的创新场景

除了以上已形成解决方案的通用场景，低代码开发还可以快速满足大数据时代下的多样化需求，紧跟市场，构建不存在的创新场景，并立即发布落地运行，以疫情防控与关键结果（O：Object，目标；KR：Key Result，OKR）目标管理为例：

㊀ 腾讯云开发者社区. 从 SaaS 的角度，看低代码的本质. 2021.02.

疫情防控：在全球新冠疫情全面爆发之后，各地疫情持续反反复复，疫情防控已是当前企业、学校、社区、政府、医疗机构等组织的头等大事。为助力各组织高效开展疫情防控工作，避免手工纸质登记信息引发感染风险，不少组织开始基于低代码开发平台构建疫情防控系统，包括隔离点管理、网格化管理、健康信息上报等，可用于疫情期间的数据收集及管理。由此可见，在这种情况之下，低代码开发功能空间组件化、场景模块化与技术可复用化是各组织进行未知系统搭建的最优选择，可以第一时间响应实时变化，快速实现不存在的创新系统场景，助力企业适应各种波动。

OKR 目标管理：从 2012 年到 2021 年，字节跳动仅用九年时间跻身成为和 BAT 并肩的第四大互联网公司，这样的成绩成功引爆了 OKR 在国内的热潮。在市场上尚未出现 SaaS 的成熟产品来进行 OKR 管理时，已经有企业采用低代码的方式构建自身 OKR 管理系统来改变企业的管理方式。低代码开发平台可以作为企业 OKR 管理的承载，从制定对齐、过程管理、结案复盘三个方面进行了 OKR 系统的拆解和搭建。其中包括细化制定企业可执行、可衡量的战略目标，并且通过低代码 OKR 管理系统，可以记录每一次推进会要点、智能化分配任务负责人、明确任务截止时间、系统内完成周期小结、相关文档留存做持续优化等动作。OKR 负责人也可以通过可视化面板追踪执行、落地进程，利于及时调整方向，抵达最终目标，赋能组织与个人。

7.2.4 低代码在企业内的最佳定位

通过低代码形成的企业管理平台，是承载各个场景的最终归宿。业务板块多、流程复杂是很多企业都存在的现象，所以企业需要软件具备更完整的管理架构、多模块的功能支持，让企业可以针对自己的业务进行灵活的拓展和调整。单一的功能模块的软件往往只能解决企业管理的一小部分问题，而一个平台多套系统的一体化管理软件可以帮助企业打通客户、合作方、供应商等多方面的资源，实现数据信息互通共享，减少企业信息不流通问题。

随着企业业务的增长，所需要的管理系统功能丰富度也会随之提升，低代码除了可以助力企业业务人员实现小众业务场景、帮助 IT 人员集成复杂系统之外，它可以被当作承载多个系统的平台，如图 7-10 所示。例如企业综合事务平台，是一个连接企业内多项事务、流程审批的平台，承担了全企业的各项事务性审批工作，为低代码用户带来了完整的企业管理数字化服务，帮助企业具备快速的数字化应用开发能力。

综上所述，低代码开发的行业属性弱，可以被各行业采用，包括制造业、零售业、教育行业、医疗健康行业、金融行业、公益行业等。在低代码不断成熟的过程中，会形成行业化解决方案模版，加速行业的数字化转型进程。此外，低代码开发和一些低代码化的 SaaS 服务平台已生成面向各行各业的通用场景解决方案。同时，针对不存在的创新场景，低代码也可以支持快速复刻上线落地执行，第一时间适应市场变动。最后，低代码技术正在快速发展的进程当中，其越成熟，企业能实现的场景就越多，随之低代码的价值也会越大，对企业价值就越大，最终所有的单个场景都会向平台靠近。因此，低代码开发可以为企业员工带来便捷的工作环境，标准化一线业务人员的工作流程，使业务人员摆脱烦琐的事务性工作，提升他们的时间价值。对于企业 IT 信息化人员而言，低代码的强连接能力，帮助他们提升工作效率，高效实现系统间的紧密连接，告别数据孤岛。企业管理者通过低代码开发可以快速将管理想法落地实施，提高企业管理效率，保障企业的可持续运行。

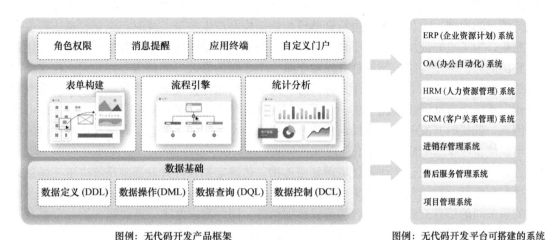

图例：无代码开发产品框架　　　　　　　　图例：无代码开发平台可搭建的系统

图 7-10　轻流：无代码开发产品框架与无代码开发平台可搭建的系统

7.3　低代码较于外包开发与企业自研系统的应用优势

低代码开发的简单易用使其能够满足企业中的多个场景需求，促进企业各个业务效能提升。在企业的开发场景需求的增加之下，更多的公民开发者参与其中，与 IT 人员协同，成为企业的全新开发劳动力，使更多的员工有能力解决企业原有数字化问题，共同激发企业业务创新。因此，此部分的低代码价值阐述逻辑将从其开发效果出发，论述应用程序开发所引出的公民开发者以及 IT 与业务协同开发价值，最后论证业务与 IT 人员共同推动企业业务创新。

7.3.1　开发效果

首先，低代码开发提升了企业数字化生产力。在传统软件开发中，IT 人员在软件代码编写时出错概率较高——往往上万行的代码里面，一个字符的错误就会导致不同程度的软件运行错误；随着编码参与人数的增加，这种排错和质量管理的难度也呈现指数上升。而通过低代码技术，如上文在开发特征中所提到的，低代码开发可以缩短应用程序 90% 的开发周期，这意味着低代码开发平台为应用程序的构建过程带来了快速性构建过程，也有助于确保时间不再是应用开发过程中的障碍，更多的应用程序可以在更短的时间内建立。与此同时，低代码开发的易用性代表着即使没有开发人员的帮助，企业业务人员也可以创建自己的应用程序，更快地实现解决方案并加以实施。由此可见，在应用程序创建周期缩短与可搭建人员

157

增加的情况下，企业的数字化生产力会成倍提升，同时收获更快的投资回报。

其次，低代码开发的系统敏捷度高于传统定制软件开发。企业在发展过程中除了会面临在外部环境变化之下的企业业务模式改变，需要新的软件系统匹配新的业务之外。更多的是管理流程的变化或组织架构的不确定性，往往随着组织中人员的增多或减少，以及分工不断细化等情况的出现，人员权限会进行调整或组织架构会产生变革，此时，企业管理流程也会发生变化，为了更好地应对这些不确定的调整，企业软件系统应具备随着实际的需求变化进行调整的能力。但是传统定制软件开发对于某一个步骤的修改可能都需要好几天，在这段期间系统甚至无法工作，非常影响用户体验感。而低代码软件开发的模块化，可以自由修改组织架构，系统会自动同步到流程中；管理流程的任意环节也能随时修改，发布上线，即可使用。因而，低代码开发的高敏捷性是传统开发可望而不可即的，加速了产品与市场契合的发现，可以使企业快速响应内外变化。

最后，低代码开发让企业系统资源紧密连接。传统定制软件开发通常是解决单一场景需求，适配程度低，在与其他系统集成时需要编写代码，整个过程涉及大量的时间投入以及被集成的系统间的信息交流，因而容易形成数据孤岛。同一需求之下，低代码开发一个平台支持多场景个性化需求，可以使用现成的插件与适配器，仅需几个步骤、一个小时内即可与其他系统集成。在此情况下，相较于传统定制软件的烦琐，低代码开发适配程度高，有能力快速将企业内各系统资源整合连接。此外，低代码开发平台大多具备海量接口，支持与各平台间的数据打通，实现企业内外资源相通。

7.3.2 人才发展价值

现阶段，国家政策、科技创新等多方面因素的发展推动数字化转型的热潮，市场需求在持续增加，而程序员缺口大，700 万名程序员远远满足不了开发需求，找到一个好的开发人员更是难上加难，各大企业的 IT 资源不足，组织需求无法被满足。低代码开发的高效、敏捷以及连接能力可以快速满足企业的复杂场景需求，对此，各大企业对低代码开发的需求上升。与此同时，其易用的产品属性，使业务人员成为各大企业争相需要的应用程序开发者，一群公民开发者相继出现。

一方面，大部分企业正在大力培养其业务人员成为系统搭建的主力军。据 Gartner 2019 年的报告所称[⊖]，在一项调查中，41% 的企业受访者表示他们有积极的公民开发计划，另有 20% 的受访者处于评估或规划阶段。为此，低代码厂商以游戏化的学习体验为基础，设计并举行相关培训活动，构建探索低代码技术与管理话题的乐趣，让新时代的管理者或业务人员都能以自己最熟悉的方式接受低代码技术。这些培训活动的时长覆盖 2 小时速成、4 小时速成、2 日速成、7 日系统培训、甚至 30 天陪伴式训练；其形式包括线下宣讲会、线上课程自学、线下工作坊、线下训练营、线上训练营、直播课堂等百花齐放，帮助业务人员认识到低代码的价值，并让他们快速掌握低代码搭建技巧。企业通过低代码厂商所培养的一批具备

⊖ Gartner. The Importance of Citizen Development and Citizen IT. Blogs. 2019.10。

管理思想、产品思维与低代码技术相结合的低代码产品经理,将会迅速渗透到各个部门,重塑传统业务的商业模式与管理方式,满足市场爆发的数字化需求甚至创造新的需求,使人人都能参与到数字化转型的进程当中。

另一方面,为了提高自身竞争力各领域人员主动拥抱低代码开发。低代码开发的便利性使人人都能掌握开发技能、人人都能成为程序员,催生了整整一代公民开发人员。公民开发人员是公司员工,他们创建自己的自动化流程以提高工作效率,而无需IT部门的支持。在企业对业务人员的培养以及对低代码技术开发人员的需求之下,这时候,对于大学生或者其他应聘者而言,掌握低代码开发技能就如同掌握Office三件套一般重要,成为必要的办公技能,而为了提升自身竞争力,无论背景如何,各领域人员都需要主动拥抱低代码开发。与此同时,当公民开发者下沉到大众人群,那么将会有一批极具数字化素养的员工入职企业,他们有能力将事务性工作化繁为简,投入到数字化解决方案中,成为数字化转型的主力军,加速企业的数字化进程。

7.3.3 协作价值

相较于传统软件开发,低代码开发除了开发人员转变为业务人员之外,其开发协同方式也具有价值。传统软件开发方式是由专业的IT人员,通过自身对业务的理解,编写代码实现软件系统的搭建。以及在近些年典型的软件开发方式——"甲乙方"协作模式中,也是由业务人员提需求,IT技术人员搭建完成,业务人员与IT之间由行业与知识的差异所导致的沟通壁垒逐步固化。随着业务逐渐扩大和复杂度提升,与项目相关的跨部门成员也会越来越多,然而参与人员的扩张,以往的开发方式很大概率伴随着业务人员与IT人员间协作难度增加、信息扭曲。Gartner曾在报告中称⊖:84%的企业和59%的政府机构建立了融合团队。其对"融合团队"是这样解释的:融合团队是一个多种角色不同专业的人员组合成的团队,以业务结果为共同的目标。融合团队中业务人员与IT人员之间不再有部门壁垒,不再对立,是合作协同的关系。未来企业的组织方式将会是更多的融合团队,各方持续协作,有力推动业务快速适应变化并快速创新。

在2022年9月,由无代码厂商轻流联合国际数据公司IDC编写的无代码白皮书中推出了无代码新型开发方式——"圆桌式开发"的理念⊖,对其是这样描述的:圆桌式开发是一种开发协作方式,是包括IT人员、业务人员、数据分析师、架构师等多方角色在内的协作机制,圆桌的各方基于共同目标紧密联系在一起,通过密切协同,高效敏捷地完成应用系统落地工作。这是从诸多无代码厂商多年来成功部署的真实场景案例中总结而出的开发模式。与Gartner所提出的"融合团队"正好不谋而合。圆桌式开发具有如下几个特征:

第一,圆桌式开发是由企业内各个部门的多方参与而组成的。由于低代码开发的便捷性降低了系统搭建的技术入门门槛,任何领域、职位的员工,不管是企业的领导者、

⊖ Gartner. Why Fusion Teams Matter. Article. 2022.02。
⊖ IDC & 轻流. 无代码平台应用白皮书——圆桌式开发推动企业数字化创新. 2022.09。

业务人管,或者是数据分析师、架构师等,在短时间内都可以了解低代码开发及相关用语,并基于低代码开发平台,与团队其他角色共同搭建最符合业务需求的目标系统。此外,这种多方参与的圆桌式开发聚合了各部门的相关角色避免了在软件开发信息传递中,信息扭曲、效率低下的问题出现;或是各业务部门争抢信息化资源,大大升级了开发难度。

第二,圆桌式开发高度重视通过团队角色协作而完成系统搭建。圆桌式开发模式让多方角色的跨部门协作更加便利,各角色根据自身的专业技能,负责相关责任领域、相互交互信息,并为团队其他成员带来帮助,使最后呈现的解决方案的每一部分都是由专业的知识堆砌而成。而以往只有IT技术人员负责系统搭建的开发方式,他们在与业务人员在沟通时成本极高——业务人员懂业务但不懂技术、技术人员懂技术但是不懂业务,双方的思维与语言不在一个频道,从而出现理解断层的现象,最后IT只能通过对业务语言的猜测理解进行搭建,导致企业试错成本也随之增高。

第三,圆桌式开发提倡多方角色平等沟通。圆桌式开发的所有成员都是关系平等的,提倡人人参与,贡献多元化多角度的思维模式,丰富数字化业务的信息资源,用共生的方式完成企业业务数字化项目。而之前所提到的"甲乙方"开发方式让业务人员与IT人员的关系产生割裂,作为"甲方"的业务人员,只会想要一个最后可以使用的成果,而对于过程毫不关心。身为"乙方"的IT人员,需要为整个开发项目负责,这往往对他们是不公平的。一个完整、良性的项目应该由所有利益相关方共同参与、共同负责、频繁沟通交流,各司其职的配合,而非孤岛与垄断。

因此,圆桌式开发作为一种新型协作模式,其多方参与、团队协作、平等沟通以及促进创新的特征,将员工的优势最大化,达到"1+1大于n"的效果。除此之外,圆桌式开发促进创新、普适性强以及符合发展趋势的优势,将持续引领未来企业软件开发理念与方式:

首先,采用圆桌式开发方式促进企业员工具备创新价值。圆桌式模式所具备的多方角色共同协作、平等沟通特征,使企业形成开放环境、调动企业员工参与的积极性,从而促进企业的创新文化。圆桌式开发过程中,人人都有机会将自己的洞察与想法,通过低成本、短周期的投入快速落地软件,发布使用;人人都有机会为企业带来管理价值。在这种正向激励的企业文化中,激发了员工的探索精神,不断深入琢磨业务、洞察行业,基于低代码开发工具创造更多的创新项目,为业务模式的创新营造了良好的发展环境。

其次,圆桌式开发具备普适性的优势。这里的普适性分为两个维度,一方面,基于低代码平台的圆桌式开发模式适用于各行业、各种企业规模与各样组织架构,并且随着使用时间的增加,圆桌式开发所带来的价值收益愈加明显。另一方面,圆桌式开发代替了"甲乙方"开发模式,模糊了"甲方"与"乙方"的责任边界,去除了"生产者"与"使用者"的角度区别。这种去"甲乙方"的革命与各领域的技术普及相一致,例如开头所说的视频领域,各平台上的火热短视频代替了从前唯一的专业视频,模糊了视频消费者和视频生产者的边界。由此可见,圆桌式开发在企业中以及大环境下各领域的技术中都具有普适性优势,指数级地提升整体生产力。

最后，圆桌式开发模式符合当下市场发展趋势。在传统开发协作模式下，企业中的所有业务需求都通过庞大的信息化中心来完成，除了 IT 技术人员供不应求之外，复杂的研发流程所导致的信息传递低效都会影响软件开发的进程，软件开发速度跟不上业务变化速度，使系统还未开发就变成"过期产品"。此外，业务人员与 IT 开发者的沟通语言壁垒，可能致使最后耗时长、成本高的开发成果并不贴近真实业务场景。为解决以上开发模式的开发质量与开发数量的弊端，企业尤其是中大型企业开始重视跨部门协作问题、寻求 IT 人员与业务人员之间崭新的协作模式。据 IDC 预测○，在 2022 年，全球 20% 的大型企业将派遣业务部门代表常驻技术团队，或者反之，以确保内部协作效果和自主开发应用程序满足业务需求。圆桌式开发的理念同 IDC 的预测以及前文 Gartner 所提到的"融合团队"的概念都符合当下市场业务部门与技术部门相互融合的趋势。

7.3.4 创新价值

低代码开发重塑企业的开发人员与开发方式，赋予业务人员及 IT 人员创新职能价值，并且在业务与 IT 的共同推动之下，实现企业业务模式创新。

1）低代码重塑业务人员岗位价值。相较于传统定制软件开发的单调性，低代码开发的创新属性极强。传统定制软件开发一般由 IT 全权负责，在自身的角度来考虑业务对系统需求，搭建出来的效果与业务原型存在出入。低代码开发在非高难度场景之下，可由业务人员搭建系统，他们对业务流程的把控更加精准，其搭建效果也更加贴近业务的实际价值，最小化不稳定或不一致的业务需求风险。所以，相较于标准式的传统定制软件开发，低代码开发降低了技术的复杂性，通过纳入能够共享工作负载的新型公民开发人员来提供解决方案，重塑业务人员的岗位价值，使企业人人都能参与数字化转型队列，同时也反映了技术的民主化。

2）低代码赋予 IT 人员全新价值。业务人员通过低代码平台拖拉拽的方式即可搭建企业管理系统，有人可能会产生质疑，那么企业 IT 人员会面临失业风险吗？其实不然，尽管低代码开发的低门槛使业务人员也具备系统开发的能力，但 IT 人员的专业开发能力可以为业务人员保驾护航，协助他们发现并解决深度且复杂的业务系统问题，对系统进行监控与运维。此外，当简单的系统搭建人物由业务人员完成之后，IT 资源也被大大地释放了，IT 人员不需要在业务部门间疲于奔命，可以将更多的精力投入到核心业务系统的维护和激活中，使他们的专业能力发挥更大的企业价值。

3）低代码推动业务模式创新。融合了大量新兴技术的低代码平台通过抽象降低了技术的复杂性，其技术的便捷性消除了企业创新团队或业务团队尝试新想法的障碍，帮助团队以更低的成本启动创新计划并为组织现有业务带来价值。从而体现，低代码平台可以适应企业快速且多变的需求，加速创新想法落地，使企业的业务模式随着市场需求快速更新，与其保

○ IDC & 轻流. 无代码平台应用白皮书——圆桌式开发推动企业数字化创新. 2022.09.

持步调一致，提升了企业的服务效率，也改变了企业的管理方式，推动业务模式创新，帮助公司探索新的业务增长路径。

由此可见，低代码开发的生产力、敏捷度及连接能力使其成为极为轻巧的企业管理系统开发的武器，在剧烈波动的市场环境中逆流而上。此外，低代码技术的易用性，使企业无需IT开发人员，业务人员即可快速搭建上线，这使得企业对低代码开发需求剧增，开始通过低代码厂商所提供的一系列培训，重点培养企业业务人员系统搭建能力。在以上需求的推动之下，大量公民开发者涌出市面，全面提升企业数字化素养。与此同时，这些业务人员开发者将与IT人员通过圆桌式开发高度协同，相较于传统的"甲乙方"开发方式不仅高效与高质，更具有创新的协作附加价值。最后，低代码开发给业务人员、企业IT人员带来全新的可能性，并共同激发出企业创新业务模式。

7.4 企业应用场景实践案例

7.4.1 首帆动力：紧密连接原有六大系统，打破数据孤岛，落地集团数字化转型

首帆动力科技股份有限公司是服务世界的智慧云端混合能源解决方案提供商，于2015年在国内新三板挂牌，目前，首帆动力的品牌经销覆盖美洲、欧洲、大洋洲、非洲、中东地区及东南亚等，产品销往120多个国家和地区。

（1）三大难题制约企业数字化转型

企业CEO的目标是在三年时间（2020—2022）内完成从传统制造业到数字化首帆动力的转变跨越。这对于当下首帆动力而言，是一项高难度工程：

第一，企业一线员工培训难度大。企业缺少开发人员，IT投入较低，一线生产工人文化层次偏低，工厂里的大部分工人都是初中文化程度，大学大专的很少，稍微复杂一点的系统都难以快速培训上手，增加企业培训成本。

第二，企业业务生产订单非标准化。首帆动力订单来源于不同行业，而根据不同的行业特点，生产流程变更较频繁。如进入新能源行业，客户需求和生产模式不同于目前传统产品，需要快速调整生产物料清单，导致流程变动频繁，并且客户定制化程度高，产品单件小批量。

第三，企业内系统及组织架构复杂。一方面，企业内有多个不同类型的数字化系统，这六大系统之间相互独立，没有联合；不同分子公司、不同项目也会产生数据孤立的现象，从而形成数据孤岛。另一方面，部分集团公司领导在子公司里面是兼职的，导致组织架构易变动，流程审批烦琐，甚至存在矩阵式审批，极大程度提升了审批难度。

（2）企业系统选型分析

对此，首帆动力需要挑选有能力解决以上企业痛点的OA系统。

如图7-11所示，传统OA开发难度高，需要专业的开发人员；企业微信和钉钉基本没有成本，但无法完全满足公司需求；从首帆动力实际出发，其CEO认为，他们所需要的是

一个敏捷的自定义搭建平台，成本要低，自定义性能要高，接口也要丰富，可以用无代码的方式来搭建。

	传统OA	互联网OA	首帆需要的OA
品牌（举例）	泛微、蓝凌等	企业微信、钉钉	敏捷式自定义搭建平台——轻流
价格	高	几乎无	低
包含模块	功能框架固定，在一些单元模块可以自主编辑	企业日常沟通协作、线上会议、日程、简易审批	具有较高的可自定义性，可通过无代码开发方式创建独立应用
开发难易程序	模块内简易，模块外及框架需要变更则需要IT人员进行高成本的二次开发	简单审批流可以自主简易开发，复杂场景需要外挂小程序、H5来实现，自主功能不支持	分为无代码、轻代码版块，对应不同知识背景的操作人员，且均可独立完成开发
接口丰富	自有API接口	自有API	自有API+已经封装的轻代码接口，配置比轻代码更简单
使用便利性	网页、企业微信、小程序、APP		

图 7-11　传统 OA、互联网 OA、首帆需求 OA 对比表

（3）从采购到生产环节，一个平台打通所有系统

无代码的加入给首帆动力从合同采购管理、采购入库管理系统到生产管理的整个采购生产流程带来标准化、自动化管理：

首先，在采购合同管理中，采购合同审批目前打通了无代码系统和企业资源计划（Enterprise Resource Planning，ERP）系统，采购员在 ERP 中做好采购订单并审批后，系统按照相关分类自动分类发起采购合同评审，直接对接无代码平台的电子签章功能，盖公章后变成 PDF 文件给供应商。显而易见，无代码极大程度上规范了企业采购合同管理，大幅度降低线下审批流程，节省人力与时间成本。

其次，在采购入库管理中，采购员在 ERP 中做好采购入库申请单后，无代码平台通过接口自动获取信息，并对制造执行系统（Manufacturing Execution System，MES）中物料进行检查，之后将相关结果反馈至无代码 OA 系统进行后续自动生成报检单。对于不合格的结果，系统会自动把相应的检验报告附后，发起流程并跟踪此流程财务闭环。所有的审批进度，在无代码平台和 MES 中均实时可见。最终数据送至 BI 系统，用于后续决策依据。

最后，在生产管理中，无代码的移动端使用填补了 MES 的不足。过去的 MES，每次流程变动都需要程序变更和部署，非常耗时耗力。现在用无代码系统提报生产异常、提报生产开工和完工、提报测试台信息、提报设备异常等，用户反馈使用方便，界面更直观，需要修改流程的时候不需要专业 IT 参与即可修改。

以生产异常提报为例，一线员工用手机企业微信扫描产品上唯一二维码，直接填报生

产异常，支持拍照上传，同时员工发起的异常种类能在 MES 中进行定义（如图 7-12 所示）。此外，无代码强大的流程引擎帮助首帆动力进行生产异常的判断，推送到 MES 和 BI 系统中，并通知对应责任人去处理。处理完毕后，直接到发起人处确认处理结果，生产管理人员可以看到每个具体产品的异常信息和处理情况。

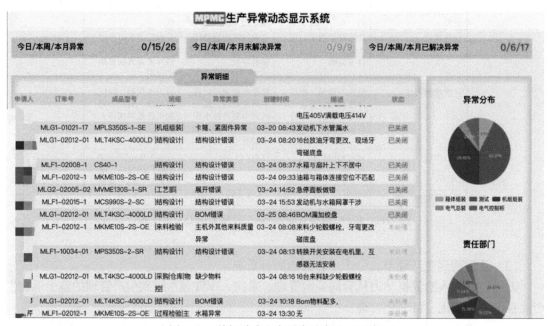

图 7-12　首帆动力生产异常动态显示系统

（4）公有云部署，低成本实现数字化

可见，无代码开发打通六大系统，联动实时数据更新，促进信息的有效性与一致性，提高了生产效率。

轻流无代码平台包含了数据采集、业务流转、数据自动化、系统连接能力等功能，助力企业低成本融合集成化管理平台。如图 7-13 所示，无代码平台作为首帆动力的信息化核心环节，一个平台打通所有系统，实现跨部门之间的沟通审批以及跨系统之间的审批。目前，首帆动力有 54 个核心流程都在无代码平台中体现，一线人员通过短时间的培训即可上手，只需使用一套系统完成工作，有效降低培训成本。此外，无代码平台已经完成了和 MES、客户管理（Customer Relationship Management，CRM）系统的对接，正在和 ERP 对接。MES 和 CRM 中涉及审批的业务流程也已全部转到无代码 OA 系统中进行流转，实现所有部门领导仅面对一个审批界面，提高用户体验，降低 MES 和 CRM 的授权购买数量，节省成本。同时，公司摒弃了原有的人力资源管理系统（HRMS），直接在无代码平台中实现 HR 的基本需求，包含员工信息数据库、合同管理、职位变动等。最终达到企业系统开发成本降低 85%，生产管理效率提高 95%，助力数字化转型速度提升 70%。

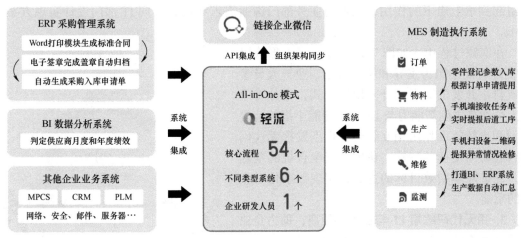

图 7-13 轻流 & 首帆动力解决方案

7.4.2 平安养老保险：降低系统建设技术门槛，为创新驱动发展战略提供新生产力

平安养老保险股份有限公司（以下简称"平安养老险"）是平安集团子公司，围绕"专业、持续、稳健"构建自身核心竞争力，依托数字化技术，持续推进便捷、实用、高性价比的金融产品和服务，优化用户服务体验，致力于成为专业的养老资产管理机构以及领先的健康管理保障服务供应商。

1. 企业数字化转型挑战

随着数字化转型的深入开展，企业数字化转型需求旺盛，伴随企业管理逐步向数字化、智能化方向发展，大型企业的信息化痛点逐渐暴露：

第一，项目推进难度大。公司内部流程复杂，标准多，实施过程涉及大量的跨部门协作，项目推进效率较低。

第二，系统对接复杂。公司对内对外已有很多类型的业务系统，相互独立，要与现有系统进行对接难度极大。

第三，极高的企业安全要求。相较于其他行业，金融行业监管合规要求多且复杂，大型企业对于外购系统的安全能力评估十分严格，私有化部署难度较高。

对此，IT 交付能力存在难以快速响应数字化发展需求的现象。这就要求平安养老险需要找到"新生产力"，有效缓解研发资源不足与井喷式需求之间的矛盾，快速实现创新业务需求的落地，提升对市场和客户的响应速度，加快推进企业的数字化转型。

2. 引入无代码，赋能企业数字化

为解决上述矛盾，2021 年起，平安养老险与轻流合作，引入了无代码开发平台，以保险企划中心 BI 商业智能小组为试点，探索无代码的实施应用。在平安养老险数字化转型过程中，保险企划中心 BI 商业智能小组是企业规划和搭建经营分析平台的核心主体之一，该小组起到承上启下的作用，兼顾与业务部门沟通需求和场景及同IT部门设计实现方案的工作。

在实践过程中，如图7-14所示，通过形成以BI商业智能小组为主导和统筹规划、业务人员参与或自主开发的圆桌式开发协同模式，充分将业务人员的自主创新能力与BI商业智能小组的统筹规划和支持辅助作用相互结合，重点发挥无代码平台其易用便捷的特性，在确保安全合规的基础上，促进降本增效目标的达成，实现数字化对企业的赋能。

3. 用无代码缩短IT与业务的距离，助力企业实现高效数字化创新

基于无代码平台的圆桌式开发，实现IT与业务的高度协同。引入无代码开发平台后，业务部门的简单需求无需向技术部门申请IT资源并等待

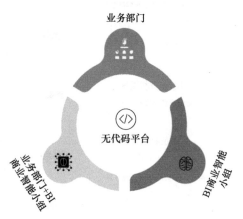

图7-14 IDC：基于无代码平台的圆桌式开发协同模式

排期，业务人员可以自己动手，通过"拖拉拽"，在权限范围内搭建专属应用，即时开发，即时上线，大幅缩短技术与业务的鸿沟，快速响应业务需求，极大地加快了应用系统投产速度，有效满足业务管理人员对于数字化工具的需求。对于涉及数据收集、数据推送、各类的判断逻辑等需求，BI小组通过与业务团队进行合作，共同梳理逻辑流程，并基于无代码平台进行应用搭建，在可视化的界面获得"所见即所得"的体验，降低沟通成本，提升开发效率。

4. 无代码开发的快捷灵活，给用户提供无感升级的体验感

无代码技术的特性，可以有效赋能IT人员和业务人员，使两者均具备常见应用的敏捷开发能力，大幅提高应用开发效率。再加上无代码平台特有的开发即运行的特性，从而加快业务场景落地的速度，降低业务快速创新的试错成本，满足高速变化的业务场景迭代。以生产调度应用为例，为快速响应管理需求变化，企业需要每月发布三至四个升级版本，使用轻流后，每次后台调整花费数分钟到一个小时，调整完毕即刻发布，用户端基本无感。

5. 私有化部署环境，满足金融业企业级安全要求

由于金融保险行业的特殊性，平安养老保险对安全性的要求非常高，企业在数字化建设过程中重视金融行业安全标准与规范和促成发展之间的统一和协调。轻流无代码平台的独立部署版本支持本地化、纯内网环境部署，提供测试与正式两套环境、匹配平安集团标准外购系统发版流程，可充分满足平台建设中对于金融行业特有的设计指引、编码规范及安全相关标准和指引的要求，保障用户系统安全和数据安全。

6. 无代码技术将持续助力企业培育创新生产力

平安养老保险充分发挥无代码平台这一先进技术的优势，如图7-15所示，无代码开放的系统集成能力实现其与原有经营管理平台无缝结合，为企业实施创新驱动发展战略提供了

新生产力,降低系统建设技术门槛,大幅提升开发效率。目前,基于无代码平台,企业已经完成诸如生产调度等管理类应用的搭建,通常在一至两天内可完成简单功能的开发,复杂功能的开发时间也可以被缩减至一至两周。同时,基于无代码平台,平安养老保险加速数字化转型的速度,着眼于使用数字化技术赋能流程优化,包括邮件、电话等传统线下沟通模式转为线上化;系统化的数据能够实现在平台上的留痕,降低人工追踪工作量、提升追踪效率。

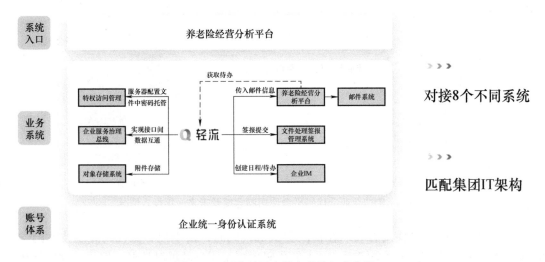

图 7-15　轻流对平安养老保险解决方案

未来,BI 商业智能小组还会持续推进企业向深度数字化乃至智能化的方向的发展,基于无代码平台上积累历史数据,借助偏差回溯分析等手段,挖掘数据价值,为趋势预判和智能决策提供支持。

7.5　低代码市场持续增长,加速企业数字化转型进程

7.5.1　低代码的应用现状

低代码平台将功能控件实现组件化、将常用业务场景实现模板化、将技术进行沉淀实现可复用化,通过提供可视化的应用构建方式,借助复用功能的模式来满足不同业务场景的数字化服务需求。由于低代码平台可以满足企业多样的开发要求,符合应用开发技术的演进路线,有力支持企业数字化转型战略目标的达成,越来越多的企业已经开始使用低代码平台实现应用搭建。

就目前看来,中国低代码市场一直在蓬勃发展,尚处于成长期初段,行业规模增速快、需求高速增长,各种低代码平台供应商层出不穷,竞相为用户提供最直观和最好的开发环境以满足他们的要求。

因此，如图 7-16 所示，企业对低代码平台的使用满意度较高，近八成的企业对低代码平台的使用效果表示满意，未来一年，超过 70% 的企业表示会增加对低代码平台的投入。此外，Forrester 的研究数据统计[二]，如今约有 84% 的企业已经转向低代码平台；据预测，到 2024 年，低代码应用的开发将占到应用开发过程的 65% 以上，大约 66% 的大公司至少使用四个低代码平台。

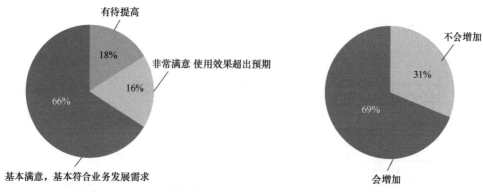

图 7-16　IDC 企业低代码平台使用满意度及未来一年投入情况

尽管 36.5% 的一线使用者表示在初次尝试低代码时，由于担心低代码开发技术的学习成本、功能缺陷以及数据安全问题，对于低代码出现了明显的抵触情况。但是，这些使用者中，95.2% 的成员在使用后改变了其态度并表示低代码产品超出预期[二]。由此可见，企业本身对低代码技术的宣导以及价值传递，对于员工的数字化技术接纳意识和上手使用度是至关重要的。

此外，如图 7-17 所示，Gartner 在 2022 年的新九问数字化转型报告中将企业的数字化转型分为三个阶段[三]：深水期、加速期和收获期。低代码作为应用场景非常广泛的新型数字技术，随着企业数字化转型阶段的提升，其能力展现也愈发完整。具体而言，数字化转型认识较浅的深水区企业认为 IT 的提升是数字化转型的关键，对此，低代码技术的作用被限制，是 IT 开发人员快捷应用程序开发的工具，使企业的开发交付数量提升。然后，处于加速期的企业认为数字化转型是 IT 与业务的融合，在此阶段，业务人员在数字化转型中的重要性有所体现，通过低代码开发平台，IT 与业务高度协同，构建最贴近业务场景的企业管理系统，在数量的基础之上，给企业业务质量与效益带来飞跃提升。最后，处于数字化转型收获期的企业，利用低代码开发的高版本部署，与其他平台或系统集成，激发业务模式的创新与转型，为企业带来新的业务增长路径。总而言之，低代码开发的应用场景随着企业对数字化转型的认识而不断拓宽，低代码开发应用范围的广度与深度也在推动着企业对数字化转型的

㊀　Appian. Forrester Study: Low-Code Development Is Ready for Top Enterprise Challenges. 2019.04。
㊁　海比研究院. 2022 年中国低代码/无代码市场研究及选型评估报告. 2022.06。
㊂　Gartner.（新）九问数字化转型. 2022.06。

认识，加速数字化转型的落地。

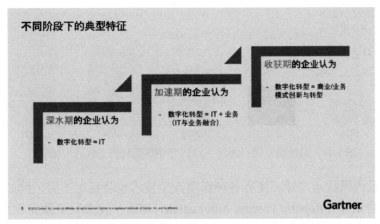

图 7-17　Gartner：企业在不同数字化转型阶段下的典型特征

7.5.2　低代码的未来展望

在中国企业数字化转型的强劲势头之下，正像第二部分所论述的，61% 的受访公司已经或计划启动公民开发项目，很多个体与企业业务人员都参与到公民开发者的队列当中。因此，可以认为低代码软件开发所具备的技术普众价值带来的一场公民化运动，已经鸣枪开赛，并将吸引越来越多个人及企业的关注。

海比研究院数据显示，在当前的公民开发人员中[一]，97.6% 的低代码使用人员由本科及以上学历构成，而本科以下学历群体市场的开拓几乎一片空白，这与低代码低开发门槛的天然属性有所相悖。因此，多家知名厂商正在制定相关战略，抢占这一空白市场，低代码市场有望在公民化运动的促使之下，培育出一个"拼多多"。

伴随着低代码厂商的激烈竞争，国内低代码市场规模将持续上升。

如图 7-18，海比研究院数据显示，2022 年中国低代码无代码市场规模预计为 40.6 亿元，2022—2025 年均复合增长率为 42.9%，预计在 2025 年达到 118.5 亿元。鉴于疫情、经济等因素，低代码增速会受大环境影响，但是市场强劲的增长势头没有改变。

然而，低代码技术在给市场和企业带来机遇的同时也遭遇着一系列挑战。首先，低代码是已有编程理念的延续和二次创新，其系统开发者更专注于业务逻辑而非开发逻辑，这对真正感兴趣于新颖软件开发技术的软件工程师会受到低代码工具的限制。到目前为止，低代码工具一直擅长让人们创建已经存在的技术的新版本，例如创建管理系统、自定义网页，这对于软件技术发展进程有所限制，因此，准确定位低代码技术在企业中的使用是至关重要的。

㊀　海比研究院. 2022 年中国低代码 / 无代码市场研究及选型评估报告. 2022.06.

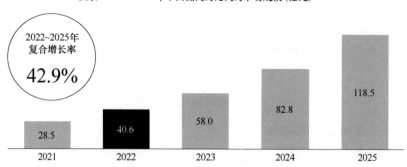

图 7-18　海比研究院：2021—2025 年中国低代码无代码市场规模

此外，在低代码技术之外，还有各种新型数字技术也将层出不穷，例如近年同样火热的机器人流程自动化（Robotic Process Automation，RPA）技术只要预先设计好使用规则，RPA 就可以模拟人工，进行复制、粘贴、点击、输入等操作，协助人类完成大量"规则较为固定、重复性较高、附加值较低"的工作，同样也是帮助企业实现自动化的重要工具。例如此类自动化工具在数字时代市场需求的推动之下，将各自迅速发展，瓜分数字市场份额，激烈竞争，给低代码厂商带来挑战。对于此，一方面企业需要梳理清楚最适合业务的数字化工具；另一方面，如何拓展低代码技术应用场景边界，为企业带来完善的数字化服务体验则是各大低代码厂商的重要课题。

不过，市场对技术的持续驱动将极有可能缓解以上诸多数字技术争相敌对的场面。追求简便、高效是企业乃至人类的特性，在未来技术发展与优化中，不管是低代码自身、还是 BPM、RPA 等数字化技术，都会往无代码，即代码越来越少的趋势上发展，变成企业可以用于做系统或管理场景的快速应用交付工具；或是技术融合，也就是低代码技术与其他数字化技术相融合——在赋能企业数字化的过程中，单靠低代码平台的能力无法覆盖方方面面的需求，一些先进技术，比如 RPA、NLP、知识图谱等，如果未来可以和低代码无缝融合，既能联动解决用户的复杂场景问题、提升企业的治理效率，也可以将先进技术的应用门槛降低，为先进技术的应用，提供更多空间和想象力。如 2020 年和 2021 年在 Gartner 顶级战略技术趋势报告中提所出的⊖：超级自动化是大势所趋，即通过合适的技术组合，运用到全企业流程，加速数字化转型，与此同时，到 2024 年，超自动化技术与重新设计的操作流程相结合，可为企业降低 30% 的运营成本。

总而言之，低代码未来将会由各行各业公民开发者参与其中，覆盖全领域业务场景，AI、RPA 等数字技术的全面发展将成为低代码厂商不容小觑的挑战，但也是他们突破自身瓶颈的机遇，即低代码技术与先进技术相融合，从而加速企业解决方案的落地实践，探索更多深化复杂的业务场景，为数字化转型推波助澜。

⊖ Gartner. Gartner Forecasts World Wide Hyperautomation-Enabling Software Market to Reach Nearly $600 Billion by 2022. Newsroom. 2021.04.

第 2 篇　数字化转型架构及行业应用案例

第 8 章

数字化转型参考体系架构

新一轮科技革命和产业变革迅猛发展，人类社会和全球经济加速从工业时代向数字时代转型。近年来，党中央、国务院高度重视数字经济发展和数字中国建设，出台一系列战略规划和政策措施，全面推进数字化转型，促进我国以物质生产、物质服务为主的经济发展模式向以信息生产、信息服务为主的经济发展模式转变。数字化转型是一项复杂巨系统工程，为支持各方更加系统化、体系化、全局化推进数字化转型，本章基于点亮智库 DLTTA 数字化转型架构与方法体系，围绕数字化转型"是什么""干什么""怎么干"等基本问题，本章给出一套数字化转型参考体系架构，供有关各方参考。

8.1 数字化转型的参考架构

8.1.1 数字化转型的认识与理解

1. 数字化转型的基本内涵

数字化发展主要经历的概念变迁包括：数字转换（Digitization）、数字化（Digitalization）、数字化转型（Digital Transformation）等。数字转换和数字化在电子数字计算机出现后不久（1954、1959）就相继出现，数字转换，也有人称为计算机化，是指利用数字技术将信息由模拟格式转化为数字格式的过程，数字化是指数字技术应用到业务流程中并帮助企业（组织）实现管理优化的过程，主要聚焦于数字技术对业务流程的集成优化和提升。数字化转型最早在 2012 年由国际商业机器公司（IBM）提出，强调了应用数字技术重塑客户价值主张和增强客户交互与协作。我国政府自 2017 年以来已经连续五年将"数字经济"写入政府工作报告，并在十四五规划纲要中提出"以数字化转型整体驱动生产方式、生活方式和治理方式变革"，数字化转型从企业（组织）层面上升为国家战略。

数字化转型的核心要义是要将适应物质经济的发展模式转变为适应数字经济的发展模式。习近平总书记在 2014 年国际工程科技大会上的主旨演讲中指出："未来几十年，新一轮科技革命和产业变革将同人类社会发展形成历史性交汇，信息技术成为率先渗透到经济社会生活各领域的先导技术，将促进以物质生产、物质服务为主的经济发展模式向以信息生产、信息服务为主的经济发展模式转变，世界正在进入以信息产业为主导的新经济发展时期"。2022年10月，由点亮智库组织参与起草的我国首个数字化转型国家标准《信息化和工业化融合 数字化转型 价值效益参考模型》（GB/T 23011—2022）正式发布，该标准将数字化转型定义为："深化应用新一代信息技术，激发数据要素创新驱动潜能，建设提升数字时代生存和发展的新型能力，加速业务优化、创新与重构，创造、传递并获取新价值，实现转型升级和创新发展的过程。"

2. 数字化转型应以价值为导向、能力为主线、数据为驱动

（1）以价值效益为导向

企业本质上是一个创造、传递和获取价值的系统。数字经济时代，企业基于工业技术专业化分工，取得规模化发展效率，以获取封闭式价值体系，不仅已经很难适应日益复杂的市场环境，更加无法满足提高发展质量、服务国计民生的价值需要，因此企业需要以价值为导向，通过数字化转型重构价值体系，促进业务、技术共同围绕价值开展协同工作和优化，拓展价值增量发展空间，满足高质量发展新要求。

从数字经济时代企业数字化转型的任务来看，需要通过重构价值体系满足数字经济时代价值需求的变化。这意味着企业需要将以物质生产、物质服务为主的价值体系转变为以信息生产、信息服务为主的价值体系。每一项数字化转型活动都应服务于价值创造、传递、获取等方式转变，并将获得可持续发展的总体价值效益作为转型决策的核心评判依据。具体而言，一是需要重构价值主张，实现卖方市场逻辑向买方市场逻辑转变；二是需要重构价值创造，以基于数字能力赋能、快速响应、动态柔性的价值网络和价值生态替代基于技术专业分工形成的相对固定的价值链；三是需要重构价值传递，通过能力共享而非产品（服务）交易将价值传递给利益相关者；四是需要重构价值支持，实现单一要素驱动向以数据为核心的全要素驱动的转变；五是需要重构价值获取，从物理产品规模化增长转向通过个性化服务按需供给，获取网络化、生态化发展价值方向转变。

从数字经济时代企业数字化转型的导向来看，已进入以价值为导向的数字化转型关键期，其业务与技术应共同围绕价值开展协同工作和优化。在数字技术应用初期，主要以信息技术/产品的先进性为主要衡量标准，企业高速发展的根本原因是技术导向；在数字技术应用中期，主要以业务需求满足和业务能力提升为主要衡量标准，企业高速发展的根本原因是业务导向；在数字技术应用后期，主要以获得企业可持续发展的整体价值效益为主要衡量标准，企业高速发展的根本原因是价值导向。

（2）以新型能力为主线

能力是完成一项目标或者任务所体现出来的综合素质，在企业端，能力被视为资源利用的过程。数字化转型过程是一个系统性创新的过程，转型创新和环境快速变化同频共振引发不确定性显著增加，应对数字经济时代日益复杂不确定性的环境，企业最迫切需要提升的是应对挑战、抢抓机遇的新型能力。

从能力演进过程看，如图 8-1 所示，随着从工业经济时代向数字经济时代的演进，在服务、研发等各业务领域的能力也随之变化，将能力从资源、业务剥离，能力更动态、更柔性、更依赖数据和知识的更新，而反映这一变化的新型能力是深化应用新一代信息技术，建立、提升、整合、重构组织的内外部能力，形成应对不确定性变化的本领。

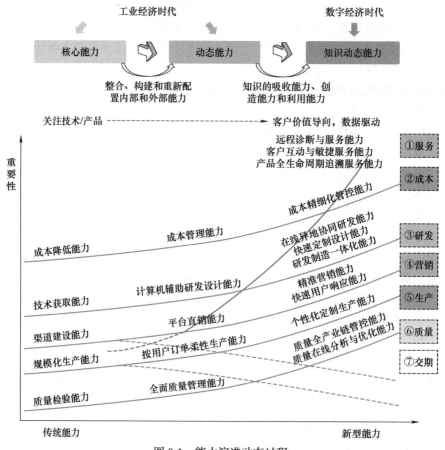

图 8-1　能力演进动态过程

从新型能力与不确定性关系看，新型能力可以快速响应不确定性。不确定性源于信息约束条件下人们有限的认知能力，应对数字经济时代日益复杂不确定性的环境，是当前企业面临的最大的挑战。随着新一代信息技术不断发展与深度应用，企业也拥有了通过数字技术赋能应对不确定性的本领，即建设新型能力，而建设的新型能力都具有能力素质，分别为动态感知和实时分析、敏捷响应和精准执行、自主决策和预测预警以及快速迭代和学习优化四方面素质要求，这四方面素质要求使得新型能力可以有效地理解、处理、化解、预防不确定性，因此企业最迫切需要提升的是应对挑战、抢抓机遇的新型能力。

从新型能力作用机理看，企业以新型能力为主线开展数字化转型，有助于打破工业技术专业壁垒，支持业务按需调用能力以快速响应市场需求变化，形成轻量化、协同化、社会化的业务服务新模式，动态响应用户个性化需求，获取多样化发展效率，开辟企业新的价值增长空间。企业以新型能力建设为核心路径，有利于突破业务、组织约束，进行高占位、深层次思考企业战略布局；有利于打破业务、组织、技术之间的壁垒，穿透组织边界，真正做到转型一盘棋；有利于转变竞争合作关系，扩大合作对象范围，助于真正实现共享利用、开放协作。

如图 8-2 所示，通过数字能力建设能够充分发挥信息技术赋能作用，打破工业技术专业壁垒，支持业务按需调用能力以快速响应市场需求变化，形成轻量化、协同化、社会化的业务服务新模式，动态响应用户个性化需求，获取多样化发展效率，开辟新的价值增长空间。

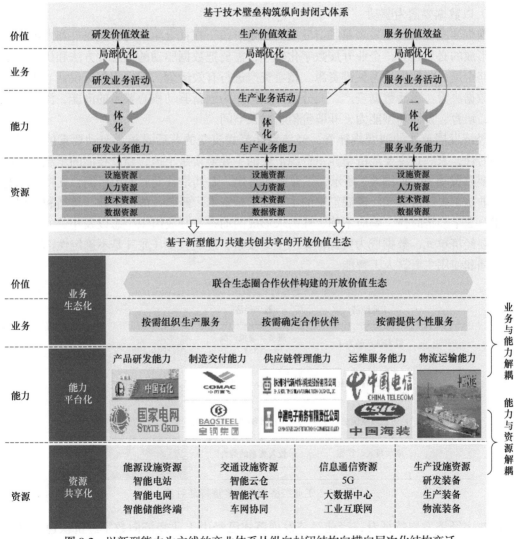

图 8-2　以新型能力为主线的产业体系从纵向封闭结构向横向层次化结构变迁

一是提升企业发展洞察，提高数字化转型战略发展方向决策水平。新型能力有助于从社会、行业、上下游企业等层面准确评判企业能力，进行精准定位；突破业务、组织约束，有助于高占位、深层次思考企业战略布局。

二是促进企业各要素集成协同，提升战略执行水平，加快战略落地实现。新型能力打破业务、组织、技术之间的壁垒，穿透组织边界，利于真正做到转型一盘棋，实现战略对准；以能力而非局限于现有业务拓展市场，有利于业务轻量化、协同化和社会化发展，提升市场响应的敏捷性。

三是有助于发展建立新型合作关系，扩宽企业生存空间。新型能力利于转变竞争合作关系，扩大合作对象范围，助于真正实现共享利用、开放协作；助于企业充分利用行业、社会的资源优势，降低企业运营成本，提高产业及社会资源配置效益。

（3）以数据要素为驱动

以数据要素驱动转型发展是社会发展到一定阶段，在社会生产力客观条件和发展规律的驱动下形成的必然趋势。企业开展数字化转型，需要把数据驱动的理念、方法和机制根植于发展战略全局，将数据作为关键资源、核心资产进行有效运营，习惯用数据说话、用数据管理、用数据决策、盘活数据资产，充分发挥数据作为创新驱动核心要素的潜能，深入挖掘数据作用，培育、发展新型能力，开辟价值新增长空间。

从经济发展范式的演变规律看，经济发展范式演变的背后是核心驱动要素的转变。农业经济时代，家庭是主要经济单元，资源汇聚的主导要素是土地，经验技能的承载、传播和使用主要靠劳动力。如图8-3所示，工业经济时代，尤其是其发展的中后期，支持大工业生产的企业是主要经济单元，资源汇聚的主导要素是资本，经验技能的承载、传播和使用主要靠技术。数字经济时代，响应不确定性需求形成的动态、开放组织生态以及相关的个人或团队是主要经济单元，数据成为资源汇聚的主导要素，经验技能（尤其是不确定性部分）的承载、传播和使用主要靠人工智能。

	工业经济	数字经济
商品形态	以实体产品为主 >	服务、虚拟产品结合
需求特征	单一化、标准化 >	多样化、个性化
竞争优势来源	资源禀赋优势 >	内外部协同
驱动模式	增加投入、扩张规模 >	投入要素的综合利用

图8-3　工业经济和数字经济特征对比

从数字经济发展特征看，当前经济发展范式已经由工业经济向数字经济快速迁移。其特征是从以增加投入、扩张规模为特征的外延性增长方式转向以投入要素的综合利用和生产组织间的协同效应为特征的内生式增长方式。数字经济并非传统经济简单地加入数字技术应用，而是经济发展模式的重构。这种重构最直观的体现是商品形态发生了显著变化，例如在制造业，陕西陕鼓由单一的鼓风机制造商转型为能源理论系统方案提供商和服务商；在软件服务业，微软将其 Office 系列办公软件从原本的买断制过渡到订阅制。

从数据要素和数字经济发展范式关系看，由于数据具有可无限复制、通用性强、与其他生产要素协同性高等特征，这使得它作为生产要素高度契合数字经济模式，在驱动经济发展方式转变中发挥了主导性作用。如图 8-4 所示，体现在以下四点：①数据要素与其他要素能形成有机地协同带来的价值将大于生产要素的简单累加带来的价值，实现价值创造的涌现效应，从而引发以数据要素为核心的要素体系重构。②数据具备非独占性，能够在全球范围内被不同主体同时使用而不发生任何损耗，支持基于数据资源形成开放生态，从而推动以数据流通共享为基础的开放价值生态构建。③数据可以做到对消费者需求偏好的精准映射，实现对多样化需求的柔性响应，形成需求主导的价值创造闭环，从而实现以数据挖掘为手段的消费价值观精准映射。④数据作为信息和知识的数字化载体，通用性强，可与多种构件结合，从而促进以数据资源为构成要素的产品服务形态扩充。

数字经济范式	数据要素特征与数字经济发展模式的契合点	数据要素作用效果
驱动模式	数据要素与其他要素能形成有机的协同带来的价值将大于生产要素的简单累加带来的价值，实现价值创造的涌现效应	以数据要素为核心重构要素体系
竞争优势来源	数据具备非独占性，能够在全球范围内被不同主体同时使用而不发生任何损耗，支持基于数据资源形成开放生态	以数据流通共享构建开放价值生态
需求特征	数据可以做到对消费者需求偏好的精准映射，实现对多样化需求的柔性响应，形成需求主导的价值创造闭环	以数据挖掘精准映射消费价值观
商品形态	数据作为信息和知识的数字化载体，通用性强，可与多种构件结合，大幅扩展产品或服务形态	以数据资源丰富扩充产品服务形态

图 8-4 数据要素在数字经济发展模式中的契合点和作用效果

从数据驱动实现价值创造的作用机理来看，数据需要充分发挥信息媒介、知识媒介、能力媒介等作用。①数据作为信息媒介，可推动基于数据的信息透明和对称，提升各相关放信息综合集成水平，提高资源的综合配置效率；②数据作为知识媒介，可推动基于数据的知识在线交换，提升各相关方知识创造和运用能力，提高资源的综合利用水平；③数据作为能力媒介，可推动基于数字模型的不确定性知识共享和技能赋能，提升各相关方开放合作与协同创新能力，提高资源的综合开发潜能。

8.1.2 数字化转型的总体框架

数字化转型参考架构的总体框架如图 8-5 所示，主要包括数字化转型的主要视角、过程方法和发展阶段等三部分内容,以此系统阐释数字化转型的主要任务、过程联动方法和分步实施要求。

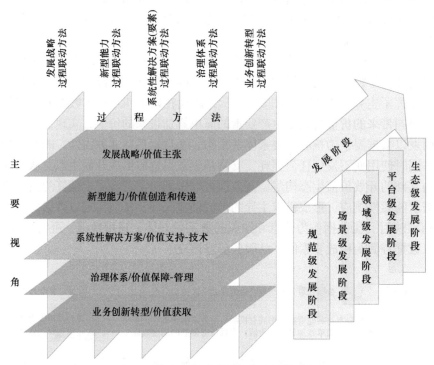

图 8-5 数字化转型参考架构的总体框架

在主要视角部分,框架给出数字化转型的任务体系,包括发展战略、新型能力、系统性解决方案、治理体系和业务创新转型五个视角,明确数字化转型的主要任务,并给出任务间的关联关系。

在过程方法部分,框架提出数字化转型的方法体系,针对数字化转型的五个视角,分别给出其对应的过程联动方法,并构建相关方法之间的相互作用关系。本章在第四节数字化转型的五大主要任务部分作详细阐述。

在发展阶段部分,框架明确数字化转型的路径体系,将数字化转型分为规范级发展阶段、场景级发展阶段、领域级发展阶段、平台级发展阶段、生态级发展阶段等五个发展阶段,并分别明确数字化转型五个视角在不同发展阶段的主要状态特征,详见 8.5 节。

数字化转型主要视角、过程方法和发展阶段的主要内容如图 8-6 所示。数字化转型是一项系统性的创新工程,企业需要从战略全局、全员、全要素、全价值链等出发,开展统筹协同和迭代优化,找准突破口,牵准牛鼻子,形成以点带面、连线成体的数字化转型格局,引导和支持相关推进主体从全局、全价值链、全要素出发开展整体统筹和协同优化。

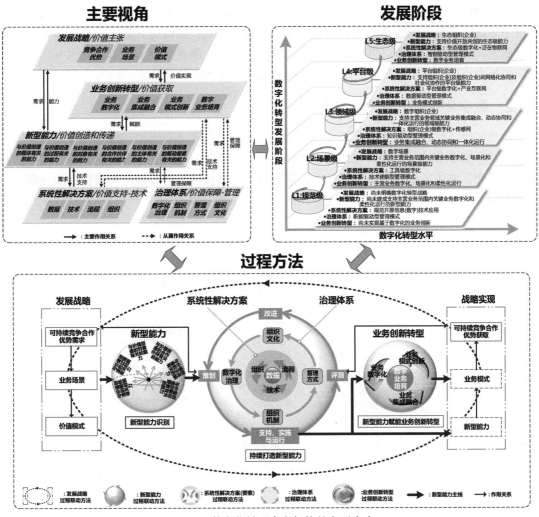

图 8-6 数字化转型参考架构的主要内容

8.2 数字化转型的价值效益体系

8.2.1 数字化转型的出发点和落脚点是创新和重构价值体系

企业是一个创造、传递、支持和获取价值的系统,数字化转型过程中,技术应用和数据开发只是手段,转型的根本目的在于不断提升企业核心能力,持续获取价值增长,因此企业的每一项数字化转型活动都应围绕价值效益展开。而价值体系创新和重构需要解决是什么、怎么建、怎么用三大问题。

当前,数字生产力的飞速发展深刻改变了传统行业的业务体系和价值模式。传统行业基于技术、规模、渠道等传统壁垒构筑起来的纵向封闭式价值体系，在数字经济时代凸显出增值水平不高、资源调配效率低下、生态不完善等行业痛点，亟需提升数字化转型步伐，全面提升研发设计、生产制造、供应链管理、远程运维、客户服务等环节的数字化水平，打造基于新型能力，以共建、共创、共享为特征的开放价值生态和价值体系。

8.2.2 数字化转型价值效益分类

从数字经济时代企业数字化转型的价值效益来看，如图 8-7 所示，传统行业数字化转型价值效益根据业务转型的方向和价值空间的大小分为三类：生产运营优化、产品/服务创新和业态转变，关注焦点从产品到服务再到新赛道，数字化转型的复杂度和难度逐步升高，带来的价值空间也越来越大。

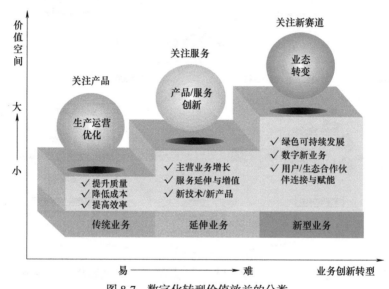

图 8-7　数字化转型价值效益的分类

1. 生产运营优化

该类价值效益相应的业务体系本身一般不会有本质性的转变，主要通过数字技术对传统存量业务的改造优化，提升传统产品的规模化生产与交易水平，进而实现效率提升、成本降低、质量提高等价值效益。通常，该类价值效益在企业关键业务数字化的基础上就能实现，相对容易获取，但由于门槛不高，容易进入存量竞争。在生产运营优化方面，数字化转型可带来的价值效益主要体现为效率提升、成本降低、质量提高等方面。

效率提升。企业通过数字化转型，一方面可以推动数据流动，减少信息不对称，提高资源优化配置效率，使生产环节进一步细化分工，提高规模化效率，提升单位时间内价值产出。另一方面，通过应用新一代信息技术，实现个性化定制能力，以信息技术赋能多样化效率提升，提高单位用户的价值产出等。

成本降低。企业通过数字化转型，可以推动产品创新从试验验证到模拟择优，降低创新试错和研发成本；加强人、机、料、法、环等生产要素的优化配置和动态优化，降低单位产品的生产成本；提高资源配置效率，减少由于人、财、物等资源浪费和无效占用所带来的管理成本；优化交易流程，降低产品的搜索成本和交易成本等。

质量提高。企业通过数字化转型，可以优化改进产品过程设计，提高产品质量和品控，稳定提供满足客户需求；实现生产的全过程动态监控和实时优化，提升质量稳定性，降低质量损失；实现对采购及供应商协作全过程动态监控和实时优化，提升供应链质量管理水平；实现数字技术和质量管理深度融合，将质量管理由事后检验变为按需、动态、实时全面质量管理，全面提升质量管控和优化水平。

2. 产品／服务创新

该类价值效益相应的业务体系仍然保持总体不大变，伴随着传统业务市场从增量走向存量，越来越多的企业加快运用数字技术，通过产品／服务创新，拓展基于传统业务的延伸服务和增值服务，进而获取增量发展空间。一般地，企业在其关键业务均实现数字化的基础上，只有进一步沿着纵向管控、价值链和产品生命周期等维度，实现关键业务线的集成融合的情况下，才能更为顺利获取新的价值效益。在产品／服务创新方面，数字化转型能带来的价值效益主要体现为新技术／新产品、服务延伸与增值、主营业务增长等方面。

新技术／新产品。一方面，通过数字技术和产业技术融合创新，研制和应用新技术，开发和运营知识产权，创造新的市场机会和价值空间；另一方面，通过催生具有感知、交互、决策、优化等功能的智能产品群，提高单位产品／服务的价值，并开发智能产品群的生态价值。

服务延伸与增值。企业通过数字化转型，一方面，依托智能产品群沿着产品生命周期和供应链、产业链提供远程运维、智慧管理、数据分析等延伸服务，将一次性产品交付获取价值转变为多次服务交易获取价值；另一方面，扩展卖方信贷、总承包、全场景服务等基于原有产品的增值服务内容，提升产品市场竞争力和价值空间。

主营业务增长。企业通过数字化转型，一方面推动主营业务效率提升，从依靠技术提升规模化效率转变为依靠新一代信息技术赋能提升范围化效率，持续强化主营业务核心竞争力，实现主营业务增长；另一方面推动主营业务依托数据要素的可复制、可共享和无限供给属性，实现边际效益持续递增，在此基础上不断创新网络化协同、大规模个性化定制等业务模式，提升柔性适应市场变化的能力，逐步提高市场占有率，实现主营业务增长。

3. 业态转变

该类价值效益相应的业务体系通常会发生颠覆式创新，主要专注于发展壮大数字业务，形成符合数字经济规律的新型业务体系，价值创造和传递活动由线性关联的价值链、企业内部价值网络转变为开放价值生态。该类价值效益获取难度大，通常只有真正转型成功，构建起数字企业，才能更为顺利地获取业态转变带来的新价值空间。在业态转变方面，数字化转型可带来的价值效益主要体现为生态合作伙伴连接与赋能、数字新业务和绿色可持续发展等方面。

生态合作伙伴连接与赋能。一方面，基于平台赋能，将用户、员工、供应商、经销商、服务商等利益相关者转化为增量价值的创造者，不断增强客户黏性，利用"长尾效应"满足客户的个性化场景需求，创造增量价值；另一方面，依托价值网络外部性扩大价值空间边界，实现价值持续增值以及价值效益的指数级增长。

数字新业务。企业通过数字化转型，能够将数字资源、数字知识、数字能力等进行模块化封装并转化为延伸服务，实现内外部数据价值的开发和资产化运营，形成数据驱动的信息生产、信息服务新业态，使企业产生具有高边际收益的数字市场价值，不仅为企业带来可持续的增量业务价值，还能够全面盘活存量业务价值。

绿色可持续发展。企业通过数字化转型，将以物质经济为主的业务体系转变为以数字经济为主的业务体系，从规模化转变为智数化、智造化、智能化，提升节能、环保、绿色、低碳管控水平，支持构建绿色可持续的产业生态，降低资源过度消耗，减少环境污染和生态损害，大幅提升资源利用率，推动形成绿色、低碳、可持续的发展方式。随着资源环境刚性约束日益增强，绿色可持续发展将成为全社会和用户关注的焦点，也成为企业优化、创新和重构价值体系的核心导向。

8.2.3 数字化转型价值效益的创造和传递

价值效益的创造和传递可以分为"明、定、建、传"四步，即"明"需求、"定"体系、"建"能力、"传"价值。如图 8-8 所示，对企业具体而言，就是要解决四个核心问题：①企业推进数字化转型有哪些痛点需求；②企业数字化转型需要构建哪些能力，这些能力的边界在哪里；③企业数字化转型能力如何建；④企业数字化转型如何形成价值。

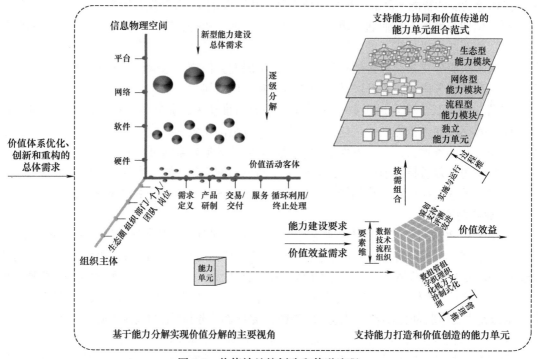

图 8-8 价值效益的创造和传递流程

1. "明"需求

依据企业战略中确定的可持续竞争合作优势、业务场景和价值模式,参考前文价值效益分类体系,明确价值体系优化、创新和重构的总体需求。

2. "定"体系

依据价值体系优化、创新和重构的总体需求,识别和策划新型能力建设总体需求,从组织主体、价值活动客体、信息物理空间等三个视角出发,对新型能力建设的总体需求进行逐级分解,每个新型能力分解至不能或不必再细分为止,按照新型能力逐级分解情况确定价值效益逐级分解的需求。

3. "建"能力

针对不能或不必再细分的新型能力,依据相应价值效益需求提出能力单元建设要求。能力单元是相应能力的载体,企业应将价值效益需求作为能力单元的主要输入,相应的价值效益成效是能力单元的主要输出。

4. "传"价值

按照价值效益需求,通过相关能力单元输入、输出的衔接与组合,构建基于价值流的能力单元组合,即能力模块。通过建设完善能力模块,推动相关新型能力的协同打造和运用,实现相应价值点的叠加效应、聚合效应和倍增效应;以此类推,围绕战略全局层面的价值体系优化、创新和重构需求,基于价值流构建覆盖全组织的能力单元/能力模块组合,承载整个组织的新型能力体系,构成基于能力单元的价值创造和传递体系。

8.2.4 数字化转型价值效益的获取方式

企业应基于新型能力赋能构建的价值生态体系模型,从价值点、价值链、价值网络、价值生态等四个视角出发,以新型能力赋能业务创新转型,实现价值效益开放共建、共创和共享。价值模式的主要类型有四种:价值点,即由单个孤立价值点以散点形式存在的价值模式;价值链,即基于上下游衔接的增值活动,将单个价值点串联以实现价值链整合的价值模式;价值网络,即基于价值点网络化连接,实现价值多样化创新的价值模式;价值生态,即基于生态合作伙伴之间价值点生态化连接,实现价值的开放生态共建、共创、共享的价值模式。

如图 8-9 所示,企业应参照基于能力节点的价值点复用、基于能力流的价值链整合、基于能力网络的价值网络多样化创新、基于能力生态的价值生态开放共创等模式,按需调用、组合新型能力,赋能业务创新转型,动态响应市场需求,推动价值模式转变,以最大化获取价值效益。

1. 价值点复用模式

基于能力节点的价值点复用模式具有以下特征:按需推动能力节点的模块化、数字化和平台化;支持各类业务按需调用和灵活使用新型能力,以新型能力赋能业务轻量化、柔性化、社会化发展;通过业务的蓬勃发展、开放发展提升能力节点的调用率和复用率,以大幅提高能力节点对应价值点的价值效益重复获取,实现价值效益的增值。

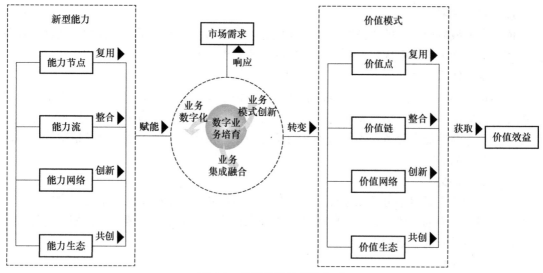

图 8-9 价值效益的获取方式

2. 价值链整合模式

基于能力流的价值链整合模式具有以下特征：按需推动能力节点之间沿着业务链、供应链、价值链等构建基于价值流的能力流；实现能力节点之间的流程化联动；以能力流赋能相关业务实现流程化动态集成、协同和优化，实现供应链、价值链各相关价值环节的价值动态整合和整体效益提升。

3. 价值网络多样化创新模式

基于能力网络的价值网络多样化创新模式具有以下特征：推动能力节点之间构建、运行和自适应优化基于价值流的能力网络；实现能力节点之间的网络化动态协同，并以能力网络赋能网络化业务模式的创新和发展；大幅提升业务网络化、多样化创新发展的能力和水平，以实现基于价值网络的价值效益多样化创新和获取。

4. 价值生态开放共创模式

基于能力生态的价值生态开放共创模式具有以下特征：推动能力节点之间构建、运行和自学习优化基于价值流的能力生态；实现生态合作伙伴能力节点之间的在线认知协同，并以能力生态赋能社会化、泛在化、按需供给的业务生态共建、共创和共享；提升业务智能化、集群化、生态化发展能力和水平，培育壮大数字业务等新业态，以实现与合作伙伴生态化价值效益的共创共享。

8.3 数字化转型的能力体系建设

8.3.1 数字能力建设是数字化转型的核心路径

数字能力是数字经济时代企业生存和发展的新型能力，即为适应快速变化的环境，深化应用数字技术,动态配置整合企业内外部资源和条件,赋能业务加速创新转型,不断创造新价值,实现新发展的综合素养。如图 8-10 所示,数字能力体系不能简单理解为企业能力体系的一个组成部分,而是运用数字技术对企业所有能力进行改造、提升乃至重构,所形成的新型能力体系。优化、创新和重构企业价值体系的核心路径就也在于构建和不断完善数字能力体系,通过打造"开放式"赋能平台,向下支持企业内外部资源按需配置,向上支持以客户为中心的业务服务轻量化、协同化、社会化发展和按需供给。

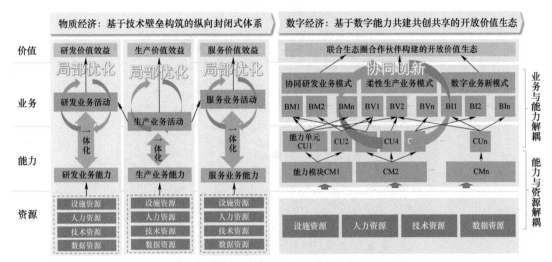

图 8-10 以数字能力建设赋能业务创新转型示意图

过去,传统行业企业重视的核心能力主要来源于基于技术驱动的封闭价值体系,主要用于企业内规范运行或企业之间的规范合作。这些能力包括研发创新能力、生产管控能力、供应链管理能力、财务管控能力、经营管控能力、客户管理能力等。伴随着数字化转型的深入推进,未来企业的能力都将转变为数字能力,企业能力体系也将演变升级为数字能力体系。企业为应对内外部环境和条件的快速变化,所开展的创新变革活动不仅仅是数字技术的引入,也不仅仅是流程再造和组织管理优化,而是要通过整合所有相关的资源和条件,将其转化为应对挑战、抢抓机遇和响应不确定性的新型能力,并以新型能力赋能商业模式创新,构建业务新体系,形成发展新生态。企业要求的核心能力更关注的是如何应对产品迭代的需求,快速实现产品和服务的创新;更关注智能化的运营管控,让企业的组织更有柔性;更关注精准的识别行业细分需求,甚至定义行业的需求,能快速响应行业需求等;更关注开放合作的生态,共建共享;更关注对员工赋能,让员工更好地去面对不断变化的市场环境;更关注数据的开发,重视数据新生产要素的驱动作用。

8.3.2 数字能力的六个主要视角

从与价值创造的关系来区分,数字能力可分为六个子视角,主要包括与价值创造的载体有关的能力、与价值创造的过程有关的能力、与价值创造的对象有关的能力、与价值创造的合作伙伴有关的能力、与价值创造的主体有关的能力、与价值创造的驱动要素有关的能力等，如图 8-11 所示。企业应将数字能力建设作为贯穿数字化转型始终的核心路径，通过识别和策划数字能力（体系），持续建设、运行和改进新型能力，支持业务按需调用能力以快速响应市场需求变化，从而加速推进业务创新转型，获取可持续竞争合作优势。

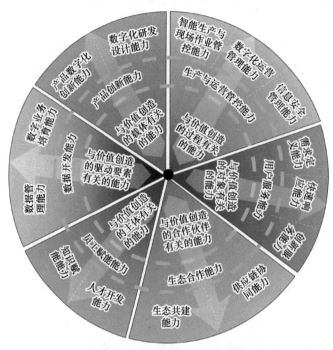

图 8-11　新型能力的主要视角

1. 与价值创造的载体有关的能力

企业应打造与价值创造的载体有关的能力，主要包括产品创新能力等，加强产品创新、产品研发过程创新，以不断提高产品附加价值，缩短价值变现周期。产品创新细分能力包括但不限于：产品数字化创新能力，即利用新一代信息技术加强产品创新，开发支持与用户交互的智能产品，提升支持服务体验升级的产品创新等能力；数字化研发设计能力，即利用新一代信息技术强化产品研发过程创新，开展面向产品全生命周期的数字化设计与仿真优化等，提升并行、协同、自优化研发设计等能力。

2. 与价值创造的过程有关的能力

企业应打造与价值创造的过程有关的能力，主要包括生产与运营管控能力等，纵向贯通生产管理与现场作业活动，横向打通供应链/产业链各环节生产经营活动，不断提升信息安全管理水平，逐步实现全价值链、全要素的动态配置和全局优化，提高全要素生产率。生产与运营管控细分能力包括但不限于：智能生产与现场作业管控能力，即实现生产全过程、作业现场全场景集成互联和精准管控,提升全面感知、实时分析、动态调整和自适应优化等能力;数字化运营管理能力,即实现运营管理各项活动数据贯通和集成运作,提升数据驱动的一体化柔性运营管理和智能辅助决策等能力;信息安全管理能力,即实现覆盖生产全过程、作业全场景、运营管理各项活动的信息安全动态监测和分级分类管理等,提升信息安全防护和主动防御等能力。

3. 与价值创造的对象有关的能力

企业应打造与价值创造的对象有关的能力,主要包括用户服务能力等,加强售前需求定义、售中快速响应和售后延伸服务等全链条用户服务,最大化为用户创造价值,提高用户满意度和忠诚度。用户服务细分能力包括但不限于:需求定义能力,即动态分析用户行为,基于用户画像开展个性化、场景化的用户需求分析、优化与定位等能力;快速响应能力,即以用户为中心构建端到端的响应网络,提升快速、动态、精准响应和满足用户需求等能力;创新服务能力,即基于售前、售中、售后等的数据共享和业务集成,创新服务场景,提升延伸服务、跨界服务、超预期增值服务等能力。

4. 与价值创造的合作伙伴有关的能力

企业应打造与价值创造的合作伙伴有关的能力,主要包括生态合作能力等,加强与供应链上下游、用户、技术和服务提供商等合作伙伴之间的资源、能力和业务合作,构建优势互补、合作共赢的协作网络,形成良性迭代、可持续发展的合作生态。生态合作细分能力包括但不限于:供应链协同能力,即与供应链上下游合作伙伴实现在线数据、能力和业务协同,提升整个供应链精准协作和动态调整优化等能力;生态共建能力,即与生态合作伙伴实现在线数据、能力和业务认知协同,提升整个生态圈资源和能力的按需共享、在线智能交易和自学习优化等能力。

5. 与价值创造的主体有关的能力

企业应打造与价值创造的主体有关的能力,主要包括员工赋能能力等,充分认识到员工已从"经济人""社会人"向"知识人""合伙人""生态人"转变,不断加强价值导向的人才培养与开发,赋予员工价值创造的技能和知识,最大程度激发员工价值创造的主动性和潜能。员工赋能细分能力包括但不限于:人才开发能力,即以价值创造结果为导向开展人才精准培养、使用和考核,提升人才价值全面可量化、可优化等能力;知识赋能能力,即为员工提供平台化知识、技能共享和个性化知识、技能服务,帮助员工快速提升胜任力,培养员工差异化技能,提升员工创新创业等能力。

6. 与价值创造的驱动要素有关的能力

企业应打造与价值创造的驱动要素有关的能力,主要包括数据开发能力等,将数据作为关键资源、核心资产进行有效管理,充分发挥数据作为创新驱动核心要素的潜能,深入挖掘数据作用,开辟价值增长新空间。数据开发细分能力包括但不限于:数据管理能力,即开展跨部门、跨组织(企业)、跨产业数据全生命周期管理,提升数据分析、集成管理、协同利用和价值挖掘等能力;数字业务培育能力,即基于数据资产化运营,提供数字资源、数字知识和数字能力服务,提升培育发展数字新业务等能力。

8.3.3 数字能力的识别、建设与运行

企业应依据发展战略，将识别的新型能力建设总体需求逐级细化分解，基于所构建的能力单元，按特定价值效益需求开展能力单元组合得到能力模块，明确细分能力所对应的能力单元/模块建设需求。基于能力单元组合实现能力协同和能力进化，最终构建覆盖组织（企业）全局的新型能力体系。

1. 新型能力的识别

通过识别与价值创造的载体、过程、对象、合作伙伴、主体、驱动要素等有关的新型能力主要视角，明确新型能力建设的参考分类及关键着力点，支持识别拟打造的新型能力。基于企业战略识别新型能力需求。企业应围绕其发展战略，充分考虑影响转型的内外部因素和环境变化，明确与其战略相匹配的可持续竞争合作优势需求，系统策划业务架构和业务场景，并参考价值效益分类体系，进一步策划价值创造和价值分享模式，提出价值体系优化、创新和重构的总体需求。

2. 新型能力的分解与组合

在新型能力分解方面，企业应参考组织主体、价值活动客体、信息物理空间等新型能力分解的主要视角，对新型能力建设的总体需求进行逐级分解和细化，将各新型能力及相对应的价值效益需求分解至不能或不必再分解为止，这些细分的新型能力需对应明确的组织边界、价值活动、基础设施与资源环境。如，数字化研发方向可分解为协同研发能力、数字化仿真能力、产品运维服务能力等能力单元。

在能力单元组合方面，企业应根据业务创新转型和特定价值效益需求，分析并确定能够支持获取预期价值效益的细分新型能力集合，及其对应的能力单元集合，参考能力单元组合典型范式，基于价值流、信息流等构建相关能力单元的相互协同和协作关系，形成面向特定价值效益的能力单元组合；基于能力单元组合实现能力协同和能力进化，最终构建覆盖组织（企业）全局的新型能力体系。如协同研发能力、供应链管控能力、生产过程管控能力、产品运维服务能力、生产过程数据采集及监测能力等能力单元可以组成供应链与生产协同管控能力的能力模块。

3. 能力单元的建设

从过程维、要素维、管理维等三个维度给出能力单元建设、运行和优化的方法。能力单元承载不能或不必再分解的新型能力，是价值创造和传递的基本单元，能力模块是能力单元的组合。能力单元/能力模块的建设是一项系统工程，企业应从过程维、要素维、管理维三个维度，系统性策划和构建能力单元/能力模块建设、运行和优化的过程管控机制、系统性解决方案和治理体系。

（1）过程维

企业应建立包含策划、支持、实施与运行、评测与改进的PDCA过程管控机制，并基于该过程管控机制推动系统性解决方案和治理体系的构建与持续优化，实现三者之间的协调联动与互动创新，从而支持预期新型能力建设、运行和优化。

企业应确定拟建设能力单元/能力模块的价值效益目标，明确其组织边界、主要价值活动以及基础设施和资源环境要求，开展能力单元/能力模块策划，包括但不限于：过程管控机制策划。企业应对策划、支持、实施与运行、评测与改进等PDCA过程管控机制的需求和实现路径进行综合分析，策划能力单元/能力模块的过程管控机制，如建立《实施方案策划控制程序》。系统性解决方案策划。企业应对数据、技术、流程、组织等四要素及其互动创新和持续优化的需求和实现路径进行系统分析，策划能力单元/能力模块的系统性解决方案，如建立《设备数据开发利用方案》。治理体系策划。企业应对数字化治理、组织机制、管理方式、组织文化等四方面及其互动创新和持续优化的需求和实现路径进行体系化分析，策划能力单元/能力模块的治理体系，如建立《绩效管理制度》《数字化转型专项资金管理制度》。

支持、实施与运行包括但不限于：支持条件建设。企业应按照策划的过程管控机制、系统性解决方案和治理体系，提供必要的支持条件和资源，并对支持条件和资源进行统筹配置、评估、维护和优化，确保其持续供给、适宜和有效。实施与运行。企业应依据实施与运行过程管理的规范性要求，加强与相关方的沟通和协调，系统推进过程管控机制、系统性解决方案和治理体系的建设、实施、运行与优化。

评测包括但不限于：能力单元/能力模块建设、运行和优化过程评测。企业应建立适宜的评价诊断机制，对能力单元/能力模块建设、运行、优化的全过程进行动态跟踪、分析、评价和诊断，识别持续改进的需求和机会。能力单元/能力模块建设结果评测。对能力单元/能力模块建设结果进行量化跟踪、分析、评价和诊断，识别持续改进的需求和机会。企业应建立能力单元/能力模块持续改进的机制，针对评测过程中发现的不足和改进的机会等，采取必要的纠正措施、预防措施，推动能力单元/能力模块持续建设、运行和优化。

(2) 要素维

企业应深化应用新一代信息技术，建立涵盖数据、技术、流程、组织等四要素的系统性解决方案，并实现四要素互动创新和持续优化，为新型能力的建设、运行和优化提供解决方案支持。

1) 数据要素。企业应从数据采集、数据集成与共享、数据应用等方面，激发数据要素的创新驱动潜能，以数据驱动技术、流程、组织等要素的互动创新。数据要素相关活动包括但不限于：数据采集。企业应根据拟打造的新型能力，明确数据采集的需求，对跨时间、跨职能、跨层次的数据累积、清理和重构等做出制度性安排，采用适宜手段（自动）采集设备设施、业务活动、供应链/产业链、产品生命周期、产业生态合作伙伴等相关数据，开展数据处理。如自动采集研发信息、供应链信息、设备基础信息、工件信息、设备状态、操作模式、设备状态时间切片统计信息、产能类信息、焊接数据、能耗辅助类信息等。数据集成与共享。企业应推动数据的标准化和规范化，利用数据接口、数据交换平台等开展多源异构数据的在线交换和集成共享。如对生产、工艺、计划、物流、仓库、质量和设备等业务过程中的计划流、材料流、成品流进行数据集成及分析，实现从销售订单/备件订单到生产执行到成品/备件出入库的全程的数字化协同及管控。数据应用。企业应按需开发并部署数据模型，开展基于数据模型的应用与优化,充分挖掘数据价值,丰富数据应用场景。如部署设备标准模型、生产与管理的可视化数据模型。

2)技术要素。企业应从设备设施、信息技术(IT)软硬件、网络、平台等方面,充分发挥技术创新和应用的基础性作用,尤其是充分发挥云计算、大数据、物联网、人工智能、区块链等新一代信息技术的先导作用,推进技术集成融合和有效利用。技术要素相关活动,包括但不限于:设备设施改造与升级。企业应逐步提升设备设施的自动化、数字化、网络化和智能化水平,不断强化设备设施与业务应用系统的集成互联与互操作,适宜时,推动设备设施社会化按需共享,加强新技术、新材料、新工艺、新装备等产业技术创新与应用。如,基于工业互联网平台,企业可判断可能出现故障的时间和部位,安排维修计划,避免机械设备突发故障,从而节省人力物力,保障设备运行效率,有效评估设备健康水平,实现预测性维护。IT软硬件部署与应用。企业应按需开展IT软硬件部署与应用,高度重视软硬件系统间的互通与集成,适宜时推动软硬件的组件化、平台化,支持社会化按需开发和共享利用。如开展PDM、TDM、SAP、CRM、MES、IOT、备件管理系统等系统建设部署。网络建设与互联。企业应按需建设覆盖生产经营和服务场所的IT网络和运营技术(OT)网络,推动IT网络、OT网络和互联网的互联互通,适宜时开展物联网建设和应用。如运用物联网加强供应链管理,能够提高备件流通效率,快速响应生产和维修需求,并即时调配、按需调配以及智能调配,从而提高了生产和维修效率,节省现金流。平台部署与应用。适宜时,企业应自建或应用第三方平台,推动业务资源和能力的模块化、平台化部署,支持业务系统上云。

3)流程要素。企业应从业务流程设计、业务流程管控等方面,对系统性解决方案涉及的业务流程进行梳理、规范、调整和优化。流程要素相关活动,包括但不限于:业务流程设计。企业应梳理和规范现有相关业务流程、确定拟调整优化的关键点和范围,按照拟打造新型能力的需求,开展业务流程的优化设计,优化设计应涵盖流程运行相关的技术要求和数据信息等,形成流程文件。如重新梳理销售订单管理流程、采购订单管理流程、仓库管理流程、备件管理流程、工艺管理流程、分厂生产工单执行流程等。业务流程管控。企业应采取适宜的措施,加强与相关方的沟通协调,妥善处理业务流程优化执行过程中产生的利益分歧,适宜时,采用信息化手段开展业务流程的运行状态跟踪、过程管控和动态优化。

4)组织要素。企业应围绕业务流程优化的要求,开展有关职能职责的调整,并对相关人员角色变动以及岗位优化配置做出妥善安排。组织要素相关活动,包括但不限于:职能职责调整。开展职能职责调整时,企业应根据业务流程优化要求建立业务流程职责,以业务流程职责为牵引,梳理和调整部门职责,将业务流程职责和部门职责落实到岗位职责,建立业务流程职责、部门职责、岗位职责的协调运转机制,以确保业务流程的有效运行。如结合流程优化,调整生产计划专员、质量检验员、安全设备员、仓库管理员等职位职责。人员优化配置。企业应按照调整后的职能职责和岗位胜任要求,在全组织范围内开展员工岗位胜任力分析,推动人员按需调岗,不断提升岗位人员优化配置水平。

（3）管理维

企业应建立涵盖数字化治理、组织机制、管理方式、组织文化等的治理体系，为新型能力的建设、运行和优化提供机制保障。

1）数字化治理。企业应从数字化治理制度、数字化领导力、数字化人才、数字化资金、安全可控等方面，建立数字化治理体系，包括但不限于：数字化治理制度。企业应根据相应治理范围和治理要求，明确数字化治理的制度性安排，推动数据、技术、流程、组织等四要素的协同管理和动态优化。如建立《实施方案控制程序》。数字化领导力。企业应采用适宜的方式培养、选拔和任用具有数字化转型洞察力、判断力及决策力的领导者，按需建立由一把手、决策层成员、各级部门领导、生态合作伙伴领导共同组成的领导和协调机制。数字化人才。企业应开展相关人才的数字化理念和技能培养，推动数字化人才的个性化发展，建立完善按贡献分配的数字化人才绩效考核和晋升机制，适宜时，创新跨组织（企业）数字化人才共享模式，充分激发人力资本潜能。如建立《职业发展管理规定》《云学堂网络培训管理办法》等。数字化资金。企业应对相关数字化资金需求作出制度性、长期性安排，推动相关资金的统筹协调利用、全局优化调整、动态协同管理和量化精准核算，确保数字化资金投入的稳定性、持续性，避免投入不足、过度投入以及重建设轻维护等。如建立数字化、技改、设备投资等数字化专项预算。安全可控。企业应制定并实施安全可控路线图，在核心关键技术、设备设施、业务系统、集成平台等方面优先应用、部署或自行研发安全可控的技术或产品，适宜时，不断提升产业链/产业生态合作的安全可控水平。围绕网络安全、系统安全、数据安全等信息安全问题，企业应采用适宜的信息安全防护技术手段，建立安全防护制度和管理措施，不断提升信息安全主动性防御水平。

2）组织机制。企业应从组织结构设置机制、职能职责调整机制等方面，支持建立与新型能力建设、运行和优化相匹配的组织机制，包括但不限于：组织结构设置机制。企业应根据新型能力建设、运行和优化的总体需求，建立组织结构按需设置、动态调整的相关制度和机制，适宜时，推动流程化、平台化、生态化的柔性组织建设。职能职责调整机制。企业应根据新型能力建设、运行和优化的总体需求，建立职能职责的按需设置、动态分工、优化调整以及相关职能职责之间沟通协调的制度和机制。

3）管理方式。企业应从管理方式创新、员工工作模式变革等方面，建立与新型能力建设、运行和优化相匹配的管理方式，包括但不限于：管理方式创新。企业应推动职能驱动的科层制管理向技术使能型管理、知识驱动型管理、数据驱动的平台化管理、智能驱动的价值生态共生管理等管理方式转变，持续改进计划、组织、协调、控制和指挥的范围和精度，适宜时提升管理的自学习和自优化水平。员工工作模式变革。企业应采用数字化、平台化等适宜的方式和手段，为员工按需履行职能职责赋能，推动员工自组织、自学习，以及自主开展创造性工作。

4）组织文化。企业应从价值观、行为准则等方面，建立与新型能力建设、运行和优化相匹配的组织文化，把数字化转型战略愿景转变为组织全员主动创新的自觉行为，包括但不限于：价值观。企业应积极应对新一代信息技术引发的变革，践行创新、协调、绿色、开放、共享理念，形成开放包容、创新引领、主动求变、务求实效的价值观。行为准则。企业应制定与价值观相匹配的行为准则和指导规范，将相关要求融入业务流程优化、职能职责调整等过程，并利用数字化、平台化等手段工具，支持行为准则和指导规范的有效执行和迭代优化。

8.4 数字化转型的五大主要任务

8.4.1 数字化转型的核心要义是发展方式转变

在数字经济时代的大背景下，传统行业发展模式亟须变革的原因主要有三点：①传统行业格局正在从增量发展转为存量竞争。传统行业需求进入存量更新时代，在经济"新常态"叠加产业结构升级的趋势下，未来新增需求空间较小；从行业竞争格局来看，头部企业相对固定，且市场份额优势相对较大；从行业进入壁垒来看，需要较高的资金、技术、渠道门槛。②资源环境的刚性约束日益增强。在当前存量竞争条件下，人口、资源、环境与可持续发展的矛盾愈发明显，"产能过剩—恶性竞争—资源浪费—环境污染"问题尤为突出，成为各个企业共同关注的另外一个行业性问题。③信息革命引发经济社会深刻变革。以信息技术为代表的新一轮技术创新正在推动全球经历着更大范围、更深层次的科技革命和产业变革。如图8-12所示，以往物质经济时代围绕特定物质产品形成稳定业务体系以获取规模化效应的发展模式陷入瓶颈。而以数字经济为代表的范围经济正在成为产业组织的主导逻辑。区别于物质经济时代强调规模化发展效率，数字经济时代则更加关注发挥信息技术作为通用使能技术的赋能作用，实现创新驱动、高质量发展，开辟新的经济增长空间。因此，如何进行数字化转型，跳出传统发展模式，利用数字化手段寻找市场新的突破点，建立可持续的发展模式，对整个传统行业发展至关重要。

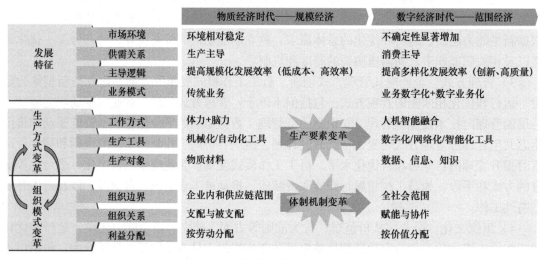

图8-12 物质经济与数字经济特征对比

8.4.2 数字化转型的五大主要任务

按照数字化转型参考架构，数字化转型工作涉及经济、产业、企业、部门、单元等多个层次，以及战略、业务、技术、管理、要素等多个专业领域。企业需要实现发展战略由"静"到"动"、新型能力由"刚"到"柔"、解决方案由"技"到"数"、治理体系由"层级"到"扁平"、业务模式由"分工"到"生态"，开辟价值发展新空间，以转型的系统性应对环境的不确定性。企业数字化转型五大任务如图8-13所示。

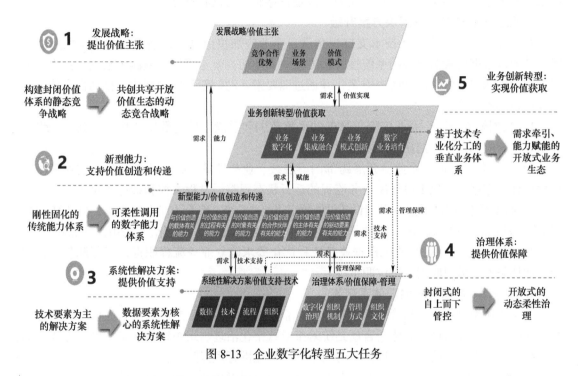

图 8-13 企业数字化转型五大任务

1. 任务一：转战略—重塑发展战略

数字化转型过程中，从战略视角看，企业应由过去基于技术、规模、渠道等封闭价值体系壁垒的静态竞争战略，转向依托数字技术深度应用、共创共享开放价值生态的动态竞合战略。

1）"转"竞争合作关系。逐步从过去仅关注产品成本、价格、性能、渠道的竞争合作转向构建多重竞争合作关系。将竞争合作层次从单一技术产品的竞争合作升维到智能技术产品群的竞争合作，从资源要素的竞争合作升维到企业新型能力构建的竞争合作，从组织之间的竞争合作升维到供应链、产业链和生态圈之间的竞争合作。如通过发展供应链金融、打造工程机械创新创业平台形成新的竞合关系等。

2）"转"业务场景。打破传统的垂直分工业务体系，以客户动态和个性化的需求为牵引构建基于能力赋能的新型业务架构，根据竞争合作优势和业务架构设计端到端的业务场景。如基于业务场景分析，通过用户服务平台建设实现与客户的端到端流程。

3）"转"价值模式。改变传统基于技术创新的长周期性获得稳定预期市场收益的价值模式,构建基于能力赋能实现业务快速迭代和协同发展的开放价值生态,如以客户服务能力、柔性生产能力赋能快速响应工程机械市场不确定性。

2. 任务二：转能力——开展新型能力构建

为应对行业的不确定性,企业需要基于能力模块化、数字化、平台化实现能力与业务的解耦,强化对价值创造和传递的支持。由刚性固化传统能力体系转向可柔性调用的数字能力体系。开展企业数字化转型,新型能力建设是贯穿始终的核心路径。

3. 任务三：转技术——解决方案升级

数字化转型过程中,从技术支持视角看,企业应加快由过去以技术要素为主的解决方案,转向以数据要素为核心的系统性解决方案。具体而言就是策划实施涵盖数据、技术、流程、组织等四要素的系统性解决方案,并通过四要素互动创新和协同优化,推动数字能力的持续运行和不断改进。

1）数据要素方面。企业应完善数据的采集范围和手段,推进数据的集成与共享,强化数据建模与应用,深入挖掘数据要素价值。

2）流程要素方面。企业应开展跨部门、层级、业务领域、跨企业的端到端的业务流程优化设计,应用数字化手段开展业务流程的运行状态跟踪、过程管控和动态优化等。

3）技术要素方面。企业应开展设备设施数字化改造升级,部署适宜的 IT 架构,提升 IT、OT 网络和互联网的互联互通水平；构建平台,推动基础资源和能力的模块化、数字化、平台化。

4）组织要素方面。企业应根据业务流程优化要求确立业务流程职责,匹配调整有关的合作伙伴关系、部门职责、岗位职责等。

4. 任务四：转管理——治理体系变革

数字化转型过程中,从管理保障视角看,企业应加快由过去封闭式的自上而下管控转向开放式的动态柔性治理。具体而言就是统筹推进数字化治理、组织结构调整、管理方式变革和组织文化创新。以适宜的治理体系为数字化转型提供管理保障。

1）数字化治理方面。不仅包含 IT 治理,还应重视以企业架构为核心的数字化转型顶层设计,统筹推进技术应用、流程优化、组织变革、数据价值挖掘、安全保障建设等五方面活动的有效开展,保障数字化转型的整体性、协作性、可持续性。

2）组织结构方面。从科层制管理的"刚性"组织,向流程化、网络化、生态化的"柔性"组织转变,打造动态灵活的组织结构,以支持企业快速、敏捷地满足用户个性化需求,创造和开拓新的市场领域,适应当前数字经济时代的商业竞争环境。

3）管理方式方面。从职能驱动的科层制管理,向流程驱动的矩阵式管理、数据驱动的网络型管理、智能驱动的价值生态共生管理转变。

4）组织文化方面。把组织的数字化转型战略愿景转变为员工主动创新的自觉行动,树立开放创新、共生共赢的价值观,培育和深化数字文化、变革文化、敏捷文化、开放文化和创新文化。

5. 任务五：转业务——业务创新转型

数字化转型过程中,从业务视角看,企业应从"业务数字化、数字业务化"两个层面入手，推进传统业务创新转型升级，由基于技术专业化分工的垂直业务体系转向需求牵引、能力赋能的开放式业务。具体而言就是以业务数字化、业务集成融合、业务模式创新、数字业务培育，加快转变过去基于技术专业化分工的垂直业务体系，建立需求牵引、能力赋能的开放式业务生态。

1）业务数字化方面。以提升单项应用水平为重点，开展业务部门内业务数据获取、开发和利用在研发、生产、经营、服务等业务环节部署应用工具级数字化设备设施和技术系统，提升单项业务数字化水平，以获取增效、降本、提质等价值效益。

2）业务集成融合方面。以提升综合集成水平为重点，开展跨部门、跨业务环节的数据获取、开发和利用，依托支撑业务集成协同的流程级能力，推动企业纵向管控集成、横向产供销集成以及面向产品全生命周期的端到端集成，以获取降本、提质，以及新技术/新产品、服务延伸与增值、主营业务增长等价值效益。

3）业务模式创新方面。企业以实现全面数字化为重点，开展全企业、全价值链、产品全生命周期的数据获取、开发和利用，依托支持企业全局优化的网络级能力，逐步构建数字企业，发展延伸业务，实现产品/服务创新，以获取新技术/新产品、服务延伸与增值、主营业务增长等网络化价值效益。

4）数字业务培育方面。企业以构建价值生态为重点，开展覆盖企业全局以及合作伙伴的生态圈级数据的获取、开发和利用，依托价值开放共创的生态级能力，培育和发展以数据为核心的新模式、新业态，以获取带来的用户/生态合作伙伴连接与赋能、数字新业务、绿色可持续发展等生态化价值效益。

8.5 数字化转型的五个发展阶段

8.5.1 数字化转型发展阶段

根据数字化发展演进规律和数据要素作用发挥的层级，企业数字化转型由低到高可分为规范级、场景级、领域级、平台级、生态级五个发展阶段，不同阶段的转型特征，见表 8-1。企业数字化转型沿着这五个发展阶段跃升，不同发展阶段的转型模式和路径也将不断演进，如图 8-14 所示。

表 8-1 五个发展阶段整体特征

转型阶段	不同阶段转型特征
规范级	企业运行以职能驱动型为主，规范开展数字技术应用，提升企业主营业务范围内的关键业务活动运行规范性和效率
场景级	企业运行以技术使能型为主，实现主营业务范围内关键业务活动数字化、场景化和柔性化运行，打造形成关键业务数字场景

(续)

转型阶段	不同阶段转型特征
领域级	企业运行以知识驱动型为主,实现主营业务领域关键业务集成融合、动态协同和一体化运行,打造形成数字企业
平台级	企业运行以数据驱动型为主,开展跨企业网络化协同和社会化协作,实现以数据为驱动的业务模式创新,打造形成平台企业
生态级	企业运行以智能驱动型为主,推动与生态合作伙伴间资源、业务、能力等要素的开放共享,共同培育数字新业务,打造形成生态组织

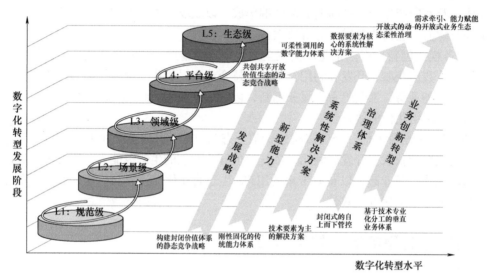

图 8-14　企业五个发展阶段转型路径

8.5.2　规范级及其主要特征

处于规范级发展阶段的企业,总体特征主要表现为:开展了信息(数字)技术应用,提升了相关业务活动的运行规范性;应用信息(数字)技术获取、开发和利用数据,支持和优化主营业务范围内的生产经营管理活动,但尚未有效建成支持主营业务范围内关键业务数字化和柔性化运行的新型能力,尚未实现基于数字化的业务创新。各视角的典型状态和特征主要表现为

1)发展战略:发展战略中涵盖信息(数字)技术应用相关内容,但尚未明确数字化转型战略;

2)新型能力:开展了新型能力建设,但尚未建成支持主营业务范围内关键业务数字化和柔性化运行的新型能力;

3)系统性解决方案:规范开展信息(数字)技术应用,或规范开展基于信息(数字)

技术的（系统性）解决方案策划与实施；

4）治理体系：管理模式为职能驱动型，各项业务活动主要根据规范性岗位职能分工负责；

5）业务创新转型：开展了信息（数字）技术支持下的业务活动优化，但尚未实现基于新型能力的业务创新。

8.5.3 场景级及其主要特征

处于场景级发展阶段的企业，总体特征主要表现为：在主营业务范围内的关键业务活动中，开展（新一代）信息技术的场景化应用，提升关键业务活动的运行柔性和效率；主要应用（新一代）信息技术实现主营业务范围内关键业务活动数据的获取、开发和利用，发挥数据作为信息媒介的作用，实现场景级信息对称，提升关键业务的资源配置效率和柔性；有条件的企业基于信息（数字）技术、专业领域技术等各类技术融合应用形成专业技能，以技能使能关键业务活动数字化、场景化和柔性化运行，打造形成关键业务数字场景。

各视角的典型状态和特征主要表现为

1）发展战略：在发展战略或专项规划中明确提出关键业务活动数字场景建设的内容和要求，目标定位主要是提升关键业务数字化、场景化和柔性化水平，并将其纳入部门级年度计划和绩效考核；

2）新型能力：能够运用（新一代）信息技术手段，建设、运行和优化支持关键业务数字化、场景化和柔性化运行的场景级能力，所形成的新型能力已在关键业务活动中得到有效应用；

3）系统性解决方案：围绕场景级能力建设、运行和优化，开展必要的设备设施改造，系统应用（新一代）信息技术手段和工具，开展主营业务范围内关键业务活动的场景级优化和职能职责调整，基于关键业务数据采集开展场景级数据建模等；

4）治理体系：管理模式是技术使能型，能够基于主营业务范围内关键业务活动数据开展场景化管理。领导重视并设置专门团队开展（新一代）信息技术场景化应用，建立技术使能的数字场景建设、应用与运维制度等；

5）业务创新转型：主营业务范围内关键业务活动实现数字化、场景化协调联动，形成（新一代）信息技术手段和工具支持下的业务数字化、场景化和柔性化运行模式。

8.5.4 领域级及其主要特征

处于领域级发展阶段的企业，总体特征主要表现为：在企业主营业务领域，通过企业级数字化和传感网级网络化，以知识为驱动，实现主要业务活动、关键业务流程、设备设施、软硬件、相关人员等要素间的动态、全局优化；主要基于主营业务领域数据的获取、开发和利用，发挥数据作为信息媒介的作用，实现跨部门、跨业务环节的领域级信息对称，提升主营业务活动的集成融合、动态协同和一体化运行水平，提高主营业务领域内资源全局优化配置效率；有条件的企业开始探索发挥数据作为知识媒介和创新媒介的作用，开展基于数据的知识在线交换，推进基于数据建模的业务知识数字化、模型化、模块化和平台化，以知识为驱动，提升主营业务集成融合、动态协同和一体化运行水平，打造形成数字企业。

各视角的典型状态和特征主要表现为

1）发展战略：以建设数字企业为核心，制定数字化转型规划，已在战略层面认识到数据的重要价值，并将数字化转型年度计划和绩效考核纳入组织整体考核体系；

2）新型能力：完成支持主营业务关键业务集成融合、动态协同和一体化运行的领域级能力的建设，且新型能力的各能力模块可被相关业务环节有效应用；

3）系统性解决方案：面向领域级能力建设、运行和优化，构建传感网级网络，集成应用 IT 软硬件资源，开展跨部门、跨业务环节、跨层级的业务流程优化、重构和职能职责调整，基于主要设备和各业务系统数据采集和集成共享，构建并应用领域级数字化模型；

4）治理体系：管理模式为知识驱动型，能够开展跨部门、跨业务流程的数字化集成管理，由决策层和专职一级部门统筹推进数字化转型工作，形成了知识驱动的数字企业建设、运行和持续改进标准规范和治理机制；

5）业务创新转型：在主营业务均实现数字化基础上，沿着纵向管控、价值链和产品生命周期等维度，企业主营业务实现了全面集成融合、动态协同和一体化运行。

8.5.5 平台级及其主要特征

处于平台级发展阶段的企业，总体特征主要表现为通过平台级数字化和产业互联网级网络化，推动企业内全要素、全过程以及企业间主要业务流程互联互通和动态优化，实现以数据为驱动的业务模式创新和对外赋能服务；主要基于整个企业范围内及企业之间数据的获取、开发和利用，发挥数据作为信息媒介和知识媒介的作用，基于数据实现知识网络化在线交换，提升企业知识网络化创造能力和整个企业资源动态配置和综合利用水平通常具备依托平台级数字化和产业互联网级网络化，开展整个企业及企业间数据的获取、开发和利用，实现数据驱动的业务模式创新和知识网络化在线交换，提升资源平台化社会化动态配置和综合利用水平。有条件的企业开始探索发挥数据作为创新媒介的作用，用数据科学重新定义并封装生产机理，构建基于数据模型的网络化知识共享和技能赋能，提高创新能力和资源开发潜能，打造形成平台企业。

各视角的典型状态和特征主要表现为

1）发展战略：制定了以建设平台企业为核心内容的发展战略，在发展战略中明确将数据作为关键战略资源和驱动要素，加速推进业务创新转型、数字业务培育以及对外赋能服务。构建平台企业成为组织年度计划的核心内容，并建立覆盖全员的绩效考核体系；

2）新型能力：完成支持广大平台用户网络化协同和社会化协作的平台级能力的建设，实现新型能力的数字化、模型化、模块化和平台化，能够实现面向平台用户的按需共享和应用；

3）系统性解决方案：建设支撑平台企业建设的系统集成架构，业务基础资源和能力实现平台化部署，支持按需调用，OT 网络与 IT 网络实现协议互通和网络互联，基于组织内全要素、全过程以及组织间主要业务流程数据在线自动采集、交换和动态集成共享，建设和应用平台级数字孪生模型；

4）治理体系：管理方式为数据驱动型，实现覆盖企业全局，以及平台用户网络化协同和社会化协作相关主要业务流程的自组织管理。建立平台级数字化治理领导机制和协调机制，形成数据驱动的平台企业治理体系，实现数据、技术、流程和组织等四要素的动态协同、迭代优化和互动创新；

5）业务创新转型：基于主要或关键业务在线化柔性运行和核心能力模块化封装和共享应用等，实现网络化协同、服务化延伸、个性化定制等业务模式创新，以及平台化赋能服务。

8.5.6 生态级及其主要特征

处于生态级发展阶段的企业，总体特征主要表现为在生态圈范围内，通过生态级数字化和泛在物联网级网络化，推动与生态合作伙伴间资源、业务、能力等要素的开放共享和协同合作，共同培育智能驱动型的数字新业务；主要基于生态圈数据的智能获取、开发和利用，发挥数据作为信息媒介和知识媒介的作用，实现生态圈信息对称，并基于数据实现价值智能化在线共创和共享，提升生态圈价值智能化创造能力和资源综合开发水平；应用数据科学重新定义并封装生产机理，实现基于数据模型的生态圈知识共享和技能赋能，提升生态圈开放合作与协同创新能力，提高生态圈资源的综合开发潜能，打造形成生态组织。

各视角的典型状态和特征主要表现为

1）发展战略：制定以建设生态组织、构建共生共赢生态系统、发展壮大数字业务为目标的组织发展战略及生态圈发展战略，在发展战略中明确将数据作为驱动创新的核心要素，开展智能驱动的生态化运营体系建设，制定覆盖整个生态圈主要合作伙伴的战略全过程柔性管控机制；

2）新型能力：完成支持价值开放共创的生态级能力的建设，能够与生态合作伙伴共建开放的能力合作平台和开放价值生态，实现生态级能力认知协同、按需共享和自优化；

3）系统性解决方案：建立组件化、可配置、开放灵活的智能云平台，组织内 OT 网络、IT 网络以及组织外互联网实现互联互通，组织已成为社会化能力共享平台的核心或重要贡献者，与合作伙伴共同实现生态基础资源和能力的平台部署、开放协作和按需利用；

4）治理体系：管理模式为智能驱动型，员工成为组织的合伙人，形成以生态伙伴命运共同体为核心的组织价值观；

5）业务创新转型：形成以数字业务为核心的新型业态，生态圈数字业务成为组织主营业务的重要组成部分，发挥生态圈创新潜能，开辟实现绿色可持续发展的广阔空间。

第 9 章

数据驱动的数字化战略

9.1 概述

在数字化时代,数据已成为业务的新存在形式。它如同一座蕴藏着无尽价值的金矿,等待着人们去挖掘和利用。然而,要从这座金矿中获取财富,企业需要建立一套顶层规划体系——以数据为生产要素的数字化战略。数字化战略不仅是企业发展的关键,更是连接业务战略和目标的桥梁。通过数字化战略,人们可以勾勒出数据资产的蓝图,明确如何生产、开发、利用和创造数据价值。

本章将深入探讨数据驱动的数字化战略的重要性和意义,企业如何利用中国原创,国际标准的精益数据方法构建价值驱动以场景为核心抓手的数据战略。

本章提供关于数据驱动的数字化战略构建的全面指南,帮助企业领导者和决策者理解数据的力量,并掌握制定和实施有效数据战略的方法。探讨如何利用数据来驱动创新、提升客户体验、优化运营效率,并在竞争激烈的市场中取得领先地位。

战略的制定是一个非常复杂,体系化的工作,往往需要非常深厚的行业理解和洞察能力。为了让读者能够更加清晰直接的掌握数字化战略构建的方法路径,将数字化战略制定的过程变成一个可以被清晰解构的动作指南,本章参考了任务管理和控制工具框架。如图 9-1 所示,从而让读者沿着这个框架一步步操作,就可以理解数字化战略的制定过程。

9.1.1 背景与目标

1. 数据驱动的数字化战略的背景

数字化战略是指利用数字技术和数字化思维来支持和实现企业或组织的商业目标和业务流程的一系列战略规划的内容。

数字化战略是企业为了应对未来的挑战,实现业务愿景而制定的一系列举措和规划,主要目的包括通过数字化技术改进产品和服务、提高客户体验、提高生产力和效率、加强市场营销、提高数据分析能力等方面的布局和策划，通过数字化战略的制定和落实，从而纲举目张，让企业沿着数字化战略实现数字化转型，从而成为数字化企业。

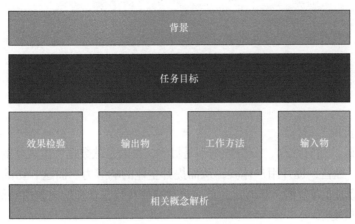

图 9-1 数字化战略制定动作指南

数字化战略通常需要企业或组织对其业务流程、组织结构和文化进行重大变革，以便更好地适应数字时代的要求和变化。

数字化战略可以帮助企业或组织更好地理解和利用数字技术的潜力，从而实现更高的业务价值和竞争优势。

数字化战略对于企业的数字化转型有五大重要意义：

1）提升企业竞争力：通过数字化战略，企业可以更好地利用数字技术，改进产品和服务，提高客户体验，提高生产力和效率，加强市场营销等方面的能力，从而提升企业的竞争力。

2）优化业务流程：数字化战略可以帮助企业发现业务流程中的瓶颈和问题，并通过数字技术来优化和改进业务流程，提高企业的运营效率和质量，从流程驱动走向流数融合，数据驱动。

3）实现数据驱动决策：数字化战略可以帮助企业建立数据分析能力，将数据转化为决策的支持，从而更好地实现企业战略目标。

4）推动组织变革：数字化战略需要企业对组织结构和文化进行重大变革，从而更好地适应数字时代的要求和变化，这有助于企业建立更加灵活、高效的组织架构和文化。

5）拓展业务领域：数字化战略可以帮助企业通过数字技术开发新的业务领域和模式，从而实现业务增长和拓展。

2. 数据驱动的数字化战略的目标与设计原则

数字化时代面临更复杂，更混沌，高度不确定的问题，如何充分发挥好数据要素的资产属性，创造价值是数据驱动的数字化战略需要解决的问题。

精益数据方法提出数字化战略的概念，数字化战略围绕以下六大目标，构建以数据为核心的数字化转型规划，最终走向精益数字化企业，如图 9-2 所示。

图 9-2 数字化战略的六大目标

（1）以创造价值为目标

对于企业来讲，拥有数据，分析数据不是目的，目的是从数据中发现新的业务模式，改善建议从而优化生产经营，提升用户体验，从而提升企业的响应力。而这一切的度量就是是否创造了用户有获得感的业务价值，新时代的数字化战略要从数据管理走向数据的价值创造。

（2）探索价值场景

定义问题永远是解决问题的前提，定义好数据要素能够发挥作用的价值场景是创造业务价值的关键。如何能够利用一套程序化，标准化的流程手段和工具来发散，定义和识别出企业的价值场景蓝图，是数字化战略的核心工作。

价值场景的构建要打开思路，突破现有的成功经验和认知的壁垒，从业务问题出发，从用户体验出发。

（3）梳理数据资产

数据资产的形成过程要经历五个关键步骤，四个阶段，如图 9-3 所示：

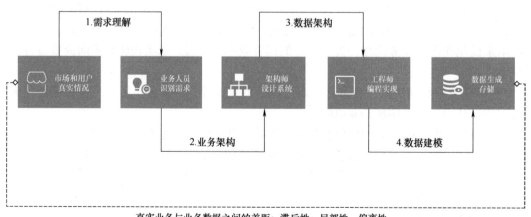

图 9-3 数据资产形成的五个步骤四个阶段

第一个阶段：需求理解。

从真实的市场用户到业务人员识别出其中的关键需求，设计出流程。这个阶段不同的业务人员对于市场和用户的理解是不一样的,所以最终形成的需求也不一样,需求的准确度,全面性也不径相同。

第二个阶段:业务架构。

从业务需求到业务系统的架构,这是由业务架构师完成的,不同经验,架构的方法设计出来的业务系统的划分,架构也是不一样的。

第三个阶段:数据架构。

从业务架构的设计到数据架构的设计,哪些是主数据,哪些是交易数据,数据之间的关系,这个阶段是数据资产生成的总体设计。

第四个阶段:数据建模。

工程师采用什么方式建模实现数据架构,数据库,数据表如何设计,字段的属性等,最终决定了存储里的数据的最终呈现形式。

从上面四个阶段可以看出,最终的业务数据与真实业务之间客观存在三个差距,滞后性,局部性和偏理性。

这四个阶段,每一个阶段都需要花费时间,所以数据本身是有滞后性的,在传统业务的数据生产的模式下,数据肯定是滞后于真实的业务的。不同环节对于上一个环节的理解是有局限性的,很难全面地将上一个环节的所有内容都完整的复制到新的设计中。所以,最终形成的业务数据距离真实的业务情况大部分情况下都会存在一定的偏离。

这是所有数据问题产生的本质原因,为了解决这个问题,每个企业需要梳理和构建面向未来的数据资产全景,在转型初期就勾勒出一个阶段的业务终局的数据资产大图,以此为框架模板去规划应用的建设,以此为地图去设计应用间数据的共享,集成和协作。

数字化时代,一切的应用都是服务于数据的生产和利用,应用架构会逐渐快速迭代消亡,而数据作为业务的数字化存在形式则会持续存在。

(4)构建数字化技术

数字化战略要从业务价值出发,以场景为具体需求方,对企业的数字化技术能力提出需求,指导和牵引技术平台以及新技术的应用。企业的数字化技术蓝图要清晰地描述出在某一个阶段,为了建设价值场景,数据资产,需要哪些技术,这些技术需要以什么方式提供服务。数字化技术蓝图就能够精准的指导企业数字化能力的建设,最大化技术的投入产出比。

每个企业要制定自己的数字化技术大图,从而指导技术能力和工具平台的建设。

(5)制定清晰的可执行路径

新时代的数字化战略要融规划和落地于一体,既能够制定蓝图,指明方向,又可以聚焦关键问题,给出执行路径,只有这样,才能够快速启动,否则,战略规划的周期越长,战略本身的价值就会削弱。这需要数字化战略的规划者能够从纷繁混乱的现象中能够抓住最本质,最确定性的内容快速聚焦。

有了前面的价值场景,数据资产和数字化技术,三者的联系可以很清楚地梳理出来,导出从价值场景到需要的数据资产,技术能力的层层解码关系,这样数字化转型落地的举措才能够更贴近业务价值,并且更加精益。

(6) 快速反馈持续优化的战略落地体系

外部环境是变化的，用户的关注点也是变化的，数字化战略一定是要持续迭代的。数字化战略要构建起快速反馈的持续闭环，通过场景来获取新的用户数据，通过对新的数据的分析洞察市场及用户的反馈，然后快速调整优化，持续迭代。

新时代，数字化战略要以数据产品的形态呈现价值，让所有的数字化战略都可以落地成具象的数字化产品并拥有数据驱动的能力，而不仅是战略顾问们的人脑迭代，这就需要构建自动化的数据价值链，利用数字化技术让数据流动起来，利用数据指标体系来度量和指导业务的持续优化。

这部分就包括组织结构的设计，业务流程的优化，团队能力的建设，管理机制的匹配和绩效体系的设置等。

9.1.2 相关概念解析

（1）数据驱动的数字化战略

数字化战略是指企业将数字化视为在整个组织中实现业务增长和效率的机会，进而制定明确的数字化目标、优化业务流程和增强客户体验，从而获得竞争优势。

数据驱动的数字化战略的目标是实现数字化转型和升级，提高企业的效率和创新能力，并为企业带来商业价值。数据驱动的数字化战略需要持续的监测和调整，以适应数字化环境和市场变化。

（2）精益数据方法

精益数据方法是企业在数字化时代，为了应对高不确定性的市场需求，以业务价值为目标，以数据为核心生产要素，结合数字化技术，探索高价值场景，形成企业数字化战略，然后按图索骥，实施落地的一套精益数字化转型的方法，具体内容详见《精益数据方法论 - 数据驱动的数字化转型》[一]。

9.2 效果检验

数据驱动的数字化战略的效果要从如图 9-4 所示的六个方面进行检验：

图 9-4 数据驱动的数字化战略的效果检验

㊀ 史凯. 精益数据方法论：数据驱动的数字化转型 [M]. 北京：机械工业出版社，2023.

9.2.1 创造业务价值

所有的数字化转型、应用、数据的建设和利用，都要能够找到与客户价值的连接点，能够创造客户价值，这是数字化战略制定的首要逻辑。

企业要通过数据资产蓝图的梳理，清晰地将数据分层分类，知道哪些数据是现阶段的高价值数据，哪些数据目前是没有价值场景的，然后通过精益数字化共创工作坊这样的形式不断迭代，挖掘出这些数据的价值。

9.2.2 让战略可落地可执行

参考 Cynefin 框架，精益数字化战略将数据驱动的数字化战略成果分成两大类内容，一类是价值确定性较高的任务，一类是不确定性的任务，针对不同的任务不同的解码落地策略。

对于确定性较高的任务，例如识别出来的速赢项目，以及必须要建设的数据中台类的能力型项目，快速启动，大胆投入，以效果为考量制定落地计划。

而对于那些受市场、用户影响较大，有高度不确定性的项目，则控制投入、小步快跑，同时通过过程的运营来实时监测和度量效果，及时调整方向。

精益数字化战略将战略解码后的具体任务分成两类，一类是不确定性的任务，例如业务价值度量困难，用户需求变化快的价值场景。一类是确定性较高的任务，例如识别出来的速赢价值场景，有紧迫的需求，价值是很清晰的。如图 9-5 所示。

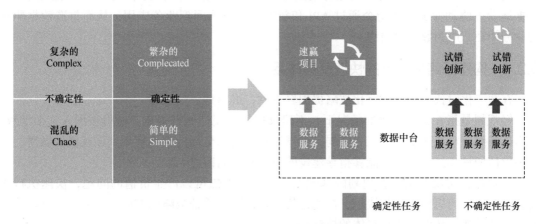

图 9-5 确定性先行的战略解码策略

对于确定性较高的业务场景，尽快启动，同时将这类业务场景所需要的共性的，可复用的数据服务，拆解到数据中台的速赢阶段先行建设。对于不确定性的业务场景，则尽可能小投入，尽快推出最小可用版本上线，接受市场和用户的检验，再逐步试错迭代。

9.2.3 打造数据要素闭环价值生态

精益数字化战略的目标是构建数据驱动的企业，以数据要素作为驱动企业生产和经营的核心资产，形成如图 9-6 所示的闭环价值生态。

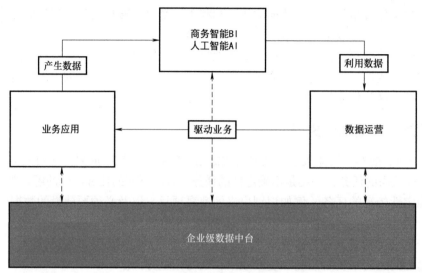

图 9-6　数据要素闭环价值生态

业务应用作为数据价值生态的源头，通过业务软件将业务数字化，从而产生数据，然后通过商务智能和人工智能对数据进行挖掘分析，形成数据产品和服务，提供给数据运营方，数据运营方驱动业务，将指令通过 API 和新需求的方式回到业务应用，从而打造数据驱动的业务闭环，成为数字化组织。

9.2.4　构建战略与执行的快速反馈体系

在数字化时代，企业数字化战略提倡轻规划，准落地，快反馈。

轻规划是指在快速变化的情况下，不建议把战略规划做得很重，做得很深入，很细致，因为越细致应对快速变化的能力就弱，就越僵化。所以全面的整体规划，建议做轻做薄，识别出价值场景和演进路线，能够指导建设的原则和方向即可。

准落地，快反馈是指在规划的基础上，要快速聚焦可以产生价值的问题，快速执行落地，结合敏捷的思想，小步快跑，快速迭代，这样既能验证战略的方向，又能够通过落地获取真实的反馈，从而去优化整体的战略。

9.2.5　数据驱动的持续优化迭代

精益数字化战略认为，未来的企业战略在以年为单位定期规划的基础上，同时要加快战略的迭代速度。通过落地执行，将战略意图解码成可以度量的数据指标，然后通过业务的运营反馈，获得实时的指标数据，从而验证战略的落地情况，再通过算法去推演预测后续的趋势，从而回过头分析战略解码是否正确，是否需要优化，从人脑的战略规划到数据驱动的战略优化迭代。

9.3 输出物

9.3.1 价值场景蓝图

精益数字化战略制定的价值场景蓝图要包括下面 3 种类型的场景清单，如图 9-7 所示。

1）速赢场景清单：价值清晰，痛点明确，确定性的场景清单。此类场景在战略落地式尽快落地执行。

2）中期建设场景清单：中期来看需要建设，或者目前建设条件不成熟，有依赖项不具备条件的价值场景，要尽快补足短板，准备建设。

3）远期建设场景清单：从长期战略来看，需要建设，目前不具备条件，优先级不高的场景。

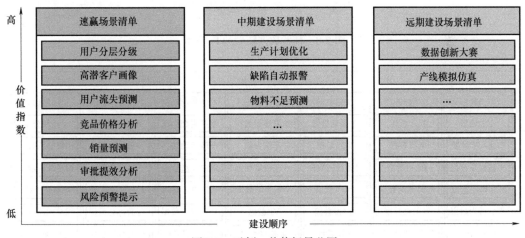

图 9-7　示例：价值场景蓝图

精益数据转型方法提供了 I7 模型（如图 9-8 所示）来从业务价值，数据资产和技术能力三个维度结构化的识别和排序业务场景。

9.3.2 数据资产蓝图

精益数字化方法认为，新的数字化战略要尽早识别出企业的数据资产蓝图，并且按照蓝图去规划和建设自己的应用系统，这些应用系统就是要依据蓝图来生产和利用数据。拿汽车企业做例子，数据资产蓝图的形式如图 9-9 所示。

通过数据资产蓝图，能够清晰地看到企业根据自己的业务战略和愿景，应该拥有哪些数据资产，并且这些数据资产应该来自哪些系统，这是一个面向未来的蓝图。企业对照这个蓝图，进行现状调研，就能够分析出数据与应用的差距，从而制定行动路径去将这个数据资产蓝图实现出来。

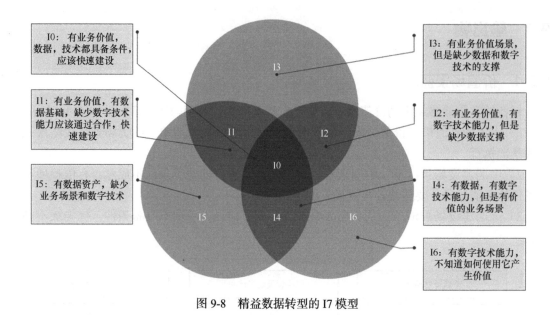

图 9-8 精益数据转型的 I7 模型

数据资产蓝图							
用户数据	车辆数据	环境数据	研发数据	市场销售数据	内部管控数据	BI数据
车主信息	整车数据	车联网数据	仿真场景数据	销售明细数据	供应商数据	平衡积分卡
车主APP数据	电机数据	道路数据	车辆参数	市场活动数据	采购数据	销售分析数据
车载娱乐数据	BOM数据	交通设施数据	车辆故障数据	用户大盘数据	财务数据	市场分析数据
车主购买数据	燃料电池数据	天气数据	车辆测试数据	销售线索数据	人力资源数据	库存分析数据
驾驶行为数据	发动机数据	路况数据	VR数据	4S店分布数据	行政办公数据	销量预测数据
驾驶习惯	车辆位置数据	POI数据	试验车数据	市场信息数据	组织结构数据	用户画像数据
三方浏览数据	报警数据	地图数据	工艺流程数据	用户反馈数据	设备资产数据	车型分析数据
兴趣爱好	……	车内环境数据	研发设备数据	媒体报道数据	……	……

主要应用系统					
CAD/CAE	产线系统	客户关系管理	智能网联系统	客户数据平台	库存管理系统	研发管理系统	车辆检测系统
电商平台	MES	客户服务系统	呼叫中心	供应链管理	运输管理系统	内容管理平台	……

图 9-9 数据资产蓝图的形式

精益数字化方法提供了四种探索数据资产蓝图的方法和工具，帮助企业全面无死角的扫描所有数据资产。

9.3.3 数字化技术蓝图

精益数字化战略的数字化技术蓝图指的是支撑企业数字化转型所需要的数据智能技术的

集合，从而企业在构建数据中台能力的时候，可以以此蓝图作为最终目标，以业务场景为牵引，急用先行，按需建设，最终完成企业自己的数字化技术蓝图。

典型的数字化技术蓝图如图 9-10 所示。

数字化技术蓝图核心解决企业数字化转型的三个问题：

1）将企业的业务场景和技术联系起来，识别企业所必需的技术大图。
2）将技术需求分层分类，结合业务场景价值，制定技术能力构建的策略。
3）以数字化技术蓝图作为技术团队能力建设的顶层规划。

数字化技术蓝图能够指导企业构建适合自己的技术团队能力，让技术投入更贴近业务需求。

9.3.4 数字化转型路径蓝图

精益数字化战略认为，一个清晰的可执行路径必须定义出速赢（短）期、中期和远期不同阶段的数据利用的目标，并且对于短期目标要给出具体可以落地的场景，能够直接指导落地。

价值场景清单				
用户分层分级	库存预测	用户流失预警	用户投诉预警	供应商智能评价
销量预测	配送路径优化	首页商品推荐	自动客服机器人	……

	数字化技术蓝图				
人工智能技术	机器学习	计算机视觉	异常检测	个性化/推荐	自适应系统
	深度学习	规划计划	模式识别	情绪/行为分析	语音识别
	强化学习	预测建模	归类/分类	对话式系统	……
数据技术	关系型数据库	实时计算	日志分析	消息队列	RPA
	内存数据库	ETL	企业搜索	NoSql 数据库	DataOps
	图数据库	数据目录	流数据处理	数据可视化	……
软件工程技术	内存数据库	ETL	企业搜索	NoSql 数据库	DataOps
	图数据库	数据目录	流数据处理	数据可视化	……

图 9-10 典型的数字化技术蓝图

如图 9-11 所示，就是典型的数字化战略的演进路径示例。

速赢（短期）阶段要制定出项目清单，从而快速落地，通过用户的反馈数据量化的度量效果和价值，从而不断优化；

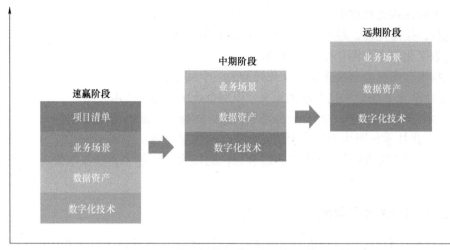

图 9-11 典型的数字化战略的演进路径示例

中期阶段重点关注数字化技术和数据资产的建设准备,从而为业务场景打好建设的基础。远期阶段则关注创新,关注企业的终极愿景的达成,为打造新的业务模式做孵化。

以上述四张蓝图为基础,企业能形成以价值场景为核心驱动,带动数据资产蓝图和数字化技术蓝图的持续迭代优化,不断刷新转型路径,从而更加敏捷和高效,如图 9-12 所示。

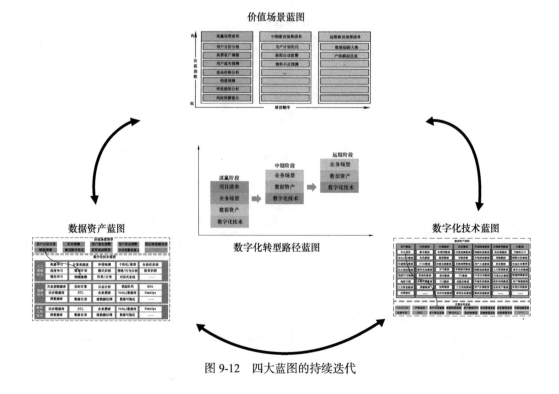

图 9-12 四大蓝图的持续迭代

以价值场景蓝图为纲,构建数据资产蓝图,指导数据资产的采集,建设和利用。然后从业务需求,数据开发需求角度共同推导出数字化技术蓝图,建设数据中台。将这三个蓝图的演进路线和执行计划进行归类,集成,形成企业的数字化转型路径蓝图。通过这四个蓝图的持续迭代优化,最终打造数字化企业。

9.4 工作方法

9.4.1 数字化战略的七大关键动作

数字化战略包括以下七大关键动作,如图 9-13 所示。

1. 转型愿景和目标分解

一个有价值,可执行的数字化战略首先要对齐企业的业务战略,在业务战略和愿景的基础上分解业务目标,目标足够清晰后,数据要素如何发挥价值,需要哪些数据要素才会逐渐明朗。很多企业的数字化转型,在第一步对齐企业愿景和目标的阶段做得不够深入,不够扎实,没有在所有的业务部门和技术部门间形成共识,导致到了转型过程中各自的目标不一致,动作就很难一致。

图 9-13 数据驱动的数字化战略的七大关键动作

2. 价值场景蓝图探索

在愿景和目标清晰并且达成一致的基础上,要进行业务价值场景的探索和挖掘。数据要素必须结合业务场景落地,找到有价值,用户有获得感的场景才能够发挥作用。这一个阶段,要通过业务与技术,数据共创的方法,梳理出为了达成企业业务愿景和目标的所有价值场景,形成价值场景蓝图。

3. 数据资产蓝图梳理

价值场景蓝图从业务角度识别了所有对业务有价值的场景,在此基础上,需要梳理出为了构建价值场景需要哪些数据资产，也就是精益数据方法提出的数据资产蓝图。数据资产蓝图是企业业务的数据呈现形式。梳理出企业的数据资产蓝图能够帮助企业全员理解业务全局的数字化形式，从而每个部门，每个业务在构建自己的业务系统的时候，有一个蓝图可以参考，避免出现数据孤岛的情况。

4. 数据技术蓝图梳理

基于价值场景蓝图，和数据资产蓝图，企业就需要识别为了实现这些价值场景，需要哪些数字化技术能力，这就是企业的数据技术蓝图。梳理出企业的数据技术蓝图，就能够清晰地知道支撑所有的业务场景需要哪些技术能力和服务，这就是数据中台的需求。

5. 差距分析和优化改进

对齐目标的三个蓝图：业务价值场景蓝图，数据资产蓝图，数据技术蓝图，数字化战略会对比分析企业的应用架构现状、数据架构现状和技术架构现状，从而找出差距，制定出优化改进的策略和优先级。

6. 转型路线和项目清单

差距分析和优化改进完成后，根据企业的短期目标，资源情况，就能够梳理制定出转型路线，这就是能够落地指导转型的具象化的内容，把战略的意图解码成可以落地的项目清单。

7. 配套举措和行动计划

制定了转型路径和项目清单后，就要从组织结构，业务流程，绩效体系等配套措施角度分析，需要做哪些配合的工作来保障转型的顺利进行，分析出问题，制定出配套举措和行动计划。

数字化战略的目标是打造精益数字化企业，通过 7 个步骤，形成精益数字化企业的其他五大能力，如图 9-14 所示。

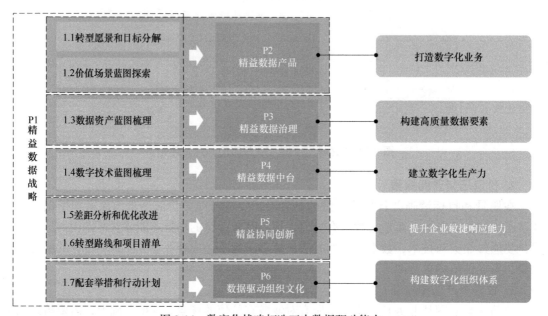

图 9-14　数字化战略打造五大数据驱动能力

(1) P2：精益数据产品

数据产品是承载数字化企业的核心价值引擎，企业必须将传统的产品，流程转化成数据的形式，才能获得数据产品的升维优势。精益数据方法建议从价值场景出发，围绕价值场景蓝图去识别和构建数据产品。数字化战略的核心工作就是通过对业务愿景和目标的理解，探索出价值场景蓝图，再根据优先级，复杂度，投入产出比等排序方法，识别最重要的价值场景，以数据产品的形式承载和落地。

(2) P3：精益数据治理

传统的数据治理体系是以数据管理为目标的，随着数据量，数据种类的指数级增长，数据的投资越来越多，如何能够利用数据资产产生业务价值成了企业利用数据的新的目标。

精益数据治理提出，数据治理不是目标，是手段，不能为了治理而治理。精益数据治理以产生业务价值为核心，连接具体的业务场景，基于数据资产蓝图，打造有价值的数据产品。精益数据治理的核心要义是要构建以价值场景为核心的数据资产，而不是脱离业务价值去构建一个与价值脱离的管理目的的数据治理体系。

(3) P4：精益数据中台

数字化技术蓝图是企业价值蓝图对于数字化技术的具体需求，精益数据中台是数字化技术能力的具象承载。

精益数据方法提出，企业的数据中台不应该求大，也不求全，而要求精益，用最适合的技术，最精益的成本，构建符合业务需求，满足场景需要的技术平台。精益数据中台独创了以场景为核心，切片式演进设计方法，构建企业统一，可复用，标准化的数据技术能力，从而更敏捷，更高效的响应和支撑业务场景应用。

(4) P5：精益协同创新

当企业构建了基础的数据产品，数据资产体系以后，就会走上高速的数据产品创新的阶段，迭代速度非常重要，如何能够更高效，快速的更新版本，创新功能成了企业数据利用的差异化能力。

精益数据方法认为数据的协同创新是规模化加速数字化转型的重要能力。企业需要构建从业务想法、场景识别、数据采集、数据标注、数据生产到数据产品上线运营的全链路的协同创新体系，从而支撑业务人员、数据工程师、数据科学家、算法工程师、软件工程师等众多角色在一个体系、一套数据资产、一套数字化技术平台上高效协作。

(5) P6：数据驱动组织文化

数字化战略最终的目标是帮助企业完成整体的组织转型，成为精益数字化企业。所有的流程，技术的更新升级，都是为了能让组织在转型过程中同时改变思想，构建数字化的组织能力和文化。而数字化转型的成功不仅是技术和业务的事情，组织结构的适配，配套体系的构建，文化价值观的打造，数据团队的构建都是必要的条件。

9.4.2 精益数字化战略制定方法

数字化战略和传统战略方法最大的差异是数字化战略认为数字化转型是一个复杂问题，

不同的企业都面临不同的问题,是没有最佳实践可以照搬的,所以参考 Cynefin 框架,解决这类问题的核心是要提高响应力,要探索试错,获得反馈,才能逐渐清晰。

数字化战略以探索为核心,辅助以顶层规划,通过探索来发现企业的业务价值场景,基于探索的结果,将确定性的部分进行分解规划,不确定性的部分通过不断试验,迭代逐渐清晰直到出现了确定性的内容。

数字化战略的制定方法主要分成四个步骤,如图 9-15 所示。

(1)探索

过去的定位论与控制论已经不足以适应高速变化,不确定的时代,企业要放弃繁重的,计划式的战略模式,在不确定中发现确定性,所以数字化战略的制定从探索开始。

探索的起点是业务战略,是企业的业务愿景和终局蓝图,对齐业务战略,然后进行业务价值的探索,在这个环节,不需要考虑企业的 IT 架构和数据现状,一切对齐业务价值,凡对达成战略有帮助的,都纳入业务价值场景蓝图之中。

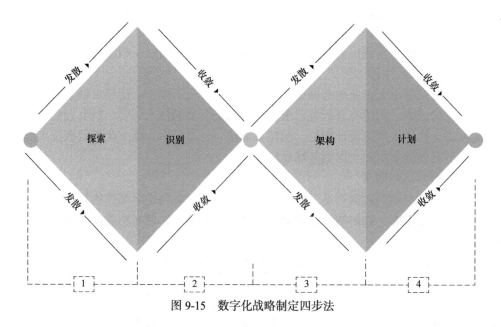

图 9-15 数字化战略制定四步法

探索的阶段是业务和技术人员一起共创的过程,主要的活动有:对齐业务愿景,共创数据资产蓝图,共创数字化技术蓝图,共创价值场景蓝图,排序场景优先级。在探索的阶段,不去考虑技术和数据的现状以及可行性,完全从业务价值出发,避免认知的局限影响了价值的场景的挖掘。

(2)识别

在业务价值场景蓝图基础上,进入第二个阶段,识别。

对价值优先级高的业务场景进行第二轮评价度量,从价值密度,紧迫度,优先级,投入产出比,和复杂度等角度进行筛选。重点识别该场景的可行性,实施的前提条件是否满足,是否有阻碍和风险，从而进一步从最有价值的场景清单中，结合企业数字化技术与数据要素现状，形成投入产出比最高，实施确定性高的高优先级价值场景清单。

这个阶段是收敛的过程，要尽量聚焦，只有这样才能筛选识别出最有价值的业务场景。

（3）架构

带着业务价值场景蓝图和最有价值的业务场景清单，进入到第三个阶段，架构设计。

架构设计就要兼顾长期和短期，是一个发散的过程。

围绕业务价值场景蓝图，规划出企业需要哪些数据资产，数据中台的终局蓝图是什么，都需要哪些技术和服务，这是长期数字化技术蓝图和数据资产蓝图的架构。

然后聚焦最有价值，最可行的业务场景，一方面识别出这些业务场景可以通过哪些数据产品和服务实现，同时也识别出，这些业务场景最需要的数据资产和数字化技术，这是立刻就要建设的能力，也就是数据中台的速赢版本。

（4）计划

有了业务价值场景蓝图，优先级最高的价值场景清单，数字化技术蓝图和数据中台的速赢版本，那么数字化转型要实现的目标和建设的内容就比较清晰了，这就进入了第四个计划阶段，可以具体地列示项目清单，行动计划和关键举措了。

通过探索，识别，架构和计划四个阶段，就能够制定出数字化战略。

精益数据方法结合设计思维首创了精益数据共创工作坊，利用独特的精益数据卡牌，打造桌游式的沉浸体验，互动创新的数据驱动的数字化战略新范式。

探索规划阶段的工作就是制定数据驱动的数字化战略的核心，主要可以分成如图9-16所示的四大工作阶段。

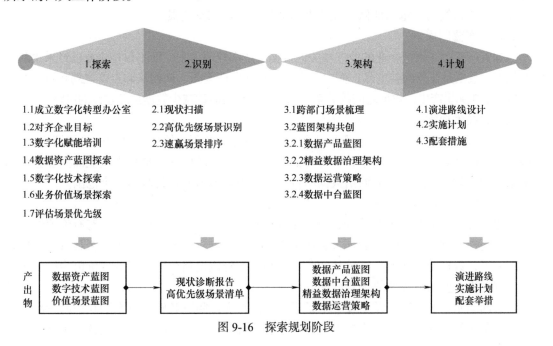

图9-16 探索规划阶段

探索规划阶段是利用精益数据驱动的数字化战略方法，对齐业务目标，探索价值场景最后产出数字化转型的顶层规划，共分为四个步骤。

（1）探索

探索是精益数字化转型的起点，先对齐企业的业务目标，然后自下而上全面探索，通过业务与技术的共创，结合企业的数据资产盘点，制定出数据资产蓝图，数字技术蓝图和价值场景蓝图，这三张蓝图作为数字化转型的顶层纲要指导后续的设计。

主要包括如下工作：

成立数字化转型办公室（Digital Transformation Office）

数字化转型是企业的整体转型，是一个复杂的系统工程，一个有领导力，推动力的牵头部门是非常重要的。一般来说企业的数字化转型办公室应该是一把手挂帅，由主要业务和技术部门领导组成，负责统筹对企业数字化的战略确定，任务协调和落地。

对齐企业目标

数字化转型本身不是目的，而是服务于企业业务战略的手段。所以，在探索规划之初，必须让所有核心成员对数字化转型的战略与业务目标达成一致的认识，目标明确，力出一孔是后续工作的基础。

数字化赋能培训

数字化认知是数字化转型的第一大挑战，进行数字化赋能培训，让所有人能够了解数字化转型的本质，与企业业务发展的关系，与每个人的关系，同时要进行多种数据智能技术的培训，让大家了解数字化技术能够解决哪些问题。有了对数字化的认知和技术的理解，才能更好地与业务关联起来，在后续的共创探索中才能够具备基础。数字化赋能培训不是一次性的工作，是要持续的，定期地做，让数据驱动的文化在企业扎根。

数据资产蓝图探索

数据资产蓝图探索把企业的业务相关的数据资产都梳理出来，而不仅是企业已经采集和存储的数据。数据是业务的共生品，面向未来构建数据资产蓝图，从而从起点就规划和对齐好这些数据未来在那里产生，数据之间的关系，从而从思想层面就减少数据孤岛建设的风险。

数字化技术探索

数字化技术层出不穷，但是哪些是企业所需要的，与企业的业务目标相关的核心技术，哪些是能够产生业务价值的技术，要通过数字化技术探索的模式，梳理出企业面向业务，面向未来的数字化技术蓝图，从而给数据中台和技术团队能力的建设画出一个范围。

业务价值场景探索

通过业务，数据与技术的共创，对齐业务目标，自下而上头脑风暴出所有有价值的业务场景，这是探索规划中最终要的环节和产出物。这个时候，不要考虑技术是否具备，数据是否已经有了，数据质量如何，纯粹从业务目标和业务价值视角出发，以业务价值为第一核心要素，规划出企业的业务价值场景蓝图。

定义问题永远比解决问题重要，但是很多时候大家把问题和解决方案混在一起考虑，在识别业务需求的时候，很容易直接深入到是否能实现，怎么实现的角度，而忽视了真正有价值的问题。

评估场景优先级

在探索出业务价值场景蓝图后就需要对所有的价值场景进行价值排序，从而梳理出当前阶段，价值最高，优先级最高的场景，从而进入下一轮的识别环节。

（2）识别

在探索出业务价值场景蓝图后，就进入第二步，识别。

首先是对现状进行扫描，然后对价值场景蓝图里的所有业务场景进行价值排序，结合企业数据，技术现状，实施的复杂度，投入产出比等，识别出业务价值凸显，紧迫度高，可行性高的速赢业务场景，也就是第一批建设的项目。这一步的主要产出物是现状诊断报告和高价值场景清单。

最后就要对识别出的有建设条件的价值场景进行优先级排序，得出速赢场景的第一次排序清单，这是所有业务，技术部门都达成一致的，为后面的架构和规划做准备。

（3）架构

架构包括两个层面的工作，一个是数据中台的整体架构设计，一个是速赢业务场景所对应的数据产品的架构设计。同时根据架构设计来产出数据治理架构和数据运营策略。

第三个阶段的主要产出物是数据中台蓝图架构，数据产品蓝图架构，精益数据治理架构和数据运营策略。

（4）计划

最后一步就进入了数字化转型计划阶段，主要包括数字化转型演进路线，实施计划和配套举措三部分产出物。

9.5 输入物

9.5.1 企业愿景和目标

企业愿景是指企业未来所希望达到的理想状态，是对企业长期目标的概括性描述。企业目标是指企业在短期或中期内需要达成的具体目标，通常是为了实现企业愿景而制定的。

制定数字化战略需要明确企业的愿景和目标，因为数字化战略应该是为了实现企业长期目标而设计的。企业愿景和目标可以为数字化战略提供方向和目标，从而确定数字化战略的重点和优先级。

9.5.2 企业业务现状

企业在制定数据驱动的数字化战略时，需要了解以下企业的业务现状：

企业的商业模式、企业的竞争环境、企业的现有数字化基础设施、企业的数据和信息、企业的组织文化。

了解企业的业务现状是制定数据驱动的数字化战略的重要前提，只有在全面了解企业现状的基础上,才能制定出符合企业实际情况和目标的数字化战略。

9.5.3 精益数字化工作坊

精益数字化工作坊,是《精益数据方法论:数据驱动的数字化转型》一书中创新出的一种结合传统战略规划和设计思维,Cynefin 框架于一体的响应高速变化的价值驱动的数据驱动的数字化战略工具,通过精益价值树来对齐和分解业务愿景目标,利用数据和数字化技术,以一套游戏卡牌数字化剧本杀为载体,让业务与技术共创,共同制定出数据驱动的数字化战略,从而做到业技融合,保证数字化战略的价值可度量,可执行,可落地。

本章小结

本章内容主要概括为四个特点,三大内容,四张蓝图,三个原则,如图 9-17 所示。

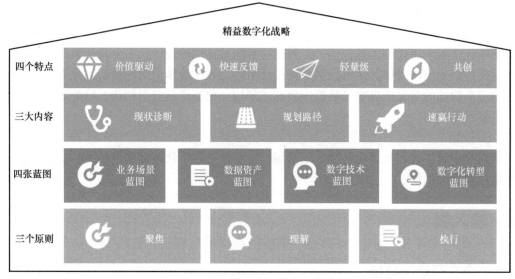

图 9-17 精益数字化战略总结

(1)数字化战略的概念

数据驱动的数字化战略是一项综合性的战略规划,旨在通过利用数字技术和信息化手段,实现企业目标和愿景的数字化转型和升级。数据驱动的数字化战略需要基于企业战略的基础上,明确数字化的目标和方向,并制定具体的数字化计划和行动方案。

(2)数字化战略的目标与设计原则

组织数字化战略的目标包含制度优化、降低成本、提升效率、控制风险。价值原则、匹配原则、精简原则、风控原则、优化原则是数字化战略的五个设计原则。

(3)数字化战略的规划方法

在高速变化的数字化时代,企业应该采用价值导向,消除浪费的精益数据方法来规划数字化战略,从而做到价值可度量,场景清晰,可落地执行,快速迭代。

第 10 章

架构思维与落地实践

10.1 论架构

关于宏观的数字经济趋势、国家政策引导,以及数字化转型的宏观概念与意义,在其他章节中已经进行了充分的讨论,相信读者也都得到了高度的认知和共识。本章则从架构师们的专业视角,探讨企业数字化的设计思想、目标,企业架构的参考框架,以及企业应用参考框架推进数字化落地实践的核心要点。

10.1.1 应对复杂

复杂的事物具备独特的魅力,关联众多,变化无穷,让人在无限沉迷中,却又带着无法掌控的惶恐。人类自其开启文化历程之始,便从未停止对解决复杂问题的强烈而持久的追求,人类的征服欲,在攻克一个个越来越复杂的问题中,在一个个不同领域的拓展中,不断得到满足。而架构设计,是在数字化建设的过程中,结构性、系统性地应对、解决复杂问题的一种重要的手段。

本章内容所面对的主要目标问题域,是企业的数字化转型,主要讨论的问题,是针对企业数字化转型(包括规划、建设、运维)的全生命周期中,如何通过架构与参考框架,应对问题域中的复杂与不确定性。

架构设计,作为数字化转型的一个重要构成,便是应对数字化系统中的复杂性的一个强有力的手段和工具。通过架构设计,对复杂的数字化系统进行系统的、有效的分解,同时,通过参考架构与参考架构框架的创建与应用,实现架构设计过程中的知识、构建的重用。

10.1.2 干系人、视角与视图

处在不同位置、承担不同职责、具有不同认识、掌握不同知识结构的人,站在不同的立场上,必然会对同一个事物产生不同的理解与认知。这样就造成了所有的问题都有多面性的

特征，而系统地理解任何一个事物，便需要多维度、多视角地去认识它、描述它。具体到数字化转型的场景中，干系人、视角与视图构成了一个"铁三角"，是架构师们分析问题、设计方案的概念基础之一。

干系人：又称利益相关者。在数字化转型的规划与项目落地实践中，干系人指的是参与、影响项目实施，或在项目完成后其利益可能受积极或消极影响的个人或组织。

视角：视角定义了观察、认识目标系统的透视角度，简单说，就是选定的（一个或多个）干系人，从某一个特定的角度与利益点看待目标系统。

视图：视图，是指特定的干系人在特定的视角上所关心的信息的表达，视图中所包含的信息可以使得干系人的关注与诉求得到满足。

以数字化项目与目标系统为基本问题域，不同的干系人站在不同的视角，对目标系统的诉求、需求各异，关心的问题也就各不相同，看到的系统的相关信息必然也会不一样。

通过对干系人、视角与视图概念的理解，可以促进人们进行换位思考：将自己代入任何一个干系人（一个人，或者一个角色）的视角，思考他的知识结构、认知水平、利益诉求、个性特征等，观察目标事物，客观地生成该干系人所看到的、所关心的问题。

换位思考，是一个架构师需要具备的最基本、也是最重要的素质！

10.1.3 什么是架构

什么是架构？不同的组织，甚至不同的领域大家给出过不同的定义和理解，各不相同但又基本类似。

ANSI/IEEE 1471—2000 标准中给出的定义是这样的：

架构是事物的基本组织形式，包含在如下方面：

1）构成整体系统的构件；

2）构件之间的关系、构件与环境（系统）的关系；

3）以及治理架构设计和演进的原则。

简单说，架构就是任何一个事物整体与组成部分之间关系的系统性描述。

在数字化系统设计的领域中，对构件做一个更进一步的基本定义。

构件（Component）是可复用的件或者系统组成成分，可被用来构造其他软件与系统。它可以是被封装的对象、类树、功能模块、软件框架（Framework）、软件构架或体系结构（Architectural）、文档、分析件、设计模式（Pattern）等。

架构设计的基本过程是：将一个复杂的数字化系统工程问题，不断进行有效的分解，再针对每一个子问题设计相应的解决方案，形成软件架构中的构件：业务功能、系统模块、集成接口、数据表单、系统部署、安全设计等等，这些构件相互作用，相互关联，形成由多个视图表达的系统蓝图，便是"架构"。其主要的作用，是简化复杂问题，规范、指导系统的开发实施。

架构设计的核心意义，如图 10-1 所示，是通过系统的分解、构件的设计，使架构师可以更容易地去应对数字化系统中的结构性、关联性的复杂，帮助架构师从容有序地去实现数字化系统的落地，实现数字化的建设目标。

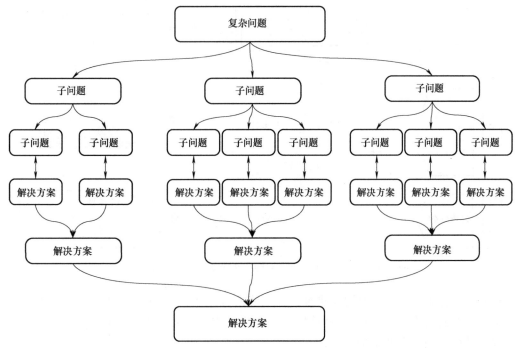

图 10-1　从复杂问题到解决方案的分解汇总

一个架构，通常对应一个需要构建的目标系统，也是针对一个有着明确的问题范围与边界的问题域的解决方案。问题域可以是整个企业的数字化环境的构建，也可以是一个 ERP 系统的实施，同样可以是一个工程计算软件的设计与落地，亦或是在应用、数据、基础等不同层面上的定义。

数字化系统对应的是企业业务运营领域的一个问题域。建设数字化系统的核心目标，是为相对应的业务域的运行体系赋能，没有业务价值的数字化系统，通常是没有意义的。所以，架构设计本身，通常是通过对相对应的业务问题域进行有效的分析、抽象、建模，在充分理解业务、明确业务目标的基础上，设计出的相对应的为企业赋能的数字化系统。

10.1.4　架构与建筑

架构的起源在于对计算机软件分身的复杂性的应对，其本身是抽象的、复杂的、不直观的，纯粹地从技术视角去谈论架构，很容易让人产生"不明觉厉"的感觉。从较为直观的、易于理解的建筑领域进行对比说明，也许可以让其概念更加容易理解。

在英文中，架构与建筑，是同一个单词——Architecture；而进行架构设计（架构师）与建筑设计（建筑师）的人，也有一个共同的职业名称：Architect。而从设计目标、对象主体、构成元素和关联结构等核心元素来看，从图 10-2 中可以看出，数字化系统的架构与建筑物的架构，有着极高的可比拟性。

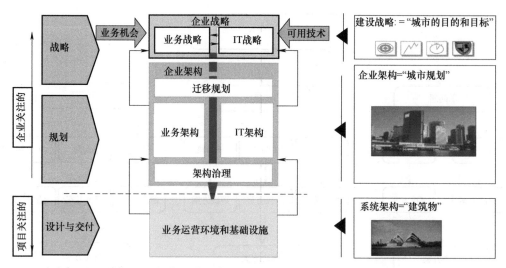

图 10-2　架构设计与建筑架构（框图源自 IBM 企业架构）

从哲学、思想层面上，架构与建筑在多个范围与边界上有着极高的相似度，可以通过理解建筑设计中的相关概念，形象地理解数字化转型中的架构设计的基本理念与内涵。

（1）城市规划与企业架构

城市规划是针对一个城市的整体规划与设计，是为了实现一定时期内城市的经济和社会发展目标，确定城市性质、规模和发展方向，合理利用城市土地，协调城市空间布局和各项建设所作的综合部署和具体安排。

关于企业整体结构、运作方式和组成要素之间关系的综合描述和规划的学科，叫**企业架构**。企业架构是为了实现一定时期内企业的业务战略发展目标，在不断优化企业的组织结构、团队规模与商业模式的基础上，合理地部署数字化系统，设计实现系统与系统之间的信息连接，并通过数字化系统的支撑来提高企业业务开展与协同的综合部署与具体设计。

城市规划是建设城市和管理城市的基本依据，其作用是确保城市空间资源的有效配置和土地合理利用；企业架构则是企业数字化系统落地与应用的基本依据，其作用是确保企业资源、系统与数据的有效利用。

（2）建筑设计与方案架构设计

建筑设计（Architectural Design）是指建筑物在建造之前，设计者按照建设任务，针对建筑所需要的外观、功能、性能等需求，对整个建筑的外形、结构、材料、施工过程、水暖电等维度的问题进行综合设计，把施工过程和使用过程中所存在的或可能发生的问题，事先作好通盘的设想，拟定好解决这些问题的办法、方案，用图纸和文件表达出来。作为备料、施工组织工作和各工种在制作、建造工作中互相配合协作的共同依据。

方案架构设计（Solution Architecture Design），则是在一个限定的业务范围内，设计者按照业务领域内的功能、性能、场景、规则等需求，对整个数字化系统的架构、信息、人机交互、系统集成等维度的问题进行综合的分析与设计，并按照设计系统实施落地的过程、使用中的体验、以及系统建设过程中可能面临的问题,实现做好系统的分析与考虑,分别拟定好解决方案,用设计文档、模块定义等方式表达出来,作为系统项目团队在模块分解、系统开发、集成测试、部署上线、用户培训等各项相关工作中相互配合协作的共同依据。

当然,数字化转型中还有众多的专业领域,业务架构设计、应用架构设计、数据架构设计、基础架构设计、集成架构设计、安全架构设计等等。而在建筑设计领域中,也有众多的相关专业诸如电力系统设计、水暖系统设计、消防系统设计、智慧建筑设计等。

简单说来,架构设计,就是架构师从不同的维度(相关干系人、流程、数据、功能、数据流、安全、网络结构等)对一个目标系统进行解构、设计,形成一个个局部的方案构成,同时,又确保这众多的维度之间相互包容,消除矛盾,形成一个完整的解决方案的过程。而对这些局部方案分模块进行描述,并形成一个完整的方案文档,便是架构设计的最终成果——架构设计文档。

对于架构存在的一个最基本的误区:人们常常以一张复杂的视图来定义、展示复杂事物的架构。事实上,架构不是一张图,架构不是一个维度上的结构,而是多个维度去描述一个复杂系统的复杂结构。

10.1.5 架构域

架构域是对企业系统某一个维度的表达方式。它是针对一个完整架构的分解,是整个系统的部分表示,同时也是一个系统的有机构成。一个架构域的概念被用来专注表达干系人所关心的一个专业维度问题,而通常会在这些视图中忽略其他领域中的问题与诉求。如图10-3所示,业务、数据、应用与技术架构通常被认为是与企业架构定义相关的大多数提议概念中的核心领域。

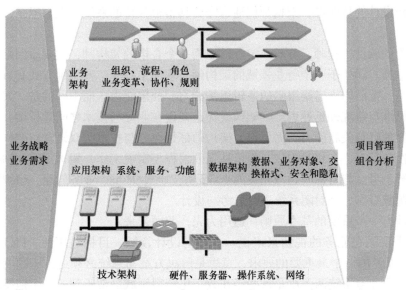

图 10-3 架构域概念示意图

Steven H.Spewak 在 1992 年出版名为企业架构规划(*ENTERPRISE ARCHITECTURE*

PLANNING，EAP）的书中[⊖]，以四种架构域来分解一个架构，已经很常见且被广泛接受。英国计算机协会的"企业和解决方案架构参考模型"也遵循这一分解方法。

1）业务架构（Business Architecture）定义了业务策略、治理、组织和关键业务过程（并不一定与数字化系统直接相关）。它是企业架构的核心内容，承接了企业的战略，直接决定了企业战略的实现能力，是其他架构领域工作的前提条件。

2）数据架构（Data Architecture）描述了企业的数据定义、分类、应用，以及数据资产和数据管理资源的结构。

3）应用架构（Application Architecture）描述应用系统的功能模块、部署构成等构件，包括构件之间的关联关系，以及与企业的核心业务流程之间的关系，应用架构和数据架构一起合称为信息系统架构。

4）技术架构（Technology Architecture）描述了需要支持业务、数据和应用服务的部署的逻辑软硬件能力，包括IT基础设施、中间件、网络、通信、流程、标准等。

除了上述四个主要的架构域之外，架构设计中还有一些经常需要特别关注的问题域，例如信息安全问题，系统集成问题等，也会被分解出来，成为一个单独架构域，形成信息安全架构、系统集成架构等相对应的解决方案或解决方案构件。

10.2 架构思维与架构设计

10.2.1 架构思维

作为架构设计的从业者，架构师们通常需要具备很独特的系统与逻辑思维，称之为架构思维。

一个优秀的软件工程师，并不一定能够成为一个合格的架构师，主要原因是架构思维与编程思维的差异。同处于一个行业领域的架构师与软件工程师，其思维方式有重叠，也有差异。相同的是，他们同样需要很强的逻辑思维能力，抽象能力。而不同的是，架构设计需要很强的业务思维与系统外延性思维。架构设计是架设在业务与技术之间的桥梁，需要两个不同领域的跨界理解与关联能力，简单说，架构师都是业务与技术的双语者；架构设计同时也是一个开放性的行为，与相对内敛、规范性强的编程与实现工作，架构师需要站在更高的一个层面，理解、考虑与目标问题域相关的企业环境、产业环境、业务问题、组织问题，而不能把一个问题域看作一个封闭系统进行思考与设计。

架构设计有一个重要的基本原则：适用为先，兼顾未来。

这句话需要站在业务的视角来审视。在架构设计领域，目标适用性（Fit For Purpose，FFP）是系统设计的一个最重要的要求，意思是解决方案与系统必须适用于预期的业务场景与目标要求。业务与系统两张皮是这些年在数字化转型领域最常听到的一个抱怨，也是众多

⊖ https://en.wikipedia.org/wiki/Steven_Spewak.

项目无法成功的最常见原因,其基本含义,就是所设计的系统与目标业务场景不匹配、不适用,无法真正满足业务的赋能需求。人们常说,承认问题的存在,是解决问题的第一步;而正确的定义问题、描述问题,是项目完成的重要的工作,而在这两步完成之后的技术研发,常常可以水到渠成地得以实现。

而为了真正做到 FFP,在架构设计中,知己、知彼是一个基本的且重要的要求。

知己:用一种系统的、结构性的方法,把自己的业务描述完整。业务架构通常用来达成这一目标。业务架构可以包含很多视图,有几个比较常用且通用的核心业务架构元素:干系人分析、业务流程、场景用例、交互与体验、业务规则、以及业务对象等。

知彼:这里的彼,通常指的是需要设计、落地的目标系统,其中便包括作为架构设计的成果——方案架构设计。知彼,便是人们对目标系统的质量进行全方位的评估的能力。

图 10-4 给出了一个对系统的架构与产品进行全面质量评估的模型。

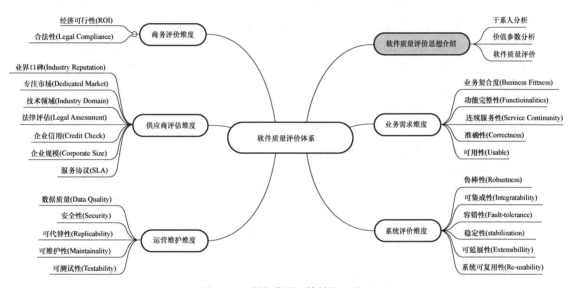

图 10-4　系统质量评估结构示意图

采用这种结构性的模型,可以对系统进行全面的评估,避免大量"前期犯错后期补救"的风险,业界将这种现象称之为"技术债"(Technical Debts)。

举例来说,如可延展性,在设计与研发的前期很容易被忽略,系统完成部署上线后,在运行过程中发现瓶颈,系统扩展的需求才被引起注意,但为时已晚,技术上难以实现,或者实现起来需要巨大的代价。如果把这些非功能性的需求在架构设计完成之前梳理出来,则可以在架构设计的阶段采用多种技术手段进行满足。同样都在做事,做事的时机不同一定会产生巨大的区别,相较于前期设计阶段实现需求,后期对"技术债"的补救,往往需要付出十倍、百倍的代价。

另外,对于建设系统的团队,包括企业内部的 IT 团队,或者外部供应商的团队,也是需要认真理解的"彼"。

10.2.2 架构设计

架构设计是一个创造性的工作，也是一个艺术性的工作。

系统架构是一个介于业务需求与系统实现之间的创造性行为，它的前提是高质量的需求设计；其成果，是抽象、定义并表述针对需求问题域的一个可落地的实现方案；其作用是规范、指导系统的逐步实现、部署与应用。

数字化转型项目通常需要面对两个方面的复杂性：业务复杂性与技术复杂性。业务复杂性通常会表现为需求的不确定性，包括组织、业务边界、流程、规则等多个维度的模糊与变化；而技术复杂性则是由于当前数字化领域本身的技术发展迅速而多变，概念模糊不清，而让数字化系统稳定所需要的团队（能力与构成）、专业（数字化技术的不同领域）也随之变得复杂。

跨界型人才，也就是在技术与业务领域具备跨专业知识与能力的专家，非常的稀缺，而数字化系统在企业的有效落地，对这类跨界型人才的需求非常急迫。

不难想象，业务与技术的复杂性，加上跨界人才的稀缺，必然会导致数字化系统的开发与应用也变得异常复杂。合理的架构设计，可以很好解决跨专业交织的复杂问题。

架构设计的主要目标，可以用以下几点来高度概括。

首先，架构可以降低满足需求和需求变化的开发成本。

其次，架构可以帮助组织人员一起高效协作。

再次，架构可以帮助组织好各种技术。

最后，架构可以保障服务稳定运行。

为了切实达到以上所列举的目标，一个架构师在架构设计过程中的主要任务，可以用以下几点来概括。

1）消除歧义。在架构设计的过程中，需要不断地明确业务场景与需求，避免多方干系人对业务的模糊暧昧的理解偏差。

2）清晰定义系统。提出总体解决思路，定义系统中的关键名词，定义关键衡量标准。

3）问题分解与简化。分解是为了简化系统设计与实施的难度，问题域分解与解决方案的构建是架构师的基本功。这不仅仅是指把一个复杂系统分解成相关构件与关联，也包括将所设计的业务域在其边界内外进行有效的分解与描述。这里需要强调的一点是：干系人的结构是问题分解与简化的重要考量因素。

4）明确实施路径。问题域解决方案的分解结构，是数字化系统实施得以分步实现的前提。架构师需要在准确理解问题、设计适用解决方案的同时，充分考虑落地实施的可行性，从项目管理与业务运营的维度，尽量降低实施过程的复杂度，以及系统上线之后的可用性。

10.2.3 架构模式

模式一词出现在软件行业中，也是受到架构的姊妹行业——建筑规划与设计的影响：匈牙利著名建筑教育学家 Christopher Alexander 在 1977 年出版了一本建筑规划领域的宝典著作：*A Pattern Language*：*Towns*，*Buildings*，*Construction*，从建立模式词典的角度讨论了城市规划与建筑设计领域中，可复用的建筑设计构件的实践，为城市规划与建筑设计领域带来了一个知识重用、问题简化的思维革命。后来，Erich Gamma、Richard Helm、Ralph Johnson 和 John Vlissides（通常被称为软件界的"Gang of Four"）出版《设计模式》（1994），让"设计模式"在软件工程专业领域得到广泛传播。

随着数字化系统开发的复杂度的不断攀升、架构设计的概念与实践不断普及，"架构模式"，也顺理成章地成了架构设计领域的基本概念。

架构模式是针对软件架构中常见问题的通用、可重用的参考解决方案。而架构模式所对应的特定的问题域，都是众多的具备行业性、专业性、领域性的案例锤炼、抽象而来的，具备很高的通用参考性。而针对这类具有一定抽象性的通用场景问题，架构模式所提供的参考解决方案，也就是架构模式，也具备高度的通用性特征。

模式具备"严格描述且普遍可用"的特征。而架构模式，是应对群体复杂性的一个很有效的经验总结与知识建模的成果。

需要强调的是：架构模式通常用来做参考模型，而不是最终的架构构建的交付物。即便架构模式传达了一个相对完整的系统构建的设计方案，但它不是架构，也不是方案。面对不同问题域的架构设计中，可以参考、引用相同的模式并共享相关的特征；而针对一个具体的业务场景、系统建设目标的项目范畴内，设计模式通常提供的是一种可重用的设计思想、架构内容，真实的架构设计则需要针对具体的情况，做相应的具象化的再加工。

当然，有些在基础架构、数据架构、基础应用模块领域的架构模式，也可以具备非常高的可实施性。这种情况下，人们也会遵循一些架构模式，完成详细而具体的架构设计，进一步通过工程实施，创建出被称之为框架（Framework）的可复用软件代码包。人们通常提到的"开源软件包"，便是这些框架的常见实例。

在软件领域中，分层模式、中台、微服务、客户服务器架构、集成总线、云服务架构等，都属于架构模式的概念范围。

10.2.4 架构文档

架构设计的成果，通常是以架构文档来呈现。架构文档的主要目的是交流，是架构师向众多干系人说明架构设计的媒介。架构文档包含了方案架构中的每一个视图的描述，通过一定的结构与关联，形成有机的整体，全面地描述一个架构设计。架构文档的每一个视图构件，都应该有其特定的目标读者（干系人），阐述的是读者站在某一个视角上应该看到的系统的相关信息。

架构文档需要能够帮助数字化项目的相关人员理解架构，规范干系人在系统落地过程中所需要完成的工作，进而指导团队（包括用户）能够很好地实现系统、部署系统、管理系统、应用系统。

架构文档的内容格式并不是一成不变、千篇一律的，需要在干系人与视角分析的基础上，对问题域进行准确定义与边界定义，针对干系人的需求，选取相应的架构视图来进行设计。图 10-5 列举了一些常用的可选视图。

- 范围
- 公用词语表
- 目标、目的和约束
- 架构原则与遵从性要求
- 基线架构-现状的描述
- 要建模的每种状态的架构模型，包括：
    - 业务架构模型
    - 数据架构模型
    - 应用架构模型
    - 技术架构模型
- 架构方法的依据和论证
- 与架构存储库的映射，包括：
    - 与架构景观的映射
    - 与参考模型的映射
    - 与标准的映射
- 重用性评估
- 差距分析
- 影响评估
- 过渡架构

图 10-5　一个架构文档的参考结构

交流的属性对架构文档提出了一个很明确的基本要求：交流语言的统一。当然，这里所说的语言统一，并不是说一定要有一个所有的干系人都能理解的超级通用语言，而是每一个架构视图的表达方式，都要确保与该视图相关联的干系人能够达成术语的统一，不能有歧义存在。这一点看似简单，实际上却是架构师们最容易忽略、或者难以满足的要求。

为了解决通用语言的问题，过去的半个多世纪中，业界产生了大量的建模语言与标准。在架构设计的过程中，架构师们通常会在不同的视图中，采用合适的建模语言进行内容描述，方便相关的干系人理解，最大程度地消除歧义。通用建模语言（Unified Modelling Language，UML）是这些标准模型规范的典型的代表。

UML：通用建模语言是软件工程领域中的一种通用开发建模语言，旨在提供一种可视化系统设计的标准方法。1997 年，UML 被对象管理组（OMG）采用为标准，并从此由该组织管理。2005 年，UML 也被国际标准化组织（ISO）发布为批准的 ISO 标准。

UML 提供了一种在图表中可视化系统架构蓝图的方法，包括以下元素：

1）任何活动（工作）；
2）系统的各个组件；
3）以及它们如何与其他软件组件交互；
4）系统将如何运行；
5）实体如何与他人交互（组件和接口）；
6）外部用户界面。

虽然最初 UML 的主要目的是用于面向对象的设计文档规范，但随着数字化技术与产业的不断发展，UML 扩展到更大的设计视图范畴，被越来越多的数字化从业者们所使用。而与业务相关的视图与定义，也在被各行业的从业者们所认知、应用。图 10-6 给出了 UML 中所包含的常用视图，以及它们的关联关系。

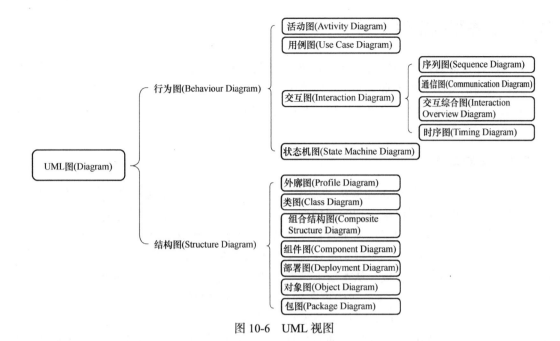

图 10-6　UML 视图

另一种被广泛使用的标准,是业务流程建模标注(Business Process Modeling Notation, BPMN),业务所有者和技术用户广泛用来设计和实现业务流程标准语言定义。

一般来说,架构师会从项目的相关干系人入手,分析其相应的视角,从而确定架构文档所需要表达的视图,构成最后的设计成果:架构文档,如图 10-7 所示。换一句话说,架构文档中都需要包含什么,是由项目的干系人结构与其视角分体来决定的。

预备阶段 • 原则目录	阶段A,架构愿景 • 利益相关者映射矩阵 • 解决方案概念图 • 价值链图		
需求管理　• 需求目录			
阶段B,业务架构 • 组织/施动者目录 • 驱动力/目标/目的目录 • 角色目录 • 业务服务/功能目录 • 位置目录 • 流程/事件/控制/产品目录 • 业务交互矩阵 • 施动者/角色矩阵 • 业务足迹图 • 业务服务/信息图 • 功能分解图 • 产品生命周期图 • 目标/目的/服务图 • 业务用例图 • 组织分解图 • 流程图 • 事件图	阶段C,数据架构 • 数据实体/数据构件目录 • 数据实体/业务功能矩阵 • 应用/数据矩阵 • 逻辑数据图 • 数据传播图 • 数据安全图 • 类层次结构图 • 数据迁移图 • 数据生命周期图	阶段C,应用架构 • 应用组合目录 • 接口目录 • 应用/组织矩阵 • 角色/应用矩阵 • 应用/功能矩阵 • 应用/交互矩阵 • 应用通信图 • 应用和用户位置图 • 应用用例图 • 企业可管理性图 • 流程/应用实现图 • 软件工程图 • 应用迁移图 • 软件分布图	阶段D,技术架构 • 技术标准目录 • 技术组合目录 • 系统/技术矩阵 • 环境和位置图 • 平台分解图 • 处理图 • 网络计算/硬件图 • 通信工程图
阶段E,机会及解决方案 • 项目情境图 • 收益图			

图 10-7　各架构域的常用视图

10.3 参考架构框架

架构设计是应对业务场景与数字化系统复杂性的重要手段。但是架构设计本身,同样是一个具有很高的复杂性的专业领域。对于架构师们来说,如何降低架构设计本身的复杂性,是一个很重要的命题。而参考架构框架,是应对架构设计复杂性的有效的知识重用、复杂问题简单化的重要手段之一。

10.3.1 参考架构

参考架构在软件架构或企业架构领域中,为架构设计者们提供可参考的解决方案模板。通常,参考架构提供用于讨论实现的通用词汇表以提高共性的交流语言。参考架构中的构件及构件之间的关系定义,为特定领域或软件系统中的具体架构设计提供思路与模板。

参考架构可以在不同的抽象级别进行定义,也可以在不同的架构域中,针对不同的问题域提供解决问题的思路与模板。从本质上来看,架构模式是参考架构的一种常用表达方式。

从字面上看不难理解,参考架构更多地是针对某些典型问题与专题进行概述之后形成的参考架构设计,其主要目的,是提供给架构师们学习、参考用的。诸如"智能制造参考架构""数字孪生参考架构"等说法,通常是针对在特定行业与场景所提供的实现目标的最佳实践方法,包括结构、组件、流程和技术选择等方面的指导。

在组织内采用参考架构可通过重用参考架构来加速交付,并为治理提供基础,以确保组织内技术使用的一致性和适用性。在软件架构领域,许多实证研究表明在组织内采用软件参考架构有以下共同的特点:

1)通过建立标准解决方案和信息交换的通用机制来提高软件系统的互操作性;
2)通过重复使用共同资产降低软件项目的开发成本;
3)改进组织内部的沟通,通常利益相关者拥有相同的架构思维;
4)降低设计适用的解决方案所需要的学习曲线。

10.3.2 参考架构框架

参考架构框架是一个企业架构范畴的概念,企业架构框架(Enterprise Architecture Framework,EA框架)定义了如何创建和使用企业架构。架构框架提供了创建和使用系统架构描述的原则和实践。它通过将架构描述划分为专题域、逻辑层或视图来构建架构师的思维,并提供可重用的模型(通常是矩阵和图表)来记录每个视图。这允许对系统的所有组件做出系统设计决策,并围绕新的设计要求、可持续性做出长期决策。

企业架构将企业视为一个庞大复杂的系统,通常也被称为系统之系统。为了管理这个系统的规模和复杂性,架构框架提供了工具和方法,帮助架构师从构建者工作的细节层次中抽象出来,从而使企业设计任务成为焦点并产生有价值的架构描述文档。

架构框架的组件提供结构化的指导,一般可以分为三个主要领域:

1)架构描述:如何从多个角度将企业记录为一个系统。每个视图都描述了架构的一部分；它包括那些解决特定利益相关者感兴趣的特定问题的实体和关系；它可以采用列表、表格、图表或更高级别的组合形式。

2）设计架构的方法：架构师遵循的过程。通常，由阶段组成的总体企业架构流程分解为由更细粒度的活动组成的较低级别的流程。过程由其目标、输入、阶段（步骤或活动）和输出定义。它可以得到方法、技术、工具、原则、规则和实践的支持。

3）架构师的组织：关于团队结构和团队治理的指导，包括所需的技能、经验和培训。

图 10-8 呈现的是企业架构发展的历程中涌现出的众多的参考架构框架，其中，以 Zachman®、TOGAF® 与 DODAF 的应用最为广泛。

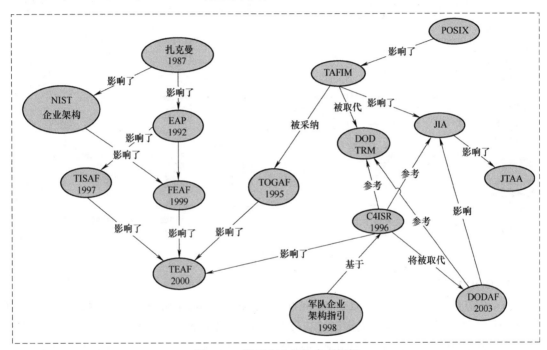

图 10-8　常用企业架构参考框架

10.3.3　几个重要的参考架构框架

（1）扎克曼框架（Zachman Framework ™）

Zachman Framework™ 是最早期的一个企业架构框架，由约翰·扎克曼（John Zachman）于 1987 年首次提出。这个框架旨在帮助组织理解、描述、分析和实施企业架构。该框架基于一个简单的理念，从不同视角更好地理解一个复杂的组织结构与其支撑系统。它将企业架构分为上下文视角（WHAT）、概念视角（HOW）、结构视角（WHERE）、干系人视角（WHO）、过程视角（WHEN）与目标视角（WHY）六个视角，并在每个视角下定义了一组问题，以帮助组织全面理解其业务和信息资产。

如图 10-9 所示，扎克曼框架强调了这些不同视角之间的互相关联性和重要性以及通过它们所构造的复杂系统的整体。通过应用扎克曼框架，企业可以更好地规划、设计和管理其企业架构，以支持业务目标的实现。

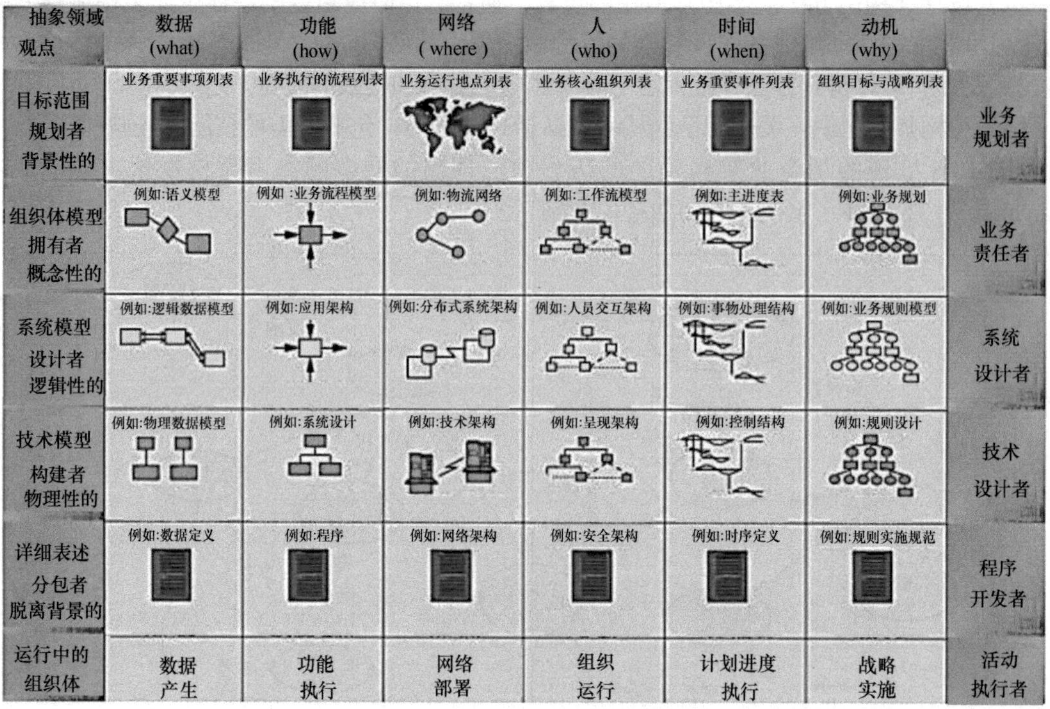

抽象领域 观点	数据 (what)	功能 (how)	网络 (where)	人 (who)	时间 (when)	动机 (why)	
目标范围 规划者 背景性的	业务重要事项列表	业务执行的流程列表	业务运行地点列表	业务核心组织列表	业务重要事件列表	组织目标与战略列表	业务规划者
组织体模型 拥有者 概念性的	例如:语义模型	例如:业务流程模型	例如:物流网络	例如:工作流模型	例如:主进度表	例如:业务规划	业务责任者
系统模型 设计者 逻辑性的	例如:逻辑数据模型	例如:应用架构	例如:分布式系统架构	例如:人员交互架构	例如:事物处理结构	例如:业务规则模型	系统设计者
技术模型 构建者 物理性的	例如:物理数据模型	例如:系统设计	例如:技术架构	例如:呈现架构	例如:控制结构	例如:规则设计	技术设计者
详细表述 分包者 脱离背景的	例如:数据定义	例如:程序	例如:网络架构	例如:安全架构	例如:时序定义	例如:规则实施规范	程序开发者
运行中的 组织体	数据产生	功能执行	网络部署	组织运行	计划进度执行	战略实施	活动执行者

图 10-9　扎克曼框架参考示意图

（2）DODAF 框架

美国国防部架构框架（Department of Defense Architecture Framework，DODAF）是，用于支持国防部门的系统和企业架构设计、分析和实施。DODAF 的目标是提供一种统一的方法，可以帮助任何复杂组织和管理其各种复杂的系统和信息资源。与 Zachman 框架类似，如图 10-10 所示，DODAF 同样由一系列视图和视角组成，用于描述和分析不同层次和方面的国防系统架构，包括能力视图、数据视图、运行视图、技术视图、项目视图、组织视图等。

（3）RAMI4.0 参考框架

除了信息技术领域之外，在跨学科的产业领域，也存在着被广泛引用的架构框架，工业4.0 参考架构模型（Reference Architecture Model For Industrie 4.0，RAMI4.0）由德国工业领域所倡导发布，目标是为实现工业 4.0 的数字化转型提供一个统一的参考框架，促进工业系统的集成、互联和智能化。

如图 10-11 所示，RAMI 4.0 的三维坐标包括"层级"轴（从设备到全面链接的层级结构）、生命周期价值流（企业与产品的全生命周期）与分层结构（从最小的单元的商业全景），复杂的相互关系被分解成更小更简单的集群，有助于工业数字化、智能化的从业者与团队对复杂的工业系统进行有效的分解，从而用一种系统的方法框架，简化问题，寻求合适的解决方案。

全景视角	数据和信息视角	标准视角	能力视角		项目视角
与所有视图相关的架构描述的顶层概念	说明体系架构内容中的数据关系与数据结构	说明作战、业务、技术、制以及预测	说明能力需求、交付时间、部署情况等		说明作战和能力需求与实施的各项项目之间的依赖关系，以及能力管理与国防采办系统流程
			作战视角 说明作战所需的任务、活动、所占要素与资源流交换等		
			服务视角 说明提供或支持智能的执行者、活动、服务以及交互关系		
			系统视角 说明提供或支持智能的系统、其组成与相互关系		

图 10-10　DODAF 架构框架（示意图）

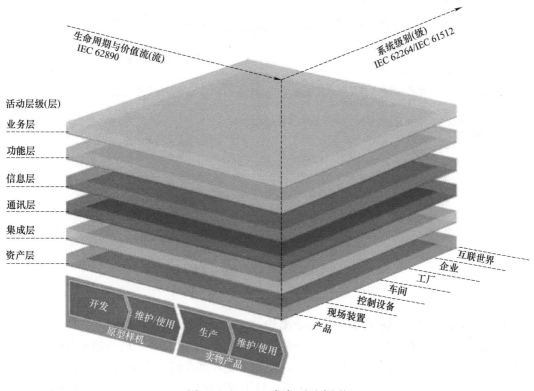

图 10-11　RAMI 框架（示意图）

10.4 TOGAF® 参考架构框架

本节重点介绍 TOGAF® 企业架构框架，这是市场上存在的众多企业架构框架中最为完整、应用最广泛的一种。

什么是 TOGAF® 参考架构框架？简单说，TOGAF® 由开放工作组（The Open Group）1995 年发布的参考架构框架，定义了从企业（或者项目）的愿景目标开始，一步一步完成架构的设计、实施、治理等过程，覆盖企业端到端价值链、完成从管理到运营到数字化全景的转化、实现数字化规划与项目落地。

10.4.1 TOGAF® 参考架构框架

如图 10-12 所示，在众多企业架构框架中，TOGAF® 参考了在它之前的大量存量框架以及大量会员企业的最佳实践，同样也会为未来的企业定制的框架、以及为不同国家、不同地区、不同行业的特定框架提供有效的参考。在过去 20 年的演进发展过程中，TOGAF® 在全球范围内被广泛使用，全球目前已经拥有超过 8 万名认证企业架构师。

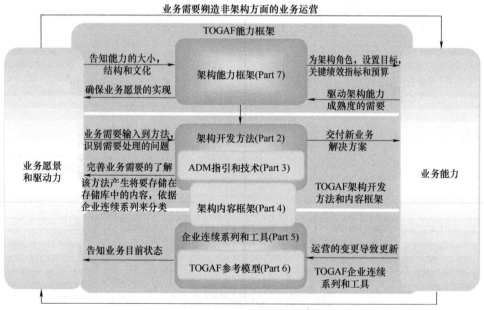

图 10-12 TOGAF® 企业参考架构框架

Open Group 将 TOGAF 定义为"企业架构的基本全球标准"。其目标是为从关键利益相关者到团队成员的所有用户提供一个共同语言和思维框架，帮助各个利益相关者以相同的方式理解业务与技术的结构、内容和目标，并使整个企业都在同一个页面上，打破沟通障碍，避免交流过程中的认知与理解偏差。这一点，对于数字化项目的成功具有决定性的意义。本章的最后一节将进一步讨论这个话题。

10.4.2　TOGAF® 参考架构框架的构成

如图 10-13 所示，TOGAF® 本身是一个非常复杂的企业架构参考框架，主要内容包括：架构开发方法（Architecture Development Method，ADM）、架构内容模型（Content Model）、架构开发指引与技术、企业连续体（Enterprise Continuum）、参考模型（Reference Model）、架构能力框架（Capability Model）六个部分的核心内容。

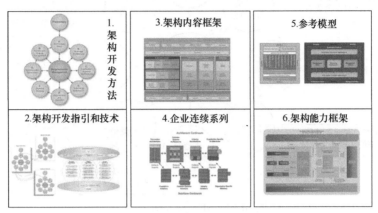

图 10-13　TOGAF®9.2 的主要内容模块

10.4.3　ADM 架构开发方法

架构开发方法是整个 TOGAF® 框架的核心，描述了一种开发和管理企业架构生命周期的方法，并构成了 TOGAF® 标准的中心内容。

如图 10-14 所示，TOGAF® 架构开发方法包含了一套系统化的方法论和流程来指导人们完成一个架构完整的设计过程，包括准备阶段，以及业务到应用、数据以及基础技术等架构领域的设计工作。事实上，TOGAF® ADM 的内容还包含了系统实施、需求管理以及变更管理等内容。这里所说的架构，可能是整个组织的整体架构规划，也可能是某一个具体系统与工具的方案设计等。

架构设计是一个覆盖项目全生命周期的工作，很难在项目的某一个阶段设计完善，而是要在需求不断明确与变化的过程中进行迭代演进。TOGAF® ADM 本身也设计、容纳了不同范围中的迭代机制。而在其几个主要的架构域（业务、应用、技术）中，TOGAF® 也提供了可供参考的开发步骤。如图 10-15 所示。

10.4.4　TOGAF® 内容框架

内容框架是 TOGAF® 中的一个重要组成部分，用于组织和管理企业架构的相关文档和信息，其目的是在遵循基本的架构设计方法与原则的基础上，提高架构师们输出的设计内容的一致性与可读性。

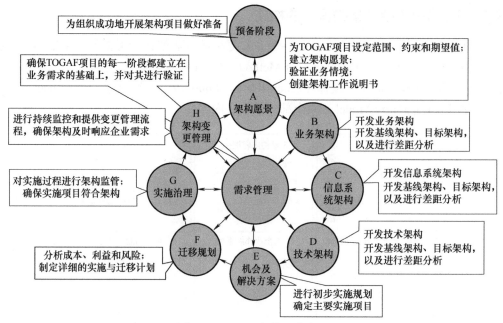

图 10-14　ADM 架构开发方法

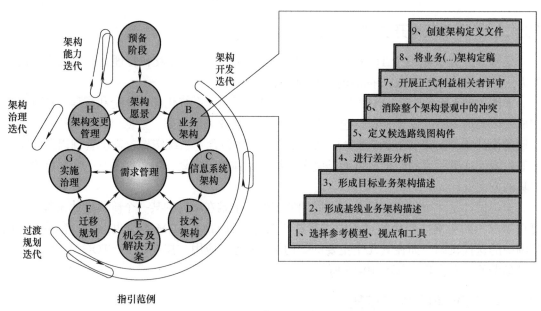

图 10-15　TOGAF® ADM 中的迭代演进

图 10-16 所示，TOGAF® 内容框架包括了一系列的架构视图、架构描述和架构文档的参

考定义，用于描述和管理企业架构的不同方面和层次。

1）架构视图（Architecture Views）：架构视图是用来呈现企业架构信息的图形化或文本化的方式。TOGAF® 定义了一系列标准的架构视图，如业务架构视图、应用架构视图、数据架构视图和技术架构视图等。每种架构视图都关注于不同的架构方面，并提供了不同的视角。

2）架构描述（Architecture Descriptions）：架构描述是对企业架构的详细描述，包括了各种架构视图所涉及的信息和数据。架构描述可以包括文档、模型、规范、图表等形式，用于记录和传达企业架构的各个方面和层次。

3）架构文档（Architecture Documents）：架构文档是对企业架构的整体描述和总结，是架构描述的集合和总结。架构文档包括了对企业架构的目标、原则、策略、规范、指南等内容的详细描述，以及各种架构视图和描述的综合展现。

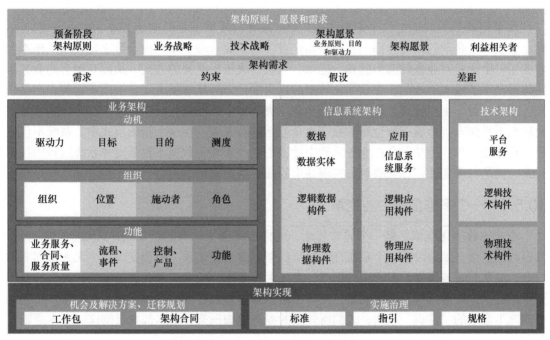

图 10-16　TOGAF® 参考内容架构

10.4.5　架构能力框架

为确保架构功能在企业中能够被成功运用，企业需要通过建立适当的组织结构、流程、角色、责任和技能来实现其自身的企业架构能力。这正是 TOGAF® 的架构能力框架（Architecture Capability Framework）的关注点所在。架构能力框架为企业如何建立这样一种架构能力提供了一系列参考材料。不过 TOGAF® 的架构能力框架在当前还不是一套全面的关于如何运用架构能力的模板，它只是为企业架构能力建设和运用过程中的各项关键活动提供了一系列导则和指南。

TOGAF®的架构能力框架主要由架构能力模型（指导企业完成企业架构设计与治理的能力结构定义）、架构治理（帮助企业创建相关的规范、流程、标准来保障企业的架构规划、设计与交付）、架构成熟度模型（帮助企业了解企业架构的成熟度评估、识别薄弱环节与改善机会），以及架构技能框架（帮助企业系统分析架构服务领域的岗能模型，合理设计架构组织，有效培养架构人才）。

关于 TOGAF® 中的架构开发指引与技术、企业连续体（Enterprise Continuum）、参考模型（Reference Model），在这里不做详细赘述，有兴趣的架构师可以自行到开放工作组的官方网站（www.TheOpenGroup.org）自行了解。

10.5 合理使用参考架构框架

数字化转型不同于上一个财务系统、OA系统，甚至不是简单的ERP系统的采购与落地，它是一个企业的战略选择引发的一场全方位的企业管理变革。由于数字化技术从根本上改变了一个企业对业务的态势感知、记录、分析、决策、交流的方式，从而对现有的业务运营体系产生了极大的冲击，在数字化转型的过程中，需要从本质上对包括商业运营、产品研发、市场销售、生产管理、客户服务乃至管理决策多个维度进行重新定义与思考，随着数字化转型不断深入，形成一种全新的数字化企业运营新范式。在这个新的范式中，系统不仅仅是一种系统工具，还是融合在业务活动中的核心生产要素；数据不再是支撑系统运行的技术元素，而是与现实经营相互映射、共轭共生的核心生产资料。

10.5.1 一个多维度的企业变革

企业的数字化变革，是一个异常复杂、同样也充满了坎坷的企业跃迁式商业变革过程。其过程之复杂，如果没有一个系统性的思维框架、方法论体系，将会变成一个无人能驾驭的复杂、混乱的混沌世界。参考架构框架，在很大程度上，成为企业在面对多维、混乱的业务变革过程中，应对其复杂性的有效工具与手段。整体规划、分步实施，这是人们常常听到的一句老生常谈的"常识"原则，人们所知道的参考架构框架，基本都在贯彻这一基本原则。

10.5.2 数字化转型的落地要素

数字化转型是一把手工程，要求企业的领导者们达成一致的认知与意识，切实地把数字化转型当作是企业自身的任务，而不是一个个由乙方主导的系统建设的简单叠加。数字化转型需要技术加持更需要回归业务主导，它是一个系统建设的过程，更是一个业务与技术深度融合的变革。

高层（包括一把手）正确的意识认知，是企业确定数字化的愿景与战略目标、推动业务与系统深度融合的根本前提。映射在TOGAF®框架中的架构开发方法（ADM）方法步骤中，应该属于第一步的初始阶段需要达成的重要前期条件。

如图10-17所示的框架，在此基础上，对企业的数字化建设的基本任务做一个简化的系统阐述。从某种意义上而言,这张图也构成了一个企业的数字化转型建设的最顶层的、最简化的参考框架。

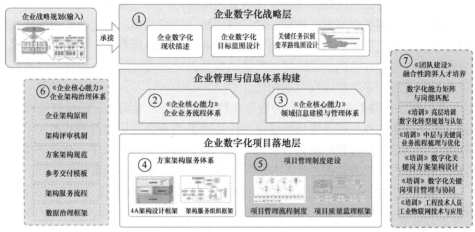

图 10-17　企业数字化落地简化框架

数字化转型的规划与落地,需要以业务战略为输入实施。业务的战略,需要分解到每一个业务部门的核心业务能力来实现,数字化技术与系统,在企业环境中所起到的核心作用,是为企业提供业务能力的技术支撑。从这个逻辑而言,如果企业没有对业务发展的整盘规划与梳理,数字化转型就会变成无的放矢的散乱工程。

在企业业务战略(或者企业的核心能力需求)的前提下,总结了几个业内成熟的方法论(包括 TOGAF®,Zachman,Agile 等),结合六年来在国内大量的企业调研、企业家访谈、数字化转型服务的经历与经验,总结了数字化转型五个基本任务。

1)数字化转型的战略路线图规划,以企业的业务战略需求为基本前提,设计企业数字化的整体蓝图,规划企业的长期数字化建设与应用战略,识别关键的项目机会,并规划出数字化转型的长期路线,近期项目的行动计划。数字化转型的战略规划,需要遵从以下基本原则:

① 将企业当前的基础包括管理、系统、在建数字化项目等基本信息梳理成为企业的数字化现状蓝图;

② 根据企业的业务战略所需要的能力结构,包括战略所需的组织结构、高阶流程,未来支撑这些能力结构的系统构成,描绘企业数字化发展的目标蓝图;

③ 以能力建设为目标,完成从当下到未来的差距分析,梳理出未来规划期内的关键业务改善、相对应的系统建设的目录,形成关键任务;

④ 多项任务进行冲突、重叠、依赖等维度分析,最终以业务能力建设的顺序目标,形成变革路线图。

2)即使不需要进行数字化建设,对企业的业务流程进行系统的梳理,形成规范的管理体系与管理制度,是每一个现代化企业的必备能力。规范化的管理体系同时也是数字化项目落地的基本条件,也是对企业数字化项目的边界进行划分的基础设施之一。

3）企业协同的基础是信息的按需、即时的传递，而进入数字化时代，这个基础则以数据在网络中的有控制、无边界的流动来表达。数字化转型的一个目标，是要在企业内不同的系统之间，实现高效的信息传递，从而促进企业内部跨部门跨专业的高效协同。为了达到这个目的，从企业的整体视角出发，构建一套完备的统一信息模型，打造企业内部统一的信息交流的数据基础，至关重要。这个模型需要涵盖企业业务域的所有核心业务主体，形成整个企业对其核心业务的统一认识，最终指导系统的数据设计、集成的接口设计、以及数据综合分析与商业智能所需的多维数据模型的构建。

4）企业的数字化路线图规划，是为数字化转型定目标、寻路径；而便捷清晰、目标明确的项目，便是找落脚点、迈开步伐的落地动作，也是企业数字化建设的基本入手点。

架构设计是项目落地过程中的内容保证。架构设计从业务需求入手，从业务架构（其核心通常是项目范围内详细的流程设计）到应用与数据架构，再到基础架构的支撑。

5）一个数字化项目从立项到完成的全生命周期中，项目管理是保证所有相关的人、财、物等多维度有效协同的必要措施，其主要的目标，是促进资源的协调效率、保障项目按时间、按预算、按预期完成。

一个国家的治理需要各种法律、法规、制度来多方位保障，而一个企业的数字化落地与运营，也需要一个体系化的治理体系进行保障。例如为了保证一个项目的质量，需要建立项目生命周期关键节点的项目节点评审制度，同时需要确保评审制度的合理性，以防止过度的评审活动造成项目进度的拖延。同样的措施还包括保障方案落地性所制定的一系列的规范、原则、标准、制度等等。构建企业的数字化转型治理体系，是企业在数字化转型的建设、运营、应用的过程中，确保数字化能够有效支撑企业长期业务战略发展的基础工作。另一个企业数字化转型的基础保障，是立体性的、全方位的融合性跨界专业人才培养，实现企业数字化转型的基础人才势能的提升。

10.5.3 企业需要自己的架构框架

在与企业交流的过程中，经常面临着两种典型的思维："概念落地思维"与"标杆搬运思维"。

"希望按照TOGAF®的框架落地实施我们的数字化转型"。这是"框架落地"信仰者常说的一句话。这种思想，其实在很多数字化转型的战略规划、系统供应商的认知中，也并不罕见。但是，如何让企业数字化契合企业自身的业务？

参考架构框架一般而言会汇聚大量的优秀企业在企业管理、数字化转型规划、项目方案设计与项目管理、流程体系构建、数据建模与应用、系统应用与运维等方面的最佳实践的经验，综合分析、抽象、优化，最终形成的一套方法论体系与内容框架，其核心内容需要兼顾常见的通用场景与常见共性问题，其主要作用是提供给数字化转型相关人员的学习、交流、参考，以"明道"为主要的目标，并不具备针对自身企业的具体场景、具体问题的可实施性、可落地性。参考架构框架的主要作用是培养专业人员素质，提供常见问题的解题思路，通常不会提供一个拿来即用的解决方案。

在 TOGAF® 文本中也多次提及：参考框架不是标准规范，由于各个组织之间存在大量的差异，它无法直接满足企业对企业架构规划与治理的需求，需要企业根据自身的真实现状，通过对框架进行有针对性的裁剪选择、内容自定义，形成适用于企业自身管理模式、业务场景的系统框架，才能真正形成满足企业需求的规划蓝图与解决方案。

"标杆搬运思维"最常见的便是类似于"对标某公司的数字化落地方法，实施我们的数字化转型"。由于某公司在数字化转型方面的巨大成功，变成了大量企业学习（照搬）的标杆对象，"彼之蜜糖，吾之砒霜"。某公司的成功，并不意味着其方案和做法能够适合其他企业的产品与商业模式，靠着直播带货获取业务的企业和为渠道供应产品的企业，不可能采用同一类ERP解决各自的问题，数据中台的建设，也往往因为不适合自身企业需求而以失败告终。

每一个企业都是独特的，到了一定的规模，每家企业的数字化转型之路，都是与众不同的。尽管有着大量的企业案例，成熟的方法论，甚至还可以看到各种"标准""指南"持续出台，而真正成功的数字化转型，却无一例外是靠着企业的内在动力，在专家、供应商的辅导帮助下，一路"蹚"出来的一场独特的探索之路。

缺乏企业全过程深度参与的数字化项目实施，往往产生"业务与系统两张皮"的尴尬，无法实现与业务的融合，导致员工怨声载道、企业应用效率低下，甚至使得系统被闲置一旁，或者变成了简单的进销存的记录表格。

如图 10-18 所示，针对数字化转型项目落地的不同阶段，对企业方（客户）方持续参与项目的任务与输出做了详细的梳理与定义。企业只有持续深度地参与系统设计、开发、测试、上线的全过程，才能够确保系统的设计与实施能够真正与企业的业务深度融合，实现业

	业务需求分析	架构与产品设计	系统开发实施	功能验收测试	上线试运行	正式上线运营
配合活动	配合业务分析人员，进行有效的业务梳理与分析，提供有效的信息输入，对系统建设的预期进行合理的描述	参与业务架构的构建与确认，与业务架构师合作完成所需要的业务架构视图	与架构与开发团队密切配合，对业务细则进行系统的梳理、描述与管理。对持续完成的功能、服务进行测试与验证，保证系统的可用性、准确性、易用等功能性能进行验证。协助架构与研发团队进行变更验证与管理	确保系统的整体业务功能与流程的准确、完整。参与软件的功能性测试，并协助编写系统功能与使用说明文档。协助完成用户培训计划的编制	协助完成用户培训，促使业务运营在上线后的平稳过渡，协助员工尽快适应新的业务流程与系统应用。确定系统管理维护人员、数据责任人与数据管家岗位的确立与培训	行使数据管家、数据所有权人、系统管理员等岗位的责任，确保业务的运营
交付物	组织结构描述 场景与需求描述 关键干系人名录	业务流程梳理 业务对象模型 系统功能设计 系统服务设计 安全相关模型	业务规则细则 测试计划与测试记录 变更管理记录	系统验收测试计划系统功能与使用说明 用户培训计划	培训计划执行 系统运营组织 架构持续的质量监测	变更管理 权限管理 数据质量管理

图 10-18　企业数字化项目落地过程中的甲方协同任务

务赋能的作用和"目标适用性"（Fit For Purpose）。同时也对参与项目的客户代表的认知层次、知识结构、能力水平，提出了更高的要求。

10.5.4 企业核心能力建设

企业的价值追求，是通过商业价值链中的物流、信息流与财务流的协同而实现的。在企业的端到端价值链中，一个个业务活动则是以业务流程的形式串联在一起；企业的核心业务能力则是企业运行业务流程、完成各种业务活动所需要的各种能力。

企业的核心能力建设，可以从两个方面来进行：通过组织管理、岗能匹配所实现的团队能力；通过装备、工具、系统实现的工具赋能能力。

在如图10-19所示的企业价值实现的赋能模型中，最为核心的，是以岗位模型（Roles&Responsibilities）、职能矩阵（RACI）为核心的人员赋能机制。以人为本，在人类社会的任何一个活动中，都应该是要思考的最基础的原则。

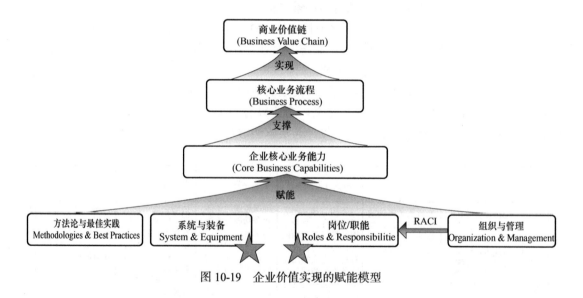

图10-19 企业价值实现的赋能模型

10.5.5 业务与数字化融合困境

在数字化时代，数字化系统（包括应用与数据）必然融入生活工作的每一个角落，系统关于业务的深度融合，往往是企业所面临的核心的挑战。

据统计，在所有的数字化转型项目中，能够按时间、按预算、按预期完成的，不足20%，有些项目会遇到延期、功能削减等现象，有些项目，会以彻底的失败而告终，无法为企业提供任何的赋能价值。

从业务方面，一个成功的企业，往往在其所专注的业务领域中积累了丰富的经验，形成了企业自身的核心业务能力。行业知识的积累、产品的打磨、对市场的把握往往是这些企业最核心的竞争力。另一个方面，数字化领域的专业团队具备在数字化方面的专业能力。

那么，当企业数字化转型项目落地的时候，项目失败的原因，究竟是什么？

最核心的问题，往往是由于业务人员与 IT 团队的交流不畅引起的。数字化需要系统的模型才能实现，流程需要建模，业务对象需要建模，事件需要模型化的定义，业务规则需要系统化的说明。这一切，都对企业的标准化、系统化管理提出了较高的要求。然而，现实中大量的企业在这一点上都处于基础水平，使得企业无法有效梳理业务流程与业务规则，更没有能力提供完整、稳定的业务需求。

企业的业务专家与数字化项目团队中的技术专家在交流的时候，往往缺乏共同的业务知识与共同的交流语言，便会产生各种误解、各种错位，使得业务知识、业务规则无法完整、准确地被捕捉，并实现在数字化的系统与数据中，导致系统的设计与企业业务现实不符，系统与业务形成"两张皮"现象。

10.5.6　融合性业务人才培养

解决业务与系统的深度融合，首先需要解决的是业务专家与数字化专业人员之间的交流问题，避免因认知与语言的不同而导致的"鸡同鸭讲"现象。"用户根本说不清他们的需求""IT 实现的功能根本不好用"，这些是在企业存在最广泛的抱怨与问题。

交流需要共通的语言，共同的领域知识。在数字化团队中培养出能够听懂、理解业务语言的专业人才，能够很好地解决交流不畅的问题，促进系统有效地赋能业务。业务分析师、架构师，是数字化团队中承担着桥梁职责的关键岗位。

而对于企业来说，更关键的是让业务管理人员、工程技术人员掌握基本的数字化知识，树立起基本的数据意识，将他们培养成融合性跨界专业人才，才是企业数字化转型所需的基本要求。

未来的发展趋势，业务与数字化/数据需要深度融合，将使得传统的产业逐步演变成为数字化产业，确保数字化项目与系统的真正融合，并在系统上线后能够有效使用，促进业务能力提升、使用业务运营所沉淀的数据更好地支撑全链条协同与业务决策，这些都需要业务专家扩展自己的数据意识与数字化能力。换言之，数字化基本知识，不再是传统行业之外的认知与知识，而是逐步地成为业务人员的基本业务知识与基础能力。

融合性跨界专业技术人才，既是当前产业所急需，同时又是被业界忽视的人才盲区！长远而言，这一类人才的培养，才是数字化转型的最基础的保障！

第 11 章

教育数字化

11.1 数字化对教育相关因素的影响

（1）认知方式转变

信息时代数字化改变了人类的基本认知方式。通过人机协同，信息技术极大地扩张人脑处理数据的容量与速度，使得人的"内脑"与"外脑"联合行动，从而发展出人机结合的认知方式。心理学认为人的认知过程是通过感知、记忆、思维、想象等形式反映客观对象的性质及对象间关系的过程。在感知层面上，传感器极大的延伸了人类的感官，借助技术的身体及其经验的"扩展"能够让人获得更多的感知经验，使人从基于自身感官的纯物理感知方式转变为一种"人机结合"的技术化感知方式。在记忆层面上，数据存储技术支持的外部记忆成为人类自身记忆的一种延伸，形成了基于外部记忆与内部记忆相结合的数字化记忆方式。在思维层面上，人工智能技术极大地提升了人在理解、分析、综合、比较、概括、抽象、推理、论证、判断等方面的思维。面对新技术，人类已经形成了与以往完全不同的数字化认知方式，而由此产生的基于技术的学习习惯、学习风格和学习方式与传统学习存在巨大差异，必然需要教育进行相应的转变。

（2）社会交往方式转变

随着数字媒体技术的不断发展及其嵌入社会交往的程度逐渐加深，人与人的交往已经从物理空间拓展到了数字空间，人类社会正在从以地域为主导的面对面现实交往转向以各类现代与非现代媒介为纽带的中介化虚拟交往，并进一步向深度媒介化的数字交往发展。面对面现实交往是人类最原始的交往形态，通常以人的社会和生活半径为范围，它受到个人身体所能触及的范围的限制，体现出显著的地缘特征。虚拟交往以互联网、计算机网络等为中介，以数字化的语言符号为载体，帮助个体突破时间和空间的限制，随时随地与他人进行社会交往。中介化的虚拟交往重塑了人类交往的形态，具有交往主体的虚拟性、交往客体的虚拟性、交往载体的虚拟性和交往时空的虚拟性等特点。当前，人类的社会交往正在转向更加深度媒介化的数字交往。数字交往能够实现与现实世界的联动、融合与无缝切换,突破现实世界与虚拟世界的二元对立,元宇宙即是其中的典型代表。元宇宙突破了传统媒介平台所强调的接入性,而是人可以进入到元宇宙之中,与其融为一体,以虚拟具身和分身的方式在元宇宙所打造的生态文明中自由活动,元宇宙在社会交往中不再是只是扮演人类观看的渠道和对象的角色,而是承载人类社会活动的全新空间,支持人类进行沉浸式的体验和互动。元宇宙为代表的数字交往具有动态性、进入性、生存性等特征,正在改写人类与媒介的连接和体验方式,并逐步成为未来人类社会交往的基础设施,这也必然对具有社会交往属性的教育产生深刻影响。

(3)自我认同方式转变

人类对自我的认识在很大程度上取决于生存的环境,环境的属性和特点时时影响和制约着人们认识自己的途径和方式,即自我认同的机制与途径。从客观上说,环境就是一面镜子,人们在这面镜子中发现自己、知道自己是谁。在数字时代,人类的生存环境由传统的物理空间向物理空间和数字空间深入融合的空间转变,人类也需要从物理和数字两个空间构建的环境中去发现自我,实现对自我的认识。教育对个人的作用不仅是习得知识,获得能力,更重要的是引导人们从中去认识自己,实现自我认同。因此数字时代的教育必然需要考虑如何在物理和数字两个空间去促进学习者的自我认知并实现两者之间的协调一致。

(4)人才培养目标转变

随着大数据、云计算、物联网和人工智能等新一代信息技术不断发展,全球范围内的经济正向数字化转型。数字经济下新产业模式不断融合发展,产业部门的生态结构也发生着巨大的转变,这种转变也对服务产业数字化转型的人力资源提出了更高的要求,大量的工作岗位被机器取代,大量新岗位应运而生。目前复合型数字人才的数量与质量均远不能满足产业数字化转型的用人需求,高端复合型数字人才匮乏已成为制约产业数字化转型的关键短板[一]。正如比尔斯(Bils)和克莱诺(Klenow)指出[二],人才需求是数字经济发展的派生性需求,数字经济对教育的影响体现在技能人才需求变化方面:一方面,根植于工业化时代的教育培养的人才无法满足数字时代技术发展对人才的需求;另一方面,工业化时代教育供给的"专用型"人才无法满足数字经济快速变化对拥有终身学习能力的复合型人才的需求。因此,产业经济的数字化转型构成了人才培养的新要求。同时,技术的发展引起了对人才培养方式的系统性变革。

(5)知识生产和传播方式转变

随着互联网的普及和信息技术的发展,人类获取和创造知识的增长速度呈指数级别,远远超出了以往。知识不再是一种静态现象,而成为一个网络现象。知识的存储是网络化的、多模态的,具备更强的吸收、整合、存储、应用能力,从而支持更快的传播速度、更强的传播力、更广泛的受众和更个性化的表达。在此情况下,传统的"生产——传播——应用——

㊀ 杨仁发.推进数字经济新发展面临的主要问题及对策[J].国家治理,2021(18):17-20。

㊁ BILS M,KLENOW P J. Does schooling cause growth?[J]. American economic review,2000,90(5):1160-1183。

㊂ 纪雯雯,刘向兵.数字经济发展对未来教育的影响与应对[J].国家教育行政学院学报,2021(03):58-66。

再生产"的知识生产和传播的逻辑受到巨大的冲击,转向"知识生产和知识传播在同一个过程";知识的利益相关者从"生产者和传播者各司其职"转向"生产者是传播者,生产者也是受益者"。与此同时,知识不再像传统教育一样被集中在某些权威教育机构或教师手中,而是散布在整个互联网中。学生获取信息的渠道变得更加多元化和丰富化,可以通过网络搜索引擎、在线开放课程、电子书籍、视频等方式获得各种类型的信息和知识,这为知识获取带来了极大的便利性和可能性。学习者可以跳过学校教育,直接通过互联网支持下的自主学习、泛在学习和自适应学习等新型学习方式获取自己所需要的知识,形成了"教育短路效应"。

11.2 教育数字化转型的案例与启示

为应对数字时代教育的各种外部影响因素的转变,教育自身必须进行数字化转型。本节对教育数字化转型的典型案例进行介绍,通过具体分析获得相关的启示。

11.2.1 案例一 城市即校园的密涅瓦大学

"我们在密涅瓦想要展示的是,你不需要复制世界上已经提供的东西,在一个充满活力的城市,可以用很轻量的资本,来建立世界上最好的教育。"

——密涅瓦大学创始人本·尼尔森(Ben Nelson)

密涅瓦大学(Minerva University)⊖于2012年获得Benchmark Capital的2500万美元风险投资,于2013年与美国著名的凯克研究院(KGI)达成战略合作而正式建校,是由企业家尼尔森(Ben Nelson)与美国一批杰出教育家,包括前哈佛校长、前美国财长Larry Summers、前沃顿校长Patrick Harker等共同创办的一所私立新型大学。密涅瓦大学于2014年招收第一批学生⊖,在2464份申请中录取了69名学生,录取率2.8%,收益率42%;从2016年开始密涅瓦大学扩展到研究生教育,提供决策分析理学硕士学位;2020年,它的录取率不到1%,收益率为68%,同时设立了访问学者项目。

1. 案例描述

"大学不会消失,但是会被改变,在技术不断进步的背景下,传统的四年制大学已经无法适应未来的需要,大学教育本身需要被改革,甚至被颠覆,密涅瓦大学迈出了勇敢而坚定的一步。"

——密涅瓦大学学术校长维奇·钱德勒(Vicki Chandler)

(1) 组织形式:从封闭校舍到开放城市

"如果你住在偏远的乡村,没有校园会很让人头疼,因为你需要去超市买食物,去餐厅

⊖ Minerva University Homepage [EB/OL].https://www.minerva.edu/undergraduate-program/career-development,2022-11-03.

⊖ Wikipedia contributors.Minerva University.In Wikipedia, The Free Encyclopedia [EB/OL]. https://en.wikipedia.org/w/index.php?title=Minerva_University&oldid=1107454563,2022-08-30.

吃饭。但是如果你住在城市，比如曼哈顿——你真的不需要建造任何东西，因为你也造不出比这个城市更豪华的基础设施了。"

——密涅瓦大学创始人本·尼尔森（Ben Nelson）

密涅瓦大学给自己的定位是 hybrid university（混合式大学），是学校组织形式上的颠覆性变革：说它是传统教学，学校却没有校园，仅提供线上授课；说它是远程教育，该校学生又居住在一起、生活在一起，课外活动也在一起，跟传统学校看上去没有区别。密涅瓦大学充分利用世界各地城市既有基础设施（宿舍，图书馆，体育场等）办学，学生在四年就读期间需要在不同国家（地区）的六到八座城市游学，城市选址每隔一段时间会更换一次，但第一年都是在美国旧金山。不同城市的生活经历为学生理解真实世界和成为全球公民打下扎实基础。

由于只有宿舍、没有校园，密涅瓦密涅瓦大学干脆将整个城市作为校园。尼尔森表示，与其把资金用于地面建设，不如把这部分钱用在提高教育质量上。于是密涅瓦大学将更多资金投于对学生的资助上——近 60% 的学生获得了密涅瓦大学的财政援助。

（2）师资队伍：从刚性智慧到流动智慧

尼尔森把人的智慧分为两种——"Rigid Intelligence"（刚性智慧）和"Fluid Intelligence"（流动智慧）。刚性智慧者，研究并精通专一领域；流动智慧者，则相对思维开阔、横跨不同领域。尼尔森说，密涅瓦大学需要的教授正是拥有流动智慧的人。

密涅瓦大学认为，教师能够积极主动且熟练地参与在线教学可以极大地提高教育的可及性和质量。为了充分发挥教师潜力，学校为教师开了学生参与策略（SES）系列课程，旨在帮助教师学习如何在虚拟环境中促进学生完全主动的学习（Fully Active learning）。教师将学习如何最大化学生的学习成效，促进课堂教学，并制定严格可靠的评估，通过学习教师能够将学习科学的原则应用到他们的课程设计中。密涅瓦大学的教师在学习科学方面接受过严格的培训，并在多个学科背景下开发和教授虚拟课程方面拥有多年的经验。基于课堂经验和研究，密涅瓦大学已经研究出了一套通用策略，以设计和提供有效及吸引人的在线课程。

（3）培养目标：从知识本位到能力本位

跨学科、异质性、多层次、多形态的知识生产要求高校人才培养目标必须与先进的社会生产力和生产关系有效对接。密涅瓦大学围绕"能力本位"的学习目标，构建了人才培养的"金字塔"模型（如图11-1所示）。金字塔的"底座"约由 120 个思维习惯与基本概念（Habits Of Mind And Foundational Concept，HC）组成，即通过加强学生的学习目标——"基本概念"，帮助他们建立一套自动的心理技巧——"思维习惯"。金字塔的"腰身"包括批判性思维、创造性思维、有效沟通和有效互动四项核心能力，它们与每个思维习惯与基本概念直接关联。因此，密涅瓦大学第一学年重点培养学生的思维习惯与基本概念及四项核心能力。金字塔的"顶尖"是人才培养目标，即把学生塑造成为领袖、创新者、广泛思考者和全球公民，挖掘其综合能力和素养。⊖

⊖ 陈涛，邓圆. 技术如何引领学习？——美国密涅瓦大学推行主动式学习策略及启示 [J]. 开放教育研究，2018，24(04):53-62。

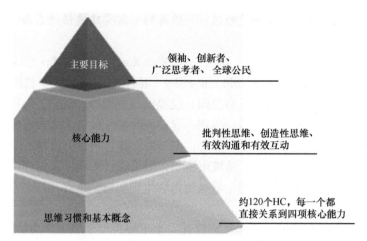

图 11-1　密涅瓦大学人才培养金字塔模型

（4）课程体系：从单一标准到多元灵活

密涅瓦大学课程设置是高度结构化和开创性的，即每个学期的学习都以前一个学期为基础，层层递进且为学生提供灵活的框架以构建个性化的课程。[1]

第一年为"基础"，由 4 门基石课程（Cornerstone）构成。这些课程专注于培养学生的思维习惯和基础概念，即批判性思维、创造性思维、有效沟通和有效互动。这四个核心能力是每个密涅瓦大学学生所必须拥有的基础性能力，基石课程旨在教学生如何在多个学科中应用这四个核心能力。这是接下来三年的能力基础，之后将在此基础上将为学生构建一套个性化的学习课程，每个学期的课程都是建立在前一学期的基础上。

第二年为"方向"，即选择专业方向，学校为每位学生配备学术顾问，学生将与学术顾问一起探索和选择专业，为完成学位所需的主要核心课程设置方向。密涅瓦大学有五个专业方向：艺术与人文、商学、计算科学、自然科学和社会科学。每个专业方向都设计了与该领域相关的技能和概念课程，以追求知识的广度为目标；同时扎根该方向内部的专业知识，以多种途径实现专业知识的传授，追求知识的深度。这种广度和深度的结合提供了传统专业（如心理学或会计学）所不具备的灵活性。

第三年为"聚焦"，即在第二年大方向的基础上继续培养学科焦点，也即具体专业。这类似于其他大学的专业，可以让学生在所选择的领域从事更有针对性的工作。然而，与传统狭窄的专业不同，在密涅瓦更重视实用的知识，也就是本质能力，所学可以迁移应用于该领域的新兴类别或其他领域。例如，在计算科学中，数据科学和统计集中教学生分析、设计和利用大量数据所需的基本知识和技术，但其实这些提取和利用隐藏在大数据中的洞见能力，才是最根本的，这一能力与世界上几乎每个领域都有强烈的关联，是进入许多新兴行业的基础。这一年的学习为学生之后职业生活架起桥梁。

第四年为"综合"，设置顶点课程，即能够学以致用，最后一年主要是完成学生自己选

---

[1] 张义民，耿叶叶. 密涅瓦大学本科生培养模式探析[J]. 黑龙江高教研究，2022,40(09)：53-58。

择设计的顶点项目（Capstone）。通过构想、设计，并将所学技能和兴趣综合起来，设计自己的项目。无论是选择写原创剧本，还是为一项颠覆性技术编写代码，还是对学术领域最紧迫的研究问题进行分析，还是写一项大胆的商业计划，创意和实施都由学生主导，只要项目能对该领域做出新的贡献。除了项目之外，学生还需要写一篇论文，解释设计该项目的方法和意义。此外，每个专业还有两门必修辅导课（商学替换为商科实习课程）和其他选修课程。这些课程是针对特定主题的协作性、驱动性的探索。

（5）学习形态：从游离到沉浸

"密涅瓦的每一门课都提供了基于所在城市的内容及课后作业，学生可以将他们在课堂中学到的东西应用到现实世界中，沉浸在各种不同的文化里。"

"互联网上信息一抓一大把，能搜索的知识，我们认为没有必要在课堂上浪费时间。"

——密涅瓦大学创始人本·尼尔森（Ben Nelson）

传统高等教育中的学生学习是游离的，体现于课堂上学生身体与心智思维的游离[一]，技术与学习活动的游离[二]，专业理论知识与实践操作的游离[三]，评价目标与实际结果的游离[四]等。

密涅瓦的课堂以在线研讨会的形式进行，学生人数不超过 19 人。密涅瓦引用了 1972 年的一项研究成果，该表明，"深层"认知任务可以增强记忆。这些任务包括使用材料、应用材料、讨论材料，而不是死记硬背。所有的课程都以一个小测验开始，并在稍后的课程中以第二次测验结束；据称这可以提高用户留存率。学生的表现会被自动记录下来以便跟踪。

密涅瓦并不是"为了技术而技术"，更不是"将面对面的课程搬到网上"，这所新式大学之所以采用线上授课，是因为相信技术能够更有效地改变教育，提高学习效率。

密涅瓦大学专门打造了一个完整、动态和有效的教学、评估和课程平台系统——Forum。与传统课程平台和其他数字学习工具相比，Forum 有很多独特的优势。除了典型的授课功能，Forum 为全球、高影响力的新项目和扩展项目铺平了道路，学习环境不是信息共享的单向渠道，也不是重新使用的商业会议工具，而是为学习者和讲师提供了深度参与的数字体验。它健壮的功能、多样的学习模式以及数据收集和管理工具提供了其他任何平台都无法提供的功能和见解。

Forum 是专门为学习者深度沉浸式参与而建立的，使整个课程的结果具有连续性，并在个别课程中具有多样性，这是密涅瓦全面主动学习教学法（Fully Active Learning Pedagogy）的特点。在每一个课程中，教师作为促进者引导学习者进行不同课程的各种活动。例如，一个环节可能是全班同学围绕一个关键概念展开苏格拉底式的讨论，然后转入模拟练习，探索这个概念如何在不同情境下产生不同的结果；下一节课中，可能又会重新引入相同的概念，但是会分组来讨论分析前一节课中所提到不同结果的原因。这种级别的教学流动性和教学复

[一] 张燕，程良宏.学生课堂学习中的表层参与及其批判[J].当代教育科学，2020(04)：23-28。
[二] 谢泉峰，刘要悟.具身模拟：人工智能赋能的学习变革[J].课程.教材.教法，2020，40(12)：116-122。
[三] 束建华，李斌.游离到融合：职教师范生沉浸式培养探析[J].职业技术教育，2021，42(36)：44-49。
[四] 李鹏.评价如何促进学习？——从泰勒到厄尔的探索与反思[J].外国教育研究，2020，47(01)：31-44。

杂性在标准的课堂环境中几乎是不可能的，更不用说其他数字课堂技术了。

Forum 的数据收集功能为学习者、教师和机构提供实时反馈和分析。例如，TalkTime 功能通过一个按键就可以提供学生参与情况的概述，教师可以轻松了解有哪些没有参与讨论的学生。通过收集关于学习者参与度和表现的具体的、个性化的数据，Forum 帮助教师跟踪、管理和影响特定课程和时间内的个人进步。教师自己也可以从自己的表现中学习，就像运动员观看比赛回放一样。在机构层面，Forum 提供汇总和匿名报告功能，因此管理员可以审查总体项目指标，评估教学学习影响，并获得课程改进和项目扩展的支撑性材料。

Forum 不但可以追踪学习者上课时的精神状态，还能够将学生的学习成果做量化分析，并给出合理建议。假如学生上课时走神，Forum 系统会把该生的头像居中，提醒老师注意该同学。而且由于是小班授课，每一位同学的问题都会被老师关注，每一场讨论都会覆盖到所有成员。Forum 平台在主课堂和突出点中包含口头、书面和视觉元素。交互式学习资源进一步支持主动学习，包括协作工作簿、白板和投票。在完成一节课后，论坛包括学生和老师的整体谈话时间、反应（表情符号）、举手、聊天，以及个别学生的谈话时间和谈话时间。一节课包括数百项学生参与度的测量。虽然有些平台包含类似的指标，但其他许多平台专注于提供成绩单、问卷调查、留言板和通过点击跟踪课程材料的参与度。密涅瓦大学教师使用课堂参与度指标作为一种强大的工具，来识别那些可能难以参与的学生，并反馈教师是如何让所有学生参与主动学习的。

课程构建器功能（Structured Lesson Plan Creation）是一个复杂的工具，可以根据合作项目的技能分类和课程排序构建课程。课程构建器允许教师和课程设计人员制定教学大纲、教学计划和作业，与跨课程、学科和境脉的学习成果交织在一起，使课堂时间得到更有效的利用。使用课程生成器，每节课和作业都会被标记为该门课程的学习结果，研究者或教学者可以对跨课程和跨时间的这些学习结果进行更深层次的集成和分析。

密涅瓦学习形态的沉浸除了强大学习平台 Forum 支持的线上沉浸式学习，更是在当地的本土化议题中的沉浸。因为每年都要去到不同国家，因此该年的课程或学习任务一定是围绕当地的文化来设计的，学习者需要充分了解当地的风土人情、政治历史，让自己沉浸于本土文化中，解决当地真正存在的问题，才能完成该年的课程学习。

（6）评价形式：从终结性到形成性

密涅瓦大学入学前不需要 SAT 等标准化考试，入学后也不会有任何考试，成绩的判断依据是每堂课的表现，是一种结果驱动的评估。

密涅瓦大学采用三种类型的评估：在小组会议中及时和非正式的反馈，在与教师的对话中进行个人反馈，以及经常对学习者理解和使用所教授的认知工具和概念进行正式评估。通过专注于特定技能的学习，可以得到精确的、可衡量的结果。通过频繁的反馈和系统的评估，让学习者的进步得到仔细的关注。这些非正式和正式的评估由 Forum 上的参与和表现数据提供信息，这些数据跟踪学生对学习资源的主动和非主动使用情况。

Forum 拥有强大的跟踪和评估工具，使教师和学校能够及时提供形成性的反馈。每一节课都被记录下来，所有的学习者和教师都可以访问课堂上的表现数据。Forum 还提供了一个复杂的评估工具,让教师系统地评估每个学习者的课程目标。这些数据可以在课程、教师和院系之间共享,从而更好地整合反馈、支持和评分。学生也可以跟踪自己的表现和进步,鼓励自我反省、智力增长和技能发展。

密涅瓦大学基于关键的绩效衡量标准旨在回答以下关键问题:项目目标是如何实现的?学习者进步了多少?学习者参与到什么程度?教师对密涅瓦大学培训、支持和工作量的看法如何?教师是否使用了有效的教学、评估和课程设计技术?在合作过程中有什么新的发展吗?对项目改进有什么建议?总体而言,密涅瓦关注到参与学校事务中的每个人,学生、教师、管理者。

至2021年底,密涅瓦大学送出去整整3届毕业生。COVID-19疫情期间,密涅瓦毕业生的就业率高达88%;在106人的密涅瓦研究生学院里,4个申请哈佛大学研究职位的学生全部被录取;在Y Combinator(全球顶级孵化器)的项目中,密涅瓦的学生录取率也是100%。⊖

2. 分析与启示

2010年,美国普特杜拉(R.R.Puentedura)依据现代信息技术在教育教学领域中的渗透程度,提出了SAMR模型。如图11-2所示,他认为技术对教育的影响有四个层级,最基础的影响是替代作用(Substitution),即技术简单替代原有的教学工具;其次是增强作用(Augmentation),是指技术切实增强了教学活动的效果;然后是改善作用(Modification),不仅仅是增强效果,而是通过技术优化了教学活动的流程;最后是革新作用(Redefinition),重新定义教与学,颠覆性变革教育生态。密涅瓦大学正是在做一种颠覆性的革新尝试,超越了传统的教育理念,自上而下做出了变革。

图11-2 SAMR技术革新模型

密涅瓦大学彻底放弃了修建校园,将学习环境从校园单一场景拓展到多个城市,充分利用城市基建代替校舍,打破了校园的定义与边界;在师资招募上,区别于传统学校的领域专家教授,转而寻求具有跨学科、跨领域背景的通用型人才;在课程体系的设计上,具有严密的结构性,四年课程层层进阶,除了所选专业方向课,还必须选修与之相关的其他领域课程,具有纵向结构化、横向多元化的特征;在培养目标上,具有强烈的能力本位导向,以结果产出为最终目标,以能力发展为最终目标,他们的目标是培养能够适应各种不确定性的未来人才,这一培养目标的设定在疫情中已得到验证;在学生学习形态上,虽然密涅瓦大学采用也是在线教学这一在如今看来较为普遍的教学模式,但学生的学习形态与传统的在线教学

⊖ 柯察金.曾说要超过哈佛的"密涅瓦大学"创始人:我们已经办成了世界最好的学校[EB/OL]. https://rongmeiti.myzaker.com/article_detail?article_pk=61bfba5db15ec0051b3c79c0, 2022-11-03.

完全不同，这得益于他们的完全主动教学法，信息技术在教学中不仅仅起替代和增强作用，将线下课堂原封不动搬到线上，而是完全改变了原有的教学模式，信息技术的作用是为学生创建高效沉浸的学习环境；在评价形式上，完全采用形成性评价，没有最终的知识性考核，而是采用全生命周期的学生成长电子档案袋。

密涅瓦大学用长尾效应将教学资源最大化，让老师教学、学生学习不再受限于地域，可以自由连贯地学习，但传统大学中所需要具备的课程、教学、考试、学分、日常校园生活等基本要素始终存在，符合条件的学习者最终也会获得受社会认可的学位。因此密涅瓦大学是超越了教育的教育[1]，不能从完全商业化的视角审视它，它始终存在于教育框架之内。

11.2.2 案例二 圣托马斯大学的数字化转型

1. 案例描述

美国得克萨斯圣托马斯大学（University of St.Thomas）是一所综合性的大学，与美国其他高等教育机构一样正面临着学生成功、财务健康、声誉和外部竞争等挑战，试图通过提升学生体验、竞争力、盈利能力和灵活性等方式推动学校的数字化转型。圣托马斯大学基于加德纳咨询公司的数字化生态系统模型设计并创建了高校数字化转型框架，如图 11-3 所示[2]。该框架主要包括用户体验、伙伴关系、智能技术、核心 IT，以及数字化战略发展等五个方面。

图 11-3 圣托马斯大学的数字化转型框架

（1）用户体验

教育的目标用户是学生、教师、职工和校友等利益相关群体，教育数字化转型则意味着

---

[1] 王佑镁，包雪，王晓静. 密涅瓦（Minerva）大学：MOOCs 时代创新型大学的探路者 [J]. 远程教育杂志，2015，33(02)：3-10。

[2] Edmund Clark. Digital Transformation: What Is It? EDUCAUSE Review, 2018.5.

通过利用技术和数据等实现学校的核心业务转型，从而更好地满足各利益相关群体的需求。从学生的角度而言，致力于转变学生体验的数字化转型可能包括：将社交媒体和短消息作为数据驱动决策流程的一部分，从而实现招生流程的数字化；让学生可以用手机登录部署在云端的、具有扩展性的学生信息系统来办理注册入学；提供多种在线学习的选择，在学业进程的关键节点上为学生提供充足的可选课程；与教师和项目一起共同推动课堂教学向翻转课堂和混合式教学等方向转变；运用信息技术来监督学生的学习进度和学业成就，并进行反馈和干预；与产业界合作推出数字徽章和微认证证书等，从而增加就业机会。同时，从教师及其他教职工的角度而言，他们也可能会参与到数字化转型的过程中，应确保他们在每一次数字互动中都有最大化的参与体验和最小化的受挫感。

（2）伙伴关系

圣托马斯大学的数字化转型框架将加德纳模型中的"生态系统"替换为"伙伴关系"，主要指高等教育系统内部的各利益相关群体通过彼此之间的互动，形成高度去中心化的组织结构，并培育出可持续的合作伙伴关系和数字生态系统。传统金字塔式的组织结构等级森严，难以支持业务重构，需要转换为灵活的治理模式，给不同的组织机构授予不同的权限，形成去中心化但是高度参与配合的实体，并借助自由、快速的信息流使各个团队可以以扁平化和网络化的方式进行运作和互动。

（3）智能技术

圣托马斯大学的数字化转型框架将加德纳模型中的"物联网"替换为"智能技术"，旨在采用响应性和感知性的智能技术创造有价值的互联互动。在高等教育的运行过程中，可以整合多种类型的智能响应技术和物联网设备来促进未来的教育转型。如智能伙伴和情感分析工具可以在各种学术活动中捕捉学习者的面部表情和情绪，并自动生成可视化的图表，以反映学习者的活动参与情况；整合智能机器人的大学图书馆系统可以即时为教师和学生解答有关研究主题的基本问题，查找相关结果，甚至为教师和学生预订资料等。相关的智能服务还可以扩展到高等教育的其他服务领域，为教师和学生提供24小时的基础支持，同时将更困难的问题反馈给人类专家进行解决。

（4）核心IT

核心IT指的是搭建和提供弹性、安全、敏捷和灵活的基础设施以支持上述工作的开展。当前，越来越多的服务已经迁移到云端，这就需要快速、可靠和安全的网络和服务器来提供现代IT用户所需的敏捷性和灵活性。需要注意的是，无论核心IT部分如何改变和优化，都需要认真对待和时刻关注教师和学生等利益相关群体的使用体验，避免因为服务器超负荷运转而影响用户的访问和响应速度，必要的时候可以即时扩充服务器环境来提供无缝的体验。

（5）数字化战略发展

数字化战略发展旨在提供关键的技能、数据和技术领导力为高校创造新的数字化转型战略能力。高等教育机构内部的团队和数据共同处于中心地位，这些团队成员必须得到授权，受到良好培训，且对数字化转型保持开放的态度。他们需要高效率地应用新技术和数据来把握新的机遇，并能够胜任和全校建立关系和进行沟通的相关工作。同时，高等教育机构需要投入大量的精力和财力培养领导力、发展职业素养和开展技术培训，以培养组织内成员的支持性思维。支持性的组织思维模式是成功的关键要素，组织内部是如何思考、如何行动、价值何在和维护决策，都要求组织的文化和思维模式的积极参与。如果院校对变革没有做好准备或者不持开放态度，数字化转型就不会发生。

2. 分析与启示

圣托马斯大学的数字化转型是传统高校在社会发展和学校需求的共同推动下，参考企业数字化转型的框架构建高等教育机构数字化转型战略纲领的典型案例。传统高校的数字化转型从"期望/追求"进入到"设计和启动实施"阶段之前，首先需要明确是数字化升级（Digital Upgrade）还是数字化转型（Digital Transformation）。数字化升级是利用数字化技术提高高等教育机构某些现有业务的效率和效果；数字化转型则是利用数字化技术改变高等教育机构的运行方式，特别是在人才培养和创造价值方面。通常情况下，数字化升级和数字化转型并不是非此即彼的关系，在两者之间保持平衡会获得更多机会和投资回报比。也就是说，以较小的投入（例如从人工流程到数字流程的升级）所获得的收益，将为整体用户体验的全面提升和数字化转型提供支持。要实现高等教育的真正数字化转型，则需要建立强大的合作关系、对未来的共同愿景，以及集成的信息系统、流程和数据等，这是一个系统的、长期的工作⊖。

在明确了学校转型的需求之后，就需要制定能够有效传达给关键利益相关者和教育决策者的数字化转型框架和模型⊜。在本案例中，圣托马斯大学数字化转型的框架改编自加德纳咨询公司的数字化生态模型，其重点是构建优化学生的学习体验，并在学习体验中融入数字化业务模式、互联的生态系统、数字化教育服务体系，以及多种人工智能驱动的组合数据集，以促进学生个性化学习。在数字化转型框架的五个核心方面中，用户体验、智能技术和核心IT的系统数据结合起来形成了用于分析的综合数据；由伙伴关系组成的数字化生态系统则提供了新型的合作平台，使得组织变得更加敏捷和创新；来自这些生态系统的数据和工作都汇聚到中心，形成了组织职能为下一步的数字化战略发展提供信息和动力⊜。

圣托马斯大学的数字化转型框架系统梳理了数字化转型的核心要素及其相互之间的关系，从学生和教师等用户的数字化体验出发，通过构建以智能技术和核心IT为基础的数字化业务模型、互联的生态系统和服务，并以多种人工智能技术的支持使之变得个性化和多元化。该框架为高校提供了改善运营模式和教学实践的创新途径，对传统大学应对数字时代的变革具有重要的启示作用。同时，也应该注意到，圣托马斯大学的数字化转型框架的核心关注点在于高等教育机构在管理和服务方面的数字化转型，但是缺少对人才培养和价值创造等高等教育其他核心业务和功能开展数字化转型的阐述和规划。基于该框架进行进一步分析可

⊖ Edmund Clark，陈强. 如何促进高等教育数字化转型 [J]. 中国教育网络，2018(10)：23-24。

⊜ 兰国帅，魏家财，黄春雨，李蒲，崔亚萌，郭倩. 国际高等教育数字化转型和中国实施路径 [J]. 开放教育研究，2022，28(03)：25-38.

⊜ Edmund Clark，陈强. 高等教育的数字化转型 [J]. 中国教育网络，2018(09)：31-33。

以发现，"用户体验"不仅可以指学生获得快速、便捷的数字化学习体验，进一步而言可以是让学生对学习获得更充分的掌控权，从而实现个性化学习和专业发展。"伙伴关系"也不仅局限于高等教育机构内部的教师、学生、管理者等相关主体，其核心要义在于"连接"关系，学生可以与本校之外的其他个体和组织建立关联，根据自己的兴趣和学习需求，自主选择学习的时间、内容、方式等。因此，进一步畅想，未来的高等教育将借助数字化技术和相互连通的数据，完全打破高校之间的界限和壁垒，学校与学校、学校与社会、企业及其他利益相关方之间建立彼此互通的关系，实现专业、课程、师资、设施、服务等方面的资源共享，最大化地利用社会资源。学习者在数字空间中享有充分的掌控权，围绕个性化的学习计划，选择其他高校或社会、企业等的在线课程和数字化资源进行学习。教师的角色由传统知识传授者转型为学生发展方案咨询者，承担学术咨询及专业指导等社会教育职能。在未来，学生可能再也没有入学和毕业的界限，通过模块化课程学习所获学分和学习过程数据作为认证依据。传统意义上的大学围墙将不复存在，人人都有机会接触到优质的教育教学资源，真正实现教育公平和可持续发展[一]。

11.2.3　案例三　虚拟流动性——中国政法大学与德国科隆大学的线上学分课程项目

1. 案例描述

中国政法大学为积极应对疫情、探索国际交流新模式，经与德国科隆大学（University of Cologne）协商一致，将选派优秀学生参加该校线上学分课程项目（Eduventure Virtual Mobility Incomings）。该项目提供的课程包含：词汇学（Lexicology）、三角化非洲的研究方法、性别和权力（Triangulating Research Methods, Gender and power in Africa）、从文艺复兴到现在的欧洲艺术（European Art from the Renaissance to the Present）、现在：运动。现代体育镜头下的欧洲化、后殖民主义和全球化（And now: sports.Europeanization, post-colonialism, and globalization through the lens of modern sports）、《经济理论导论》解释欧洲一体化（Introduction into Economic Theories to explain European Integration）、欧洲能源市场的经济原则和监管（Economic Principles and Regulation of European Energy Markets）等。顺利修读完课程的学员，将获得ECTS（European Credit Transfer Scheme）学分以及科隆大学颁发的结业证书，这个学分是被双方学校认证并可以互换的。该项目所有提供的课程都将采用虚拟形式，参加课程学生需要有扎实的英语能力（至少B2），且有些课程只针对来自密切相关学习领域的学生，或可能需要一定的预科知识，课程设置奖励体系，奖励为3、6或9 ECTS，其中1 ECTS等于30小时的工作量（包括课前和课后工作）。另外，课程格式分为讲座和研讨会等形式，旨在全方位为参加"线上学分项目"的学习者提供人性化的服务。

2. 分析与启示

该项目是"学生虚拟流动性""虚拟国际化"的典型案例，也是我国为应对新冠疫情并

[一] 李铭，韩锡斌，李梦，周潜. 高等教育教学数字化转型的愿景、挑战与对策 [J]. 中国电化教育，2022(07): 23-30.

迈向数字化转型的实践。其一，凸显全球跨文化意识与能力。虚拟国际化依托于远程在线教育的理念，主要为全球不同文化背景下的学习者提供学习机会，提高他们基于虚拟流动性的跨文化能力和全球意识，以便更好地打造基于跨文化背景的学术共同体，推进国际教育的高质量发展。其二，革新"微认证"标准和形式。与之前线上学位认证项目不同之处在于：该项目不仅有常规的课程学分，还有额外的工作量奖励，按照 ECTS 计算（等级设置包含 3、6 或 9 ECTS），且额外奖励的范围不仅包含课中，课前、课后环节也被考虑在内，覆盖"微学位"认证的全流程。这也可以成为"微学位"认证的参考因素。且不管是本国还是国际上各种形式的远程在线教育均可被视为不同形式的虚拟国际化，包括各类证书课程和学位专业等，这也导致越来越多的数字化开放教育资源被引进高等教育，为"微学位"的认证提供多方面的资源补给和认证可能性。其三，提供虚拟座位和学习场景。在不能面对面交流的情况，虚拟性有利于提升学习者的注意力，并增加课程的新鲜感和趣味性。现在的课程可以以场景化形式传送或通过虚拟空间提供，学习者只需要通过提供的特定设备接入进入场景的信号或者频道，就能实现异步却共处同一场景，如电影《头号玩家》的场景，不同的场景中与他人实时"面对面"交互，也可在虚拟空间中实现自由漫游（在教学或研讨规则的范围内），实现足不出户便能场景化学习。其四，有助于经济收益。教育数字化转型背景下，产生经济收益是高等教育国际化和虚拟国际化的一个重要原因，也是促使教育进一步改革创新的动力来源，对全球教育机构都适用，这也可能是未来开展教育虚拟化和大规模实现虚拟流动性的重点研究方向或选题。其五，促进另一种意义上的教育平等和公平。虽远程教育能给身处边远地区、社会弱势群体和不同种族、民族人士提供受教育机会，但是这些人很少有机会跨国流动[1]，高等教育的虚拟国际化给他们创造了更多接受国际教育的平等机会，使大众能跟传统大学生一样参加协作在线国际学习[2]，增加虚拟流动性力度的同时，享受虚拟流动性的好处[3]。总体来看，教育的虚拟流动性使教育的平等与公平达到了一个新的高度。

11.2.4 案例四 微学位——清华大学面向全球的逻辑学融合式课堂证书项目

1. 案例描述

2021 年 1 月，清华大学人文学院逻辑学中心发布了"全英文逻辑学全球融合式课堂证书项目"，由清华大学人文学院四位教授组成的团组共同讲授的四门逻辑学课程构成，包含"逻辑、语言与哲学""模态逻辑及其应用""逻辑学基础理论"和"逻辑、计算和博弈"四门课程。该项目是清华大学推出的首个全球融合式课堂证书项目，项目的目标是面向优质国际生源，从东亚地区、东南亚地区做起，吸引更多学生关注清华逻辑学和清华人文学科。采用全英文授课，以逻辑学为核心，兼顾哲学、数学、语言学、计算机科学、认知科学等学

---

[1] Karen D. Könings et al. Improving supervision for students at a distance: videoconferencing for group meetings[J]. Innovations in Education and Teaching International, 2016, 53(4): 388-399.

[2] Guth S. The COIL Institute for Globally Networked Learning in the Humanities[J]. Final report. New York, NY: SUNY COIL Center, 2013.

[3] Lane Andy. The Impact of Openness on Bridging Educational Digital Divides[J]. International Review of Research in Open and Distributed Learning, 2009, 10(5).

科基础，在训练学生基础思维能力的同时，培养学生跨学科的宽广视野与创新精神。本项目除面向清华大学本校学生外，还面向俄罗斯圣彼得堡大学、新加坡南洋理工大学等世界慕课联盟高校及其他世界一流大学学生开放。项目中的每门课程将利用混合教学，通过在线的方式将海内外高水平大学学生引入清华大学课堂，构建全球课堂，增进学生国际沟通与理解，学生可通过同步或异步在线的方式参加课程学习，完成全部四门课程并通过考核后，即可获得项目证书。清华大学期待推出一批全球融合式课堂证书项目以及慕课证书项目，通过共享优质教育资源并加强国际交流合作，以开放的姿态应对全球性挑战并推动高等教育创新。

2. 分析与启示

教育数字化转型推动了慕课的进一步发展升级，也加速了课程资源的共建与共享。随着开放资源愈加多元，线上资源地位愈加凸显，"微学位"和"微认证"在教育数字化转型背景下的改革迫在眉睫，且这种新的"微学位"和"微认证"的形式更加为课程学分的打通与互认提供了新方向。其一，"微学位"认证得益于资源的虚拟性。慕课的兴起、混合教学的发展等均为课程资源的开放与共享奠定了基础。众所周知，不同形态的资源、不同场景的资源、不同空间的资源都可依托数字化转型进行深度融合，为不同国家、地区的学习者（甚至是社会人士），进行交流、学习、形成学习共同体提供可能，且资源的虚拟性推动了大学的虚拟性与开放性，加速微学位和微认证的进程。其二，突破了常规"微学位"认证形式，指向"微认证"的国际化和灵活性。清华大学人文学院"融合式课堂项目"向 edX 吸取经验以期进一步转型。edX 积极探索慕课和传统校园学习相结合的混合模式，先于 2015 年联合亚利桑那州立大学启动了"全球新生学院"创新项目，该项目允许学习者在完成大学一年级的全部学分课程并通过考试后，就能申请包括州内的不同大学、不同专业，从大学二年级开始的校园学习机会，即"翻转入学"。后于 2016 年 edX 又推出了"微硕士学位"慕课项目，获得证书的学生可以申请接受该证书的多家大学的硕士项目校内课程，花费更短的时间、更少的学费获得正式的硕士学位，而清华大学人文学院结合上述两阶段的优势，即超越国际，构建全球课堂，旨在促进国际交流，提供高质量"微学位"并进行灵活多元地"微认证"，即打破之前周期较长的"微硕士学位"或者短期交流的"微项目"学位认证的单一模式，而是根据院校和学生的实际所需灵活设置"微学位"，并实现个性化的"微认证"，极大促进了学习者之间的国际交流，也有利于"微学位""微认证"形式未来的多元发展。国际连通，认证融通，传播中国经验。清华大学人文学院基于上述经验，致力打造"全球课堂"项目样板，推出"融合式课堂项目"，旨在共享优质资源、连通国际联盟高校、加强国际学术共同体建设，以开放和包容的姿态为世界高等教育创新贡献中国力量。

11.2.5　案例五　教育元宇宙——莫尔豪斯学院以 3D 数字化形态重建真实校园

自 Facebook 更名为元宇宙（Meta）以来，元宇宙迅速引发各行关注。在教育领域，"元宇宙＋教育"为未来教育发展提供了新方向，其深度沉浸体验、具身社交网络、群体自由创造、社会生态文明以及虚实融生共在等特征为构建虚实融生的未来教育形态提供了新可能[1]。其中，元宇宙学校的创建为未来元宇宙教育的发展提供了新可能[2]，诸如虚实同步与高度仿真、创新创造与开源开发、持续动态发展等为学习者提供了物理空间、社会空间、虚拟空间三位一体的学习环境。

1. 案例描述

莫尔豪斯学院（Morehouse College）位于美国佐治亚州亚特兰大市，是一所私立黑人男子文理学院。自2019年末COVID-19疫情爆发以来，学校教育教学工作受到极大影响。在此背景下，莫尔豪斯学院与VictoryXR和高通公司共同搭建元宇宙大学（Metaversity 也称宏大学、元大学等），以3D数字化形态重建真实校园[3]。

Metaversity利用沉浸式虚拟现实（Immersive Virtual Reality）技术，搭建了一个3D数字化形态的莫尔豪斯学院。学生可以利用VR头盔接入，并生成自己的虚拟化身，在Metaversity中学习、休息、社交等。Metaversity一方面复刻了莫尔豪斯学院，另一方面也在其中加入了很多超现实细节，例如历史遗迹，为学习者提供了身临其境的虚拟校园环境。

2021年3月，莫尔豪斯学院在Metaversity中开设首批三门VR课程——世界历史、生物学和无机化学。历史学教授奥维尔·汉密尔顿（Ovell Hamilton）通过带领学生环游"非洲-欧洲-日本"，为学生讲授不同国家和时代的历史。生物学教授埃塞尔·维林（Ethell Vereen）在一间"理发店"与学生自由讨论敏感的健康问题，此外也可带领学生进入人类心脏的大型3D模型，探寻导致严重健康问题的真实病因及器官组织病变症状，给学生以直观的生物知识。化学教授穆西纳·莫里斯（MuhsinahMorris）在太空中与学生共同建造或者解构分子，提升学生视觉空间感知能力。另外，三位任课教师还与文学教授坦尼娅·克拉克（Tanya Clark）进行跨学科交流，他们聚集在霍格沃茨（Hogwarts）风格的虚拟环境中讨论奇幻文学。汉密尔顿教授在课程结束后调查了在Metaversity中开展教学的有效性，结果显示，学生的学习成绩、参与度和满意度等都优于传统课堂教学和在线教学。

莫尔豪斯学院的师生认为，VR将在未来教育中发挥极其重要的作用，已有课程可为现实世界中如何有效利用VR技术提供有益参考。目前，莫尔豪斯学院正组织相关教师共同建构元宇宙的教学应用框架，不断创新更加高效的教学方式，以扩大学科应用范围。

2. 分析与启示

在教育数字化的背景下，Metaversity既有传统远程教育的优势，又突破了其时空分离导致的教与学沉浸感缺失、学习孤独感以及社交范围与体验不足等限制，为学习者提供了沉浸其中探索过去、现在、未来的学习场景。

1）虚实共生，突破时空限制。在全球COVID-19疫情时期，教育教学全面线上化的背景下，Metaversity应运而生。一方面，支持学习者突破时空限制，随时随地进入学习场景。另一方面，区别于传统的线上教学，Metaversity将大学校园3D数字化，使学习者"线上之旅"实现从2D到3D的转变，增加学习者教与学的沉浸感。最后，Metaversity在复刻大学

---

[1] 李海峰，王炜. 元宇宙+教育：未来虚实融生的教育发展新样态[J]. 现代远距离教育，2022（01）：47-56。

[2] GmbH M S. Metaverse school：A new dimension of education [EB/OL] .https://metaverse. school/.，2021-11-15。

[3] https://morehouse.edu/morris-muhsinah/。

校园的同时融入了超现实元素,支持校园突破时空限制,将不同时代、不同地域的场景和内容汇聚于此时此地,赋予学习者"穿越时空"的学习体验。

2)虚拟化身,实现更自然的交流与协作。相较于一般的 VR/AR,Metaversity 为学习者生成虚拟化身,决定了人类个体在虚拟世界的独一无二,且能够实现脸部五官、情绪表情、手势姿态的变化,提升互动感和真实感。可以说,虚拟化身是 Metaversity 区别传统虚拟现实、增强现实技术的重要特征,它是人类通往虚拟世界的通行证,是人类在虚拟世界的身份标识。通过虚拟化身,学习者很容易就能在 Metaversity 与同伴进行身临其境的交流、协作和互助,帮助学生在更加广泛的空间中开展协作学习。

3)文化回应,支持跨学科课程开展。Metaversity 主要采用文化回应性教学法开展课程,即使用文化参照(Cultural References)来传授知识、技能和态度,从智力、社交、情感和政治方面为学生赋能。学生进入教室不只是听教师讲课,而是在整个教学过程中都接触学习材料,并创造、建构出一些东西。教师要做的就是根据一定的原则和目标,将生活、历史和文化融入学生的行为。此外,一节课可以同时拥有来自不同学科的教授,支持学生参与跨学科课程。

4)自主构建,学习者对课程拥有更多掌控权。Metaversity 支持多元主体参与课程构建,学校、教师、学生、家长以及其他人员可以在元宇宙中自创个性化学习空间,开启独特的、个性化的以及泛在的沉浸体验学习。其中,学习者不仅是在虚拟现实课程里学习,也要参与建设虚拟现实课程。学习者可以寻找或设计合适的虚拟化身,或使用 Unity 平台或其他应用程序开发他们希望在自己的学科中看到的实时 3D 空间。

11.2.6 案例六 价值教育——数字技术赋能同理心培养

同理心(Empathy),也被译为"共情""移情",具有认知、情绪、行为三个基本成分。传统的同理心培养方法通常借助文本、音频、视频等媒介,或者通过与其他群体直接接触,让学生把自己想象为他人,从而提高其同理心。然而,研究发现这些培养方法效果不佳,可执行性不高[⊖]。

作为 21 世纪的重要新技术之一,虚拟现实技术(VR)通过其逼真且具有沉浸感的虚拟环境来触发用户的生理和心理反应,给予使用者空间去探索和模拟在现实中很难或者不可能再现的体验,触发不同人群的不同情绪反应。VR 技术已在治疗伤痛、心理疾病、精神疾病等方面获得突破,并被逐步应用于同理心培养领域。

1. 案例描述

目前,全球每年约有 1~5 种野生动物灭绝,而相关人员认为保护野生动物的举措受到人和动物之间有限情感联系的限制。在此背景下,世界各地的教育工作者利用视频、游戏和其他资源等技术媒体在课堂上讨论保护濒危物种的问题。虽然很多学生都知道野生动物的灭绝,但这一认知并没有对学生建立与这些动物的同理心和情感联系产生直接影响。

⊖ 郭梦娇,彭敏.虚拟现实技术与同理心培养:最新进展与未来展望[J].中北大学学报(社会科学版),2018,34(04):132-135。

为了提高对濒临灭绝野生动物的同理心，蒂尔堡大学认知科学和人工智能系的亚历山德拉·塞拉·拉蒂瓦（Alexandra Sierra Rativa）与玛丽·波斯特（Marie Postma）和梅诺·范·扎南（Menno van Zaanen）共同开发了一个称为"Justin Beaver VR"的应用程序，允许人们通过虚拟现实感觉自己像一只海狸[注]。

Justin Beaver 是游戏中的虚拟主角，这是一只海狸。该项目为学习者提供了三个模拟场景。在第一个场景中，参与者看到海狸的身体，就像他们在镜子前看到自己的虚拟身体一样，参与者可以检查自己的虚拟外表，并练习地使用自己的"新身体"；在第二个场景中，参与者将模拟海狸进行生活，例如吃、休息和玩（玩树枝和游泳）来探索动物的自然栖息地；第三个场景中引入了另一个虚拟角色（"猎人"），并创建猎人射杀海狸的场景。

借助 VR 头戴式显示器 Oculus Rift 和特殊的触觉背心，学习者感觉自己仿佛置身于海狸的皮肤中，感觉自己就是一只海狸，能够在自然的、高度逼真的 3D 环境中四处走动。基于带有振动马达的背心，学习者可以获得感同身受般的具身反馈，产生在水中游泳、触摸鱼和被猎人射击的感觉，从而获得深刻的学习体验。为促进对动物物种的保护，蒂尔堡大学的团队特别设计了非法猎人射击海狸这一环节，通过创设悲伤情境，结合疼痛触觉反馈，激发学习者的同理心，促使学习者与动物建立高度的情感联系，由此促进对动物的保护。

总之，将 Justin Beaver VR 游戏应用于虚拟现实教学旨在通过沉浸式技术的力量激发世界各地人们的人性关怀，培养人们对人类地球的同理心和责任意识。这也与蒂尔堡大学关注自然保护，强调人性关怀，助力实现可持续发展的目标相吻合。

2. 分析与启示

数字技术的更新为价值教育数字化转型提供机会。通过多感官模拟，支持学生接触到平常难以接触的场景，从而对不同物种产生更直接的情感联系。

1）具身模拟，支持学生"感同身受"。由于缺乏"换位"，学习者很难仅通过认知建立起同理心，这也导致传统同理心培养一直效果欠佳。而虚拟现实能够提供学生一种具身化的体验，即能够体验感知到自己的虚拟身体实际上是自己的生物身体，这允许学生体验成为另一种生命形式。通过这种"换位"，学生更容易直接建立对其他物种的"感同身受"，从而形成直接的情感联系。

2）个性订制，实现 VR 培养同理心内容的普及化和个性化。通过与 5G、大数据、人工智能等技术结合，可以利用虚拟现实技术构建个性化价值教育场景，支持学生经历个性化的体验。根据每个人生理心理上的差异，提供适合他们个性化需求的 VR 体验，这样不仅可以降低个体对 VR 的不适感，更可以针对每个人同理心的现状、特点提供相应的内容，让不同人的需求得到满足，也让同理心的培养整体上得到显著提高。

11.2.7　案例七　基于虚实共生的船舶智能制造实训基地

虚拟仿真实训是借助数据模拟真实场景，实现实践技能培养的教学方式，模拟场景具有

[注] Rativa A S, Postma M, Van Zaanen M. Can virtual reality act as an affective machine? The wild animal embodiment experience and the importance of appearance[J]. Proceedings of the MIT LINC, 2020, 3：214-223。

物理真实感、环境真实感和行为真实感[1]。2020年10月，教育部职成司印发《关于开展职业教育示范性虚拟仿真实训基地建设的通知》，指出"随着信息技术的发展，建设职业教育虚拟仿真实训基地，既是改革传统教学育人手段，推进人才培养模式创新的迫切需要，也是强化教学、学习、实训相融合的教育教学活动，有效弥补职业教育实训中看不到、进不去、成本高、危险性大等特殊困难的重要措施"[2]。在此背景下，各大职业院校纷纷行动，希望通过建设虚实共生的实训基地，实现职业教育实习实训多元化、数字化和智能化，助力职业教育数字化转型。

1. 案例描述

渤海船舶职业学院是"中国特色高水平高职学校和专业建设计划"立项建设单位，旨在培养高级技术技能人才。实训基地作为技能训练的重要平台，受到了学院的高度重视。但船舶产品及其制造设备的特殊性——体积大、价值高、种类多、消耗大，使得学院难以在校内建设与实船生产过程完全对接的实训基地。为了探索基地建设新模式，突破实训瓶颈，深化现代学徒制人才培养模式，实现产教融合、工学结合，渤海船舶职业学院与三个船舶生产企业联合，利用"互联网+"、VR、AR、AI技术建设虚实共生的船舶智能制造实训基地，解决了实训难题，提高了船舶制造高级技能人才培养质量。

1）以实带虚建设虚拟仿真实训基地。渤海船舶职业学院以校内外实体船舶制造技能培训基地为基础，按照虚实共生的理念建设对应虚拟仿真实训基地。虚拟基地包括船体制造、智能焊接、船舶电气、船舶动力装置、智能装配5个虚拟仿真实训中心和1个安全生产体验中心。图11-4显示的是虚拟仿真实训基地沉浸式体验室。

图11-4　虚拟仿真实训基地沉浸式体验室

---

[1] 曾照香, 刘哲, 李金亮. 新时代职业院校智能制造虚拟仿真实训基地建设研究 [J]. 教育与职业, 2022(09): 109-112。

[2] 教育部职成司. 关于开展职业教育示范性虚拟仿真实训基地建设的通知 [EB/OL]. http://www.mve.cn/html/2020/zcxx_1028/46246.html, 2020-10-28。

2）用"互联网+"技术打造实训基地"虚实共生"新形态。按照开放化、模块化、标准化理念，渤海船舶职业学院利用"互联网+"技术将实体基地和虚拟基地连接，形成一个虚实共生的实训基地，以虚助实开发虚实结合、远程指导、远程操作的实训项目。基地可扩展、可融入多家企业和学校，最终将建成一个服务整个船舶行业的实训基地。图11-5为虚实共生船舶智能制造虚拟仿真实训基地结构图。

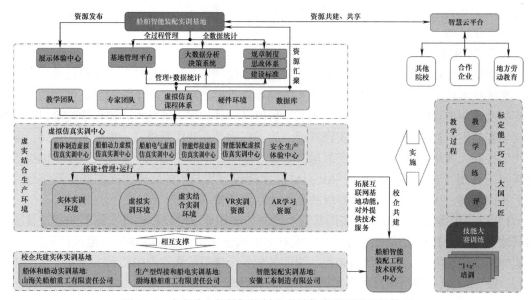

图11-5 虚实共生船舶智能制造虚拟仿真实训基地结构图

3）深化"三教"改革，推行混合式理实一体化教学模式。①基于混合教学理念建设混合实训课程体系。基于企业环境和船舶生产活动主线，建设基础性数字化教学资源及混合课程；②深化现代学徒制人才培养模式改革，校企互聘共用、双向挂职，实现"双导师、双培养"；③针对培养能工巧匠、大国工匠的目标，创新了"VR/AR教学与互动探究"+"仿真实训"+"虚实结合"实操+"真机实训"的一体化实训模式。开展技能大赛训练和"1+X"证书培训，抓实"书证融通"。

2. 分析与启示

教育数字化转型在课程教学的体现不仅在于数字技术应用与教育教学，更在于赋予学生更多自主权和赋予课程更多社会资源。渤海船舶职业学院与三个船舶生产企业联合，构建虚实共生的船舶智能制造实训基地，一方面吸纳了更多社会主体参与教育共治，另一方面支持学习者获得多维化、多样化和智能化的学习资源，解决了实训难题，提高了高级技能人才培养质量。

1）合作共赢，多元共建共享实训基地。职业院校可吸引校外资金参与，多元合作建设实训基地。例如渤海船舶职业学院、中国银行、船舶企业分别投入资金、场地、设备和人员，共同建成了虚实共生的船舶制造实训基地，同时建立共同建设、分别运营、利益共享的机制，实现合作共赢，共建共享。

2）以虚助实，破解实训教学痛点难点。通过虚拟仿真技术，职业院校可投入少量资金，构建了生产环境、还原了生产过程，助力学生技能培养。通过虚拟实训、虚实结合实训和远程实训，创新了实训教学模式，破解实训中存在的痛点和难点。

11.3 教育数字化转型的底层逻辑

随着以互联网、人工智能、云计算等为代表的新兴技术的不断渗透，人类社会结构从"物理空间——社会空间"的二元空间转变为"物理空间——社会空间——信息空间"的三元空间[一]。信息空间是一个跟物理空间和人类社会关系空间相对应的、全新的空间，它创造了全新的场景、要素、关系和知识，使得资源共享化、信息众筹化、行为数据化、时空灵活化、关系网络化[二]。互联网、数字技术等所构造的信息空间使得教育情境变得开放、自然、适切，教学方法、媒体、模式、内容、资源、环境等要素得到优化和重组，原有教育中包括学校、专业、课程、教师教学、学生学习、质量保障等核心要素必然要进行数字化转型。

在教育的数字化转型过程中，教育的外部环境和自身的核心要素虽然发生了变化，但其最终的目的并没有改变，即其底层逻辑依然是达成教育的社会性和人本性两方面目标：从教育的社会性视角看，数字产业经济的加速发展对教育人才培养提出了更全面、更动态的要求，需要通过教育系统提升对各种资源的动态配置能力，实现人才培养的理念更新、结构优化、功能升级、生态重构，但其目标依然是培养对社会发展有用的人才，依然没有脱离孟子"得天下英才而教育之"的为社会培养英才的最初初衷；从教育的人本性视角看，以各类数据技术为基础的学习分析、智能助教、智能学伴等为教师差异化的教、学生个性化的学提供了精准化支持，有效支持教育实现从大规模、标准化的人才培养向个性化、多元化的人才培养的转变，但其目标依然是促进人的自身发展，也依然没有超出教育家孔子的"大学之道，在明明德，在亲民，在止于至善"中对个人"至善"的追求。

11.4 教育数字化转型面临的挑战

教育的数字化转型是一个长期的系统性的工作，需要文化、人力和技术的系统性转型[三]，其在转型过程中必然面临来自多方面的挑战，仍需要进一步的实践探索。

（1）文化方面的挑战

技术与教育的关系一直被广泛讨论，技术应用于教育的研究领域存在一种现象：每每

[一] 潘云鹤.人工智能2.0与教育的发展[J].中国远程教育，2018(05)：5-8.
[二] 陈丽，逯行，郑勤华."互联网+教育"的知识观：知识回归与知识进化[J].中国远程教育，2019(07)：10-18.
[三] 兰国帅，魏家财，黄春雨，李蒲，崔亚萌，郭倩.国际高等教育数字化转型和中国实施路径[J].开放教育研究，2022，28(03)：25-38.

有新技术的产生,总是引起研究者"一拥而上",但研究者们最终还是回归教育的本质,以"技术应用取向"和"技术进化取向"定义教育和技术的关系,教育的主体性不容置疑。然而,随着人工智能、大数据、虚拟现实等数字技术浪潮席卷教育领域,教育领域呈现出人机多元教学交互的技术功用论和技术中心论、技术理性与数据疏漏的教育风险和生命失语等诸多教育教学困境,新兴技术对教育带来的冲击和挑战显露无遗。因此,教育领域仍需回归教育本体,从人的角度出发,保持教育理性和价值,以超越性的本体变革、关系性的认识创新、生命化的价值实践等为特征的时代新追求。

首先,数字化转型面临的最大障碍是文化,而文化是由领导力驱动的。数字化转型成功的关键在于实现整个组织的全面参与,通过社交媒体和员工渠道等数字技术手段更深入地沟通数字化转型的价值。当前很多教育机构正在推进文化转型,以创新和灵活地满足学生和教职工的教育需求。教育机构领导者也正在改变对在线学习和远程工作的看法,鼓励教师创新混合学习模式。然而,跨机构规划或协调的不足,以及缺乏认可是教育机构文化转型的最大障碍[一]。教育机构领导者需要建立新型的合作伙伴关系,通过明智的教育决策平衡风险和回报,以广泛的创新和变革发挥数字化转型中文化转型的引领作用。教育机构需要通过跨部门协作进行组织模块的链接与重组,推动自身从静态组织转向数字化学校,实现数字化转型[二]。

其次,科学化、技术化虽能在一定程度上维护教育教学效果的稳定性与可复制性,但教学的艺术性、独特性,特别是面对面教学中的"隐性"育人成分及其不可重复性却可能被低估甚至是被忽略。耶鲁大学等名校持续多年斥巨资打造本科生的住宿学院,哥伦比亚大学也曾经因为缺乏对本科生课外生活设施的关注与投入导致学校排名大幅下滑。因此,学校的基础设施必然是教育结构中非常重要的一环,它所提供的不仅仅是学习生活的场所,更有场域之外的情感支持。皮埃尔·布迪厄(Pierre Bourdieu)提出的场域理论能为此提供强有力的理论支撑,他认为"场域"就是位置之间客观关系的网络或图式。有位置就能对其占据者、行为者施加影响,在结构之上起决定作用是由各种权力(或资本)的分布结构、现在与潜在的客观状况界定的,也是由其他位置间的客观关系(统治、从属、同一等)而界定的。简言之,人的每一个行动均被行动所发生的场域所影响,而场域并非单指物理环境而言,也包括他人的行为以及与此相连的许多因素。社会场域和教育场域有着本质上的区别,用一方完全替代另一方,除了需要大量的数字化技术投入,其结构要素、基本逻辑、文化内涵的濡化更是值得深思的议题。

(2)技术方面的挑战

技术要素是教育数字化区别于传统教育的根本特征。教育数字化转型对技术的依赖决定了技术革新成为其发展的源动力[三]。然而技术的过多介入会让教育过程中的教师和学生有一

[一] Christopher, D.B.& Mc Cormack, M.Driving digital transformation in higher education. [EB/OL].https://library.educause.edu/resources/2020/6/driving-digital-transformation-in-higher-education,2020-06-01。

[二] Christopher, D.B.& Mc Cormack, M.Driving digital transformation in higher education. [EB/OL].https://library.educause.edu/resources/2020/6/driving-digital-transformation-in-higher-education,2020-06-01。

[三] 祝智庭,胡姣.教育数字化转型的实践逻辑与发展机遇[J].电化教育研究,2022,43(01):5-15。

种被异化的感觉，教师与学生在线上虚拟空间中看似联系紧密，但电脑屏幕之外却缺乏有效沟通。密涅瓦大学的在线教学形式会不会导致学生较难摆脱各种网络社交平台对学习过程的干扰，降低学生的专注度，是其所面临的现实问题。以莫尔豪斯学院为代表的诸多学校已经开始尝试构建教育元宇宙，但元宇宙是技术集群进化的产物，技术局限性依然是制约元宇宙快速发展的重要因素。虽然 VR、AR 等技术在教学中的应用已颇有成效，但部分关键技术难题仍未破解，元宇宙的底层技术如脑机接口等硬件设备的技术尚未实现根本性突破，区块链、人工智能、5G、传感技术等尚不成熟，难以为教育元宇宙的大规模推广提供支持。

（3）人员能力方面的挑战

劳动力是教育数字化转型的关键推动因素。劳动力转型是学校培养教职工新的技能和能力，重塑人力资源管理的机遇。教育数字化转型要求教育机构领导者革新人力资源管理，为教职工赋予新的技能和能力，以应对日益复杂的数字化技术带来的挑战。为更好地适应教育数字化转型中业务模式、思维方式、应用场景等的转型，教育机构不仅需要数字化转型战略的领导者，为教育变革提供创新的管理和服务，更需要一批具备数字素养与技能的师资队伍。

教育教学数字化转型的过程也是将学习掌控权赋予学习者的过程，通过教育教学系统业务模式的重建，构建基于"学生体验"的人才培养模式。学习者可以根据自己的需求订制课程内容、制定学习路径和计划等等，在不断地自我认识、自我设计、自我激励和自我调控的动态过程，逐步趋向自我完善。学习者应能够决定学什么、怎么学、学得如何，形成自学习、自组织、自培养、自规划、自调节和自适应的全新模式。① 这一要求对学习者的自我管理能力提出了前所未有的挑战。

（4）管理方面的挑战

首先，数据安全风险凸显。教育数字化转型以数据作为底层支柱，而信息的爆炸式增长对数据的隐私性、安全性、可靠性构成了更大挑战，因此在数字时代，如何保证教育数据安全需要引起重视。

其次，教育数字化转型滋生数字鸿沟。数字技术变革在为教育创造巨大机遇的同时，也给不同国家、区域和群体带来持续扩大的不平等现象，其中最突出的体现就是数字鸿沟的广泛存在。② 当前世界范围内的教育数字化、信息化基础设施建设存在严重缺口，疫情更加暴露了数字鸿沟引发的教育不均衡发展的问题。③ 许多偏远地区的学习者无法进行远程在线学习，或者只能依赖特定类型的技术资源，由此暴露出世界范围内广泛存在的政治、经济、技术、性别与教育不平等问题。④

---

① People's Daily Online. 数字化时代的大学再造.Beijing，People's Daily Online［EB/OL］.http：//edu.people.com.cn/n1/2016/0514/c1006-28350706.html，2016。

② UNESCO.Youth report 2020：Inclusion and education：all means all［EB/OL］.https：//unesdoc.unesco.org/ark：/48223/pf0000373718，2020。

③ UNESCO.Reimagining our future together：a new social contract for education［EB/OL］.https：//unesdoc.unesco.org/ark：/48223/pf0000379707，2021。

④ UNESCO.SDG 4-Education 2030：global/regional coordination and support［EB/OL］.https：//unesdoc.unesco.org/ark：/48223/pf0000380570？1=null&queryId=fe7eda75-4f21-46ec-ac83-76ba916813b7，2022。

第 12 章

数字政府及其路径研究

12.1 数字政府背景与内涵

12.1.1 数字政府的背景

在探讨数字政府之前,有必要对数字政府的背景信息有充分的理解,包括需求侧的根源、规划侧的政策,以及供给侧的数字技术应用过程,才能准确地理解和把握数字政府的兴起。

1. 政府治理的供给侧改革

数字政府的发展,既是时代发展的产物,本质上是一个治理领域的经济学问题,即治理需求与治理供给之间的矛盾。治理需求角度,当今世界正处于百年未有之大变局,这意味着政治、经济、文化的发展模式,社会活动的交流方式、各类市场主体与社会个体的行为模式都在发生巨大变化,这对现代政府治理提出了新的挑战,这些挑战既包括政府治理理念与治理模式,也包括治理能力与治理工具需要现代化。从治理能力与治理工具现代化的方向看治理的供给侧改革,本质上是要使得政府变成一个运转更加有效高质的系统。政府的工作覆盖了政治、经济、法律、管理等内容,支撑权力得以运行的基本体制结构,是以条块体系为基础的政府间关系模式。按空间区块划为"块",如图 12-1 所示,从国家到地方共分成五个层级,包括 / 国家—省—市—县—乡(镇),地方政府自省到乡的四级,承担各自区域内的经济建设、社会保障、社会事业发展等职能。按职能划为"条",政府的职能部门共计 25 个,肩负各自的专属职能,广泛的条还包括还有部分政府主导的行业协会等单位,以及管运分离催生的面向政府的社会第三方服务机构。

在条块结合的治理过程中,按照条与块分割的逻辑运转引发了对内的协调与对外的服务供给能力不足成为常态,这直接导致政府投入的持续膨胀,政府治理需要用"人海战术"才能实现。据国家统计局原局长宁吉喆在 2021 年 12 月 11 日中国经济年会上的发言,当时我国公务员和事业单位总人数约 4000 万人,再加之人员外包式的第三方运营服务人员，相关人数恐怕远比这个数字大。此外，国企职工总人数约 4000 万人，国有企业承担着市场失灵领域提供社会公共产品和服务，如粮棉储备、城市供水供电供气、公共交通等。人海战术对社会造成了极大的负担。政府提升自身的效率与精细化水平，降低资源浪费水平，是国家治理能力现代化的核心要义之一。应该说，我国对此现状有着深刻认识。2019 年 11 月发布了《中共中央关于坚持和完善中国特色社会主义制度　推进国家治理体系和治理能力现代化若干重大问题的决定》，其中治理体系现代化是从组织视角给出了治理供给侧改革的价值保障，治理能力现代化则是从新型能力的角度给出了供给侧改革的内容——创造治理价值的政府治理能力，治理能力现代化的一个至关重要的支撑，就是数字化技术。

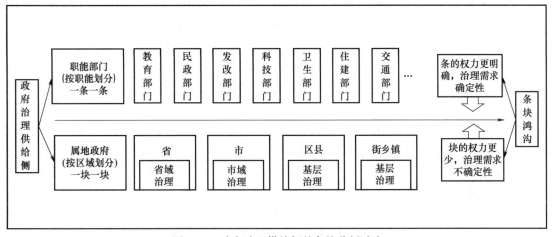

图 12-1　政府治理供给侧的条块分割鸿沟

2. 我国数字政府政策演变

我国数字政府政策经历了从电子政务到数字中国规划，再到数字政府建设的演变。

电子政务应用相关政策。2006 年，国家信息化领导小组印发《国家电子政务总体框架》，2012 年，中共中央办公厅、国务院办公厅联合下发《国家信息化领导小组关于我国电子政务建设指导意见》，电子政务实现了从规划到实施，这一期间各个国家部委都有了自身的信息化工作。2016 年和 2021 年，国务院先后出台《"十三五"国家信息化规划》和《"十四五"国家信息化规划》，继续统筹电子政务发展，增强顶层设计。可以看到电子政务的发展政策体系较强，在此指引下的电子政务也为政府从信息化到数字化积累了大量的数据。

数字政府实施政策。2022 年，国务院发布《国务院关于加强数字政府建设的指导意见》，整体明确了数字政府的建设内容，至此数字政府政策在国家层面已经完备。在 2019—2022 年，包括北京、天津、上海、广东、浙江、山西、河南、湖北、山东、江苏、辽宁、安徽、内蒙古、宁夏、四川、湖南、陕西、黑龙江、甘肃、江西、河北、福建、贵州、云南等各地发布了不同程度的数字政府建设政策文件，各地政府也在展开各种各样的探索。

3. 数字技术在政府的应用

数字技术的发展，经历了三个时代。计算机时代，又划分为真空管计算机到晶体管计算机、集成电路计算机、微型计算机四个阶段。互联网时代，则经历了阿帕网和万维网两个重要的阶段。当下时代的新一代数字技术时代，是云计算成熟、大数据规模化、人工智能技术丰富。这三个时代，本质是数字技术的体系与成熟度逐渐提升的过程。相应的，政府信息化也是随着数字技术的发展逐渐加深应用的过程，可以分为三个阶段。

电子计算机运用阶段，实现了基础电子化。在20世纪70—80年代，政府开始利用计算机促进日常办公，配套的措施是信息化基础设施的建设，包括搭建网络、服务器等数字基础设施，并基于此探索建设重大政务信息系统，增强政府对计算机能力的应用。

中期电子政务阶段，实现了信息传播与政民互动。利用互联网技术开展服务是"电子政务"时期的主要内容。又分为PC互联网与移动互联网的应用。1999年，由四十多家部委（办、局）联合发起"政府上网"工程，通过PC上网向社会公开其名称、职能、机构组成、办事章程、文件、资料、档案等信息。2009年，移动互联网发展，政府从PC端走向手机端，出现了政务微博、政务微信、政务抖音等新的政务互联网应用形式，信息传播走向政民互动。

当前数字政府阶段。从电子政务到数字政府的过渡发生在2015年，中央推动"互联网+政务服务"变革，标志是信息的互动到线上办事的转变。要求优化网上办事流程，实现"全程网办""一网通办""掌上可办"，这背后，是基于数据的融合。现实世界的政务服务与数字世界的政务服务形成一体，数字政府应运而生。同一时期，我国提出数字中国战略，要求协同推动经济、社会、治理等领域数字化发展。此后，各类政策文件与地方政府对数字政府提出了具体的设想，总体来说是充分利用大数据、人工智能、区块链等新的、更加成熟的数字技术手段，推动服务和管理更加智能化、主动化。

12.1.2 数字政府的内涵

1. 国外内涵

英国的数字政府战略源自于其2012年的《政府数字化战略》和2014年的《政府数字包容战略》，其内涵则来源于2015年的"数字政府即平台"计划，具体来说是指政府数字服务组（Government Digital Service）提供通用共享平台设施，内阁组成部门或者第三方在平台上开发应用，并促进跨政府部门建设共享平台，提高政府数字服务效能，改善民众与政府之间的关系。这一战略明确以民众需求为核心，不断解决公共服务提供中存在的问题，利用数字化技术提升用户体验、提高工作效率。

2012年美国政府发布《数字政府：建立一个面向21世纪的平台更好地服务美国人民》给出了美国视角下的数字政府内涵，其目标是让美国公民和员工能够随时、随地、使用任何设备获得高质量的数字政府信息和服务，其内涵是包括以信息为中心、构建共享平台、以客户为中心、安全和隐私保障四个方面。美国政府的数字化转型推动了以公共服务为导向，国家与社会共同治理的"小政府—大社会模式"的新型政府的建设。

2. 国内内涵

按《国务院关于加强数字政府建设的指导意见》，数字政府是为了与政府治理能力现代化相适应而构建的，其体系框架包括政府数字化履职能力、安全保障、制度规则、数据资源、平台支撑等，其功能是促进政府履职数字化与智能化水平提升，促进政府决策走向科学化、社会治理走向精准化、公共服务走向高效化等。在地方层面，各地方政府对数字政府存在不同的认识，其共同点在于逐步认识到数字政府的全局性、革命性与过程性。如广东省认为数字政府是对传统政务信息化模式的改革，具体包括对政务信息化管理架构、业务架构、技术架构的重塑。浙江省认为"政府数字化转型是政府主动适应数字化时代背景，对施政理念、方式、流程、手段、工具等进行全局性、系统性、根本性重塑，通过数据共享促进业务协同，提升政府治理体系和治理能力现代化的过程"。

3. 分析与结论

纵观数字政府的背景和国内外的内涵，基本存在两种定义数字政府内涵的视角，一种是工具性或技术性视角，即在信息技术强势的影响，主动尝试去利用技术改变政务服务自身，传统的电子政务就是这种视角的产物。这种视角近几年演变为直接从技术角度即"数字"来解读数字政府，其特点是对数字技术的推崇。另一种是从治理角度，即站在"政府治理工作"的角度解读数字政府，其特点是对治理目的的推崇，强调自身的治理认知，如浙江省即是典型的治理视角，美国与英国的数字政府理念也是偏向于从这个视角给出解释。

只有站在社会数字技术的长远趋势与国家战略布局的角度才能理解数字政府真正内涵，在区分数字与治理之后，更应从二者融合的角度去理解数字政府的含义，诚如清华大学对于数据科学研究的"RONG"理念，数据驱动的数字化，是一个"RONG"的世界，数字政府也不例外，如图12-2所示。因此，文中提到的数字政府，是现实政府的数字化映射和载体

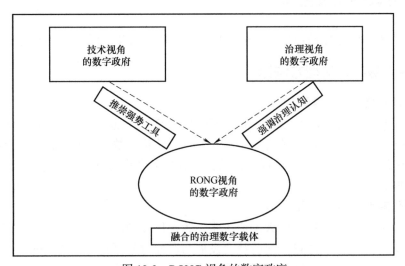

图12-2 RONG视角的数字政府

（前文关于电子政务向数字政府的过渡即发生在此），这样的载体实现了数字技术与政府需要的链接，在这个层面来说，政府即数字，数字即政府，二者融为一体。这意味着数字政府的建设需要完全适应现实政府整体运转的现代化需要（即国家治理体系与治理能力现代化）。完成态的数字政府，是一个为现实政府构建一个数字空间的存在，并以现实政府运行逻辑以及数字化运行逻辑融合的状态运转。这与此前把数字技术作为"工具"或者只强调政府的治理意志都是完全不一样的。

12.1.3 数字政府的地位

1. 治理现代化的重要路径

我国各级政府的治理体系与治理能力现代化是一项系统工程，需要全方位努力，而加快数字政府建设无疑是其中一项重大举措。数字政府对于国家治理现代化的作用和意义在于可以使政府决策科学化、社会治理精准化、公共服务高效化、政府治理民主化，还在许多方面使政府腐败失去了条件。

2. 社会经济发展的驱动器

数字经济的发展是当前经济高质量发展的主要方向。数字化转型后的政府，其能力将大幅上升，在中国的社会经济体制下，数字政府可以驱动数字经济的发展和数字社会的建设。首先，通过数字政府的建设，可以拓展经济发展新空间，培育新动能，这包括为行业和企业提供精准服务，优化公共服务资源，以及探索适应数字经济发展的治理方式，其次，数字政府推动数字技术与公共服务的融合，能够优化数字资源供给，推动面向社会的普惠化数字化服务，数字社区与数字乡村的建设即是一种表现。

12.2 政府数字化转型架构

"RONG"视角的数字政府应该如何实现？下文从结构及过程的两个模块分析。

12.2.1 政府数字化转型方法论

1. 政府数字化转型参考架构

政府数字化转型参考架构参考 GB/T 23011—2022《信息化和工业化融合　数字化转型　价值效益参考模型》，构建政府数字化转型的方法论。数字政府应以政府治理的价值效益为目标，在此基础上发挥价值链理论，结合政府数字化的全局内在的过程，政府数字化转型参考架构如图 12-3 所示。

2. 数字化转型的内在逻辑

1）政府组织战略视角提出四大价值主张，为整体转型设定目标，回答数字政府的"为什么"。执政理念的发展，源自于当前社会发展与所面对的百年未有之大变局，包括国际社会新形势，数字技术创新新趋势，政府发展的新要求，我国政府在发展战略视角提出了新的价值主张，包括党的领导、人民中心、改革引领与数据赋能四个方面。

第 12 章 数字政府及其路径研究

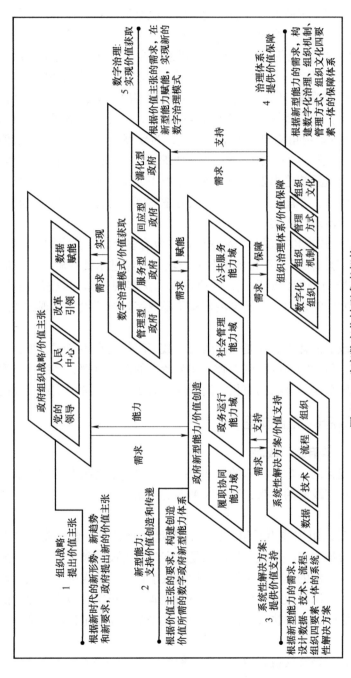

图 12-3 政府数字化转型参考架构

2)政府新型能力视角拆解四大新型能力,是治理价值得以创造的依托,在政府数字化转型参考架构中是一种思想,回答数字政府的"做什么"。根据价值主张的要求,我国对政府的新型能力视角提出了政府履职数字化、政府决策科学化、社会治理精准化、公共服务高效化等四大能力,共同构成数字时代的政府新型能力体系。

3)系统性解决方案视角设计四大方案要素,为新型能力的打造提供价值支持,回答数字政府的"怎么做"。作为一个系统性工程,解决方案也从系统论出发,本架构设计了数据、流程、技术、组织四要素一体的数字政府的系统性解决方案,明确具体所需要投入的方案内容和实施建设内容,构建整体的数字政府支撑体系,以支持新型能力的打造。

4)组织治理体系视角构建四大组织要素,为新型能力的打造提供价值保障,同时为治理价值的实现提供支持,回答数字政府的"谁来做"。政府组织作为一个复杂系统,因此治理体系的建设也应从系统论出发,构建数字化组织、组织机制、管理方式、组织文化四要素一体的政府组织体系,才能使得系统性解决方案的落地有保障,共同支持政府新型能力的打造,最终支持新的治理模式实现。

5)数字治理模式视角实现四大治理模式,为治理价值的获取构建新型的政府业务模式,回答数字政府的"是什么"。在价值主张的要求下,经过系统性解决方案的实施、组织治理体系的构建、政府新型能力的形成,政府可以真正实现管理型政府、服务型政府、回应型政府与濡化型政府的治理模式,新型治理视角是数字政府建设后实现的政府"业务模式"的转型。

如果将数字政府的建设看作是一次政府在数字时代的自主考试,那么,价值主张意味着考取的目标院校,新型能力则意味着政府作为考生的能力拆解,系统性方案则是当前学校师资的加持,治理体系则是开明的家长,治理模式的实现则是考生实现目标的方式。

12.2.2 数字政府的价值过程

1. 价值主张:政府组织战略

数字时代的变化的,数字技术的发展也一日千里,如何把握数字政府的内涵,找到变化中的不变,涉及数字政府的主张,这是未来不变的原则。

(1)党的领导

数字化的建设,组织能力是第一位的,因此党建引领在数字政府的建设中非但不是虚言,而是必须的价值主张。首先,执政党是数字政府建设的领导者,领导班子应该在数字政府建设中起到首要关键的作用,组织是一种对数字化的政治保障。其次,数字政府的建设可以提升执政党这一组织在数字时代的执政与治理能力。再次,数字化政府的建设所引发的对于制度、体制的影响,需要执政党在党建与治理体系方面制定顶层规则。

(2)人民中心

数字政府的建设最终受益者应该是政府的服务对象——人民。在这里,人民至上是指数字政府的建设应以人民的利益和需求为出发点和核心,尊重人民的权益、尊严和参与权,通过数字技术的应用提供更多、更好、更便捷的服务,提升人民的生活质量和幸福感。此外,还要特别保护人民的个人信息和隐私安全,加强数据治理和信息安全保护,防范数据滥用和侵权行为。

(3) 改革引领

改革引领是指数字政府的建设必须结合国家治理的现实需求,特别是治理供给侧应以满足人民日益增长的物质与精神的需求为导向,结合治理体系与治理能力现代化的改革,开展数字政府的顶层设计和基层探索,大力支持技术创新、制度创新、治理创新,最终实现推动政府治理与数字化的深度融合,实现 RONG 视角下的"数字政府",通过以数字化改革支持政府改革。

(4) 数据赋能

数字时代,数据是新的生产要素。数字政府的建设,在技术角度,本质就是围绕数据价值的挖掘进行数字化转型建设,优化和创新业务模式和流程,提高行政效率和服务质量。具体而言,数据赋能是指将数据作为数字政府建设发挥价值的核心要素,开展基于数据的采数据、汇数据、用数据的完整的数据挖掘体系以及数字技术支撑体系,建立起科学的数据采集、处理和分析能力,同时要注重数据的质量和安全,保护个人隐私和权益。

2. 价值创造:政府新型能力

(1) 履职协同能力域

履职协同能力域,是指在治理过程中,政府的体制机制、各项工作有效协同的能力,这涉及四个方面。首先是上下级政府之间的纵向协同,通过信息流通、任务协调、资源配置和政策执行等多种方式来实现,在决策协调、突发事件应对、服务提供和制度执行等关键环节中默契协同。其次是政府部门间的横向协同,这要求各个部门之间进行信息共享、任务分配和决策协调,不仅可以提高政府工作效率,优化公共服务,还有助于提升政府的形象和公众信任。再次是政府部门(块)与纵向管理体系(条)之间的协同。这种协同要求各部门不仅完成纵向的政策、法规和管理职能,还要进行横向的配合,避免政策落地过程中的冲突和分歧,共同推进政府目标的实现,需要指出的是,条块协同也面临着诸如部门间信息不对等、权责不清等重要挑战,重度需要政府通过制度创新和改革解决。最后,是跨区域的政府协同,这种协同,在当前我国京津冀、长三角、粤港澳大湾区等城市群与区域发展的规划中,其重要性越来越凸显。

建设新型的履职协同能力域,即是充分发挥数字技术创新变革优势,优化上述四个方面的协同。目前我国对此的设计包括体制机制、营商环境与政务服务三个方面。首先是体制机制与数字化转型的适应,推进体制机制改革与数字技术应用深度融合,这是数字化赋能协同能力的根本所在。其次是重点助力优化营商环境,目标是实现全国范围的行政许可管理实现行政许可规范管理和高效办理,同时强化审管协同,打通相关信息系统,形成事前事中事后一体化监管能力。最后是通过发挥全国一体化政务服务平台作用,促进政务服务标准化、规范化、便利化水平的提升。

(2) 政务运行能力域

政务运行是指政府在运作和管理公共事务的过程能力,其过程包括决策制定、政策执行、社会协调、公共服务提供、行业监管以及应对危机等各个方面。政务运行包括制定并实施某种政策的决策能力，实施决策或者政策时的执行能力，处理国家和社会各方面利益关系时的协调能力，对相关行业和领域进行有效监管的能力，面对突发性事件的危机应对能力等。其主要目标是维护社会和谐稳定，保障公民权益，提高社会管理水平，促进经济社会的持续健康发展，对政府的公信力和效率起到正向支撑的作用。

建设新型的政务运行能力域，其重点是提升决策能力、执行能力与监督能力。首先是提升辅助决策能力，通过建立大数据决策机制和信息资源系统，整合多源数据，推动政府决策更科学化。其次是提高行政执行能力，通过创新和深化数字技术应用，形成新的执行方式，提升政府的执行力。最后是提升行政监督水平，通过信息化平台规范行政运行流程，并优化"互联网+督查"机制，推动政务透明，提升督查效率。

（3）社会管理能力域

社会管理是指国家和政府通过制定和实施各类社会政策，调控社会行为，维护社会秩序，解决社会问题，促进社会公正，保障社会公平，提高民生福祉，实现社会和谐稳定的过程。涵盖的范围非常广泛，包括社会治安管理（如维持公共秩序、预防和打击违法犯罪）、社会福利管理（提供教育、医疗、养老等服务），社会资源管理（公平竞争、防止资源浪费）、社会关系管理（处理人与人，人与社会的矛盾和冲突）。社会管理的目标是在尽可能少的干预下，实现社会效率和公平的最佳平衡，促进社会和谐，提高人民的生活质量。

建设新型的社会管理能力域，对于我国来说有两个重点，一是社会治安管理，二是社会关系管理，呈现一种底线思维。在社会治安管理方面，通过"雪亮工程"和公安大数据平台已经成为国家安全、社会稳定、打击犯罪、治安联动等方面的重要手段。在社会关系方面，一方面是提高基层社会治理精准化水平，构建新型基层管理服务平台，推进智慧社区建设，社会关系主要在基层，因此基层智慧治理能力是社会关系管理的核心内容。另一方面则是将化解诉求与矛盾纠纷的"枫桥经验"进行数字化，提升网上行政复议、网上信访、网上调解、智慧法律援助等水平，促进矛盾纠纷源头预防和排查化解。此外，在社会资源管理方面，涉及智慧应急的建设，以提升应急状态下资源调配，如指挥救援、物资保障、社会动员等工作的数字化能力。

（4）公共服务能力域

公共服务是政府向公众提供的一些基本的、必需的服务，这些服务往往是市场不能或者不愿意提供，或者市场提供的效果不理想的，基础设施服务、社会保障服务、公共卫生服务、公共安全服务、文化教育服务等。旨在满足公众基本的社会生活需要，保证社会正常运行和良好秩序，提高公民的生活质量。公共服务能力指的是在提供这些商品和服务时对满足公众需求方面的效能和效率。这涉及在服务过程中的领导力、决策力、沟通力、管理能力等多个方面的综合表现。

建设新型的公共服务能力域，当前我国数字政府的设计，公共服务能力的数字化包括统一、便捷、与普惠三大内容。首先是通过全国一体化政务服务平台满足民众各类需求，并构建全时在线、全国通办的服务体系。其次是利用数字化提升便捷的服务能力，将事项集成化办理，改革"证照分离"等提升措施。最后，拓展公平普惠的民生服务，推进公共服务数字化，完善特殊群体的服务渠道，解决他们在运用智能技术时的困难。

3. 价值支持：数字政府方案

（1）数据要素

数据要素是驱动要素，政府需要将公共数据视为核心资产，需要对其进行管理，发掘其价值和创新驱动的潜力。数字政府中的数据要素建设有三个方面，首先是公共数据收集，包括利用软硬件设备、业务活动搜集数据并进行全生命周期、全过程管理，同时关注政府生态相关数据的收集能力。其次是公共数据的整合和共享，即通过数据接口、数据交换平台等方式，实现来自多个来源和各种结构的数据在线交换和集成共享。再次是对公共数据资源进行建模和应用，提高不同级别的数据建模能力，以及基于模型的决策支持和优化挖掘水平。

（2）流程要素

流程要素是基础要素。涉及政府新型能力建设相关业务流程的优化设计以及数字化管控等内容，数字政府中的流程要素建设，包括标准化与质量管理。流程标准化建设是关键的第一步，开展跨部门/跨层级流程、核心业务端到端流程以及产业生态合作伙伴间端到端业务流程等的优化设计。关键的是运用标准作业程序（Standard Operating Procedure，SOP）思维进行业务流程设计。质量管理体系建设是闭环的第二步。运用数字化手段开展政府业务流程的运行状态跟踪、过程管控和动态优化等。关键在于以 PDCA［Plan（计划）、Do（执行）、Check（检查）和 Act（修正）］为核心方法论构建流程质量管理体系。

（3）技术要素

技术要素是科技要素。主要包括新型的信息技术、产业技术、管理技术等，并且要注重这些技术的整合、融合和创新。政府应该从各个方面，比如设备设施、信息技术的软硬件、网络、平台等方面，充分利用云计算、大数据、物联网、人工智能、区块链等新一代的信息技术，来推动技术的整合、融合和创新。在信息化技术方面，应该有序地改进和升级现有的政府服务设备设施，使其变得更自动、更数字化、更智能。在数字化技术方面，应该部署适宜的信息技术软硬件资源和系统，逐步推动信息技术软硬件的组件化、平台化，并且促进它们在社会上的开发和共享，同时也提升它们之间的互联互通能力。在智能化技术方面，各级、各部门政府可以自建或者使用第三方平台，推动基础资源和能力的模块化、数字化、平台化，如果条件允许，可以和生态合作伙伴共同建设和分享能力共享平台。

（4）组织要素

组织要素是保障要素。数字政府的建设，需要考虑政府职能职责的调整、人员角色的变动以及岗位的匹配。既需要根据政府服务业务流程优化的需要，明确每个业务流程的职责，这可能会涉及合作伙伴关系、部门职责、岗位职责的调整和匹配。也需要根据调整后的职责和岗位要求，来分析干部的岗位胜任能力，对干部进行能力培养，根据需要调整干部的岗位，以不断提升人员配置的优化水平。

4. 价值保障：数字治理体系

（1）数字化组织

数字化组织是将组织治理的人、财、物利用数字化以形成新的组织治理体系，这决定了数字政府的建成及其效能发挥的程度。包括从数字化领导力培育、数字化人才培养、数字化资金统筹安排、安全可控建设四个方面。数字化领导力培育是高层领导者对数字化转型敏锐战略洞察和前瞻布局，以及对围绕实现数据、技术、流程、组织等四要素和有关活动的统筹协调、协同创新管理与治理机制。全员数字化理念和技能培养是建立完善数字化人才绩效考核和成长激励制度，以及跨组织（企业）人才共享和流动机制，数字化资金是强化围绕新型能力建设等数字化资金投入的统筹协调利用、全局优化调整、动态协同管理和量化精准核算。安全可控建设是对技术研发、应用与平台化部署工作，应用网络安全、系统安全、数据安全等信息安全技术手段，建立完善安全可控、信息安全等相关管理机制，提升整体安全可控水平。

（2）组织机制

组织机制是数字政府运作的框架。政府从组织结构设置、职能职责设置等方面，需要与政府新型能力建设相匹配。首先是组织机构方面，政府应该适时建立流程化、网络化、生态化的柔性组织结构，从而提升组织结构与新型能力之间的适宜性和匹配度。其次是职责分工方面，建立覆盖全过程和全员的数据驱动型职能职责动态分工体系以及沟通协调机制，提升新型能力建设活动的协调性和一致性。二者的出发点是民众的需求满足，调节点是数据驱动的优化机制。

（3）管理方式

政府应从管理方式创新、公务员工作模式变革等方面，建立与新型能力相匹配的组织管理方式和工作模式，推动领导干部自组织、自学习、主动完成创造性工作。在管理方式方面，开展与其新型能力建设与业务创新转型等需求相匹配的管理方式创新，包括但不限于推动职能驱动的科层制管理向流程驱动的矩阵式管理、数据驱动的网络型管理、智能驱动的价值生态共生管理等管理方式转变。在工作模式方面，在政府内部支持公务员基于移动化、社交化、知识化的数字化平台履行职能职责，并以价值创造结果和贡献为导向，激励公务员开展自我管理、自主学习和价值实现。

（4）组织文化

政府可以从价值观、行为准则等方面入手，建立与新型能力相匹配的组织文化，把数字化转型战略愿景转变为组织全员主动创新的自觉行为。积极应对数字技术引发的治理变革，构建开放包容、创新引领、主动求变、务求实效的价值观；制定与价值观相匹配的行为准则和指导规范，并利用数字化、平台化等手段工具，支持行为准则和指导规范的有效执行和迭代优化。

5. 价值获取：新型治理模式

（1）管理型政府

管理型政府就是把管理目标作为主要重心的政府。在走向工业化社会的过程中，近代欧洲国家通过一场启蒙运动消除了工业化过程中的难题，同时通过工业化、城市化和市场化这几个过程，向国家提出了要求自由和平等。这也使得国家治理成功从统治型政府转变为以管理为主的政府。管理型类型的政府在管理社会的时候，既发挥了保护社会的角色，也在需要的时候干预社会，而且在不断完善和使用这两种方法的过程中，实现了经济和社会的发展。

（2）服务型政府

服务型政府是管理型政府的丰富化。服务型政府是在公民本位、社会本位理念的指导下，在整个社会民主秩序的框架下，通过法定程序，按照公民意志建立起来的以为人民服务为宗旨并承担着服务责任的政府。具体是指将公众的需求作为工作的出发点和落脚点，以提供高效、质量的公共服务为主要职责的政府。这种政府形式强调公众参与，透明度，以及对公民的责任和义务。服务型政府的核心理念是以人为本，旨在通过提供优质、便捷的公共服务，让公众享受到更加公平的公共资源分配，提高公众的生活质量。

（3）回应型政府

回应型政府是服务型政府的精准化。回应型政府是建立在公共治理理论基础上的、以新公共管理理论、新公共服务理论特别是科学社会主义理论为指导而提出的概念。它以公共治理为理念，以解决公共问题、社会问题为责任，具有自觉、稳定、可持续的回应性和回应机制，以及有效回应社会所需回应力，体现以民为本、服务导向、及时反应、依法治理的基本特征，以政府与社会平等合作为治理模式。

（4）濡化型政府

濡化型政府是回应型政府的德治补充。濡化型政府是政府治理过程中，注重在内部和社会上践行和传播治理理念，在对内方面，需要将治理理念传递给各级政府机构和公务员，同时不断进行自我反思和自我改进，确保其行为和决策符合治理理念。在对外方面，通过各种公共沟通方式，如新闻发布会、社交媒体等，将治理理念传播给公众，同时，也可以通过法规和政策，使得民众理解并认同政府的治理理念。

12.3 转型的新型治理实现

本节结合前述"数字政府的价值过程"，对"数字政府是什么"——也就是新型治理模式展开，分析其演化逻辑和具体的治理模式特点。并结合我国的实际情况，参考数字技术逻辑，梳理数字政府建设的层级、定位与相应的数字化转型实施内容。

12.3.1 政府治理的演化逻辑

见表12-1，在农业时代，政府是统治型的，主要目标是维持稳定和保护阶级利益。这是一个阶级统治的理念，表现出坚强和直接的统治手段。政府依赖于统治体制和暴力手段来实施他们的意愿，其主要职责是维持社会秩序，确保社会安全，但其方式往往具有压迫性。

表 12-1 政府治理的演化逻辑

	农业时代	工业时代	数字时代
治理理念	阶级统治	目标实现	人民幸福
治理类型	统治型政府	管理型政府	服务型政府 & 回应型政府 & 濡化型政府
治理特征	压迫性	机械性	一体性
治理工具	统治体制与暴力手段	管理科学及其技术工具	数据科学及数字化技术

当社会发展到工业时代，政府的角色转变为管理型政府，其治理理念是实现政府作为主体所制定的目标，主要依赖于管理科学和技术工具来管理公共资源，引导经济发展，实现社会目标。其运作方式具有单向性、机械性、流程性等特征。

现代社会进入到数字时代（含信息时代），政府的角色和责任再次发生了变化。现代政府是一种服务型、回应型和濡化型的政府。这种政府的核心理念是提高公民的幸福感和满意度，依赖于数据科学和数字化技术来收集和分析信息，以更好地提供公共服务和满足公民需求，在数字技术的赋能下，其运作方式具有一体化特征。

这三种政府类型在内涵上不断升级，不过在历史上都是当时社会时代发展的反映，每一种形式都是对当前社会环境的最佳适应。

12.3.2 数字时代的新型治理模式

本节重点对数字时代的政府类型——新型治理模式如何通过数字技术实现展开讨论，由管理型政府、服务型政府、回应型政府、濡化型政府共同构成，见表 12-2。

表 12-2 数字时代新型治理模式的整体思路

	政府与市民的关系	数字化赋能方向
管理型政府	管理与被管理的关系	赋能管理效率
服务型政府	服务与被服务的关系	赋能服务质量
回应型政府	诉求与回应者的关系	赋能个性需求
濡化型政府	双方共识共治的关系	赋能治理共识

1. 管理型政府与数字化

自 20 世纪 60 年代以来，管理型政府已逐步发展为全球主导的政府形式。其独特价值在于其对效率和结果导向的倡导，同时注重服务质量以满足公民需求并负责结果，强调透明度及问责制。然而，对于复杂和跨领域的问题，传统管理模式往往表现得力不从心，由此引发了数字化转型的需求。

数字化赋能给管理型政府带来了显著的变化，为管理的质量和效率提供了新的可能性。例如，电子政务服务的实施，实现了公民在线办理业务，从而节省了时间和成本。同时，数字化技术，提高了政府决策的科学性和准确性，能够精准预测社会趋势并形成明智的政策决策。这一转变对于政府治理的价值明显，数字化为管理型政府提供了强大的管理驱动力，不仅有效改善了公共服务，提升了公民满意度，并增加了透明度，这些都有助于提高政府治理的效能和公信力。

2. 服务型政府与数字化

服务型政府的发展始于 20 世纪 80 年代，当时许多国家和地区开始将政府视为服务提供者，以增强其对社会的回应和满足公众需求。自那时以来，服务型政府逐渐被全球多数国家接纳。服务型政府的价值在于其以民为本，服务为先的理念。它将政府定位为服务提供者，通过面向公众提供各种服务，以满足人们的生活需求，提升公民的生活质量，并促进社会的和谐发展。

数字化赋能的出现，为服务型政府带来了革命性的转变。首先，信息和服务的提供形式由传统的线下模式转变为线上，为公众带来更便捷、更个性化的体验。其次，通过运用数据分析和人工智能技术，政府能更精准地掌握和理解公众需求，从而提供更具针对性、更有效的服务。最后，数字化技术也增强了政府的透明度，使得公众能更方便地获取政府信息，实现对政府行为的监督。数字化赋能的出现，不仅提升了服务型政府的服务质量和效率，而且增强了政府的透明度和公众信任，极大地推动了政府治理的有效性。

3. 回应型政府与数字化

回应型政府的发展历史并没有像管理型政府和服务型政府那样明确的时间轴，但可以追溯到 20 世纪，当公众对政府的要求从提供基本服务转向对其响应不断变化的社会需求。回应型政府的价值在于其重视公众的需求和声音，以及对公众反馈的快速响应。不仅对社会进行管理，提供服务，而且还积极聆听公众的意见，时刻准备调整其政策和服务以满足公众的需求。

数字化赋能增强了回应型政府的响应能力。首先，通过社交媒体和其他线上平台，政府可以更快地得知公众的需求和反馈。其次，通过大数据和人工智能，政府可以更精准地分析公众的需求，制定更符合需求的政策和服务。最后，数字化使政府的决策过程变得更为透明，公众可以更清楚地了解、并且参与政府的工作。这种新变化对政府治理的价值，可以从两方面来看。对民众来说是一种民主的真正表现，居民的声音被个性化地聆听，居民的诉求成为政府工作的内容，对政府来说，是使得政府治理可以走到市民的服务之后，从而根本地了解居民的诉求，建立基于物联网数据的"物感城市"之外的诉求数据（热线数据，互联网数据）的"人感城市"，为实现善治的城市治理建立一张回应网络。

4. 濡化型政府与数字化

美国人类学家赫斯科维茨于 1948 年的《人及其劳动》中首次提出了"濡化"这一概念，这是一个文化传承过程，是文化基因传递的社会运行机制。在现代国家治理中，"濡化"表现为一个意识形态工作的机制，通过各种微妙而有效的方式，将主流意识形态的核心理念

"植入"公众思维和行为中。此过程旨在使主流意识形态（包括对民族国家的认同以及社会核心价值）成为公众的思维逻辑前提和自觉行动纲领，而不仅仅通过强制手段来维持国内和平。

在实际工作中，濡化政府需要也应该激发公民的主体意识和参与意识，与公民协同治理公共事务，在治理的交互环节建立共享共治的治理格局。公众主体意识的产生要求意识形态工作方法的根本变化，从单向教化到双向互动式濡化。在数字时代，政府可以通过数字平台和工具引导和传播治理价值、理念、社会文化及策略，培育和弘扬社会核心价值，构建良好的政党风气和社会治理模式。

12.3.3 不同治理层级数字政府的建设逻辑

历史和实践表明，国家治理离不开科学合理的分层分级。结合我国实际情况，数字政府，从分层的角度系统治理的框架，进行理解治理。如图12-4所示，依据政府治理理论，将政府治理的特点和属性做出层级性的区分，即国家治理、省域治理、市域治理、基层治理，治理层级越高，治理目标应越侧重于公平性、合法性；治理层级越低，治理目标应越侧重于社会效率。据此，不同层级的治理定位与类型也不一样，大体可以分为战略规划型、枢纽管理型、回应服务型和处置濡化型，而依据不同的治理定位与类型，数字政府所使用的对于数字化支撑的内容侧重不同。只有如此，才能实现以数字技术推动治理的供给侧改革，满足市民需求侧的及时、个性、高质量的服务需求，以数字技术推动治理供需的有效匹配，从而共同推动社会经济发展。

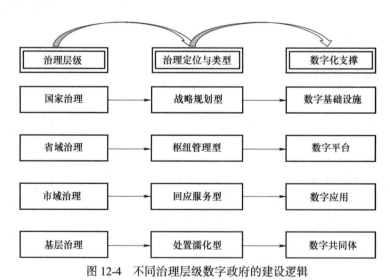

图12-4 不同治理层级数字政府的建设逻辑

1. 国家治理：战略规划型为导向的数字基础设施建设

（1）战略规划型治理

国家治理的重心，位于战略层面的宏大舞台，负责排序和回答国家整体及各方面的规划工作，其中囊括国民经济的进一步发展规划及其实施，国家制度、战略、政策与方针的构造与运作。深入解读，国家治理的主旨在于提供国防、外交、国家安全、货币、法治环境、宏观调控政策、基本公共服务等全国性的公共产品，并同时负责跨区域的国家政府治理或区域协调发展的精细计划、高效指挥、灵活协调、严密控制。

我国面对的挑战包括极度的治理复杂度，还有正在经历的社会经济的变革与转型。在这样的前景下，战略规划型治理更加重要。战略规划型治理以规划工作为中心，打造了国家层级的治理模式。其核心特征在于设定明确的目标、制定全面的战略和规划，以供建立各项政策并保证其贯彻执行。此外，这种治理模式还嵌入了前瞻性、系统性、目标导向、动态调整、参与性及公平公正六大要素：前瞻性代表着对未来问题和机遇的预测和规划；系统性则强调全局性和系统性的思考；目标导向则将所有决策和行动紧密围绕战略目标和发展规划；动态调整则反映出对现实情况的反馈和调整；参与性则鼓励各方，包括政府、公民和企业等，以获取全面信息和观点；公平公正则体现在制定和执行战略规划的过程中的公平公正，力求实现各方利益的平衡。

（2）战略规划型治理中的数字基础设施建设

针对战略规划型治理，主要聚焦其战略支持体系，实现战略规划需要从三个维度来展开建设。

首要是数字基础设施建设。在算力基础设施方面构建全国统一的政务云平台，实现优质线上服务，同时探索建立统一的资源调度机制。在传输基础设施方面提升网络平台的支撑能力，通过节点网络的全面规划和管理，对骨干网进行升级扩充。在数据资源基础设施方面构建开放共享的数据资源体系，加快全国一体化政务大数据体系建设，以便于让数据能够更好地共享和有序开发利用。

其次是全国性数字平台建设。以全国一体化政务服务平台为核心，加强平台智能化、集约化，提升政务公开水平。不断丰富平台的功能层次与内容，包括政策发布与政民互动，优化利企便民的数字化服务等，提升公共服务能力。

最后是规划决策支撑应用建设。在规划方面，重点是强化经济运行大数据监测分析，提升经济调控能力。将数字技术广泛应用于宏观调控决策、经济社会发展分析、投资监督管理、财政预算管理、数字经济治理等方面，全面提升政府经济调控的数字化水平。在规划执行方面，加快推进数字机关建设，提升政务运行效能，关键在于各部门与地方政府的政策执行结果的监控等。此外还有共享性应用平台的建设。如线上线下一体化统一身份认证体系、全国统一的财政电子票据政务服务平台等。

2. 省域治理：枢纽管理型为导向的数字平台建设

（1）枢纽管理型治理

我国的省级政府是地方政府的最高层级，其枢纽定位是很突出的。省域治理是国家治理在地方的延伸，是中央重大决策落地落实的"最先一公里"，也是地方治理的最高层级，指引和统领市、县治理和乡镇基层治理方向。其工作主要是组织对组织，即向上、向下处理政府间关系，几乎不直接面向市场和社会主体提供具体服务。

在省级治理中，管理是重心，管理型政府的主要表现可以概括为四个方面：首先，针对各省的情况制定具体的策略和规划，并对执行情况进行监督。其次，明确各级政府的职责和角色，以确保治理的效率和公平。再者，关注于提供服务，尽可能满足公众的需要，从而提高公众对政府的满意度。最后，关注的是实际成果，而不仅仅是过程，通过绩效考核激励各级政府提高治理效能。这些方面共同体现了管理型政府在省域治理中的作用。

（2）枢纽管理型治理中的数字平台建设

目前正见证省级治理通过数字技术实现升华的过程，主要分为三大核心领域：数字基础设施建设、以省域管理为核心的数字平台建设和省域共性的应用平台建设。

首要是数字基础设施建设，在全省范围内推进政务云的构建，并对全省网络进行优化和升级，同时加强对全省数据采集设施的统筹管理。这三个方面是确立基础保障。

其次，以省域管理为核心的数字平台建设是必不可少的环节。这是省域治理"管理"这一定位得以实现的真正支撑。这包括建设一个集成通用技术和业务能力组件库的应用开发平台，以此来助力各种应用的快速组装和上线，这一数字平台，既有基础设施的性质，也有管理设施的性质。此阶段还涉及可信电子证照管理和应用平台建设、省电子印章平台建设、数字档案资源体系，以及地理信息公共平台等的建设，它们都是实现全省数据资源统一管理和服务的关键部分。

最后，省域共性的应用平台的建设，主要包含财政电子票据公共服务平台建设和非税支付平台的推广运用。这些平台能提供如一站式查验等快捷服务，并实现政务服务业务系统办理的非税缴费直接与非税支付平台的对接，有效提升公共服务的效率和便利性。

总而言之，省级治理的数字化转型是一个系统工程，需通过建设和完善各种数字基础设施、数字平台和应用平台，其中，数字平台层的建设是提升省级治理的效率和治理效果的真正重心。

3. 市域治理：回应服务型为导向的数字应用建设

（1）回应服务型治理

市域社会治理体现了国家治理在市局部的具体执行，这一治理体系需要强调并尊重地方特性，以便在特定社会背景下，因地制宜地寻找适当的治理模式。治理的实施主体涵盖了市域内的党委、政府、群团组织、经济组织、社会组织、自治组织和公民等多样性行动主体，并将涉及城市和农村社会治理的广泛领域。

市域社会治理作为宏观与微观社会治理的转接点，已经被党的十九届五中全会所强调，提倡加强和创新市域社会治理，并推动治理现代化。市级政府，作为区域中心城市的建设者，不仅应适应工业化和城市化需求，还应利用区域中心城市经济增长极的效应，加强辐射腹地，以协调区域发展。全国人大的立法修改，使得所有设区的市具备立法权力，进一步提升了设区市在顶层设计和统筹兼顾的能力。

在这种前提下，市级政府应对本市的社会经济发展负责，并提供针对性和高品质的服务。在服务型政府的理念下，政府提供的多种服务应具备一系列显著特点。市域治理理念还需建立回应型服务体系，即在治理实施过程中，重视并回应居民的诉求，为各项工作提供优化方案。实际上,"12345 市长热线"便是一例,该举措天然地将市政府作为回应居民诉求的单元。在市域治理中增设"服务+回应"机制,以最大程度地促进地方经济社会发展。

(2) 回应服务型治理中的数字应用建设

城市治理的数字应用是一种复杂且多元的过程,其主要包括三个关键部分。

首先是拓展国家级和省级应用。这一步骤的主要目标是实现共享数字应用的普遍性,通过国家和省级的共享数字应用,可提升公共服务的效率和覆盖率。

其次需要建立一个统一的市级平台,用以协调和统筹各种服务。这个平台以全链条、全时空、全方位的数据为基础,整合了市区范围内的各种治理数据。一方面,它推动了多网融合、多点融通,带动了社会主体的协同行动能力的提升;另一方面,通过数字技术和传统公共服务的融合,优化了数字设施和资源的使用,从而提升了城市治理的科学化、精细化和智能化。

再次,还需要使用市级应用平台来提升服务活力。借助数字化,可以实现公共服务供应模式的改革,提升服务供应的质量和效率。同时,相应的诉求回应应用,可以帮助市级政府更好地实现共建共治共享的目标,深化政府部门与广大群众之间的有效互动,提高社会治理效率。

城市治理的各类数字应用,可以被视为一个使社会治理更为精细、智能和系统化的重要工具。它不仅可以满足社会服务的需求,也可以通过公开和共享数据,促进经济社会的发展,实现社会治理方式的转型升级。

4. 基层治理:处置濡化型为导向的数字共同体建设

(1) 处置濡化型治理

基层治理是社会治理的关键支撑,是国家治理的重要基石。基层治理是在乡镇(街道)和城乡社区的日常公共事务应对过程中,基层党组织、政府、社会组织、个人等主体,在党组织的领导下以协同合作的方式有效调处公共事务、实现公共利益最大化的过程。

首先,基层是推进改革和发展、维护社会稳定的重要阵地。大量的改革任务和政策需要在基层推进并落实,国家各项决策的执行和效果反馈也需要通过基层的实施和反映。同时,推进国家治理体系和治理能力现代化的基础性工作也在基层进行。

其次,基层是各种利益关系的交汇点和社会矛盾的集聚点,同时也是社会建设的关键着力点。在具体社会事务治理中,基层社会治理起着核心的作用。在推动社会治理重心向基层下移的同时,也提倡发挥社会组织作用,实现政府治理和社会调节、居民自治良性互动。

换言之,基层政府是执行者与处置者,基层治理的工作内容繁多,是国家治理的最后一公里,基层工作需要基层工作者拥有专业的知识和技能,同时也需要他们具有良好的人际交往能力和协调能力,才能实现执政理念的贯彻落实,并且与群众诉求和社会发展之间形成的共同体意识,完成"濡化"。

(2) 数字共同体建设

面对基层工作的特性如碎片化、执行属性强和工作量繁重,基层政府当前以人力投入为主,对数字化手段的运用还相当有限。因此,为了解决这一问题,本文旨在构建一个统一的设计，瞄准时间、空间、数据、居民和知识这五个基层治理的关键维度，全面设计出适应基层治理需求的数字化模块，在保证各模块之间互通有无的同时，确保各子系统之间的协同工作，如图12-5所示。

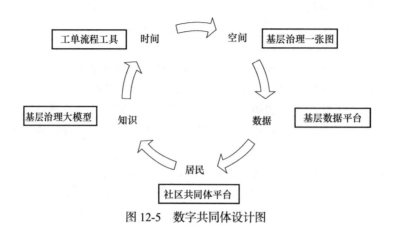

图12-5 数字共同体设计图

首先是对各类处置业务流程平台的创建，解决的是事件的快速流转。该平台以时间为核心维度，通过流程固化的方式，提升工作流转效率，将繁杂的流程工作进行工具化处理，从而释放更多的时间以提升工作效能。同时，此平台也提供工单数据，与其他平台形成有机的互动联动。

其次，针对基层的特点，设计"基层治理一张图（网格）"平台，该平台以空间为主要维度，通过实时更新空间数字化呈现来实现治理的空间化和图形化作业。需要指出的是，该平台的建成，可以在空间中直观展示基层任意数据的工单数据的主要内容以及可视化情况，与其他平台的关联紧密。

再次，基层治理数据平台，以数据为主要维度，使数据可视化及易于操作，为复杂的数据工作提供了一种工具化的解决方案。这一平台不仅能对工单数据进行深度挖掘和可视化，还能对接其他物联网系统数据。对于技术水平高的用户，这一工具能极大地帮助其展示整个过程。

又次，构建基层治理大型AI模型，该模型以知识为主要维度，是一种智能化的解决方案，将知识生成化。工单数据的内容在此平台中被用作AI训练的材料，从而使其与其他平台形成互通。

最后，建设以居民为核心维度的社区共同体平台，为居民互动提供了一种关系管理和组织有效性的解决方案，实现组织群众工作的数字化。这一平台可以提供居民活动数据和居民互动数据，形成与其他平台的全面数据连接。

总的来说，基层治理共同体，在技术层面的效果上要实现基层工作的数字化、智能化和高效化，保证了各个平台之间的有效联动和数据流通，为基层工作带来显著的效益提升。

12.4 北京市"接诉即办"数字政府建设案例

2019年以来,北京市建立起以"12345市民服务热线"为主渠道的"接诉即办"机制,通过发挥"响应率""解决率""满意率"的指挥棒作用,形成市、区、街各级政府到一线解决问题的工作导向,使市民的操心事、烦心事、揪心事得到快速响应、有效处理,切实提升群众的获得感、幸福感、安全感。"接诉即办"作为首都基层治理的工作机制创新,为做好新时代群众工作贡献了北京样板。

1. 价值主张体现了规划型与枢纽型定位

以人民为中心是接诉即办的核心价值主张,这一主张来源深厚,是接诉即办作为为民服务机制的生命力之所在。

从规划型来看,接诉即办是对党中央对于首都规划的落实。从枢纽型来看,北京市作为直辖市,经济社会发展水平在全国处于领先地位,新时代社会主要矛盾的变化最突出的就是市民对美好生活的期待更高,相比之下当前北京城市发展还不平衡不充分,有效供给还跟不上,接诉即办是北京市对于"四个中心"首都城市战略定位和城市发展主要矛盾而设计的一种城市治理思路。

2. 价值实现探索了首都回应型基层治理

作为政治学的经典议题,回应型政府要求的是政府"以解决公共问题、社会问题为根本目的,对公众诉求进行象征性或实质性回应的一系列准则、规范、流程、标准和实践"。接诉即办以市民诉求为"人感"数据,促使政府转变视角,实现了回应型政府。接诉即办的发展经历了"吹哨报到""接诉即办""主动治理"三个阶段,现在已经成为以12345市民服务热线为主渠道的群众诉求快速响应机制,并在疫情、重大自然灾害期间为首都城市治理发挥了重要的作用。

值得关注的是,这种回应型工作已经得到法治保障,成为首都各级政府的固定工作。在《北京市接诉即办工作条例》中,详细阐述了诉求处理的各个环节。包括是接收和记录公众的投诉以及建议、确认公众的诉求、制定相对应的解决方案,并在第一时间将处理结果反馈给公众等标准步骤。还对于"主动治理"进行了深入阐述,包括定期分析公众的诉求,信息公开,公众参与,社区自治等治理方式,以提升公众的满意度与信任度。

3. 新型能力体现了基层治理能力现代化

在接诉即办工作中,基层政府成为了城市治理的基石力量乃至核心,一方面,接诉即办工作的派单机制对于点位清晰、职责明确的诉求,由市民热线服务中心直接派单至街乡,在区一级"过站不停车"。另一方面,在办理环节,街乡镇在自身能力范围内的事项正常办理外,对于需要跨部门解决的复杂问题,由街乡吹哨,召集相关部门现场办公、集体会诊、联合行动。基层被看见,也被推到了前台,原来条块分割的治理状态,正在悄然发生改变。

对于基层政府来说,基层治理能力就尤为关键。根据《中共北京市委 北京市人民政府关于加强基层治理体系和治理能力现代化建设的实施意见》,基层治理能力包括行政执行能力、为民服务能力、议事协商能力、应急管理能力、平安建设能力等五大能力单元，其基本对应了基层政府的工作职能。其中，为民服务能力占比尤为重要，这给基层政府带来了巨大的思维与作风转变，基层政府完全围绕诉求回应，发挥和调动干部积极性，探索了规范的工作流程，对于诉求数据进行深入的分析，逐渐建立起一套以辖区居民诉求为中心的接诉即办工作体系，这是治理能力现代化的重要表现。

4. 民情通体现了数字化建设的完整内容

如图12-6所示，作为接诉即办改革的重要智库支持单位，清华大学数据治理研究中心与北京龙腾佳讯科技股份公司联合研发了"民情通"的数字化转型产品，致力于解决基层治理能力成熟度提升的问题。"民情通"按照数字政府数字化转型参考结构，结合北京市基层治理的特点设计，通过运用数据、流程、技术与组织四要素的一体化方案。

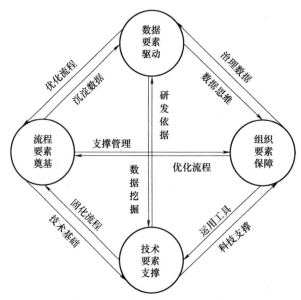

图12-6 "民情通"的设计理念

在民情通的设计中，四要素的关系是这样的：数据要素驱动，驱动流程要素优化，技术要素开发，组织要素数据思维。流程要素奠基，为数据要素沉淀数据，为组织要素支撑管理，为技术要素提供基础需求。技术要素支撑，为流程要素固化流程，为数据要素挖掘数据，为组织要素提供科技支撑。组织要素保障，为数据要素治理数据，为技术要素提供运用保障，为流程要素提供优化流程的要求。应该说，民情通不独是一个产品或方案，而是一种数字化转型的思想，北京的基层治理改革创新，都在不同程度地践行民情通的理念，最终实现的是基层治理的民情感知数据化、民情回应专业化、民情服务数字化和民情治理多元化。

本章小结

本章对数字政府的建设作了探讨，通过"RONG"视角分析，认为数字政府是现实政府的数字化映射和载体，政府即数字，数字即政府，二者融为一体。完成态的数字政府，是一个为现实政府构建一个数字空间的存在，并以现实政府运行逻辑以及数字化运行逻辑融合的状态运转。

通过探讨数字化转型方法论、价值实现过程，可以看到数字政府对于政府治理来说，是一个有逻辑的价值过程。同时，用多个视角对全国各级政府的建设逻辑做了总览，并以北京市接诉即办驱动的数字政府建设为案例，做了总体剖析。北京市通过建立数字政府，推出了"接诉即办"工程，旨在通过手机软件、网络平台等方式，解决民众提出的问题，大大提高了政府服务的效率和便捷性。通过这种方式，既能及时解决民众的问题，又可以收集民众的意见和建议，为政策制定提供参考。

总的来说，数字政府建设是数字时代政府治理的必然趋势，能够大幅度提高政府新型能力，从而构建符合社会需要的治理模式，实现党和政府的价值主张，以北京为例，各级政府正在积极推进数字政府建设，让人们期待政府在这场数字化的赶考之旅。

第3篇 数据共同体

第 13 章

数据共同体：数字化转型的蓝图、战略与能力建设

数字化转型是当前社会经济的重要趋势，数据已成为新的生产要素，并对社会、经济进行深刻改造。数据共同体是在大数据背景下产生的新概念、新趋势。由于技术的发展，特别是计算机技术、云计算、区块链以及隐私计算等技术的进步和创新，数据的收集、存储和处理变得更加便捷，成本也大大降低，数据价值化趋势逐渐形成。数据共同体就是在这样的背景下产生的，它把关注点放在数据的价值，以及实现数据价值与其生产、利用、分配等各个环节及要素。数据共同体不仅包括数据的生产者和消费者，也包括数据的处理者和服务提供者，甚至包括政府、企业、社区等各种组织与个体。他们共同构建一个以数据为中心，实现数据流动、开放、共享的新生态。在这个生态中，每个参与者都可以在保护自己的数据权益的同时，享受到数据带来的红利。

数据共同体是一种新兴的研究领域，旨在利用计算社会科学的初步原理探索：
1）数据共同体的产生、战略和能力；
2）数据共同体的治理、运营、保障和创新；
3）数据共同体与数据要素、新型基础设施的关系；
4）数据共同体对法律、伦理和社会发展的影响。

讨论数据共同体话题，能够初步勾画出数字化转型的远景蓝图，从体系、特征、可行性和运行机制等角度帮助人们理解数据的本质与意义，进而更好地实现数据的共享与利用。

13.1 数据共同体的价值主张与战略

在现代社会中，由多个组织、个人或实体形成的一个结构化的数据协作网络，已经逐渐形成。各方组织和个人在共享、整合和利用商业、知识和自然资源过程中自然形成了很多数据驱动的组织，这个由多方实体构成的数据协作网络呈现非常动态的格局和快速演进的

趋势。

随着数据技术和产业的发展，特别是人工智能加速了数据产业的发展速度，数据共享平台以业务的名义层出不穷。当前，社会存在的各种数据价值观仍是不同组织具有排他的业务利益，数据共同体的建设仍是一个长期、复杂和曲折的过程，但同时也是一个现实迫切的需求。如果政府、企业、甚至个人，都能从数据共同利益的角度出发来考虑问题，在数据共同体理念的价值观下，加强自身数据能力建设，共同建设实际意义的数据共同体，将会切实驱动数据新基建对于数字经济的乘数效应。

不同于以往经济活动中资源稀缺与信息不对称带来的弱信任关系，数字经济在数据资源共享和信息高度对称的前提下，呼唤形成个人、企业、政府之间的强信任关系，这是以数据应用为主要特点的数字经济对经济与社会关系的重塑。构建事实上的数据共同体，形成以数据价值过程为纽带的数据生态系统，组织形成信任、协作和创新的关系。

13.1.1 共同体理念

人类共同体（Human Community）这一概念历史悠久，经历了从哲学概念到社会学概念的转变。古希腊时期，亚里士多德曾提出人们存在于一个共同体中，人们对善的共同追求使人们获得了相应的利益。其中，"真实共同体"这个词是社会科学概念，指的是一种真正的、有机的社会群体，其成员之间有着密切的关系和共同的价值观。马克思在《资本论》中提到了"真实的共同体"，他认为在资本主义社会中，人们被分成了不同的阶级，而只有在一个没有阶级差别、没有私有财产的社会中，才能实现真正的共同体。德国社会学家斐迪南·滕尼斯在《共同体与社会》中提出了"共同体"的概念，并将其与"社会"进行了区分。他认为，共同体是一种自然形成的、有机的社会群体，而社会则是一种人为的、机械的社会群体。美国社会学家罗伯特·贝拉在《心灵的习性》中也探讨了共同体的概念，他认为共同体是一种建立在共同价值观和共同经验基础上的社会群体，其成员之间有着密切的关系和相互支持。

随着互联网技术的发展，虚拟共同体的出现扩大了原来共同体概念的视域。虚拟共同体指的是通过网络技术建立的虚拟社交群体。美国学者霍华德·瑞恩高德在《虚拟社区：电子疆域的家园》中提出了虚拟共同体的概念，他认为虚拟共同体是一种由数字技术和网络通信技术构建的社会群体，其成员之间通过网络进行交流和互动。想象共同体是本尼迪克特·安德森提出的概念，指的是一种想象出来的、被建构出来的群体，其成员之间可能没有直接的联系或互动，但他们共享着共同的文化、历史、价值观等。《想象的共同体：民族主义的起源与散布》中对想象共同体的概念进行了深入的探讨和分析。他认为，民族主义是一种想象的共同体，它是通过文化、语言、历史等因素构建出来的。想象共同体的理念也得到了社会学家广泛的讨论，并以此解释现代社会的诸多问题和现象。

聚焦现代中国，在社会学、政治学、经济学、传播学范畴中，还有一些由我国学者提出的包含"共同体"三个字的概念，例如和谐社会共同体、生态文明共同体等，这是我国政府在社会形态和价值生态建设中提出的理念。人类命运共同体（A Community of Shared Future for Mankind）是我国提出当代共同体概念（2012年11月中共十八大明确提出要倡导"人类命运共同体"意识），旨在追求本国利益时兼顾他国合理关切，在谋求本国发展中促进各国共同发展。在世界各国间的联系和依存日益加深，同时面临气候、粮食、疾病等诸多共同挑战的背景下，人类命运共同体的全球价值观顺应了世界各国发展诉求。这些概念在我国社会的发展和国际交流中，发挥了重要的理论引导和政策指导作用。

现实中人类的联系日益紧密，面临同样的挑战。在数字世界，人类也逐渐被数据联结为一体。作为物理世界的电子化/数字化记录与描述，数据经历了从无到有，并伴随着信息化逐渐发展到大数据的阶段。规模浩大的数据构成了整个数字世界，其对于公共管理、市民服务、企业生产与运营活动的价值，正在逐渐成为数字化转型的驱动力，数据成为新一代资产和生产要素，Gartner推测，到2020年，80%的企业将会致力于提升在其所处行业的"数据"能力，在新冠疫情的影响下，这一发展态势在全面加速，"数据驱动"正成为数字化的标志性特征。

在这样的背景下，提出"数据共同体"（Data Community）的概念，作为发掘数据所蕴藏巨大价值的理念，顺应数据时代的发展和数据相关各方的诉求。以数据价值化的角度，数据共同体是指一种政府、企事业组织、个人等社会主体根据总体共识和具体需求，达成多方之间的数据合作与共享、汇聚与挖掘数据创造价值的理念，在数据价值过程中，各方对数据共同体享有相应的权利与效益。

数据共同体是数据价值化的前提，其内涵包括数据安全共同体、数据权利共同体、数据利益共同体和数据发展共同体。数据安全共同体是最基础的元素，对国家、企业、个人十分关键，数据安全法律法规的制定为其提供保障。数据权利共同体使数据成为所有参与者共同"拥有"的资源。数据平台的数据可能有多个权利人，由于不同数据的权属可能各不相同，也可能交叉，《数据安全法（草案）》的颁布对于构建数据共同体的制度保障具有奠基意义。数据利益共同体是数据价值化的重要角度，利益共同体确保数据资源被公平地开发和利用，将数据的竞争转化为合作。这是由于数据的交叉属性，使得其创造价值的方式不再是单一的，而是一种合作大于竞争的关系。最后，数据发展共同体强调数据的发展潜力，并促进各参与者的发展。数据的发展依赖于各方的合作，包括用户、企业、技术提供商和政府等。总的来说，数据共同体理念推动数据的安全、权利保障、公平利用和发展，形成良性循环。

作为对理解数据共同体含义有帮助的研究背景，在此还需提到共同体这一词汇的两种英文对应，分别是Community和Commons。这两个英文词汇都和数据共同体的概念紧密相关。Community一词在西方文化中不仅代表着广义的宽泛的共同体概念，也有社区的含义。社区概念具有相互协作、共享知识、技术交流等特点，这些特征与定义的数据共同体的基本属性非常相似。实际上，由全球工程师组成的技术社区，例如Github，已经在实践中演变成一种数据共同体。Github不仅提供了一种数据共享和协作的平台，更积极推动了信息的公开和透明，可以认为是数据共同体的一个示例或者说雏形。Commons一词也可以翻译成共同体，在文献中可以发现Data Commons的研究和实践为理解数据共同体提供了背景和参考。然而，当从更广阔的数字化转型的视角来看，Commons更多的强调了数据的共享和公开，而在一定程度上忽略了共同体成员的特征与行为。实际上，Data Commons 的发展也显示出在组织数字化过程中，产业和成员对数据本身的重视往往超过了对价值挖掘的关注，而这正是数据共同体在未来发展中需要重视和改进的部分。

13.1.2 数据共同体的定义和架构

数据共同体是指由多个组织、个人或实体形成的一个结构化的数据协作网络，旨在共享、整合和利用各方所持有的数据资源，以推动创新、实现价值共享和解决共同的问题。数据共同体的成员可以包括政府机构、学术院校、非营利组织、企业等，他们通过共同制定数据共享的规则和标准，共享各自的数据，以实现更深入的洞察和发现，促进科学研究、商业创新、社会治理等领域的发展。数据共同体的核心原则包括数据开放性、互操作性、安全和隐私保护，同时也需要建立相应的数据治理机制和技术平台，以确保数据的质量、可信度和可持续性。数据共同体在不同领域中有着广泛的应用，例如智能城市、医疗健康、能源环保等，它可以提供更全面、深入的数据支持和解决方案，促进创新和发展。

数据共同体是利用现有标准和技术以及在数据经济实践中被广泛接受的治理模型，以促进安全以及可信业务生态系统中的标准化数据可信流通和数据链接。因此为创建智能服务方案和促进创新的跨组织跨实体提供基础业务流程，同时保证数据所有者的数据主权。

1. 数据共同体的战略要求

1）信任：信任是数据共同体的基础。每个参与者在被授权访问受信任的业务生态系统之前都要经过评估和认证。

2）安全和数据主权：数据主权是数据共同体的一个核心方面。它可以定义为自然人或组织实体对其数据完全自主的能力。数据共同体的所有组成部分都依赖最先进的安全措施。安全性主要是通过对数据共同体中使用的每个技术组件进行评估和认证来保证的。为了确保数据主权，数据共同体中的数据所有者在将数据传输给数据服务使用者之前，附加使用限制信息，以在法律上明确数据服务使用者必须完全接受数据所有者的使用策略。

3）数据生态系统：数据共同体的架构不需要中央数据存储功能。相反，它追求数据存储的去中心化的思想，这意味着数据物理上保留在各自的数据所有者那里，直到它被传输到受信任方为止。这种方法需要对每个数据源以及其他公司数据的价值和可用性进行全面的描述，并结合集成特定领域的数据术语表和数据标准化的能力。此外，生态系统中的代理提供实时数据搜索服务。

4）标准化互操作性：数据共同体网关是体系结构的核心组件，以不同的变体实现，可以从不同的供应商处获得。然而，每个网关都能够与数据共同体生态系统中的任何其他网关（或其他技术组件）通信。

5）增值应用程序：数据共同体允许将应用程序注入数据共同体网关，以便在数据可信流通过程之上提供服务。例如，这包括用于数据处理、数据格式对齐和数据可信流通协议的服务。此外，可以通过远程执行算法来提供数据分析服务。

6）数据服务市场：数据共同体能够创造利用数据应用程序的新颖、数据驱动的服务。

它还通过提供清算机制和计费功能，以及创建特定领域的代理解决方案和市场，为这些服务培育新的业务模式。此外，数据共同体为参与者在指定使用限制信息和请求法律信息时提供模板和其他方法支持。

7）配套市场：商业软件、数据服务市场、技术开发、中央服务（例如认证）、推广活动、专业服务、特定领域（垂直）实施。

8）数据共同体联盟：进行参考建筑模型维护、要求管理、技术创新、标准化活动、规范、知识产权转让、国际化等工作。

2. 数据共同体的原则

1）开放发展进程：坚持开放性原则，强调数据赋能，逐步联合具备新型能力、遵守共同体原则的组织实体参加。

2）共享原则：倡导现有技术复用，在组织间信息系统、数据互操作性和信息安全是研究和开发的成熟领域，市场上有大量可用技术。数据共同体反对为了造车"重新发明"轮子，而是尽可能地使用现有技术和标准。

3）对标准化的贡献：旨在建立规范化的框架，支持标准化架构堆栈的考量。

4）可持续原则：强调数据安全、隐私保护和数据治理机制，重视数据价值工程，致力于全社会数字素养的提升。以持续创新、高效率满足端到端需求，实现生态的数据价值最大化。

3. 数据共同体的参考架构

在研究过程中，从数据价值出发，中信联标准化技术委员会研制的 T/AIITRE 10001—2020《数字化转型　参考架构》等标准与本章的研究视角高度一致。

该参考架构指出，数字化转型的总体架构含主要视角、发展阶段和过程方法三个方面，阐述了数字化转型的目的目标、实施步骤和过程联通机制。转型的主要视角强调任务体系，分为价值主张、价值创造和传递、价值支持、价值保障和价值获取五个层面，明确任务目标和任务之间的关系。过程方法强调数字化转型的方法体系，针对性的从五个视角中提炼出发展战略、新型能力、系统性解决方案、治理体系和业务创新等因素的过程联动机制，特别阐释了其间的关联关系。

如图13-1所示，在数据共同体的参考架构中，价值体系优化、创新和重构是数据共同体的根本诉求，数据共同体从发展战略、能力体系、系统性解决方案、治理体系和创新模式等五个主要视角出发，构建系统化、体系化的关联关系，系统有序指导多方数据共同体建设，践行价值主张、传递、支持、保障、获取的路径与模式。

在发展战略的价值主张和能力体系的价值传递设计下，数据共同体的系统性解决方案提供价值支持。系统性解决方案视角创新价值支持的"组织""数据""流程""技术"四要素实现体系，形成支持数据共同体能力体系建设、推动多方参与的数据协作与合作的系统性解决方案。同时，治理体系提供价值保障。治理体系视角变革价值保障的治理机制和管理模式，构建支持数据共同体能力体系建设、推动多方参与的数据协作与合作的数据共同体治理体系。

第13章 数据共同体：数字化转型的蓝图、战略与能力建设

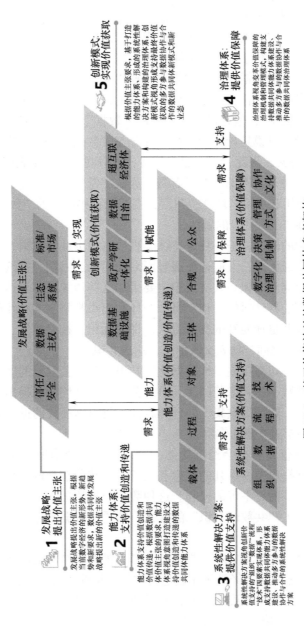

图 13-1 基于价值效益的数据共同体参考架构

13.1.3 数据共同体的特点与本质

数据作为创新的生产要素，在社会生活中是"可用而不可见"的无形的手，以润物细无声的方式快速地浸染了人类社会生活的方方面面；然而，共同体文化以其技术创新的姿态，以共识引领生态的发展，即将全面展现在未来的世界中。总之，数据共同体的理念可以形象地总结为"可用不可见，共数即共识"。

可用不可见，是指数据驱动的逻辑。长期以来，关于"数据化"还是"数字化"这两个概念经常在信息技术、社会科学和商业领域的讨论中引发争论，究其原因是普通读者往往熟悉算术中的"数字"，但是对一字之差的"数据"的理解却甚为模糊。"数字"是"数据"的表征，或者可以说是计算的表征。计算与"数据"是联系在一起的，没有计算的过程，"数据"没有意义，因此，根据数学算法，可以观察到数字表征在数据驱动的过程中的变化，但是其实本质是看不见的。只有当还原数字符号后，才能理解和解析这些"数据"，进而进行有效的应用和决策。从这个角度，揭开了神秘面纱的"数据"，作为数据共同体的核心纽带，的确有"不可见"的属性。

共识是社会学的概念，是一种维持社会秩序，促进社会和谐，创造社会价值的关键力量。过去受限于沟通手段，人们往往通过面对面对话、书信、报纸、广播等传统媒体形式来交流信息，进而建立共识。人类共识主要采用这些传统媒体表达，这是一个相对缓慢而烦琐的过程。当今的移动通信时代，每个个体和组织都是事实在线的状态，人们拥有更加丰富的通信手段以及更加便利的交流方式。即时通讯、社交媒体、在线论坛等数字化工具都可以让人们在瞬息之间与他人交流信息，达成共识。

在数据时代，一切都在逐步地数据化。共识作为社会发展的度量衡，显然应该和数据挂起钩来，逐渐地数字化。像美国亚马逊总裁杰夫·贝佐斯就提出"数据是新的石油"的理念，他明确指出，数据的收集、处理和解读，将引领社会的进步和发展，也就是在共识的形成过程中起到至关重要的作用。

数字化共识不仅具有社会经济功能，也是未来社会伦理重要的支撑。例如：谷歌围绕"数字公平"就提出了一系列的理念和政策，意味着在获取信息，形成观点，达成共识的过程中，每个人都拥有平等的权利。这种数字公平的理念，无疑是数字化共识的重要体现，并且它也体现了"共数即共识"的含义，即通过数据的力量，达成公平、高效的社会共识。

"可用不可见，共数即共识"，拥有最为精准的观察结论的阐述者之一是"现代资本主义之父"亚当·斯密。他把经济规律表达为"看不见的手"，而实际上，这只看不见的手正是驱动"经济"行为发生发展的本质，操纵着供给曲线和需求曲线的一次次平衡。这一观点也正好证明了数据在推动人类共识形成过程中的重要性和影响力。通过观察和解读数据，了解到社会的动态变化和发展趋势，进而形成数据化的共识。金融企业近百年来的无数实践给观察和研究数据共同体的规律与运作方式提供了很好的例证。

总之，在数据共同体生态中，无论人们愿意不愿意，或早或晚，随着数字化进程的加速，达成共识的方式必将越来越数字化，这是一个无可逆转的趋势。甚至可以预见，数字共识在未来的某个时刻将成为社会唯一高效的共识形式，就如同互联网已经成为人们生活中的重要组成部分。

13.2 数据共同体的新型能力建设

13.2.1 新型能力建设是数字化转型的主线

1. 新型能力建设的价值和作用

生态系统的健康和可持续性是其生命的源泉。无论是自然生态还是社会生态，都必须保持健康并努力实现可持续发展才能生存并繁荣。数据共同体作为发展中的社会生态系统，也应遵循这一生态原理。

在数据共同体中，新型能力即数字化能力是体系的本质属性。如同生态系统中的生命力，新型能力建设体现了系统根据自身资源，适应环境变化，自我演进和发展的能力。环境变化对于生态系统，就如同自然环境的变化，是生存和发展的前提条件。因此，新型能力建设的过程，就是识别并理解数据时代社会环境的宏观变化与微观演进，力求实现企业组织的数字化转型和数据共同体生态系统的健康和可持续发展的实践。

从微观到宏观，新型能力建设在数字化转型过程中起着关键的作用。它可以提升企业的创新能力和核心竞争力，推动企业实现数字化转型。在宏观层面，新型能力通过数据的价值化，推动了社会向数字化、网络化、智能化的转型。同时，也推动了企业间的共享和整合，开拓了跨界合作和创新的新视角和新领域。因此，新型能力建设不仅是推动数据共同体在微观层面发展和创新的重要引擎，也是驱动社会从局部到整体、从被动到主动、从价值主张到价值创造转变的关键力量。

2. 新型能力建设的目标、策略和任务

数据共同体的核心目标，是在生态层级的数据价值化，即数据治理、收集、管理和利用。这就意味着，如果没有新型能力的配备，即使拥有海量的数据，企业也难以从数据中获取有价值的信息，更别提高效地进行数据管理和利用。

打通价值主张到价值创造的路径，对于数据共同体的形成和发展可谓至关重要。这里可以从为什么（WHY）- 做什么（WHAT）- 怎么做（HOW）的逻辑链条进行简单的梳理，验证新型能力建设的路径，理解数据驱动对全球产业格局的重塑作用。

在全球技术发展和社会深刻变革的背景下，组织实体面临着前所未有的挑战，网络化和数字化的发展进程不断地加大这些挑战，促使业务创新和重组。这既是企业数字化转型的根本原因（WHY），也是数据共同体产生的基础。

那么，需要做什么（WHAT）呢？新型能力建设就是让组织重新具备在新环境下生存和发展的能力，具体而言，需要从宏观的角度理解并抽象数字化转型过程中的架构、特征和策略，明确与环境要素对应的微观能力域。进一步地，将设计数据共同体的解决方案

（HOW）。

本章讨论环境变化的特征要素，引入新型基础设施的概念，一起理解数字化三层三化策略，并明晰数据共同体的五个能力域；在数据共同体解决方案部分将围绕"怎么做"讨论具体的方案要素、设计和实施任务。

13.2.2　新型能力的架构、特征与策略

1. 数字化转型的三层能力环

在企业数字化过程中，三层能力环包括数字基础设施能力环、数字平台能力环和数据运营能力环，与传统IT产业的智能化、数字化、信息化相互对应。如图13-2所示，基于对企业数字化转型的长期观察，参考清华大学张小劲教授[①]在北京市数据治理实践的总结，将"以数感知""依数治理"和"循数决策"的三项策略对应于三层能力环中，这对于各级组织和企业充分理解数据驱动、利用数据价值具有重要意义。

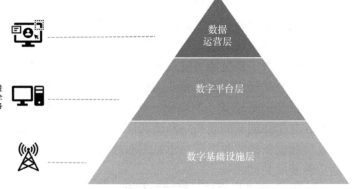

图13-2　数字化转型的三层能力环模型

"以数感知"，顾名思义，数字化转型的发起源自于感知环境的变化。企业组织对环境变化的知觉方式一直在改变。工业化时代，产品的生命周期可长达多年，企业可以通过口耳传播或文档交流来明确获取市场反馈。然而在数据时代，敏捷流程将生产到市场的链条大大缩短，使得敏捷成了市场的制胜要点，反馈周期变成周甚至天。因此，在数据驱动的条件下，对环境的感知方式已转变为"以数感知"的数字化方式。

在"以数感知"之后，"依数治理"具体体现在数字化处理与利用过程中。这项策略要求人们建立和完善数据治理体系，确保数据的质量和安全性。此外，为了实现数据的有序和有效利用，还需要建立相应的数据管理和运营的策略和流程，构建对应的数据标准和规范，定义数据的产生、收集、存储、处理、使用和销毁的规则，以确保数据资产的价值最大化。

---

① 张小劲，陈波.以数据治理促进政府治理：政务热线数据驱动的"技术赋能"与"技术赋权"[J].社会政策研究，2022（3）：14.

在智能化层，数据共同体根本的效率保障则表现为"循数决策"。智能化需要人们提升对数据的理解能力和数据决策工具的能力，使得决策更加准确、及时、有力。具体而言，需要通过高效的数据分析技术和方法，及时、准确地获取和解析数据，从而形成有价值的信息和知识，加强应用人工智能技术，辅助组织的决策，促进生态的数据共识。

总的来说，"以数感知""依数治理"和"循数决策"的策略，要求构建一个能够通过数据感知内外部环境，实时获取市场和业务信息的动态机制，并通过完善的数据治理体系，确保数据的质量和安全性，实现数据的有序和有效利用。同时，也要提升数据驱动决策的能力，使得决策变得更加精准、及时和有效。

2. 新型能力建设和技术的关系

数据共同体的新型能力建设与数字化技术的发展密不可分。数字化技术如隐私计算技术和区块链技术，使数据驱动的业务模式成为可能。新型能力建设以数据为核心生产要素，通过数字化技术整合资源进行加工、分析和应用，从而推动新型能力建设的发展。数字化技术为处理和分析数据提供了工具和方法。在这个过程中，新型能力通过数据共同体的运作和数字化技术的创新不断形成和发展。

同时，新型能力的建设也反过来推动着数字化技术的发展和创新。在数据时代的数字产业发展已经成为技术发展的核心热点，例如，由于人工智能大模型的快速发展，高性能计算和算力基础设施在近几年快速发展，数字化相关技术也吸引了大量的人才资金和智力资源。新型能力的需求促使数字技术的研究和创新，提供更强大、高效的技术支持。与此同时，新型能力建设通过对数字化技术的应用和创新，为技术进步指明了方向。

为了实现数字生态系统建设和运营的目标，数字化转型的三层能力环将信息通信基础设施、数据服务体系结构与数据智能以统一架构联系起来，形成整体的解决方案。三层能力环通过数据主权原则，以数据可信流通和数据分享的策略和机制，将不同形态的云平台连接起来。数据共同体的中心组件、云平台、产业互联网平台、物联网平台、各类 SaaS 平台以及组织内部应用、设备，都可以通过数据共同体网关连接起来。这种标准化、云架构有助于快速形成相互链接的分布式新型数据基础设施，在当下以基础设施赋能产业应用的乘数效应，释放数据要素的红利，为数字经济提供强大支持。

在这样的环境下，以数字化技术为核心，网络和通信基础设施、云计算资源、大数据存储与处理、物联网技术、人工智能等技术应用可以实现数据的可信传输和智能分析决策，提高生产效率，提供个性化服务，并促进创新协同业务平台的发展。因此，新型能力建设是一个技术赋能的动态过程，具备多重能力域。并且，新型能力在不同层级和要素结构下相互交织，推动由技术构建的新型基础设施，满足数字经济时代的需求。

3. 新型基础设施的概念

自工业革命时期的铁路、电力和通信基础设施的建设开始，在过去的几个世纪中，随着技术和经济的发展，各个产业都在不断推动基础设施的建设与创新。然而，数字时代的特点是数字化技术的迅速发展和广泛运用，技术要素的发展对新型的数字化的基础设施建设产生了决定性的推动作用，例如云计算、物联网、大数据和人工智能等技术为产业界提供了更多的创新机会,从而形成了建设和应用新型基础设施的趋势。

新型基础设施的概念随着数字产业发展被关注,发展速度超越了以往的对道路桥梁等传统基础设施的定义范围,并继续扩大其内涵与外延。新型基础设施强调数字化技术通过基础设施中的应用创新赋能业务创新,它包括了利用数字技术和信息通信技术来提升传统基础设施的效能和智能化水平,例如智能交通系统、智能电网、数字化工厂等,为社会发展和运转有效地提供支持,也为各种创新型的经济活动提供了必要的条件和便利。可以说,在数据时代的新型能力建设方面,新型基础设施建设是不可或缺的支撑平台和运行方式。新型基础设施的建设和应用,发生在数据要素推动产业重构的过程中,数字经济中无论是产品形态还是产品服务的创新都越来越依赖新型基础设施。

因此可以说,新型基础设施是数据驱动原则与技术要素的具象化表达。构建新型基础设施一定需要技术能力,而技术的多元变化又反过来影响数据共同体的价值分布和发展格局。尽管数字化通过新型基础设施,对组织和生态的技术能力提出了挑战,而更为挑战的是理解生态形成过程中,新型能力与业务创新、新型能力与解决方案以及新型能力与数据运营的对应关系和决策依据。

13.2.3　数据共同体的五个新型能力域

数据共同体将能力体系建设作为贯穿整个生命周期始终的核心路径,通过识别和策划能力体系,持续建设、运行和改进能力体系,从而支持多组织实体间的数据业务按需调用相关能力,从而实现"以数感知""依数治理"和"循数决策",加速推进数据共同体的发展与创新。

从当前的新型基础设施和数字化技术视角,推荐如下五个方面作为新型能力建设的参考。

1. 建设数据可信流通、数据共享和数据交易的能力域

数据可信流通、数据共享和数据交易的能力域首先源于数字化时代的需求。社会对数据存储、处理、管理和使用的需求越来越大,这就要求人们能够构建出一套完善的数据流通和共享系统。而这一系统的建构过程,需要考虑的不仅是技术层面,还需要处理好数据隐私保护和数据价值确定的问题。

在数据可信流通的过程中,人们必须充分尊重和保护个人隐私,以确保数据的安全传输。目前,许多国家和地区都已经出台了严格的隐私保护法规,并对数据的传输和处理进行了明确的规定,这为建设数据隐私保护机制提供了参考。

数据共享则涉及更复杂的问题,比如如何在多组织实体间进行合作的过程中,保证数据的透明度和公平性。这就需要建立标准化的数据共享协议和规则,同时保证数据的质量和完整性。

至于数据交易能力的建设,需要进一步探究数据的经济价值。目前社会对数据价值的认知还在初级阶段,进一步的研究和评估将有助于更好地理解数据的价值,并采取有效的策略进行数据交易。

因此，建设数据可信流通、数据共享和数据交易的能力域的过程，不仅需要在技术层面做出创新，还需要对现有的法规、标准和原则进行审视和完善，以便建立一个符合需求又兼顾隐私保护和价值发现的数据流通、共享和交易系统。

2. 建设大数据与人工智能产业基础的能力域

构建大数据与人工智能产业基础，要解决的问题主要是算力、算法和数据，尤其是扩展组织实体的可用数据集。通常，采用数据集合作，比如开放数据、购买其他组织的数据或数据服务市场的数据。不仅可以使得组织实体内部的数据更加丰富，提高分析结果的精度，还可以为全新的应用场景提供可能。然而，随着人工智能应用的广泛使用，特别是自然语音大模型训练需求的涌现，数据需求变得日益迫切。无论是内外部的可用数据集都不足以满足日益增长的需求。数据共享、数据流通的需求将会不断增加。

构建一套面向大数据和人工智能基础研究的标准化的数据流通和共享架构将极大地支持大数据与人工智能应用的开发和优化。但在此过程中，必须确保数据的主权得到充分的保护。这就需要定义明确的数据使用策略，以确保数据的主权不会因为数据共享而受到侵犯。除此以外，社会化的算力网络和算法协作，也是企业组织急需解决的问题。

总的来说，建设大数据与人工智能产业基础的能力域，需要在解决技术问题的同时，也要考虑到政策和策略的问题。这是一项全面的任务，需要各个方面进行深入的思考和规划。

3. 构建可持续的多方数据运营的能力域

业务能力创新是关乎价值实现的核心能力。在面对消费市场高度动态的变化时，产品或服务企业需要寻求供给侧轻量化、可复制、快速迭代的创新模式，以及时获取消费者偏好并灵活应对市场。依赖于市场信息和订单数据的资源整合、敏捷识别与开发能力决定了企业资源的频繁重组，使业务状态保持灵活性。业务运营即是通过数据洞察实现业务创新的过程，其本质是对数据的处理与运营。

在数据共同体的场景下，各参与方要共同建立合作与分享的模式，明确各自的权利和责任，共同参与到数据的管理和决策中来，建立一套公平、透明和可持续的多方参与的数据治理的机制。这种机制有别于单一实体内的数据治理过程，涉及更多参与主体，因此数据价值就代替数据治理标准成为更高维度的多方协作机制的核心。

在数字化转型的数据协作过程中，企业必须能够准确地识别和定义需求，实现产品的模块化设计，从而提升产品的标准化、通用性和系列化水平。另外，企业也应关注供应链的安全与效率，通过采用精确的策略和灵活的模式，强化销售和渠道业务的深度控制。总的来说，实现快速调度和精准服务是数字化转型中的关键问题，也是企业在价值创新过程中需要关注的长期管理目标。数字运营的新型能力建设关注业务全生命周期，数据运营覆盖单实体内的数字化转型、多实体间的数据共享与协作和数字生态体系的持续运营。

4. 构建动态业务生态系统的能力域

在数据共同体中，生态能力是指一种构建和维护数据环境的能力，包括以生态参与者的方式获取、处理和利用数据，实施数据洞察以创造价值，以及如何在法律和伦理的框架下用数据来驱动决策和创新。此外，生态能力也包括对数据共享和协作的能力，以促进数据共同体的整体健康和繁荣。

但随着数据产业趋势,组织越来越需要加强对数据的保护。数据主权是在保护数据的需求和与其他实体共享数据的需求之间找到平衡的关键。逐渐增强的目标冲突需要组织找到平衡点,区别保护级别和价值贡献的数据种类。

数据驱动的业务生态系统是高度动态的体系。业务链将数据作为多方成员实体共同创造创新价值产品与服务的战略资源,而动态的系统中将同时处理成千上万的业务链,高度的动态性是数据共同体成员必须具备的能力。基于业务生态的流程规则和数字化基础设施的服务,每个成员实体通过数据的提供、使用、分享,在获得企业自身利益的同时为共同体的共同利益做出贡献,数据共享、交换和共同维护是所有成员实体互利的关键。

数据共同体生态系统的动态能力是实现组织实体之间数据的"受控"地交换和共享,并保障业务的全链条安全"可追溯"。见表13-1,对于企业组织间合作或公共数据的受托交易,数据交换和共享需要依靠新型基础设施和技术解决方案来实现。例如:数据共同体网关能够在终端上保证数据主权,允许数据所有者和数据服务提供者与其他参与者交换和共享其数据;采用区块链技术可以确保数据的一致性和透明性,实现数据存证信任、数据穿透、溯源与审计合规能力。依托新型基础设施和数字化技术解决方案,数据共同体的数据主权和动态边界得以逐步地建立起来。

表 13-1 数据服务内容

数据集	数据的集合,通常以表格形式出现。数据集的服务方式就是通过数据库批量导出部分数据明细,并提供给数据需求方
API 接口	预先定义的函数,提供基于软件或硬件得以访问一组例程的能力。API 接口具备体量轻、使用方式灵活、可管控等优点。组织实体可选择 API 接口为最主要的数据服务方式
数据报表	根据规定的业务逻辑,通过简单的统计处理,以数据集合或图形的方式将结果展现出来
数据报告	对数据进行深度加工,并基于数据分析,加上文字或图表解释,将数据反映出的规律和问题展示出来。数据报告提供的是一种知识
数据标签	对一组数据的基本特性或共同特性的提炼。在数据挖掘或数据分析过程中可以通过数据标签直接获取符合相应特性的数据集
数据订阅	通过统一、开放的数据订阅通道,使用户高效获取订阅对象的实时增量数据。其中包含业务异步解耦、异构数据源的数据实时同步,以及包含复杂 ETL 技术的数据实时同步等多种应用场景
数据组件	具备特定数据处理逻辑的工具,可以根据需要直接处理数据或作为数据应用的调用对象
数据应用	数据服务的高级形式。数据应用将数据通过功能、程序进行处理后,通过自身的界面展示出来,其可以实现复杂的数据处理和多样化的界面呈现

5. 构建和部署全新数字身份的能力域

随着数字化转型的发展,传统的组织身份与确权方式存在痛点,推动了分布式数字身份(Decentralized Identifiers,DID)的产生。数字身份形态让组织实体自行控制和管理数字身份，从根本上解决隐私问题。但同时对社会组织的秩序、规则带来了一系列挑战。例如：数字身份能够跨越地理和文化界限，打破传统的固定身份认同。人们可以在任何地方、任何时间以任何身份参与到数字共同体中。另外，数字身份具有可塑性，可以根据需要随时改变。这与"想象共同体"中固定而持久的身份认同形成了鲜明对比。

数据共同体支撑的组织创新中，分布式部署是核心亮点。尽管当今世界完全的分布式组织还鲜有先例，数据共同体技术栈所提供的新型能力已经包括建设集中或分布式的部署能力域和实体数字身份认证与公钥基础设施方面的能力建设。

数字身份技术面对的场景是，随着不同平台的出现，平台间的布局可能会非常异构。平台提供者需要提供安全可靠的数据流通和他们自己的平台与生态系统中其他平台之间的数据共享功能。数据所有者或服务提供者将选择利用哪个平台取决于他们想要交换和共享的数据商品的业务关键性和经济价值。

作为新型能力的实现方式，新的数字身份采用区块链技术为实现自我主权身份提供了突破口。基于现有技术复用优先的原则，W3C 提出了区块链的分布式数字身份 DID 概念，这种身份具有安全性，身份自主可控和身份的可移植性等优势。

第 14 章

数据共同体的解决方案

在数据共同体的战略与能力建设方面的探索已有所收获，但生态体系和理论机制的总结还处于早期阶段。实践者面临的更多是挑战而非便利。例如，不同组织和机构可能使用不同的数据标准和格式，这会导致数据互操作性的困难。在数据共同体中，需要制定统一的数据标准和规范，以便各方之间能够无缝地共享和使用数据。然而，解决标准化问题就会涉及不同组织、不同技术体制以及正在运营中的流程的重组和博弈，此外还有数据隐私与安全问题等更加全局的社会和法律问题需要考虑。以数据为中心的资源重组是不是具备体系性的解决方案和发展蓝图呢？

可喜的是，在全世界的学术界和产业界、专家学者和工程师的共同努力下，数据共同体解决方案正在以日新月异的速度在世界的各个角落实践着，在后文的讨论中简要介绍了部分创新技术的应用场景，也辨析了解决方案的要素特征。同时，数据流动和合作也需要考虑不同国家和地区的法律和合规要求，监管和安全的需求与技术一起，重塑业务和平台，也为数据共同体的进一步融合奠定了基础。

回到数字化的底层逻辑，企业或组织对数据化领域的投资，其主要目标仍是推动业务的发展。那么，如何利用"以数感知""依数治理"和"循数决策"的三层策略去构建以数据驱动的业务链，进而逐步形成数字生态体系呢？本章将从数据、技术、流程和组织等四个关键要素的系统性解决方案展开。通过这四个要素的互动创新和持续优化，从而推动数据共同体中的各方参与者进行数据协作和合作，实现运营优化，形成良性的"计划 - 执行 - 检查 - 行动"（Plan-Do-Check-Action，PDCA）的循环，以快速迭代的方式持续渐进地解决问题。

14.1 数据驱动：解决方案原动力

数据驱动是数据共同体的基本原则。数字化转型的变革过程中，数据处于驱动地位，以其特有的优势促进组织、流程和技术以及业务应用的发展。为激发数据要素价值，各国积极构建并实施政策，鼓励数据价值化实践。因此数据共同体解决方案，应对数据这一驱动要素的概念进行辨析。

14.1.1 数据要素的定义与分类

在数据科学领域,"数据要素"大多数情况下的意义是在数据概念的辨析中,从不同的侧面和应用中分开来讨论,即对数据的更深入、具体的、多方面的解释和描述。

由于多样化应用,"数据要素"在特定的上下文和领域中含有更丰富或具体的含义。比如在数据库设计和管理中,"数据要素"也被称为"数据项"或"数据字段",它指的是技术实施中数据库中储存和操作的最小单位。例如,一个用户的姓名、电话号码、电子邮件地址都可以是数据要素。在数据治理和数据管理中,"数据要素"指的是需要被管理和控制质量的数据集合,它可能包括数据的定义、格式、标准、来源等信息。

同时,在数字经济的研究范畴内,数据被认为是第五大生产要素,与传统的生产要素一起推动经济的发展。生产要素指人类生产过程中所需要的各种资源,包括劳动力、资本、土地和企业家精神等,数据是一种创新资源。只有通过有效地组织和合理地调配这些生产要素,才能达到生产目的,实现生产效率的最大化。而这些生产要素所创造的价值,被认为是决定商品价格和收入分配的主要因素。数据的合理利用和管理对经济社会的发展具有重要影响,具有推动社会宏观和微观层面经济行为的能力和特征。

为了更好地促进数字经济,各国政府积极制订政策鼓励数据要素的利用。2022年12月,中共中央、国务院印发《中共中央 国务院关于构建数据基础制度更好发挥数据要素作用的意见》(以下简称"数据二十条"),对数据要素的定义和分类方法提供了基础制度。如图 14-1 所示,"数据二十条"关于数据产权结构性分置制度提出了公共数据、企业数据和个人数据三类数据的分级确权授权制度,并将公共数据、企业数据和个人数据的价值化过程中权力和利益的归属进行了较为深入的界定。

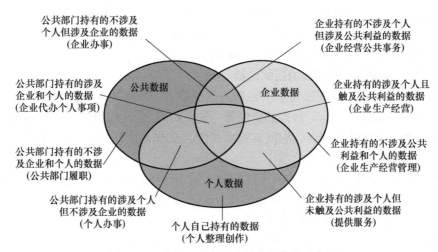

图 14-1 "数据二十条"中的数据分类示意图

数据要素的分类与其价值密切相关。数据要素在不同国家、体制和文化背景下，分类重点不同，对于个人权利和公共利益的观点也不尽相同。反过来，数据要素的分类方法及以此为基础的法律规则，必然在现在和未来影响数字生态体系中所有参与者的利益。

14.1.2 以数据为驱动要素的优势

1. 数据驱动理念

"数据驱动"是一个指导决策和行动的理念，它强调利用数据分析和解读来驱动策略制定、运营优化和创新实践。在企业组织中，数据驱动的核心在于挖掘和利用数据中蕴含的潜在价值，使信息流动、反馈和调整成为决策和执行的关键。数据驱动的应用不仅提升了决策精度，也促进了组织效率和灵活性，从而能更好地适应不断变化的市场环境。

在企业数字化转型实践中，虽然数据的特性和优势不难理解，但数据驱动的原则仍然常常被业务决策者忽视。

数字化转型不应局限于企业或组织的某一部分，而是全面优化和升级的全局视野。数字化转型涵盖了企业的各个领域，这种全方位的精准优化和提升的目标是创建更大的整体价值，而不仅仅是提升某个部门的业绩。数据作为唯一被广泛接受的跨部门、跨流程的元素，在现代企业管理中十分关键。

其次，企业管理中的全局视角往往是中高层决策者的"痛点"。数据不只考虑每个业务部门，更有能力"打通"供应链、财务、人力资源等支撑部门的运行状况以及中间平台、外部合作伙伴的支撑能力。在这种背景下，抓数据就是抓全局，企业的数据共享、流通和协作显得尤为重要。

从组织发展的角度来看，数据能有效地提升管理内外部资源的效率，使企业在竞争激烈的市场中保持优势。与此同时，数据运营能帮助企业对外部合作伙伴进行精细化、科学化和精益化的长期管理，使组织更精准的判断和决策。

众多高新技术企业都将数据视为企业的核心要素，并开始构建内外联动的数据共享和协同工作的共同体，这是实现企业数字化转型和全面优化业务链的有效途径。因此，在管理实践中，数据已经展现出了其新型生产要素的驱动力。

2. 数据要素和数字经济发展的匹配优势

从经济学理论分析，数据作为生产要素的各种特点，可以从多个维度进行分类和理解，比如数据的属性、数据的价值、数据的应用等。这些特点之所以看起来复杂，主要是因为数据本质上是一种非常特殊的资源，它既有物质属性，又有非物质属性，既可以作为一种工具使用，也可以作为一种资产拥有。

1）从数据的属性来看，它具有可无限复制、通用性强、高流动性、可存储性等特点；

2）从数据的价值来看，它具有决策价值、创新价值、协同能力强等特点，体现了数据作为生产要素能给经济社会带来巨大的价值；

3）从数据的应用来看，它具有非独占性、可扩展性等特点，体现了数据在实际应用中的广泛性和灵活性。

在本书第 8 章关于数字经济范式的论述中，如图 14-2 所示，数据要素作为解决方案的驱动要素具有一些独特而无可代替的优势。例如：数据能和其他要素有机协同，产生的价值大于单纯的累加效应，实现价值创新；再如，数据具备非独占性，可以在全球范围内、各个领域内同时多人多次重复使用，从而推动开放价值生态构建；数据作为信息和知识的载体，结合计算机和信息技术，通用性强，能够结合实体经济和服务经济，推动产品服务形态的扩充。

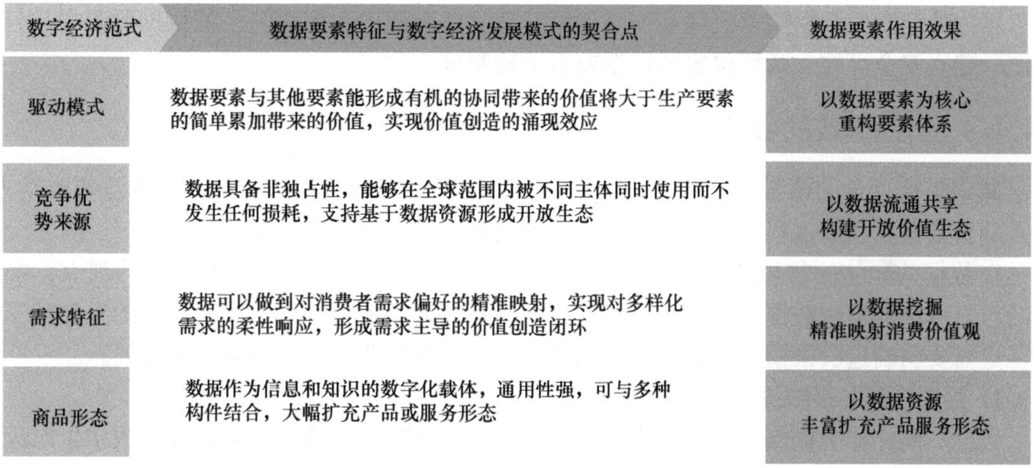

数字经济范式	数据要素特征与数字经济发展模式的契合点	数据要素作用效果
驱动模式	数据要素与其他要素能形成有机的协同带来的价值将大于生产要素的简单累加带来的价值，实现价值创造的涌现效应	以数据要素为核心重构要素体系
竞争优势来源	数据具备非独占性，能够在全球范围内被不同主体同时使用而不发生任何损耗，支持基于数据资源形成开放生态	以数据流通共享构建开放价值生态
需求特征	数据可以做到对消费者需求偏好的精准映射，实现对多样化需求的柔性响应，形成需求主导的价值创造闭环	以数据挖掘精准映射消费价值观
商品形态	数据作为信息和知识的数字化载体，通用性强，可与多种构件结合，大幅扩充产品或服务形态	以数据资源丰富扩充产品服务形态

图 14-2　数据要素特征与数字经济发展模式契合点

正是由于上述多重优势，以数据要素为中心的企业数据共同体，是实现企业数字化转型和全局优化的有力支撑和关键途径。

3. 以全球产业视角看数据驱动

全球范围内，各国政府正在寻求确立数据要素的规范，并将数据视为新的产业创新和经济发展要素。例如，联合国于 2015 年通过的《2030 年可持续发展议程》[1]中指出，数据和信息技术是实现可持续发展的关键要素。世界银行等国际机构在其政策和研究中也强调了数据的价值和重要性。同时，全球范围内不少国家和组织在制定相关的数据交易和数据保护政策，以期推动数据要素的公平分配和安全使用。

美国认为数据是推动经济增长和社会进步的关键资产，其政府发布的《联邦数据战略 2021 年行动计划》中明确提出，将加强数据治理，优化数据应用，保障数据安全和隐私，提升数据开放与共享。另外，美国也通过《消费者在线隐私权法案》等政策，保障消费者的数据利益。欧盟将数据视为推动社会和经济发展的关键要素，出台了《欧盟数据战略》等一系列政策，旨在推动数据驱动的创新和发展。然而，欧盟在数据使用上强调了"隐私优先"的原则，于 2018 年实行了《通用数据保护条例》（GDPR），严格保护公民个人数据的隐私和安全。这些政策的实施，使得欧盟在数据要素的合规使用和治理上有了明确的规范和

---

[1] https://unstats.un.org/sdgs/indicators/Global%20Indicator%20Framework%20after%202019%20refinement_Chi.pdf.

指导。

总的来说，全球各地政府和组织都逐渐认识到数据要素在经济社会发展中的重要性，并积极制定相关政策，旨在推动数据的合规使用，保障数据安全和隐私，同时也通过政策引导，推动数据产业的发展和创新。我国政府《关于构建更加完善的数据要素市场化配置体制机制的意见》和《数字中国建设整体布局规划》等文件相继出台，数据要素的政策体系在中国数字经济发展中的路线图就非常清晰地表达出来了。我国"数据二十条"的出台明确了数据基础制度体系的基本架构，提出了建立保障权益、合规使用的数据产权制度，建立合规高效、场内外结合的数据要素流通和交易制度，建立体现效率、促进公平的数据要素收益分配制度，建立安全可控、弹性包容的数据要素治理制度。

14.1.3 日益形成的数字共识

共识是社会学的核心概念之一，数据在当下已经逐渐成为形成社会共识的重要推动力。深入剖析数据驱动的过程，是利用好这一特征优势，推动决策和行动的关键。

在数据共同体的价值主张中，本章提出了"可用不可见，共数即共识"的观点，本节将结合这一观点审视数据驱动的形成机理，尤其是，遵循数据共同体现有技术的充分共享原则，更需要明确这股根植于社会建构基础的创新力量在实践中的作用和基本特征。

1. 共识机制，是数据驱动的本质和核心

数据共同体作为创新型组织，正在经历数字化内转阶段、数据协同阶段和数字生态运营阶段。

当前的数字化转型仍然大量存在于单一企业组织实体范围内，企业组织逐步接受了数据驱动的概念。数据的重要性在社会中愈发凸显，颠覆人们的生活方式，推动创新发展。其中，数字化转型的核心就是打通数据链。只有用数据激活创新发展的储备能力，才能进一步带动企业内部的多元化进程。数据的完全共享是基于数字化基础设施，在全周期、全过程和全环节的跨部门打通物资流、资金流、技术流和人才流。企业内部的数据共享、流通和协同就是内部的数字共识形成过程。数据作为企业组织经营发展的"血液"，正如人体循环系统中的情况——血液既存在和服务于呼吸系统、消化系统等人体功能系统，也独立于各个功能而自成运行体系。并且，正如血液在很多场景下是驱动人体生命的核心要素一样，数据能加速企业共识的形成，是组织的核心驱动力，并且呈现加速创新变革的趋势。

在数据协作阶段，视角延伸至多组织实体，这一过程依赖于跨组织的共识机制，将数据视为驱动组织间协作的关键因素。通过技术化手段各组织实体能对如何最大化利用数据，以及如何精确并集成数据达成一致，从而激发跨组织的创新潜力。共识机制促进了数据价值化，加强了从需求角度出发的数据开发使用，并改善了数据采集范围和方法。通过数据服务接口和连接器等技术，企业能实现多源异构数据的在线交换和集成共享，这也依赖于组织间数据协作和共识机制的建立和发展。在数据共同体中，数据共识创造了一个从单元级到生态级的高效数据服务环境，为多方数据驱动的协作和共享提供支持。

最后，将深入研究数字生态体系的共识形成机制。数据驱动共识的方式在多方面都展示出独特的优势，使人们能够从数据中发现新的价值和机会。把数据作为企业的核心要素，构建一个数据共享和协同工作的内外联动的共同体，是实现企业数字化转型和全局优化的有效方式。通过数据的分析和决策，可以全面了解和控制企业的运营状况，根据实际情况调整战略和优化运营。同时，数据共享也可以帮助各个部门更好地协同工作，提高工作效率和整体业绩。

纵观整个数据共同体发展的各个阶段，可以发现，数据以共识机制的方式深刻地影响着数字经济的发展，重塑着组织文化和运营流程。然而，人们也需要清楚地认识到，数据在共识形成中可能遇到的挑战和限制。

2. 数字共识的实践探索

数字社会不但面对数字经济的重塑，也面对社会公共治理的挑战。深入洞察和实践探索中，特别值得重视的是欧盟在数据驱动方面的探索。欧盟虽长期坚持个人主义原则，但在2020年3月发布的《人工智能白皮书》⊖（以下称"AI白皮书"）中，其已对数据使用原则作出明确规定。如训练数据需覆盖广泛人口以避免偏见，AI的训练过程必须详细记录，与AI交互时需告知用户，非欧盟产AI可能须重新训练才能进欧洲市场。这些基于数据和人工智能的政策体现出现代社会对数据驱动的态度。

从欧盟角度看，这些规定体现了数据驱动如何防止偏见，以及如何利用先进数字科技为人类社会创福祉。虽然仍然仅限于原则，但这亦为世界各国提供了值得学习的参考。尤其是人工智能成为驱动数据的关键因素时，更需要重视数据治理，严格管理AI训练数据等数字资源。

"AI白皮书"的提出中，欧盟在改善数据质量、推动数据共享和促进数据保护方面做出了实质性贡献，有助于推动人工智能的发展。在法律框架方面，欧盟的《通用数据保护条例》（GDPR）的实施，为数字共识的实践构筑了必要的法律屏障，这有助于维护个人隐私，提高信息安全级别，推动数据智识形成的进程。

其实，数据共识的实践并非只在政策领域，在技术社区中同样有重要的应用。以Github社区为例，这个全球最大的开源软件社区，通过设立严格的社区规范和贡献指南，致力于推动公平、透明和可持续的软件技术交流，这无疑是对数字共识实践的一种探索。Github通过不断完善的代码审核和贡献机制，为全球开发者提供了一个公平交流的平台，这是软件社区数据共识实践的生动体现。

综合来看，本节从数字共识的实践中，总结出了一些形成数据共识的探索现状和社会各界的看法，这都是数据共识发展的重要参考。比较这些观点，可以看到数据共同体这一创新机制的发展过程中的原则，如尊重人权、透明度、技术可解释性和社会责任。鼓励跨国和地区合作，分享经验和最佳实践，并参与国际标准的制定。这些建设性意见将确保数据共识的发展以其负责任和可持续的方式进行。

⊖ 欧盟委员会《人工智能白皮书》，https://www.sohu.com/a/381206437_756411。

3. 数据共识：对经济增长、社会公正及伦理进步的推动作用渐成趋势

数据计算结果已经逐步被采纳作为经济、社会的评估决策依据。例如，在经济学领域，利用数据分析和统计方法来评估经济政策的影响以及社会福利的分布情况已经成为行业标准。大量的经济学研究成果在阐述内涵时都引入了定量计算方法。借助数据分析，能够有效评估不同政策对各类群体的影响，为经济政策制定提供有力的参考依据。在社会学领域，数学模型和数据分析被广泛用于揭示社会结构、社会行为以及社会变迁的规律。算法和模拟技术的发展，为人们在宏观和微观层面对社会现象进行全面研究，特别是社会不平等问题的探讨与解决，提供了准确的数据支持。在医疗保健领域，特别是在处理流行病学研究、医疗效果评估以及医疗资源分配等问题时，数据分析已经成为被广泛认可的研究手段。进而，随着自然语言处理等人工智能技术的发展，在多个创新领域，"计算共识"这一概念逐渐浮出水面，认为"一切都能被计算"。

尽管数据分析为人们提供了重要的参考，但不应将其视为唯一的决策依据。在制定政策或决定策略时，还必须充分考虑其他因素，这包括实践、道德、伦理、文化和政治等多方面的因素。然而，不可否认的是，数据共识正在为人们迈向社会公平以及伦理进步提供新的研究路径。

总之，数据在形成共识的过程中扮演了重要的角色。数据计算的应用不仅提供了更为广阔的视角，帮助我们得出更准确的结论，还极大地提高了人们的决策速度。数字经济和数字社会正在以数据共识为基础不断发展。为了更有效地利用数据，同时也为了打造更公平公正的社会，人们还需要进一步的研究和探索。

14.2 组织变革：迈向"量子态"生存

组织的变革是不断进行的。数字化转型，一方面促进了现有组织和企业改革既有流程和架构，探索和尝试新的组织形式和模式，另一方面，基于数据分享和开放的新型组织正在以其独特的价值，吸引众多数据科学家、数据分析师等新兴职业的专业人才，带动了全社会的组织和流程走向更深刻的创新变革。有趣的一点是，"共同体"这个中文词汇在英文对应的词汇是 Community，即"社区"，"共同体"和"社区"这两个概念，在组织范畴中本就有千丝万缕的联系和共性。人们发现恰恰在近二十年的软件和网络工程技术发展中，技术社区如雨后春笋一般地涌现，全世界的工程师正在自发地共同体化。随着数字化的纵深发展，商业组织、社会公益组织也都正在进行走向数据赋能的数据共同体。

14.2.1 探索中的数据共同体组织要素

通过深入探究社会生态组织的内部网络结构，可以全面理解其结构的发展与变化，进而揭示其组织要素的核心特征。换言之，深入研究数字生态的关键参与者，其数量、关系及结构，都是对数据共同体开展初步研究的重要入口信息。

数据共同体，作为一种特殊的生态组织，其较为成熟的组织模型在欧盟提出的"数据空间"构想中得到体现。本节将分别讨论欧盟提出的"数据空间"理念和中国"数据二十条"的组织要素及功能设计。在研究数据驱动的组织特征过程中，将描绘数据共同体的组织要素的独特性。

1. 数据空间的组织要素概述

参考欧盟的《数据空间》文档⊖，描述了生态参与者在组织中的多种角色，以及分配给它的基本任务和权限。作为数字生态体系，数据空间概念为数据共同体的网络结构组织架构提供了参考。

身份认证被认为是在所有参与方之间建立信任的一项基本措施，对数字生态体系的整体运作至关重要。很多角色，如代理服务提供者、数据服务市场、数字身份提供者，都将基于技术，需要通过组织角色的认证，包括对组织使用的技术、物理环境和组织安全机制进行认证。

核心参与者是数据空间最主要的参与者，每次在数据共同体交换数据时，核心参与者都会参与。分配给此类别的角色包括数据所有者、数据服务提供者、数据服务使用者、数据用户和数据应用程序提供者。核心参与者的角色可以由拥有、想要提供或使用数据的任何组织担任。在此，组织实体必须将数据封装成数据服务来处理彼此间的数据安全交换与数据可信共享。

核心参与者使数据可用（数据所有者）、提供数据（数据服务提供者）或使用数据（数据服务使用者、应用程序提供者），从而为整个数字生态体系带来好处。此外，数据服务提供者和数据消费者可以视情况应用业务模型包括但不限于定价模型。

中介机构是受信任的实体。分配给此类别的角色包括代理服务提供者、数据服务交易所、数字身份提供者、应用程序商店和术语提供者。这些角色只能由受信任的组织承担。这些角色通过建立信任、提供元数据和围绕其服务创建业务模型来为数据共同体的参与者带来收益。

软件/服务提供者包括向数据共同体参与者提供软件和服务，基于软件即服务模型的 IT 企业。此类别下包含的角色是服务提供者和软件提供者，他们通过向数据共同体的参与者提供软件和服务来创造利益。

治理机构，或认证机构、评估机构是数据空间的管理机构。参与者的利益是由认证机构和评估机构通过负责认证过程和颁发证书。当前情况下，很多治理机构是中心化体系，可能还会负责数据运营体系的建设与实际运营活动。

总体而言，欧盟对数据空间的组织角色和功能的设计表现出前瞻性和创新性，深化了对数据共享和数据管理概念的理解，为全球的数据共同体提供了新的视角和参照。通过数据空间模型，从数据的共享、高效流通和运营的维度，给数据共同体组织特征的研究提供了蓝本。

⊖ 欧盟出版局（Publications Office of the European Union）发布的报告《欧洲共同数据空间：进展与挑战》（EN data europa eu and the European common data spaces）。

2. 我国的数字生态体系的组织要素

在论述数据交流、流动、利用和有效使用的过程中，可以观察到我国政府在推动数字经济所体现出的主导性和重视程度。因此，许多有关我国数字生态体系组织要素的基本原则都可以在政府的公开文件中找到反映。在数据生态体系的参与者角色，根据数据分类对应数字生态体系的参与者见表 14-1。

表 14-1 数字生态体系的参与者

政府	政府在数字生态体系中起到引领和推动的作用。政府制定相关政策和规划，提供资金和资源支持，推动数字基础设施建设，促进数据经济发展。同时，政府还负责监管和规范数字市场，保护数据安全和隐私，维护公平竞争的环境
企业	企业是数字生态体系的主体，包括传统企业和互联网企业。企业通过采用数字技术，优化业务流程，提升效率和创新能力，实现数字化转型。同时，企业还可以提供数字化解决方案和技术支持，推动数字经济的发展
学术科研机构	学术界通过研究和创新，为数字生态体系提供理论支持和技术创新。他们培养数字人才，推动数字技术的发展和应用。学术界还可以与企业合作，促进技术转化和创新成果的商业化
社会组织	社会组织包括行业协会、非营利组织等，在数字生态体系中起到桥梁和纽带的作用。他们促进各方的合作和交流，推动行业标准的制定和实施，提供培训和咨询服务，促进数字技术的普及和应用
个人	个人是数字生态体系的最终受益者和参与者。个人通过使用数字技术和数字服务，享受更便捷、高效和个性化的生活体验。同时，个人也需要提高数字素养，保护个人数据安全和隐私，积极参与数字社会的建设和发展
合作生态	数字生态体系中各方的参与方式和作用相互关联、相互促进，共同推动数字经济的发展和社会的数字化转型

总体来说，我国的数字生态体系结构中，参与者间形成了一种互补和合作的关系。政府作为引领者和规范者，企业是数据的主要生产者和用户，科技公司和学术组织则通过技术和研究推动数据的创新应用，而社会组织和合作生态则有助于数据的普及和推广。这种结构促进了中国的数字化转型和数字经济的发展。

当从社会学角度理解数据驱动的本质时，数据生态体系由多个社会主体共同构建和参与的过程，这些社会主体在数据生态中扮演着不同的角色，他们的行动和决策都会对数据生态产生影响，进而影响社会的运行和发展。数据不仅是社会现象的结果，也是社会构造的过程。数据的产生、处理和使用都融入了社会主体的行动和决策，反过来，数据也对社会主体的行动和决策产生影响。

因此可以说，数据驱动的社会现象是社会构造的过程，而不仅仅是数据本身的结果。当数据共同体组织形态在实践中逐渐显现时，可以看到无论是欧盟的数据空间模型，还是中国政府在数字生态构建上的探索，都展示了数据共同体组织要素的创新实践。这种创新实践为全球的数据共享和数据应用提供了新的指引和启示。正是通过这种探索和实践，人们逐渐意识到一个新的组织形态正在孕育之中，那就是"量子态"生存。

14.2.2 量子态生存：理解数据时代的组织要素特征

"量子态生存"这个概念是用来描述数据共同体环境下，组织角色和组织功能的一种形象化描述。在量子力学中，一个量子态可以处在多个状态的叠加中，无法确定其精确的状态，直到进行测量。这与数字化组织的成员的状态非常相似，他们可能同时存在于多个项目、任务或角色中，并且不能确定他们的具体状态，直到真正与他们互动。

在实际的组织实践中，谷歌是运用数据驱动和以"量子态生存"作为组织原则的代表。谷歌将其员工看作是处于高度动态的组织成员，员工可以根据任务需求和个人兴趣，自由切换角色和状态。这使得谷歌组织内部具有极高的灵活性和创新性，成为全球最重要的科技公司之一。

"量子态生存"这一概念也可以被引申到数字身份的场景，即一个角色在不同的网络环境中拥有多个身份和角色，他们的存在状态也如同量子态一样，处在多个可能性的叠加中，只有在特定的环境下，他们的具体身份才会被观测出来。因此，这个概念在形容数据共同体生态或组织的状态时，能够更好地帮助理解其运作机制。

在数据共同体生态中，数字化组织与企业通过数据共享和数据创新，成功突破了传统流程，不受地域和行业的限制，全方位实现协同。在这样的变革中，决策效率和精度得以大幅提高。并且，以数据为核心的组织形态正在逐步普及，数据工具的应用，则进一步推动了组织形态的扁平化，使得跨部门的数据团队成为可能。重要的是，大数据分析的支持让决策过程更加科学和客观。特别是人工智能和大数据的预测模型，能帮助组织预见并应对风险，确保组织更具前瞻性和战略性。数据驱动的变革不仅改变了组织形态，流程创新和敏捷能力也在组织中愈发得到重视。总结而言，数据驱动正在推动社会组织形态创新变革。随着高度动态的平台型组织的成立和"量子化生存"的组织形态创新的推进，数据驱动正日益展现出其巨大潜力和带来的无限可能。

14.2.3 数据驱动的组织创新与挑战

正如上一章中关于共同体概念和形成脉络中所讨论，数据共同体脱胎于共同体的理念中。但是组织作为社会重要组成要素，与国家、民族等根深蒂固的理念是分不开的。因而，组织形态的创新在新的机遇之外也会带来挑战。

传统的组织形态和边界是固定的，甚至强制性的。在历史性维度上，传统身份认同多数是被动形成的，即建立在"想象共同体"的构想中，很多已有的组织形式都是基于它的概念而构建。例如，所有的公司组织都是以公司法为基础构建的，而公司组织在经济体系中的正常运转以及规则的执行，则依赖于国家这个"想象共同体"的存在。一旦脱离了想象共同体，原有的组织形态就失去了其根基。

然而，当进入到数据共同体的领域，组织结构正是基于技术和数据而建立，社会协作打破了这些原有的边界。在某些网络协作任务中，传统的国界甚至不再具有实质性的边界作用。任务参与者或许从未面对面交流，或许他们拥有不同的种族、国籍，但他们因为数据的链接而形成了有效的协作。这种情况下，数据共同体在很大程度上打破了传统的"想象共同体"边界，从而颠覆了传统的组织形态。

正如《难以想象的共同体：全球数字空间的身份认同重构》[一]所说，"数字技术主导的传播实践，重构了身份认同的形成过程，推动了个体和国家、社会之间的身份关系的再造……"。从这个角度观察，数据驱动技术通过基础设施平台和敏捷流程要素，实际上弱化了传统社会组织边界的概念，埋下了"量子态生存"的新型组织形态的结构性基础。"量子态生存"的概念，强调的是在数据共同体环境下，组织角色和功能的动态、多元和灵活，这充分反映了数据共同体打破传统边界，实现更高效的协作和资源分配的特点。

在数据共同体的组织要素中，本节初步探讨了组织角色构成和"量子态"生存的特征。此外，数据共同体的组织要素还面临包括组织文化冲突、虚拟现实的冲击、数字鸿沟问题、组织的数据安全等一系列挑战。在此不追求面面俱到，如果基于以上的特征能令读者洞窥一二就算初步达到目的了。

14.3 敏捷流程：价值链协同创新

流程，通常是一系列相关联的步骤或活动，它们以一种特定的顺序组合在一起，以达到某一个目标或结果。在传统的视角中，流程往往是线性的、静态的，其顺序和步骤通常都是固定不变的，有期待的输入和预期的输出。但是，当走进数字化生态时，流程的形象开始发生了变化。

敏捷流程是数据共同体的流程要素的特征，它与传统的流程管理方式不同，强调灵活性、适应性和弹性，帮助组织在数字化时代快速应对变化，实现业务和技术的快速迭代和优化。这样的流程管理方式也被称为数据运营实践的一部分，其核心理念是构建动态的、敏捷的业务链，以更好地服务组织，优化数据流动、数据处理和数据使用，实现数据驱动决策的最大化，提升组织的业务效率。

精益和敏捷的思想主张为核心的流程要素正在打破传统的行业地域界限，数据的价值正在从原有企业的有限边界内释放出来。这就要求我们在数字时代，要具备高度的动态性和灵活适应性，才能更好地应对不断变化的挑战，发掘数据的无尽潜力，实现数字化转型的目标。业务链的灵活性应体现在组织流程的设计与实施中，使得组织能够随着市场变化调整业务流程，以提高效率和效益。这也是数字化转型过程中，组织流程要素的一项重要特征。企业需重塑其业务流程，实施精益和敏捷的运营策略，以适应数据共同体带来的新环境和新挑战。

14.3.1 业务链：全流程数据管理

关注价值是数字化转型的主线。当以价值链模型分析发现，企业组织的业务以链条的形

[一] 周庆安，朱虹旭. 难以想象的共同体：全球数字空间的身份认同重构[J]. 新闻与写作，2023（6）：43-51.

式打通组织内外的"数据链",流程逐渐被视为一个动态的、自适应的、可分解和重组的实体。这是因为数字化工具和新型基础设施平台使得人们有可能以前所未有的方式设计、管理和优化流程。

过去的流程要素是以人工为主导,依靠硬性规范和流程进行管理和运行,并且相对单一和固定。流程的设计和优化往往需要复杂的计划和大量的时间投入,而且往往无法快速适应和响应环境变化。这不仅可能影响企业的运营效率和效果,还可能阻碍企业的创新和发展。

数字生态系统中的业务链提供了一种全新的、更加灵活、自适应和自动化的流程设计和管理方式,让流程在需要的时候建立、中断以及动态地调整和优化,以更好地适应和响应环境的变化。在数字生态运营体系中,业务链流程有以下显著的特征。

1)流程要素变得更加多元化,因为在数字化环境下,流程设计和管理可以利用更加丰富和多样的数据和工具;

2)流程要素具有演化性,因为数字化工具可以使流程要素动态地自我调整和可扩展,在不断变化的过程中保持稳定性和可用性,以适应环境的变化;

3)流程要素呈现出"过程依赖"的特性。流程的背后是业务,每个流程步骤和活动都可能依赖于前一个步骤和活动的结果和状态进行迭代。流程要素结合网络应用,呈现出标准化、可重复、跨界协作、频繁迭代等特征。

面对变化与挑战,人们更需要理解流程要素与技术要素、组织要素的互动关系。在实际操作中,流程、技术和组织三者是相互影响、相互依赖的。流程是技术和组织要素的载体,而技术和组织要素可以为流程提供支持和影响。如此,可以看到,在数据驱动下流程、技术和组织三者之间存在着一种动态的、复杂的互动关系,它们不断地相互作用、相互影响,共同推动着数字化生态共同体的发展和进步。

例如,在一家大型零售企业中,企业组织面临的挑战是数据碎片化严重,业务链中的各个环节信息共享困难。通过引入了基于云计算和大数据的敏捷流程管理系统,建立业务链模式,实现了数据的高效集成和共享。在业务链的各个环节,工作人员可以实时获取到所需数据,业务标准化、实时性提高了业务质量、执行效率和客户满意度。

在业务链中,各环节的数据协同和信息共享对于提高工作效率和服务水平至关重要。例如,销售人员需要获取到库存信息,以便向客户准确报价;而物流人员需要获取到销售订单信息,以便及时配送产品。流程要素的迭代优化推动数据共同体组织环节之间的数据实时共享,从而实现数据协同,提升业务效率。

14.3.2 引入新工具和新技术,实现敏捷流程

1. 敏捷流程的实质

敏捷流程和数据驱动是当前软件工程和业务流程管理的两大核心要素,在数据共同体中它们密切相关且相互协同。这里初步通过二者认识数据共同体的流程要素的特点和实质。

人们通常认为数字化的前提是标准化和流程化。流程要素,如清晰的任务分配、明确的流程步骤和可量化的完成标准等,与数据要素,如数据收集、数据分析、数据处理等,紧密

结合，在实际应用中是孪生在一起的。

敏捷流程体现了多种现代管理思想，其中包括最小可行性产品（Minimum Viable Product，MVP）和迭代思想。一个产品或一项软件工程，可以先开发出一个功能基本但可运行的软件，后续再在此基础上进行逐渐完善，以满足更多、更复杂的需求。敏捷流程还包含了专注于任务的行动（Jobs-To-Be-Done，JTBD）理论，即从用户需求出发，提供真正解决问题的产品或服务。敏捷开发的软件工程，与传统的线性逐步完成的软件开发存在明显差别。传统流程如需求评审、设计、编码、测试等步骤，一旦进入下一步，之前的步骤就不能更改。然而，敏捷开发可以接受目标的修订、需求的变动等，这在思想体系上提供了更大的灵活性。从这里可以看出，数据驱动的流程和开发，具有实时性和动态性的特性，数据，或节点动作标准将指导决策、指挥流程，并随着数据的变化而调整和改进。这种动态性和实时性使得敏捷流程得以实施。

在数据共同体中，共同体的体系架构具有高度的灵活性，能够随时对数据进行收集、处理和分析，以适应变化的商业环境。这种灵活性在很大程度上体现了敏捷的思想，进一步说明数据驱动和敏捷流程的无缝结合。总结来说，敏捷流程和数据驱动不仅是一体两面，还相辅相成，在软件工程和业务流程管理中发挥着重要作用。未来，随着数据应用的深入，敏捷流程和数据驱动将更深度地融合，发挥更大的优势。

2. 新工具和新技术的引入

数据共同体的流程要素是指数据作为一种服务的运营全流程管理，包括入栈、交换数据、发布和使用数据应用程序三个主要的关键流程。其中，入栈流程指数据服务提供者或数据用户如何被授予访问数据共同体的权限；交换数据流程指在数据共同体中搜索合适的数据服务提供者并调用实际的数据操作；发布和使用数据应用程序流程指数据共同体中的应用程序提供者和用户如何交互并使用数据应用程序。这些流程要素形成了数据共同体的运营管理框架，通过数据驱动的方式实现组织的数据化生存，并加强数字化管理。

微软是一家全球性的创新型公司，近年来不断推动其数据共同体的运营管理流程向敏捷化转变。他们引入了人工智能和大数据分析工具，以实现更高效的数据入栈和交换。通过使用机器学习算法，他们能够自动识别和优选具有相关性的数据服务提供者，大大提高了数据交换的效率。同时，这些新工具和技术也使发布和使用数据应用程序流程变得更加智能，用户和应用程序提供者之间的交互变得更加顺畅。微软也面临着数据安全和隐私、技术复杂性和更新维护成本等挑战，但他们通过采取严格的数据安全和隐私保护措施，提供全面的技术培训和支持，以及设置专门的技术维护团队来解决这些问题。

随着数据共同体的实践案例越来越多，新工具和新技术支持下，数据驱动将全面地融合进入运营服务的全流程管理过程，更多地推动组织发展和业务创新。

3. 敏捷流程对数据共同体的影响和价值

新工具和新技术提升了数据共同体的运营效率和数据质量，增强了组织的数据驱动能力，推动了组织走向数字化。同时，敏捷流程的优化也提高了数据共同体生态的灵活性和适应性，有助于更快地响应市场和环境变化。

敏捷流程在数据共同体全局中的应用至少体现在以下三个环节。首先，数据入栈过程变得更加轻松，通过运用大数据技术，可以自动筛选和获取最相关的数据；其次，数据共享和调用过程更加便捷，通过数据共同体，可以实现数据的实时共享和高效调用；最后，数据应用过程更加高效，通过引入人工智能等技术，可以实现数据的智能分析和应用，从而提高决策效率。这些积极变化都使得数据驱动的效能在业务链中的各个环节都能发挥重要作用，更快地响应变化，大大提高了数据利用效率和业务效率。

当然，流程的敏捷优化是一个持续过程，需要定期进行流程审查，根据反馈信息进行改进。同时，随着新工具和新技术的持续发展，数据共同体应该积极探索并应用这些新工具和新技术，以进一步优化敏捷流程。

通过以上分析，可以清晰地看到，敏捷流程对于优化数据共同体运营管理，提高数据质量和服务质量，以及实现组织的数字化转型等方面都起到了关键作用。因此，可以得出结论，敏捷流程在塑造数据共同体生态中扮演着重要的角色。

14.3.3 敏捷流程的架构与工具

数据共同体是数字生态系统，由点、线、面、体四个范围视角来观察，有不同的出发点和目标，从而形成了"横看成岭侧成峰，远近高低各不同"的多层价值评估体系。对应组织的不同视角，数据共同体的参与者从自身利益和能力出发，以数据驱动的方式在数据基础设施层、数据平台层和智能应用层，不断地积累数据应用，加强数字化管理，实施数字化业务，实现个体、组织、生态多级的数据化生存。

动态流程要素中，敏捷流程、精益思想、产品思维、服务流程体系和开发运维一体化等，是围绕数据运营的多种思想和工具参考。

1. 精益思想：通过价值流图减少浪费

精益思想源自于丰田生产系统（Toyota Production System，TPS），这是一个消除浪费以节约资源的框架。在面临员工过劳、订单延误、高昂成本和客户满意度下滑的挑战时，丰田通过 TPS 成功应答了如何以最低成本、最快速度交付最高质量产品的问题。其中一项核心理念就是识别并消除生产过程中的各种浪费，如生产过剩、等待时间、运输、人员未充分利用等，而尽可能不影响产品质量。

TPS 的理念被 John Krafcik 于 1988 年改进和提升，成了现在所称的精益思想，后来于 1996 年被 James Womack 和 Daniel Jones 进一步广泛推广。精益将关注点放在价值流图上，通过详细绘制和识别业务流程中的浪费，优化流程以在消除浪费的同时保持质量。若流程的某个部分不为客户带来价值，则被视为浪费，并应予以消除。这种精益思想本质上也是敏捷思想的一种体现，是提升组织灵活性和效率的重要工具。

2. 专注于任务的行动（JTBD）：检查你的必须工作

JTBD 框架是现代敏捷思想中一种卓有成效的工具，可以帮助构建出能够满足用户需求，且受到广大客户喜爱的数据产品。

数据共享社区环境主要服务两类客户：一类是内部的数据团队成员，他们期望通过更高效的数据处理方式来优化自身工作流程；另一类是来自各种组织内部的数据消费者，他们依赖数据团队生成的产品来推动各自业务向前发展。借助 JTBD 框架，可以深入理解这些客户的工作需求以及他们期望数据产品能够解决的问题。例如，数据分析师的 JTBD 可能是要通过利用数据提供深入的分析和见解，为业务决策提供支持。

在明确了每个角色的 JTBD 之后，就可以开始规划完成这些任务所需的具体步骤。每一项任务实质上都是一个数据价值流，可以通过价值流图来更直观地展现这些数据价值流，找出流程中的瓶颈和浪费，进而对流程进行优化。

作为一种基于敏捷思想的工具，JTBD 框架能够帮助人们更加客观地评估数据产品的价值，更准确地定位产品优化方向，从而推动数据共享社区在数字化转型过程中实现价值最大化。

3. 基于 ITIL 的数据服务流程体系

信息技术基础架构库（Information Technology Infrastructure Library，ITIL），是一种领先的 IT（Information Technology）服务管理框架。如图 14-3 所示，在这个框架下，基于 ITIL 的数据服务体系由数据服务战略、数据服务设计、数据服务变更、数据服务运营和持续数据服务改进（Continuous Service Improvement，CSI）这五部分构成。这个体系提供了一种系统性、结构化的方法，用于管理并优化组织的数据服务过程。其目标是通过标准化的管理实践，提高数据服务的效率与质量，以更好地满足业务需求。

数据服务战略	数据服务设计	数据服务变更	数据服务运营	持续数据服务改进(CSI)
服务产品组合管理 需求管理 财务管理	服务目录管理 服务等级管理 风险管理 容量管理 可用性管理 数据服务连续性管理 信息安全管理 合规管理 IT架构管理 供应商管理	服务资产和配置管理 服务验证和测试 评估 发布管理 变更管理 知识管理	事件管理 故障管理 问题管理 服务请求履行 访问管理 端到端的监控与审计	服务等级管理(SLM) 服务测量和报告 持续服务改进
数据服务战略是数据服务生命周期的核心，为服务上的投资提供指南和优先级	数据服务设计为数据服务、流程以及数据服务管理提供设计指南，关注的是与数据服务交付和组织实体用途有关的技术	在数据服务变更阶段，对数据服务设计阶段制作的设计内容进行开发、测试并投入部署运行	在生命周期的数据服务运营阶段，将特定的数据服务和价值直接交付组织实体。并包含监控和故障事件的快速恢复等	对支持组织实体业务流程的数据服务实施改进。CSI覆盖整个生命周期，提供衡量服务的机制以及实现改进的机制

图 14-3 基于 ITIL 的数据服务体系

首先，数据服务战略是关键的第一步，它帮助人们确定数据服务的方向和目标，以最终达到的业务效果为导向。接下来，数据服务设计阶段，确定并设计出最佳的服务结构和流程，以实现制定的战略。数据服务变更阶段是一个关键的步骤，因为任何新设计的实施都可能需要改变现有的数据服务流程。管理好这些变更，可以确保新设计能顺利地融入到现有服务体系中。然后在数据服务运营阶段，数据服务开始正常运行，需要监控服务的性能并解决出现的问题。最后，CSI 阶段，根据服务运营的反馈信息，不断改善和优化数据服务，使之更加高效、稳定。

4. 开发运维一体化（DevOps）

开发运维一体化（DevOps）是一种实践方法，旨在弥合开发人员和 IT 运维人员之间的鸿沟，以促进更高效、更快速地对软件产品和服务的开发、测试、部署和更新。其根本在于沟通、集成和自动化，尤其是在云计算技术的推动下，新型基础设施以云平台的形式提供服务，使得团队可以即时共享资源，更便捷地应对变化，将整个开发运维流程变为可重复的、可量化的。

DevOps 的优势在于敏捷，它使得团队间的交流和共享变得更加顺畅，可以更快地响应市场的变化，为企业节省开发和运维的时间和资源。开发团队可以更快地获取反馈，更早地发现和解决问题，而运维团队则能及时地部署和更新产品，大大提升了产品的质量和可靠性。

作为敏捷流程要素的工具之一，DevOps 的理念与敏捷思想高度契合。敏捷思想强调的是迅速响应变化，强化团队协作和持续交付。而 DevOps 正是这一思想的实践和延伸，它从技术角度有力地支持了敏捷开发的快速迭代和持续交付，帮助企业适应和把握市场变化，提升竞争力。

5. 增强的电信运营一体化参考架构

如图 14-4 所示，增强的电信运营图（Enhanced Telecom Operations Map，eTOM）框架显示了数据共同体支持组织实体间数据服务所需要的 7 个端到端的垂直流程组合，是从战略、基础设施、产品、运营支撑、开通、保障、收费的数据服务开发/管理/运营的端到端的流程规范。

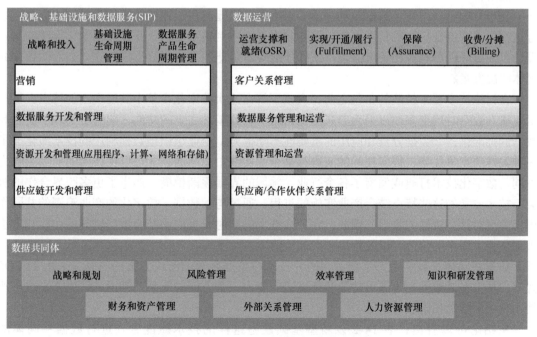

图 14-4　eTOM Level1 视图（业务流程框架）

eTOM框架可以被认为是较为传统的工具框架，它提供了电信行业标准的为服务开发、管理和运营的端到端流程提供了全面且详细的规范。虽然它给出的流程比较固定，但在实际应用中，仍然可以结合敏捷思想，通过灵活调整和迭代来满足客户需求和应对环境变化。总的来说，eTOM框架提供了结构化的流程管理，也是流程要素的重要工具。

14.4 平台技术：打造新型基础设施

技术作为独立的生产力要素，一直是社会进步的驱动力。随着技术的日新月异，社会节奏越来越快，组织和流程发生激烈的变化，大量的数据应用产生，数字化转型的新型能力建设是围绕新型基础设施来策划实施的，基础设施的概念离不开技术要素。技术创新赋能企业和组织进行跨越地域和行业的经营和业务活动，呈现出活跃的势头和旺盛的生命力。

14.4.1 数据共同体的技术需求与可行性分析

数据共同体的生态是一个复杂的系统，其技术需求需要全面、系统性的分析数据质量、安全、共享、访问、集成、互操作性等的模式和结构关系，同时也需要理解生态体系中业务需求和数据系统的维护。具体方法包括构建多层次需求模型，从高层战略到底层数据需求进行全面解析。

在本章中已经讨论了数据驱动、量子态生存、敏捷流程、业务链等较为创新的概念。结合这些要素特点，从技术角度出发，需要制定详细用例揭示需求，并建立多学科方法参与式设计以便更好理解利益相关者需求。这样才能应对可能的未知因素，成功建立高效的数据共同体解决方案。

在讨论技术要素扮演的角色之前，应该了解在这次数字化变革中其展现出的特点：①技术要素在数字时代更多地以平台方式提供给用户在此基础之上的功能，同时也实现了流程和数据的标准化；②数据分析和应用的重要性不断提升，企业组织把数据利用的技术演化成了一种关键的竞争优势，很多技术的演进都是企业实践中总结的；③与以往技术的局部影响力不同，数字化技术打通或颠覆了各个行业，领域的界限逐渐模糊，产生了更多跨界合作的机会。技术要素的这些特点结合产业实施的过程，通过与大数据、数字化的产业浪潮的共同作用，实现对社会资源的重组。因此，在关注技术的同时，也应该结合数据赋能的功能和方法来评估技术要素的价值，以及解决方案的价值。

数据共同体是数字生态系统，在研究技术与数据融合的解决方案的时候，采用TELOS模型，从生态健康度、生态可持续和环境适应能力三个方面对新型基础设施解决方案进行评估，得出的结论如附表。

从结论可以看出，表14-2以新型基础设施这样的技术赋能方式进行数据共同体的实施，从技术、经济、法律、操作和调度方面，比较均衡地产生良好的效果。新型基础设施从短期看投资较大,灵活性欠佳。但对于有一定市场规模和市场容量的行业或领域,能够提供更好的可持续性和数据操作和调度方面的优势,因而具有较高的可行性和优势。

表 14-2　新型基础设施支持数据共同体生态的动态评估

技术（Technology）	新型基础设施能有效支持数据共同体生态的健康发展和持续性,使用云计算、大数据和人工智能等技术提供强大的技术支持,有利于适应社会生态环境的变化。在支持数据共同体生态的健康发展、支持数据共同体生态的可持续以及适应社会生态环境的变化三个方面,评分分别为 80%、80% 和 75%,加权平均得分为 78.5%
经济（Economic）	新型基础设施的建设和维护成本较高,但长期看能够带来更多的经济效益,支持数据共同体的健康发展和可持续性,并有能力适应社会生态环境的变化。在上述三个方面,评分分别为 70%、75% 和 70%,加权平均得分为 71.5%
法律（Legal）	新型基础设施的运营需要遵循相关的法律法规,以保证数据的隐私、安全和所有权,有利于支持数据共同体生态的健康发展和可持续性,同时也能适应社会生态环境的变化。在上述三个方面,评分分别为 70%、75% 和 80%,加权平均得分为 75%
操作（Operational）	新型基础设施的运营需要一支专业的团队和有效的管理方式,能够支持数据共同体生态的健康和可持续发展,也能适应社会生态环境的变化。在上述三个方面,评分分别为 75%、80% 和 70%,加权平均得分为 75%
调度（Scheduling）	新型基础设施的实施和运营需要具备明确的计划和时间表,以确保数据共同体的健康和可持续发展,并能够适应社会生态环境的变化。在上述三个方面,评分分别为 70%、80% 和 70%,加权平均得分为 73.3%

14.4.2　不断创新的技术要素

数据共同体中的技术要素主要对包括数据采集、存储、管理、分析和应用等过程以及数据安全、治理、管理、运营等功能的全维度支撑,其中,隐私计算、区块链、零信任安全、数据安全存储与托管和数据连接器等技术,组成上述平台级应用的基本技术模块,以下分别进行简要的介绍。

1. 隐私计算技术

隐私计算技术是一种新兴的数据保护方法,可以在数据采集、传输和处理过程中,保护隐私信息。这项技术能够确保个人数据和企业机密数据的安全,同时也能帮助个人用户和企业更安心地享用信息化服务。

隐私计算的算法来自于被称为密码学原语的软件算法。密码学原语是在密码学中经常使用的一些基本工具或方法,通常包括哈希函数、伪随机数生成器、密码学安全性定义等。它们构成了构建更复杂密码技术和系统的基础。

有望形成通用解决方案的技术目前主要有基于复杂度理论的安全多方计算、同态密文计算、零知识证明、联邦学习、TEE 可信计算,见表 14-3。

表 14-3 常用加密算法

安全多方计算	它允许多方参与者在不泄露任何私人信息的情况下，共同计算一个函数
同态密文计算	这是一种保护隐私的技术，它允许在密文上进行计算，而结果与在明文上进行相同计算的结果相同
零知识证明	这是一种可以使一方（证明者）向另一方（验证者）证明自己知道某个值，而无需向验证者泄露任何其他信息的协议
联邦学习	它是一种机器学习技术，可以在设备上进行训练，而无须共享原始数据，从而保护用户隐私
TEE 可信计算	TEE 是指一种硬件环境，可以保护在其中运行的程序和数据免受其他软件和用户的侵犯

在处理和分析数据的过程中，隐私计算技术可以使数据保持不透明，防止数据被非授权方获取。常用的隐私计算方法包括可信执行环境、多方安全计算、联邦学习等。同时，隐私计算技术融合了人工智能、密码学和区块链等多项技术，使数据价值得以共享。在本书第 6 章有更为详细的论述和案例。

尽管隐私计算技术在各行业的应用还处于初步阶段，但它已在数据保护和数据主权方面发挥着重要作用。隐私计算可以确保数据在使用、分析和交换过程中的保密性，保护数据所有者的数据主权。这种技术还可以实现多方共同对数据进行分析和计算，提高数据利用效率。

2. 区块链

区块链是由计算机科学与技术、软件工程、网络空间安全、信息与通信工程、数据科学与大数据技术、智能科学与技术、统计学、博弈论等多个学科专业的理论与技术多个学科交叉组合形成的一门技术。

通常区块链的类型分为公有链、联盟链、私有链。公有链指所有人都可以随时随地参与甚至是匿名参与的链；私有链指一个主体（如一个机构或一个自然人）所有，私有化的管理和使用的链；联盟链通常是指多个主体达成一定的协议，或建立了一个业务联盟后，多方共同组建的链，加入联盟链的成员需要经过验证，一般是身份可知的。正因为有准入机制，所以联盟链也通常被称为"许可链"。

因为联盟链从组建、加入、运营、交易等环节的优势，网络规模相对可控，在交易时延性、事务一致性和确定性、并发和容量方面都可以进行大幅的优化。联盟链在继承区块链技术的优势的同时，更适合性能容量要求高、强调监管、合规的敏感业务场景，如金融、司法、以及大量和实体经济相关的业务。联盟链的路线，兼顾了业务合规稳定和业务创新，也是我国政府和行业鼓励发展的方向。

区块链基础设施服务已经实现平台化，支持监管机构加入可控合规的联盟链是我国区块链落地政企的最优方案。相对于公链交易数据面临着隐私泄露的威胁，任一节点均可加入区块链网络，获取全局账本及数据。而数据共同体区块链服务基础设施（Blockchain-based Service Infrastructure，DCBSI）引入网络准入机制，多群组多账本架构，支持区块链节点启动多个群组,群组间交易处理、数据存储、区块共识相互隔离,保障区块链系统隐私性的同时,降低了系统的运维复杂度。实现了强扩展性的群组多账本,基于清晰的模块设计,构建了稳定、健壮的区块系统。在"棱镜门"事件后各国发现有美国主导的密码学对称非对称加密方案已不再可信,而 DCBSI 完全采用国密算法,从 SM1-SM4 分别实现了对称、非对称、摘要等算法功能。

随着应用案例增加,区块链技术的系统架构越来越趋于一致,技术上分五层,基础层提供区块链的基础数据结构和算法库包含密码学与隐私计算等;链核心层实现区块链的链式数据结构、交易执行引擎和分布式存储驱动;互联核心层实现区块链的基础网络通信、共识算法机制和区块同步机制;管理层实现区块链的管理功能,包括参数配置、账本管理、权限管理、准入机制等;接口层面向区块链用户,提供多种协议的交互。

区块链技术在数据共同体中,主要为数据提供源的可追溯性、安全性和不可篡改性。通过区块链,可确保数据的原始性和完整性,使数据信息来源透明,从而提高数据质量和信任度。区块链技术还能提高数据交换的安全性,通过分布式账本,可以防止数据被非法篡改,保护数据的真实性。另外,区块链智能合约功能可实现自动化数据交易,降低交易成本,提高效率。因此,区块链技术对构建数据共享、数据交易的可信环境具有重要价值,也是数字共识重要的基础设施。

3. 零信任安全

软件定义边界(Software Defined Perimeter,SDP)是基于零信任理念的新一代网络安全技术架构,用以应对云计算、移动互联网等新兴技术让传统物理边界安全越来越模糊的问题。SDP 通过网络隐身技术实现"Never Trust"原则,并通过在网关实行动态可信授权验证实现"Always Verify"原则,有效防止基于网络的攻击。其按需授权模型能最小化被攻击后的安全风险。SDP 不仅分离访问控制和数据信道,保护关键资产和基础架构,还提供了基于连接的安全架构以代替基于 IP 的安全方案。同时,SDP 允许预先审查所有连接,整体安全性优于传统架构。SDP 的应用领域包括零信任安全、网络微隔离、防御 DDoS 攻击等。基于"噪声协议框架",用户可以在任意数量的云服务提供商、数据中心和端点节点之间移动数据,同时保证安全性。

4. 数据安全存储

数据安全存储是一个高度关注数据在网络环境中存储、传输和使用安全的技术策略。它能够协助各个组织实体将数据安全地托管在可信赖的环境中,实现在保证数据可共用的同时,数据的可见性只限于授权使用的情况,从而提高数据共享和合作的便捷性,同时加固底层数据保管的安全性。

数据安全存储与托管的核心技术包括多重加密技术、密钥鉴权及找回、操作行为存证、数据防护等技术手段。多重加密保护技术采用文件密钥、加密密钥以及随机盐因子进行多重加密,保证数据在存储和传输过程中的安全性。与此同时,国密技术也被用于对数据进行安全加密,确保无授权的人员无法接触到数据。

为了担保数据保管和使用的主体身份,引入了密钥鉴权及找回技术。在用户忘记密码时，通过线上身份核验和生物认证的方式，保证数据安全找回。此外，通过区块链技术进行的操作行为存证，可以实现数据上传、查询、修改和使用等操作行为的追踪，提高数据使用的合规性。

在数据使用过程中，引入了水印技术来防止数据篡改，通过给数据添加用途和有效期水印，可以确保数据的使用流向，防止数据的滥用。最后，数据通过区块链网络输出到合作机构，保障数据在传输过程中的安全可靠，防止数据被篡改，最终实现数据共同体的安全运营，提供安全、可靠的数据保管服务。

5. 数据共同体连接器

数据共同体连接器是一种核心技术，允许组织实体以数据服务形式交换、共享和处理多方数据。它基于场景的隐私计算保证数据所有者的数据主权。连接器负责诸如双向通信、执行内容使用策略、系统监控等数据服务和系统服务，其功能可通过自定义扩展。它通过代理服务提供商或应用程序存储公开元数据和数据服务目录，记录连接器的位置、部署类型和服务提供者信息，在属性方面保证交换、共享和处理数据服务的受控、安全和受信任环境。它在数据共同体分布式网络中负责或代理数据流通，提供如技术接口描述、身份验证机制等元数据。其体系结构使用应用程序容器管理技术确保数据服务的隔离和安全，配备 API 以为敏感数据保驾护航。数据处理靠近源，任何数据预处理如过滤、匿名或分析都由内部连接器完成。仅预计提供给其他参与者的数据，才能通过外部连接器可见。同时，连接器支持搜索数据服务资源，保障服务的安全和数据可信流通。

14.4.3 新型基础设施的实施策略与优势

第 13 章已经介绍了新型基础设施的概念和价值。本节重点介绍在技术需求下和技术要素的不断创新中，新型基础设施的策略与优势。

1）重视技术创新与研究，将云计算、大数据、人工智能等前沿技术应用到新型基础设施中。优势在于，这能够提高数据处理和利用的效率、优化数据共享流程，支持数据共同体的健康和持久发展。

2）充分计算和规划新型基础设施的经济投入，同时要关注其带来的经济效益和价值。优势在于，尽管起初需要较大的经济投入，但在长期看来，新型基础设施能够提高数据利用率，带来更多的经济效益。

3）严格遵循数据保护和网络安全的相关法规，以保证数据的隐私、安全和所有权。优势在于，这不仅能够支持数据共同体生态的健康和持久发展，还能提高社会的信任度和接受度，有利于新型基础设施的社会合规性。

4）建立专业的运营团队和完善的管理机制，以确保新型基础设施的高效运营。优势在于，这能够确保新型基础设施的运营质量，提高数据共享和处理的效率，有利于数据共同体生态的健康和持久发展。同时，良好的调度机制还能反映社会生态环境的变化，保证新型基础设施的适应性。

在考察和评估数据共同体解决方案的要素时，需要强调的一点是，在数据共同体的成长和演进过程中，大量的新兴技术和旧有技术共同构成了业务和体系建设的基础，它们的存在对于系统的稳定运行是不可或缺的。然而，需要理解的是，数据共同体生态建设并非技术人员炫技的舞台，也并非不同工具的激烈竞争场所。那些出于营销目的或者盲目过度强调技术因素，而忽视整体战略部署的项目，最终往往难以在实际应用中经受住考验。

技术只是手段，真正的目标应该是创新，回到以数感知、依数治理和循数决策三个新型能力环的视角下， 从数据出发并回到数字服务的整体解决方案上。只有当充分利用技术和数据进行业务创新和场景创新的深入实践，才可能获得市场的真正认可，并取得最后的成功。

第 15 章

数据共同体的价值保障

数据共同体是一个综合了数学、计算机科学、社会学、经济学等众多学科的跨界领域，它的目标是通过有效地整合和优化数据资源，来提升社会的运行效率和人类的生活质量。在数据共同体中，人们提出了一个核心概念——"数据运营"，它既包括制定和执行数据治理规范，也包括通过优化和利用数据来实现数据价值的持续增长。此外，数据运营也应推动数据文化发展和参与者的数字素养提升，以确保数据共同体生态遵循开放、共享、标准化和可持续的原则。

数据共同体的探索与实践已经取得了初步的进展和效果，例如互联网企业基于大数据的精细化的运营管理和服务，不仅给城乡的商务活动和生活带来了便利，同时也为社会的公平性和可持续性提出了希望和挑战；另一方面，中国社会在城市治理、医疗健康、教育科研、能源环保等各个领域，都出现了大量的公共服务数据平台，城市级的数据分享与交易也实现了突破，这就是数据运营的实际表现。

然而，数据运营不仅仅是一种技术，它更是一种思想，甚至是一种哲学。数据运营的思想和发展受到了古今中外的理论启发和影响，比如亚里士多德的分类学、韦伯的社会学、香农的信息理论等，其思想实质是采用标准化手段，实现数据价值的可持续增长。数据时代对社会科学和人文科学提出了新的问题和挑战，例如数据的拥有权、利用权、隐私权、数据的公平性、可及性、透明性、数据的质量、安全性等。这些问题和挑战如何在可持续的框架下得以解决？

本章提出了数据共同体的发展阶段，并初步讨论数据治理、数据运营和数字素养三项价值保障要素的概念、意义和应用权重。首先将讨论数据治理与数据运营理论和实践的区别；其次，围绕数据价值化，将分析数据运营涉及的模式和案例，并提出一些可能的解决策略和研究方向。最后，将关注未来三十年人类发展的可持续问题，试图辨析数据共同体生态与数据素养的互动关系是什么。

在可预见的未来，数据运营可能带动数据共同体形成一个更加完善的基础设施和技术条件。正如人们对数据共同体的进步和创新"怀有乐观态度和决心"[⊖]，人们对技术所带来的社会改变和人类福利的愿景更加期待。

15.1 数据共同体发展的阶段与价值保障

15.1.1 数据治理、数据运营和数字素养的理念

正如英国统计学家 George Box 所言："所有模型都是错误的，但有些是有用的。"在数据共同体的价值保障要素中，数据治理、数据运营和数字素养就如同这个"有用的模型"，它们或许无法完全覆盖所有的数字化转型发展的问题，但对于数据共同体的价值保障，无疑是至关重要的。

1. 数据治理

数据治理，其核心理念是使数据达到一种规范化、标准化的状态，便于组织的利用。数据治理技术就是实现这一理念的关键手段，通过采用各种技术工具和方法实施标准化的数据管理，主要包括数据的收集、清洗、整理、存储等各个环节，确保数据的质量、一致性和安全性。此外，数据治理也涉及数据的使用和保护，以防止数据滥用、误用和泄露等风险。因此，数据治理的价值不仅在于提高数据的质量和价值，更在于为数据的合规使用提供保障。简言之，数据治理的目标是通过标准化的数据管理，提供准确、一致、及时的数据，服务于组织的决策和运营。这无疑需要技术、组织和战略的高度结合，也显示了数据治理的复杂性和重要性。

数据治理的技术和标准在本书第 4 章已有详细介绍，在此不再赘述。随着大数据，云计算，人工智能等技术的不断发展，数据治理的方法也在不断演进。它越来越注重数据的实时性和动态性，以及数据的价值挖掘和利用，技术工具覆盖的范围也有所扩大，尤其是支持的业务场景也从单实体逐步地扩展到多实体和组织间协同。但是数据治理的目标始终是确保数据的高质量和准确性，保障数据的安全性，支持企业的数据价值化。

2. 数据运营

数据运营（Data Operations，DataOps）通常是指一种数据管理方法，它强调了数据的整个生命周期，包括数据收集、数据清洗、数据转换、数据分析和数据可视化等过程。在这个过程中，DataOps 倡导使用自动化、敏捷和协作的方法，以加速决策过程，提高数据质量，以及提高数据团队的效率。

DataOps 能力模型框架的提出，旨在帮助企业建立对 DataOps 工作的宏观视图，了解 DataOps 能力建设的核心主线与保障体系，为企业的能力建设提供参考。随着标准的进一步的细化，能够为企业提供详细的建设依据，全面地评价企业在 DataOps 方面的能力状况，摸清当前的现状和问题，指明下一步发展的方向。

[⊖] Marc Andreessen 马克·安德森.《技术乐观主义者宣言》'The Techno-Optimist Manifesto'，2023.10.

数据运营的核心环节为了实现不断提高数据产品交付效率与质量，实现高质量数字化发展的目标。DataOps 工作组从数据工程化能力着手，结合 DataOps 的内涵构建出高效的数据研发运营流水线。如图 15-1 所示，包括研发管理、交付管理、数据运维和价值运营四个环节。

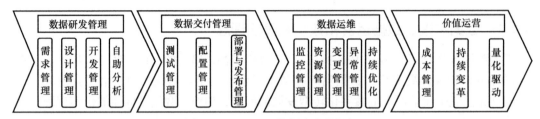

图 15-1　DataOps 数据流水线框架

2018 年，Gartner 将 DataOps 列入了数据管理（Data Management）的技术成熟度曲线，Gartner 认为 DataOps 是一种协作数据管理实践，专注于改善整个组织内数据管理者和数据消费者之间数据流的通信、集成和自动化。

Jesse Anderson 所著 *DataOps：The Revolution We Needed* 认为，数据运营是应用于数据策略和数据治理，能够提供端到端的数据解决方案。哈佛大学商学院的教授 Thomas H. Davenport 所撰写的《数据运营：构建数据驱动型组织》围绕如何构建数据驱动型组织展开数据运营的观点，书中阐述了从数据文化培养、组织架构设计、技术工具选择到人才培养和运营策略制定等方面的关键要素，从全链条的运营策略获取数据价值。

虽然目前企业界和学术界对于数据运营的定义没有达成共识，但是"数据化＋运营"的思想和实践在当今企业界尤其是互联网行业如火如荼地展开。阿里巴巴集团早在 2010 年就已经在全集团范围内正式提出了"数据化运营"的战略方针并逐步实施数据化运营，腾讯公司也在"2012 年腾讯智慧上海主题日"宣布"大数据化运营的黄金时期已经到来，如何整合这些数据成为未来的关键任务"⊖。

可见，数据运营概念围绕处于解决方案核心的数据要素，着重于数据生命周期的管理和数据价值的增长，是较为共识的看法。另一方面，在思考数据价值化的过程中，关注两个关键因素：标准化和可持续性。"标准化可以提高数据质量，减少数据错误，并提高数据的可用性和可靠性，从而提高数据的价值。可持续性可以确保数据在长期内保持其价值，并且可以为未来的决策提供支持。"标准化和可持续性这两个特征，正是数据运营的核心优势。由此可见，数据运营是通过标准化和可持续性实现数据价值化的一种流程工具和技术方法。

3．数字素养

数字素养于 1997 年，由美国的教育协会（AECT）首次提出，是指个体分析、评估和使用信息的能力，包含从数据获取和分析，到理解如何以有效和道德的方式应用这些信息的全过程。

⊖　卢辉．数据挖掘与数据化运营实战：思路、方法、技巧和应用［M］．北京：机械工业出版社，2013．

从常识理解，数字素养包括以下五个方面见表 15-1。

表 15-1 数字素养的五个要素

数据意识	这是基础元素，包括对数据重要性的认识、对数据的敏感性以及对数据价值的了解
数据知识	包括了解和理解数据的基本概念、类型、来源和处理方法，以及对数据分析方法的掌握
数据技能	包括使用数据管理工具（如数据库、Excel 等）的能力，以及进行数据整理、分析和解读的技能
数据道德	包括理解和遵循数据的伦理规则和法律规定，尊重数据隐私，避免数据滥用
数据思维	这是最高级的数据素养，要求能够将数据运用到决策中，能用数据解决问题，用数据思考和理解世界

从 2015 年联合国发展峰会通过的《改变我们的世界：2030 年可持续发展议程》将信息传播技术素养纳入可持续性发展全球框架，到联合国教科文组织的《数字素养全球框架》，再到 2021 年 11 月 5 日，中央网络安全和信息化委员会印发《提升全民数字素养与技能行动纲要》并在 2022 年多部委联合印发《提升全民数字素养与技能工作要点》，说明无论是全球视野的领导者还是国内产业政策的制定者，都强调对数据的理解和运用能力，对于在数据共同体内有效运营至关重要。

在当前的全社会数字化转型过程中，数字素养的内涵、手段也在不断扩展。数字素养目前不仅仅涵盖个人的数据认知和思维方式，也外延到了组织、企业或国家。《提升全民数字素养与技能行动纲要》等一系列文件就是站在国家的高度将数字素养作为一种特征要素的工作进行部署。在数字人才培养方面，数字素养早期更多地注重计算机基础操作能力，而现在则更强调数据分析、网络安全、人工智能等高级技能，普及的程度也在逐步提高，许多学校已经将数字素养教育纳入课程，并且各种互联网线上课程也使得大众更加容易接触和学习到数字技术。

15.1.2 数据共同体发展的阶段

当今社会数据治理是数字化转型的基础和保障，这已经成为一个广泛接受的共识。然而，当设想全社会的数字化转型的远大目标和愿景，仅仅在技术层面实现数据治理的确是远远不够的。要实现全社会的数字化转型，在数字生态体系中实现数据的价值化，需要从更宏观和抽象的视角去理解和管理数据价值。

因此，不仅需要关注的不仅是数据的产生、收集、治理过程的标准化，更要关注数据的价值体系的运营模式和运营资源，以及生态化过程中的社会基础能力。数据共同体的发展过程从组织内部的数字化转型开始，逐步到组织间的数据共享再到持续运营的数字化生态，这三个阶段分别为：

1)"数字化内转阶段"（Digital Internalization Phase）；
2)"数据协同阶段"（Data Collaboration Phase）；

3)"数字生态运营阶段"(Digital Ecosystem Operation Phase)。

随着数据流转范围的逐步扩大,在组织和企业之间、经济利益实体及部门之间甚至是数据共同体的局部之间形成闭环,这才是数据共同体的价值基础和本质的价值保障。下面初步探讨三个阶段的主要特征。

数字化内转阶段是以单实体范围内的数字化转型和数据标准化为基本任务的。此过程的数字化转型是构建基础,实施比较直接的数字化项目。在企业或机构内部,如何有效利用数据,提高决策效率,带动业务创新以及用数据扩大业务边界,是数字化内转要解决的首要问题。

数据协同阶段是建立在实体组织基本完成数字化转型的基础上,多实体组织间形成数据共享与协作而实现的。在此阶段,多个实体之间通过数据的共享和协作,实现资源优化,提高整体效率,通过开放和共享实现价值创造。这需要各实体建立有效的数据管理机制,打破数据孤岛,推动数据的流动和交互,从而实现敏捷流程和数据价值化。

数字生态运营阶段是数据共同体的高级发展阶段,基于数据治理和数据协作的实践和技术、组织和流程,社会层面基本实现持续的、健康的数据运营。实现社会整体的数字生态效益的最大化,需要构建公正、公平、透明的数据共享平台和机制,建立健全的数据安全和隐私保护制度,提升各层级数字素养,以实现人类社会的目标和福祉。

通过关注并理解这三个阶段,可以形成发展视角的全局观,对数据共同体发展过程中的数据治理、数据运营和数字素养三项关键影响要素有更深刻的理解。

15.1.3 发展阶段与要素权重

在对数字化转型过程的观察和研究中发现,如图 15-2 所示,在数据共同体发展的不同阶段,技术发展的条件不同,数字化的关键问题不同,数字价值化的主导要素也会有所变化。例如,在数字化转型初期,对数据概念认知比较模糊,服务体系没有建立起来,很多数字化转型的实践都是在企业实体内发生的。无论是利用数据降低成本还是以数字化的方式设计新产品,企业实践更多的是企业内的标准化过程。随着数字化理念的深入,尤其是随着移动互联网的技术和工具越来越普及,"数据打通"成立流行词汇。打通是数据价值化的一种形象的说明,让一个局部组合的数据,通过和另外一个局部组织的数据"对齐",让数据流动起来,实现价值化。这个"打通"的过程,可能发生在企业不同部门和不同业务之间,也有可能发生在用移动互联网联系起来的不同组织与生态,甚至有可能产生部分数据的交互与共享,并形成了专业的数据交易所。数字化转型就进入了多实体组织间的数据共享与协作的阶段。

正如热力学是在牛顿力学被证明有局限性之后应运而生的,面对社会数字化转型的方向性挑战,人们深刻感受到,企业和资本的力量并不能有效地促进数字化生态的形成,仅有数据治理和数据运营的手段也不足以确保数据共同体生态健康发展。此时,需要让所有的利益相关者具备数据素养,拥有基本的数据理解、数据分析并将数据转化为见解和行动的能力。从生态学的角度来看,数字化生态系统的形成需要更基本的条件,如社会联通性层面的信任、关系、认同和资源分配层面的资源合作和共享等与共同体成员紧密相关的要素。对于这些基本要素来说，仅仅从组织内部或有限组织间的关系来分析是不够的，需要从社会网络、社会资本等更宏观的理论来进行分析。数字素养是从计算社会科学角度研究这一问题的关键。

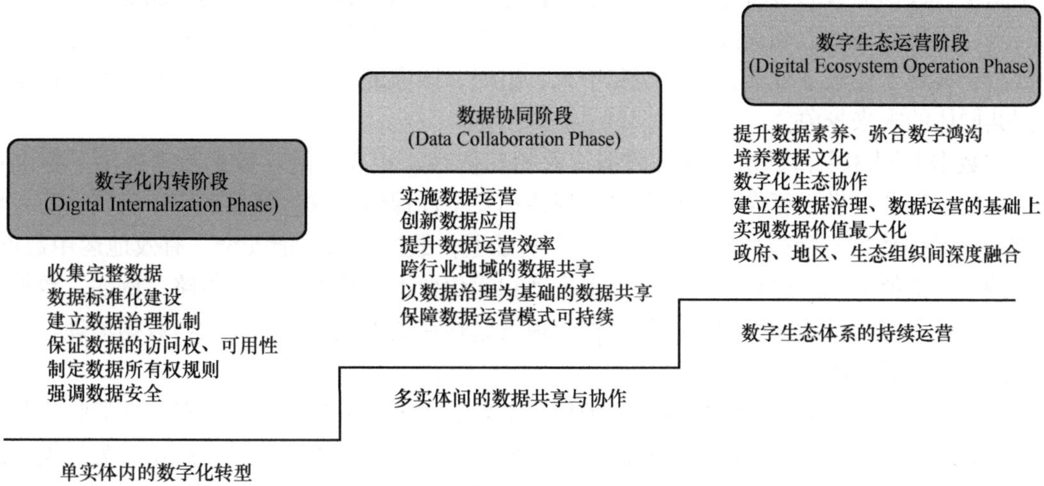

```
                                            数字生态运营阶段
                                      (Digital Ecosystem Operation Phase)

                       数据协同阶段
                  (Data Collaboration Phase)      提升数据素养、弥合数字鸿沟
                                                 培养数据文化
                                                 数字化生态协作
     数字化内转阶段          实施数据运营              建立在数据治理、数据运营的基础上
(Digital Internalization Phase) 创新数据应用          实现数据价值最大化
                              提升数据运营效率          政府、地区、生态组织间深度融合
     收集完整数据              跨行业地域的数据共享
     数据标准化建设            以数据治理为基础的数据共享
     建立数据治理机制          保障数据运营模式可持续          数字生态体系的持续运营
     保证数据的访问权、可用性
     制定数据所有权规则
     强调数据安全                多实体间的数据共享与协作

     单实体内的数字化转型
```

图 15-2　数据共同体的发展阶段和价值保障

数据共同体形成过程中，以常识可感知的分类法和共识定义，为组织和群体提供认知、分析和管理的框架。数据治理提供了管理和保护数据的基础，数据运营通过提炼和利用数据价值驱动业务发展，而数字素养则提高了组织和个体对数据的理解和使用能力，三种价值保障要素在不同阶段发挥的作用与实施效果有所不同，协调一致使其能够在数字化世界中更好地参与各种活动。数据治理、数据运营和数字素养共同构建了数据共同体的发展保障。

15.2　数据运营——可持续的数据价值体系

15.2.1　数据治理与数据运营的关系

数据共同体的建立和发展如同森林生态系统的形成和发展，是一种社会性的实践，它需要各个参与者对数据的产生、开放共享、标准化和可持续性有共同的认识和积极的态度。从价值保障的视角，数据治理和数据运营在实践中扮演不同角色，相互依存又共同促进。

如果把数据共同体看作一个森林，数据治理就如同森林中的温度、湿度和土壤环境等基础环境因素，它是整个数据共同体的基础和支撑，确保数据的质量、可用性和合规性。它通过收集、整理、分类、保护和管理数据，为数据的产生和开放共享提供良好的生存环境。

进一步地说，数据运营就像森林中的各种生物的共生共存关系，它们在数据治理建立的环境中生长，通过数据的整合、分析、建模和应用。就像这些生物需要适应环境，利用环境中的阳光、水分和养分，繁衍生息，发展成一个有机的整体，数据运营也需要在数据治理的环境下，通过数据的分析、挖掘和应用，实现数据价值的最大化。

当考察生态的宏观与微观的联系机制时发现，就好比森林中的生物利用环境中的资源，适应环境变化，发展并繁衍。同时生物群落的成长和繁衍，使得森林更加生机盎然。那么社会生态中，数据运营通过将企业组织的数据转化为洞察和决策支持，帮助组织更好地了解市场需求、优化业务流程和提高竞争力，同时，数据共同体中每一个组织发展能够更好地服务于社会，客观上促进了社会整体发展和个人、组织、国家的繁荣发展，这就是人们要追求的数据共同体的未来景象。

在数据共同体中，数据治理和数据运营相互依存、相互促进。数据治理提供了标准规范，为数据运营提供了可靠的数据源、合规性和安全性保障。这包括保护用户隐私，防止数据滥用，保护数据不受破坏和泄露。在这个基础上，数据运营才能安全、有效地运用数据，进行持续的价值应用。这种应用又反过来推动和优化数据治理的流程和策略。例如，数据运营中的分析和应用可能会发现原有的数据管理策略存在的不足，从而反馈给数据治理，推动其改进并延伸其范围。

数据治理和数据运营之间也存在一种相互滋养的关系。数据治理通过对数据的收集和管理，为数据运营提供了优质的数据资源。而数据运营则通过数据的分析和应用，为数据治理提供了对数据质量和可用性的反馈，帮助数据治理的范围不断延伸，形成更大的数据价值。正如《数据运营之路：掘金数字化时代》一书第 3 章的标题"数据治理：为数据运营保驾护航"[⊖]。数据治理是数据运营的重要组成部分，是实现数据价值的关键，二者相互依存、相互促进，共同达成数据标准化和可持续，保障数据共同体的繁荣和发展。

15.2.2　平台视角的数据共享模式

数据运营通过各种数据工具和技术来收集、处理、分析和解释数据，以便更有效地支撑业务的运营和发展。当数字化转型从单实体走向多实体，数据共同体向"数据协同阶段"和"数字生态运营阶段"发展中，数据共享模式就成为生态重要的运行机制而备受关注。

在众多数据共享的实践探索中，早期的数据应用市场采用的"数据信托"就是一种多方参与的新兴的数据管理模型，它为多实体参与的数据共享模式提供了一种参考架构。数据共同体在数据协同阶段引入"数据信托"作为数据共享的运营模式，可以确保所有参与者的权益得到保护，同时也能有效地管理和利用数据资源。

数据协同阶段的数据治理与运营过程中，数据的保存、安全和使用需要由一个可信任的第三方角色负责。数据信托的基础首先是建立一种受信托的关系。"信托人"负责管理和保护数据，而"受益人"则是由数据产生的价值。在数据共同体中，信托人可以是专门的数据治理机构，受益人则是所有的数据提供者和使用者。通过这种信托关系，可以确保数据的共享和利用遵循公平、透明和责任的原则。

在机制方面，建立数据信托需要明确数据的所有权和使用权。所有权规定了数据的来源和归属，使用权则规定了数据的访问和使用方式。在数据共同体中，这需要通过协议或合同

[⊖] 张明明. 数据运营之路：掘金数据化时代 [M]. 北京：电子工业出版社，2020。

的形式来实现。同时,也需要建立一套机制来监督和执行这些权力。数据信托作为一种数据共享的模式,需要有一套有效的数据管理和保护制度,包括数据的存储、处理、分析和共享等各个环节。在数据共同体中,运用数字化技术,建立新型基础设施平台,比如区块链和加密技术应用于可信的数据共享平台,可以确保数据的安全和隐私。

数据信托作为当前广为接受的数据共享模式,核心需要有一套公开、透明的决策过程。所有的数据提供者和使用者都应参与到决策中来,共同决定数据的使用和共享方式,享受数据带来的好处。这种民主的决策过程可以通过投票、讨论和咨询等方式来实现。

总的来说,数据信托提供了一种可能的解决方案,以解决数据共同体中的管理和运营问题。它为实现数据的安全、公平的共享和利用提供了一种有效的模式,有利于数据共同体的挖掘潜力并寻找机会。以北京大数据交易所的案例简单说明。

北京大数据交易所由北京市人民政府批准,基于中国政府提出的"互联网+"行动计划和大数据战略,旨在推动大数据产业的发展,集聚数据资源,服务全国大数据交易需求,并具有为所有行业提供大数据交易、数据产品服务、数据资产评估、数据金融等服务的功能。北京大数据交易所充分发挥北京首都经济中心的地位,打造数据共享平台以赋能数字经济的发展。为保证公众对数据的信任和控制权,在该项目中提出了建立数据信托的理念和模式。

数据信托作为一种储存、分类、维护和访问公共空间中收集的数据的机制,以其公平、透明的数据共享机制,确保了交易目标客户对数据的控制和对个人隐私的保护。如图 15-3 所示,北京大数据交易所在数据收集和使用上严格遵守数据信托的规定,使用去标识化的数据,从而尽量降低个人隐私风险。同时,交易所并不能独自拥有或控制数据,必须与数据信托共享数据所有权。这样的做法,使数据的收集和使用更加公开透明,也让公众能够参与到数据政策的决策中来。

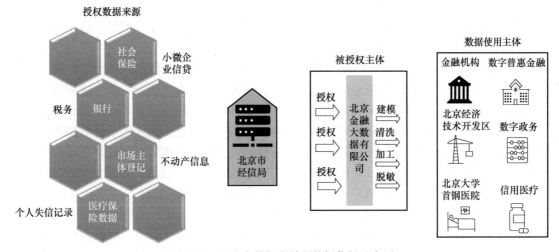

图 15-3 北京大数据交易所数据信托示意图

总之,北京数据交易所的数据信托的实践案例展示了如何在保障公众对数据的控制以及个人隐私的前提下，实现数据共享和流通。而数据共享流通机制是数据共同体运营模式的核心。实施数据信托需要考虑很多细节，如信托的结构、决策程序、数据所有权和访问权限的定义等，下一节将通过数字生态体系设计进一步讨论这些问题，努力探索构建一个真正适应数据共同体的治理要素和运营框架。

15.2.3 数字生态体系的设计与治理策略

当讨论数字生态体系问题的时候，有效的数据治理实践必须映射到持续运营的体系设计中，而数据运营本身就是以数据治理作为基础条件的。因此本节的讨论虽然围绕生态体系的数据运营主题，也会较多地提及数据治理或治理的概念。

在当今的数字生态体系中，数据不再只是被动的记录，而是成为企业竞争优势的关键。这种趋势的出现，使得一种刻不容缓的需求涌现出来——那就是如何更有效地管理和使用这些数据。数字生态体系的复杂性和动态性要求企业必须进行全方位、实时的数据运营，才能实现数据价值的最大化。

数据价值化背景下的需求首先表现在对数据准确性、完整性和及时性的要求。多实体协作中尤其如此；数据隐私和数据安全问题，在数字生态的开放、共享环境下尤其突出；组织的动态性，在数据驱动渐渐成为主流的"超互联"时代，也必须被治理模式和数据运营体系给予足够的重视。这些需求，决定了数据运营不仅是对数据的管理和使用，更是一种对数据价值实现的持续追求。数据运营的核心理念，就是通过持续的数据驱动业务优化，从而达到提升企业整体竞争优势的目标。

1. 数字生态体系的定义及范围

数字生态体系是在互联网、大数据、云计算等数字技术的作用下，各种数据资源以及基于数据资源开发的应用相互交织、相互作用，共同构成的开放、动态、演化的生态环境。简单来说，就是通过数字技术连接各种资源、应用和服务，形成一个生态系统。这个系统中的各个元素可以相互交互、协同工作，形成一个有机整体。

数据共同体的高级阶段，即"数字生态运营阶段"，不仅涉及数据的处理和应用，而且可能会涉及更广泛的问题，包括组织的运营模式、业务策略、人力资源、技术应用等。在这个阶段，数据已经不仅仅是用来支持决策和运营的工具，而是转变为推动业务发展和创新的一种驱动力。因此，运营模式和策略的调整，技术的应用和创新，人才的引进和培养等都可能成为考虑的重要方面。所以，在数字生态运营阶段，不仅要考虑数据，还要考虑整个数字生态体系的运行和发展。该阶段的体系设计中，基于数据治理、数据运营视角变革的价值保障机制设计和管理模式，将推动多方参与的数据协作与合作的模式创新。

从治理体系出发，完善且规范的数据共同体架构需要从政策、法律、技术、业务、流程、组织方式等多方面综合维度制定治理的目标和规范。面向多实体协作的治理框架力求厘清分布式协作者之间的关系，设计规范且易于实施的数据共同体治理模式，确保分布式数据协作与合作进程中的公平公正、可信透明、激励相容和监管合规，从而促进数据共同体生态的健康、可持续发展。

作为价值互联网和分布式超互联经济体的重要基础设施,数据共同体天然地存在多方参与、分布式协作的场景,多个参与者以松耦合的数据共同体形式组织起来,对组织内部相关事务进行协商、决策和执行,以实现互利共赢。然而,数据共同体模式并不预设参与者之间存在完全的信任,正是由于生态化组织实体彼此不完全信任,以及客观上存在利益、观念的差异,他们在达成共识的过程中,难免存在分歧和争论,所以数据共同体的组织实体之间需要通过不断对话、博弈来解决分歧,最终达成一致的共识。基于共识,数据共同体组织实体可以通过区块链技术广泛采用的链上链下治理(或称线上线下治理)的流程工具,对治理事物实施管理,保证策略实施、修改规则、推进业务和系统演化,整个过程体现了高效协同,并保持公开透明。综上所述,解决数据共同体的治理始于信任与共识达成,信任在运营治理的全过程中贯穿于:

1)共识的建立;
2)策略的设计和实施;
3)系统与规则的维护和升级;
4)结果的审计监管;
5)撤销或升级等完整的过程。

体现为一系列的工具、规范、系统以及共识达成的方法论。

广义的治理事务包罗万象,数据驱动的运营治理体系有助于发挥参与者的集体智慧,做出有益的决策,保证决议的合理性、合法性,推进生态持续、稳定和健康地进步。只要是涉及具有多实体协作、对等透明、支持监管的诉求,均可以被纳入到治理框架中,囊括了治理本身的规则、数据共同体底层网络和上层业务等多种维度。

2. 面向区块链的多方协作治理框架及功能

在工具化的数据共同体运营治理工具的选择上,以微众银行的面向区块链的多方协作治理框架(以下称"多方框架")为例,具体说明数字化共识的达成和提案机制这两个特色鲜明的共同体数据运营环节。

如图15-4所示,展示了多方协作治理框架的运行流程。作为一个通用化的框架,多方框架的机制提出了灵活、可配置的治理运行流程,保证治理对象完整覆盖、治理参与角色职责明确和治理机制的安全可控。多方框架的运行流程中,治理对象是目标,治理角色是主体,治理机制是核心。

对于任何对象的治理,都会遵循治理机制。治理实施之前,首先需要对治理规则进行初始化,包括投票、决策和执行规则的设定。治理规则的设定独立于任何一个具体的提案,以规章文件形式记录在链下或以代码的形式部署在链上,供后续的提案发起时引用。提案发起阶段,由提案发起人对提案的治理工作流进行配置,包括提案的投票角色、投票方式、决策规则、隐私保护策略、奖惩机制及执行模式等。随后进入决策过程,决策过程按照治理工作流配置,由一到多轮投票构成,每一轮投票都有不同的参与者按不同的投票方式投票,投票通过与否由决策规则决定。如果最后投票通过,就会进入执行阶段。整个提案过程都受到隐私机制、奖惩机制的保护和约束,保证了治理环节的质量。

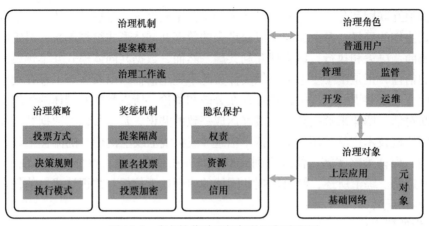

图 15-4 多方协作治理框架的运行流程图

多方架构抽象了技术平台的设计规范、功能模块、参与角色及应用场景等，可适配多种异构区块链底层网络，支持整合链上治理和链下治理的各类工具、组件和系统等来提供完整的易于操作、可视化管理的数据共同体治理能力，如图 15-5 所示，其核心模块分为链上治理和链下治理。

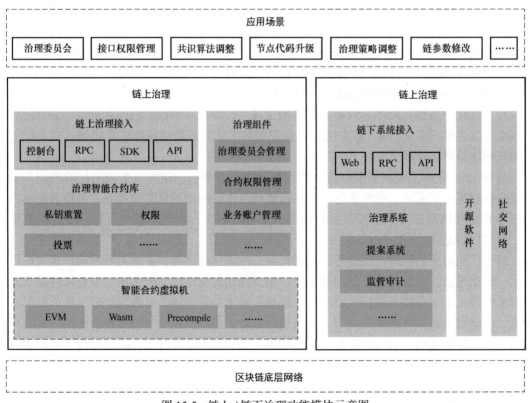

图 15-5 链上/链下治理功能模块示意图

此外，整个治理依赖于链上/链下治理模块。对于规则初始化阶段，治理模块保存治理规章信息；提案发起过程当中，治理模块用于保存提案自身信息；在提案决策当中，基础设施保存投票信息；最后执行阶段，治理模块用于体现执行结果，执行在链上发生。不同阶段允许采用不同的治理模块。

所谓链上治理和链下治理是创新的数据运营模式，也是区块链系统的重要治理机制。链上治理直接通过区块链系统进行，利用智能合约和区块链底层节点的扩展功能来实现，可以通过 RPC、SDK 或跨链服务等方式参与。链上治理的优势在于它的透明度和一致性，治理决策可以即时全网生效，且所有决策细节均在链上发生、记录不可篡改，公开且可信。然而，链上治理需要对规则进行细心设计，并确保其投票模型、策略和治理逻辑具有可扩展性。链下治理则通过开源软件、社交网络和专用的链下系统来实现，参与者可通过 Web、APP 及 API 等方式参与区块链系统的治理。链下治理的优势在于其接入门槛和成本相对较低，且采用的接入方式与互联网一致，使得更多人能够参与。

然而，无论是链上治理还是链下治理，都有其适用范围。链上治理更适合于需要高度透明、效率和信任的场景，而链下治理则更适用于需要广泛参与、低成本和易用性的场景。两种治理方式的结合，可以充分利用各自的优势，既保证了区块链系统的高效运行，又增强了区块链社区的参与度和公平性。

3. 数据运营实践的特征与策略

在数据共同体的运营实践，或数据运营的过程中，以下的特征和策略是保持数字生态体系高效运行和发展的关键。

（1）共识驱动

数据共同体的建立和运行涉及的多方博弈，是生态建设过程中的典型问题。在共识达成过程中，围绕数据的采集、治理、应用和监管，根据场景要求解决实际问题、达成决策共识，这种数据驱动的手段是数字时代的创新，也是数据价值化的核心环节。只有动态的数据运营，能够最好地诠释数据价值化的全过程。多方组织实体采用数字化手段进行对话、博弈等方式解决分歧，以数据形成共识，有效地打通生态中点、线、面、体的多种局部利益的限制。因此，"共数即共识"是数据共同体的重要特征。

（2）动静结合

数据治理是静态的，数据运营是动态的，二者融合形成业务链和数据链，是数字化转型实践总结出来的关键。为了规模化地实现多维度的数据打通，在数据治理的架构设计中将采用当今信息化理论中大量的成果和结论，并融合电信运营服务标准，以便尽量精准、有效和可持续地实现对业务和环境的描述，形成"以数感知"和"依数治理"。

（3）多实体协作

数字生态系统在地理位置上、合作方式上甚至是时空界限上，打破了原有的组织和传统社会生态的边界，以数字化身份实现了"量子态"生存，最大限度地拓展了生态的资源边界。在这样一种创新的组织形式下，提案作为协作的核心，以数据方式在新型基础设施平台的支持下流转，并在多种协商方式的支持下达成共识。多方协作在平台、技术、治理和安全等数据共同体的原则下，持续推动业务的发展和数据价值的可持续。

在数据共同体的发展过程中，解决了数据安全问题，实现了数据的标准化和价值化，在数字生态体系阶段的复杂演化过程中，人们依然面临诸如数字化认知不够和参与程度不足等与社会基础支撑密切相关的问题。为此，人们不能过度依赖技术和模式，因为有些问题并非仅能通过这两者来解决。更重要的是，一旦需要从社会共识价值这个更宏大的视角来思考，就会发现，真正能够保障数据共同体长期可持续发展的，其实是数字素养。

15.3 数字素养——数字生态运营的关键

"数字素养并不只是技术层面的能力，它更深层次的含义是一种思考方式，甚至是一种文化素养。"此观点出自牛津大学教授维克托·迈尔-舍恩伯格的著作《大数据时代》[一]。他深信在未来的社会竞争中，数字素养将变得至关重要。人们需要学会如何从大数据储备中筛选出重要信息，并将这些信息转化为具体的决策与行动。

随着对数字化需求的持续增强，可以看出数字素养是推动数字社会发展的关键因素。然而，尽管数字化内容与人们的日常生活联系日益紧密，并且迅速地被社会所接纳，但数字素养的发展却仍然不够均衡。许多组织并未从体系性角度中重视数字素养，数字人才培养的规模和水平尚需提升。此外，弱势群体的数字素养提升速度相对较慢，这些因素都对经济和社会的发展形成了显著的制约。

15.3.1 数字素养与数据共同体的互动关系

数据共同体的发展模式要考虑价值网络形成的过程和发展方向。在此本节引入社会资本模型来简要分析一下数字素养与数据共同体的互动关系。

1. 社会资本理论

社会资本，是一种特殊的资本形态，它依托于社会网络中的关系、规范和信任，这三者构成社会资本的核心要素。关系是社会网络的构成基础，规范确保了网络的正常运作，而信任则是这一切的黏合剂。它们共同推动着社会生产力的提升。

社会资本理论认为社会网络中的关系、规范和信任可以提供强大的生产力。在数据共同体的环境中，这一理论具有特别的相关性。

2. 提升数据的社会资本，是促进数据共同体形成和发展的有效途径

在数据领域中，社会资本的导出，实际上是对数据的可信度、可靠性和影响力的一种概括，这三者共同构成了数据的社会资本。实践中，数据的这三个特性广泛地影响着其使用和价值。

数据共同体的理念是由人和他们的组织所构成的生态系统，其中，信任是其根基。在共同体形成和发展的过程中，除了货币资本和人力资本，数据的社会资本也极为关键。在某种

[一] 维克托·迈尔-舍恩伯格，肯尼斯·库克耶. 大数据时代：生活、工作与思维的大变革 [M]. 盛杨燕，周涛，译. 杭州：浙江人民出版社，2013.

程度上，数据的社会资本对于数据共同体的数字生态运营阶段甚至更为重要。

以下是对此观念的支持性证据：

1）数据的可信度和可靠性是构筑数据社会资本的重要组成部分。这种可信度和可靠性源于数据来源的稳定性、处理方法的正确性以及质量的保障，它们促使数据更容易被接纳和使用，从而推动数据的共享和流通，最终提升数据的价值。

2）数据的社会资本也会影响到数据的影响力和社会地位。例如，如果某一数据来源的社会资本较高，比如数据出自知名机构或专家，那么该数据便更有可能被认可和使用，从而提升它的影响力和社会地位。

3）数据的社会资本也可以推动数据的共享和合作。如果一个个体或集体拥有高质量的数据和较高的社会资本，那么他们更可能与其他人或团体进行合作并共享数据，这也将提升数据的价值。

4）数据的社会资本能够影响数据政策和法规的制定。如果某一数据来源的社会资本较高，那么它就更有可能影响政策和法规的制定，从而保障数据的合法权益，进一步推动数据的价值应用。

因此，可以得出结论，提升数据的社会资本，是促进数据共同体形成和发展的有效途径。在数据领域，建立和维护数据的社会资本显得至关重要，因为它可以提高数据的可信度、可靠性和影响力，推动数据的共享和合作，提升数据的价值。进而在此过程中，将彰显数据的合法权益，促进数据共同体的形成与发展。

3. 数字素养，是数字时代潜力巨大的社会资本要素

在数据驱动的社会中，数字素养已成为提升个人和组织竞争力的关键因素。心理学中有一个著名的冰山模型，数字素养可以被视为冰山模型中的"冰山以下部分"，它对个人和组织在数据社会中的表现起着至关重要的作用。

冰山模型将人员个体素质的不同表现划分为表面的"冰山以上部分"和深藏的"冰山以下部分"。冰山以上部分包括基本知识和技能，这些是可以通过培训和学习获得的。而冰山以下部分包括自我认知、态度、价值观、动机等，这些是更为内在的因素，对个人和组织的行为和表现起着更为关键的作用。

在数据社会中，数字素养作为冰山以下部分的一个重要组成部分，对于提升数据社会资本具有重要意义。数字素养包括对数据的理解、分析和应用能力，以及对数字技术的掌握和运用能力。具备良好数字素养的个人和组织能够更好地理解和利用数据，从而在数据社会中获得更大的竞争优势。例如，在传统的餐饮行业，一个具有良好数字素养的厨师能够通过精准分析食材成分和烹饪时间，创造出具有特色和满口香味的菜肴，从而赢得顾客的好评和口碑。事实上，在法餐和日餐的烹饪技术中，以食材和烹饪数据进行研究，不但可以提升口味，也能避免食材浪费和潜在的食品安全风险。

不可忽视的是，数字素养也同时能够帮助个人和组织更好地理解和应对数据安全和隐私保护等问题。浙江部分城市政府在垃圾管理问题上使用数据收集和跟踪。居民在回收垃圾时事先下载手机APP，有价值垃圾例如纸箱或塑料瓶可以获得回收的收益，从而促进居民的垃圾分类意识，也有助于优化垃圾处理流程并提高透明度。然而，个人数据的收集和使用必须遵循数据保护法规，居民也要同意下载手机应用的"麻烦"。数字素养，包括理解垃圾分类的意义以及理解数据的敏感性和使用数据的过程中安全和隐私保护的边界，在推广应用的过程中起到了重要的作用。

因此，可以得出结论，数字素养是提升数据社会资本的有效途径，个人的数字素养作为"冰山以下部分"的一个重要组成部分。同样道理，知识型的伦理道德规范、对他人权利和隐私的尊重，以及自觉遵守社区规范，这些都是数字素养的重要组成部分。数字素养作为社区规范的建立与实行的基础，对于个人和组织在数据社会中的表现都将起着至关重要的作用，通过培养和提升数字素养，个人和组织能够更好地理解和利用数据，提升竞争力，获得更大的成功。

4. 理解数字素养，加强数据共同体互动

社会资本理论认为，个体或组织的社会关系、网络和互动可以为其带来某种形式的收益。以下是一些可能的量化指标，可以帮助人们从微观角度，更好地理解数字素养在与数据要素相关的社会网络互动中的影响，为实践提供依据。

基于社会资本理论，见表15-2，要素对数据共同体的建设的影响非常显著。

表15-2 要素对数据共同体建设的影响

编号	要素	影响
1	网络规模	社会资本的一个重要方面是个人或组织在社会网络中的位置。网络规模可能是一个测量社会资本数量的指标
2	关系密度	这指的是社会网络中关系的密度或紧密程度。高密度通常意味着较强的社会资本
3	信任水平	信任在社会资本理论中是很重要的因素。它可以通过调查问卷或其他方式进行量化
4	社区参与度	参与社区活动和组织能够增强社会资本。参与度可以通过参与次数、参与活动的类型和规模等进行量化
5	资源的获取与交换	资源是社会资本的一个核心部分，可以通过量化获取到的资源的数量和类型，以及资源交换的频率和规模来衡量
6	归属感和认同感	归属感和认同感是社会资本的另一个重要方面，可以通过问卷调查来量化

1）网络规模：网络规模会影响社区成员之间的沟通和交流。规模越大，信息传播的速度越快，但也可能会带来信息过载的问题，决定了社区的信息传播效率和图谱的复杂性，挖掘出有价值的信息就更为困难。

2）关系密度：关系密度可以反映社区内部的紧密程度，关系越密集，成员之间的信任度越高，合作越顺利，数据共享的可能性也就越大。

3）信任水平：信任是社会资本的重要组成部分，高信任水平能够降低交易成本，促进信息和资源的流动，对数据共享和利用非常关键。

4）社区参与度：社区参与度反映了成员的活跃程度和参与意愿，高参与度有利于形成积极的社区气氛,更容易吸引和留住成员,进而提高数据的产生、分享和使用。

5) 资源的获取与交换:资源的获取与交换是社会资本的主要功能之一,能够促进知识、信息的流动和创新,对数据共同体的建设和发展有着重要的影响。

6) 归属感和认同感:归属感和认同感能够提高成员的忠诚度和满意度,促使其主动参与到社区的建设和维护中,有利于形成良好的社区文化,推动数据共同体的健康发展。

因此,不难发现,无论是从哪个维度来看,数据素养都与数据共同体的发展紧密相连,相互激发,相互促进。站在社会生态的高度,进一步强化数字素养不仅是必要的,更是有力地推动数据共同体发展的重要手段。下一节将详细阐述价值保障的深层价值和意义。

15.3.2 数字素养是数据共同体生态系统的价值保障

1. 数字素养是数字经济发展的保障

随着数字技术的发展,数字经济已经成为全球经济增长的新动力。数字素养可以从社会个体、组织企业和地区行业等多个维度提高数字经济的效率,特别是在数据分析和决策制定方面。通过数字技能,个体可以更好地理解和使用数据,做出更加明智的决策;企业通过数字素养提升可以以数字化手段提高产品和服务的质量,加强盈利能力。这样,可以从整个宏观经济层面,以数字素养的提升来增加效率。

数字素养以创新促发展,对数字经济产生积极影响。数字经济的业态中,具有较高数字素养的人,能够使用技术工具,创新的解决问题,推动新产品、新服务、新业态的发展。例如,数字技术的应用推动了共享经济的发展,数字支付形式的创新,这些数字化实践都从数字素养的角度促进创新,从而推动数字经济发展。

数字素养作为一种劳动者的基础技能,它的提升可以提高劳动力的素质,提升劳动力在数字经济中的竞争力,优化生产力结构。随着数字经济的发展,对技术熟悉度高、数字技能强的劳动者需求越来越大,他们能更快地适应数字化工作环境,提高工作效率,同时也能更好地进行自我学习和发展,提升个人竞争力。因此,提升人口的数字素养,有助于提升劳动力素质,优化劳动力结构,推动经济高质量发展。

因此可以说,数字素养是数字经济的基础保障,具备较高数字素养的社会能更好地适应数字经济的发展,更好地发挥数据共同体对创新的赋能作用,也能在超互联时代提高公民的数字消费力、数字服务能力,从而宏观上形成更为广阔的数字经济市场规模和发展空间。

2. 数字素养是数据共同体广泛参与和身份认同的保障

人类社会每次科技和产业的创新都激发了社会深刻的变革。从工业革命时期的机械工艺,到信息时代的计算机科技,都进一步提升了对个人素质和技能的要求。如今,世界进入一个全新的数字时代,实质上其特征不仅体现在技术的前沿,更在于个人素养的提升,尤其是数字素养。

数字素养,是个体和组织在接受、理解和应用数字信息过程中所展现出的能力。在这个新社会中,提升公众数字素养已成为参与各种社会活动的必要条件。缺乏足够的数字素养,可能会在这个新社会中迷失方向,甚至面临被社会淘汰的风险。各类人群在数码设备使用和网络接入方面存在的差异，可能造成信息获取的不平等，进而产生消极影响。因此，提高数字素养，使那些在数字技术使用上相对缺乏的群体能更好地利用数字工具，更有效地获取和处理信息，不仅可以弥补这种差异，而且将带来深远的社会效应。同时，随着数字化社会的发展，个人隐私保护问题日益突出，数字素养的提升也包括理解如何保护个人隐私和对网络安全的认知，为个人数据安全提供保障。

从另一个角度来看，数字素养是数据共同体成员们身份认同的基础。在传统的"想象共同体"中，身份认同和归属感往往更多来自于地理、文化、语言等因素。随着数字技术的发展，数据共同体正在改变这种情况。数据共同体之间的连接不再仅仅是地域或共享的物理文化，而是基于数字信息的共享与理解。在这个过程中，数字素养和数字智识的重要性越来越突出。它们使得人们能更加深入的理解、分析和应用数据，从而形成更加紧密的共同体身份认同和归属感。这种基于数字信息的连接方式，具有更大的包容性和弹性，能够跨越传统的地理、文化等界限，使得从未面对面交流过的人们也能形成紧密的共同体。而这种参与和支持的前提，就是数据共同体成员们必须具备足够的数字素养，能够理解并运用数据，从而推动数据共同体的健康发展和进步。

3. 数字素养是数据共同体公平公正的保障

数据共同体对全社会数字素养的推动与积极影响，有助于弥合数字鸿沟。

数字鸿沟概念最早源自于美国，是指由于收入、教育、年龄等因素造成的信息获取能力的不平等。这个概念在20世纪90年代进入中国，并引起了学者的普遍关注。南京大学黄奇教授主持的2011年国家社科基金项目《数字鸿沟研究报告》结合历史数据，对主题进行了较为完整深入地研究。

数字鸿沟的原因源自社会上不同群体在获取和使用信息通信技术方面的差距，这包括硬件和网络访问的不平等，也包括信息获取和处理的能力的不平等。数字素养的提升，可以显著地弥合数字鸿沟。Gartner（2020）指出[一]，数字素养是个体在数字环境下参与、创新和适应的能力。无论是在生活还是工作中，一个具备高度数字素养的人能更好地利用信息科技，为社会发展做出积极贡献。一个具备高度数字素养的社会可以确保每个人都有平等获取和使用信息的机会，而不会因为个别人群的数字素养低而导致信息不对等，从而构建一个以数据为核心的、兼顾公正和效率的共同体，实现社会公平。社会公平不仅仅指经济利益分配的公平，也包括发展机会的公平。

在当前的信息化、网络化、智能化社会中，数字素养已经成为公民必备的基础能力，数字化社会与个体之间频繁的互动，人工智能的快速发展甚至使数字素养问题变得更为急迫。联合国教科文组织发布了《在教育和研究中使用生成式人工智能的指南》，其中强调了数字素养的重要性。该指南指出，"生成式人工智能的快速发展给教育和研究带来了巨大的机遇，但同时也加剧了数字鸿沟的问题。因此，提高数字素养对于缩小数字鸿沟、确保公平和包容的教育和研究环境至关重要。"这表明，数字素养问题作为社会公平的基础条件已经引起了

[一] Gartner.（2020）.Digital Literacy.Retrieved from https：//www.gartner.com/en/information-technology/glossary/digital-literacy）。

非常关注。提升和推动社会的数字化转型,一方面能够发展经济,提高人们的生活质量,另一方面应重视提升公民的数字素养,构建和谐的数据共同体,推动社会可持续发展。

在各国政府主导和经济企业各界的大力配合下,数字化组织和平台飞速发展,跨行业、跨地域打通数据壁垒的同时,数据共同体的形成和发展正在不断地多方位提升劳动者个体、城市和企业组织的数字素养,形成了大量的实践。例如:英国政府一直推动的"城市数据共享"项目,通过公开透明的数据共享,提高民众的数字素养,并推动政策的制定和执行。例如,英国伦敦通过城市数据共享项目,公布了包括交通、公共卫生、环境保护等方面的大量数据,提升了公众对数据分析、解读的能力,同时也为更多的政策决策提供了数据支持。

我国政府正在加快构建普惠便捷的数字社会,从政策角度大力推进提升全民数字素养与技能行动,为推进中国式现代化注入强劲动力。2020年11月,国务院办公厅印发《关于切实解决老年人运用智能技术困难的实施方案》,坚持传统服务方式与智能方式相结合,推动老年人享受智能化服务更加普遍……;"另外,全国一体化政务服务平台等上线"老年人办事"专区,提供"适老化"改造和无障碍服务;以广东省为例,2023年初由中国妇女发展基金会主办的@她创业——"粤美"乡村女性赋能计划项目在广州启动,培训项目聚焦新业态下的电商发展,帮助女性初创者提升数字素养和技能,通过技术和创新助力妇女以电子商务形式创业参与经济建设,为实现高质量发展注入"她力量"。这个项目通过电子商务这个数字媒介,帮助女性初创者提升数字素养和技能,可以更好地融入电商发展,从而有利于形成一个维系在数据之上的女性共同体,从而促进了政府、企业、社区之间的数据共享和协同工作,提高了女性在社会中的数据参与水平,一定程度上弥合了不同性别之间的数字鸿沟。

15.3.3 提升数字素养的途径

数字技术以其强大的功能和广泛的应用推动社会迅速向数据共同体方向演进的趋势中,提升数字素养就显得尤为重要。对此,本节简要地主要从数字人才培养、社会政策和规范、产学研合作和发展数字思维四个方面来论述提升数字素养的途径。

1. 数字人才培养

数字人才培养是提升数字素养的基础工作。信息技术的广泛应用,以及大数据、人工智能等前沿科技的快速发展,对人才的需求越来越高。因此,需要通过教育和培训,提高全社会的数字素养,尤其是培养一批具有高级数字技能的专业人才。这不仅包括计算机科学、大数据分析、信息技术等领域的专业人才,也包括各行各业的专业人才,他们需要掌握并娴熟应用数字技术,以适应社会发展的需求。

2. 社会政策和规范

制定和实施适应信息化社会发展的社会政策和规范,也是提升数字素养的重要途径。政府需要通过制定相关政策和规范,推动数字技术与社会生活、经济发展的深度融合。同时,也需要制定和实施针对数据保护、网络安全等问题的相关政策,规范数字技术的使用,确保信息的公开、透明、安全,提高公众的数字素养。

3. 产学研合作

产学研合作是提升数字素养的重要手段。高校和科研机构是技术创新的重要发源地，企业则是技术应用的主要载体。通过产学研合作，可以加快技术的研发和转化，推进科技成果的产业化，提高社会的数字素养。同时，产学研合作也可以推动教育改革，实现学校教育和生产实践的深度融合，提高人才培养的质量和效率。

4. 发展数据思维

在数据共同体的发展脉络中，不可忽视数字素养的最高级形式——数据思维，这是对一系列数字素养的卓越总结。数据思维，作为一种独特的方法论，是数据共同体参与者的必备技能。著名数据科学家 DJ Patil 曾经说过："数据思维是数据科学的心脏。"他的这段话，凸显了数据思维的重要性和核心地位。因此，本章将特别聚焦于数据思维的思想，将其独立展开进行深入探讨和解读。

总的来说，数字素养是数据共同体的价值保障，它通过弥合数字鸿沟，推动数字经济发展，对人类社会发展做出重大贡献。当数字化转型进入数字生态建设阶段，数字素养显得尤为重要。因此，应当重视数字素养教育，以便更好地应对未来的挑战和机遇。

第 16 章

数据共同体的应用、创新与发展

数据共同体的形成过程正如一个交互式的社会网络,每个节点都可以获取并提供数据,共同构建一个大数据的信息网络,这是共同体结构的基础。在这个互动的网络中,各个参与主体之间的数据流动和信息交换形成了丰富的数据资源,也为数据的深度挖掘和应用创造了可能。在数据共同体中,"开放交互、资源共享、永续运营"的环境在各种层面上凝聚共识,以创新推动着社会的发展和进步。

从另一个角度看,数据共同体的形成过程也可以被认为是一个整合和共享各种数据的过程。在这个过程中,各个主体不仅共享他们的数据,而且通过数据的整合和再利用,形成了一个更大、更全面的数据池,从而实现了更广泛、更深入的数据应用和发掘。因此,数据共同体在某种程度上也是一个开放的、包容的、可持续的数据生态系统,它能够充分利用数据资源,实现数据的价值化。

在数据共同体中,数据不仅是被动的被获取和使用,更是以创新模式实现价值获取。这种创新模式视角下的价值获取,是基于主体的价值主张和战略部署,通过多方参与数据的协作与合作,形成支持价值获取的新模式和新业态。从市场驱动的创新模式看,包含数字化基础设施、数据自治、超互联经济、政产学研一体化和数据驱动的人工智能五个子视角。这些视角进一步突出了数据共同体中的价值获取机制。

然而,创新模式和价值获取并不是固定不变的,而是在不断的动态变化和迭代中寻求最佳的平衡和匹配。从行业视角看,大量的数字化场景和跨界合作模式为数据共同体创造了更多的案例和经验,这些案例和经验将以几何级数不断积累创新价值,也为数据共同体的持续发展和创新提供了强大的动力和支撑。

正如管理学大师德鲁克的名言,"最有效的方法,是放下旧的,拥抱新的"。对于数据共同体来说,以其对于社会发展的深远影响和理论变革,不仅需要科技的推动,也需要符合人的意愿和尊重个人权益。这种深刻的变革将是科技和人文深度交融的、更加美好的全新的社会发展阶段。

16.1 市场驱动的创新模式

市场驱动的创新模式是指基于产业界数字化转型过程中的实践涌现出来的，通过大数据的收集、分析和利用，对其过程自主管理，对其技术善加利用、强调组织资源协同，形成一个完整的创新链条，以实现最佳的数据利用推动应用创新的模式。

16.1.1 数字化基础设施

数字化基础设施是新型基础设施的一种公共服务的运营形式，是传统IT基础设施面向数字化、智能化演进的必然结果。新技术如人工智能、5G网络、物联网、云计算平台等的广泛应用，推动了数据爆发式增长。传统的信息化产业生态正在以数据为中心，以充分挖掘数据价值为目标重塑。近十年来具有基础设施服务功能的企业和组织建设了大量的数据中心，成为支撑数字化基础设施平台的物理载体，使数据"存得下、流得动、用得好"，促进数据多实体可信流通与数据共享。软件和服务也依托数字化基础设施，实现更快的创新和发展。

数据共同体的演进过程要求传统IT基础设施在服务于组织实体和传统业务过程中，不断地基于数据需求进行演化和升级，无论是在传统组织实体内的业务驱动的数字化项目，还是跨实体的平台可信接入、可信存储、安全计算、分布式管理和数据模型等领域，通过汇聚各方数据，提供"采存算管用"全生命周期的支撑能力，构建全方位的数据安全体系，打造开放的数据生态环境，依托平台让数据资源转变为数据资产并提供数据服务，最大化数据的价值。

到目前为止，数字化基础设施是市场驱动的创新模式中最传统的、最可见的运营形式。很多数字化基础设施仍然是由传统IT企业转型而成，有些是互联网企业的升级，有些是通信设施服务的延续，甚至在国内，机房和资产的规模效益仍然是数字化基础设施企业竞争的主要因素。但是，正如在欧美市场大型数据中心机房已经完成脱离传统的电信运营商而独立运营所体现出的专业化趋势，数字化基础设施的核心是数据和安全。随着产业的进一步发展，物理资产和资源逐步会回归其本来的面目，数字化基础设施应具备五个特征：融合、协同、智能、安全、开放，主要功能将是面向数据资产构建全方位的安全体系，保障数据端到端的安全和隐私合规，打造开放的数据生态环境，推动全社会数据的共享和开放，为客户和业务创新拓展更大的价值生态。

16.1.2 数据自治

数据自治（Data Autonomy）是一个颇为争议的概念。在社会和经济层面，数据自治是指一个组织、一个国家或个人对它们自身生成和控制的数据拥有所有权、使用权和处理权。这其中包括能够决定这些数据如何、何时以及在何处被存储、访问和共享的权力；在技术层面，数据自治指的是数据的独立性和封装性，即数据应该能够自我管理，不应该受到外部直接操作的干扰，而只能通过定义的接口进行操作，这在某种程度上保证了数据的安全和完整。到目前为止，比较成功的数据自治的案例主要是比特币和 SoliD 项目⊖（Social Linked Data，由万维网的发明者 Tim Berners-Lee 提出），都是在特定的技术环境和领域中实现的数据自治，要完全实现属于所有人的全面的数据自治，还需要更多的技术创新和政策推动。

不丧失数据主权、不侵害数据资源稀缺性的开放才是真正的可持续的开放。面对生态系统开放性和数据安全原则的矛盾，技术上，传统的秒模型数据自治封闭的数据管理技术无法适应数据开放的需求。数据应由数据所有者在包括国家法律、文化风俗等数字化约束下的共同体框架中自行确权和管理，自行制定开放规则，然后将数据封装成一种"服务"，将"数字服务"在网络空间上开放给公众用户使用。

在第 14 章中，对数据共同体解决方案的技术要素进行了初步探讨，重点关注了数据自治模式的数据开放功能。与早期主张数据主权的观念不同，数据共同体尊崇的是以人为本的社会共同体对数据的主权与分享机制。它比较前瞻性地提供了一种可行的框架，帮助实现政府数据的共享和开放，保障企业和个人数据的可信流通与共享，同时也高效地进行着数据交易，以支持国家和组织推动数据要素价值化的雄心。展望未来，数据技术和数据应用持续高速发展，法律、伦理和相关治理机制中的不足得到完善，对数据自治的创新理念进行持续优化与改进，达到先进技术被社会顺利接受并合理应用，是数据共同体的战略任务和目标。

16.1.3 超互联经济

超互联经济体是指在互联网技术的推动下，全球范围内的资源共享和协作形成了一种全新的经济形态。提出超互联概念的核心仍然是"连接"，而从数字经济发展的角度，整个数字化的生态系统正在不同组织提供的服务中发展，没有任何一个组织拥有整个客户体验的完整价值链，对手和同行亦需要想办法进行竞争且合作。也就是说，数字经济正在朝着超互联的方向飞驰，超互联是数据共同体在商品交换领域乃至更复杂的数据价值交换领域的特征和表现形式。

超互联经济是一种由多个具有对等地位的商业利益共同体所建立的新型生产关系，是通过预设的透明规则进行组织管理、职能分工、价值交换、共同提供商品与服务并分享收益的新型经济活动行为。超互联经济的兴起与涌现是社会结构、商业模式、技术架构演进的综合体现，具备多方参与、专业分工、对等合作、规则透明、价值共享、智能协同等特征。

作为支持和保障，融合了区块链、隐私计算、分布式 ID 等技术的数据共同体解决方案模式将是提供和实现超互联经济的基础方式。数据安全机制将促进大规模多方协作的工具在数据共同体中应用，其特征包括推动分布式数据共享的能力、基于共识的去信任化、不可篡改性、由数据哈希确保的安全性、智能合约以及能够使用许可（管理）或无许可（开放）系统的灵活性以及支持数据即服务（Data as a Service，DaaS）的数据网关带来的服务等级协议（Service-Level Agreement，SLA）承诺。

以互联网零售商 Shein 为例，其服装供应链的运作就注重速度，即快速的沟通和解决问

⊖ https://solidproject.org/。

题。产品的丰富性和新品的快速上架，完全依赖供应链的速度和产能，从而驱动业务增长。通过实时的数据监控，制定合理的订单和补单需求量，实现效率的快速协同。设计到生产，再至入仓，整个流程可以做到快速响应和高效运作。而线上平台的无限可能和海量数据，让其在商品可选数量上远超传统零售商，同时也具有更强的用户黏性和认知度。

在技术解决方案和数据驱动的新型基础设施平台的推动下，未来的商业会有颠覆性的变化。例如：

1）主权创新：使用权和所用权的概念将会发生变化。在数据确权的基础上参与者既会成为生态参与者，也会成为生态建设者。

2）去中介化：所有的商业中介、信任中介、信用中介都被数学算法所取代，不再需要中心化组织以及中介成本，商业可扩展性将不再被技术和系统成本所限。

3）数字重塑：数字经济依托数据和平台重新分配生产活动、协作方式和激励方式。

由英特尔公司创始人戈登·摩尔在1965年提出的摩尔定律，描述了集成电路的晶体管数量的指数级增长。近几年科技领域提出"万物摩尔定律"则将此理念扩展至更广的领域，如人工智能、物联网等，预测这些领域也可能呈现类似的增长趋势。现在，这种思想与超互联经济的发展方向形成了有趣的交汇点。依托多方参与、专业分工、对等合作、规则透明、价值共享、智能协同等特性，超互联经济正沿着指数级增长的轨道发展。融合了区块链、隐私计算、分布式ID等技术的超互联经济，有可能实现人们期待已久的又一个指数级增长的领域，引领新一轮的产业革新和社会进步。

16.1.4 政产学研一体化

数据时代的科学研究和产业研究都在加快节奏。因为数据能提供研究的信息和证据，支持和验证研究假设，数据驱动的研究在不断提升成果产出的同时，也越来越表现出数据依赖。

如图16-1所示，产业界拥有海量的实践数据，但缺乏数据分析和建模的尖端人才与先进手段；科研机构拥有尖端的人才以及顶级的数据研究能力，但缺乏真实的全量产业数据；政府或行业组织掌握对产业的洞察力和动员资源的能力，包括动员人力、财力和产业资源，但是缺乏决策用的实时数据和决策建模的专业技能。如何在确保数据安全的情况下，打通政产学研的数据壁垒，支持产业界提升生产力，支持科研界提升科研水平，支持政府实现数据驱动的政府治理，精准预测宏观经济、优化营商环境、进行科学监管，是政产学研界共同的痛点与需求所在。

数据共同体打通政产学研界的数据壁垒，支持数据可信流通于共享，从而实现意向功能，如图16-2所示。

1）服务政府治理释放数据潜能，逐步向科研机构开放数据，形成"计算智库"，提高城市数据治理能力；

2）绘制产业链全景图谱，建设iGDP指标评价体系；

3）构建企业健康度、企业潜力、风险预测、外迁预警等大数据模型，实现实时监控、分析、预警与预测；

第16章 数据共同体的应用、创新与发展

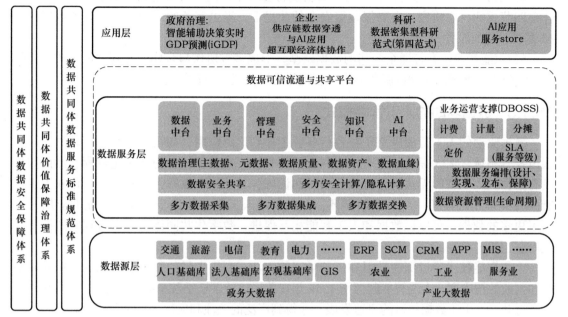

图 16-1 政产学研一体化体系参考架构

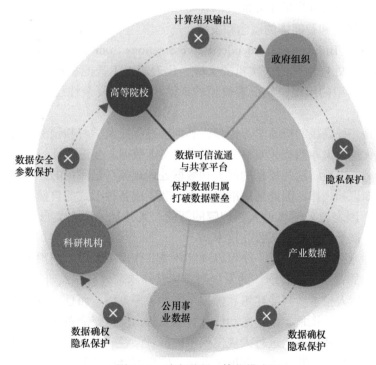

图 16-2 政产学研一体化模式图

4）赋能教学科研为高校和科研院所营造符合数据密集型科研范式的数字世界，展开符合第四范式的科学研究，在确保数据安全的前提下，提供完备的产业数据、政务数据以及AI基础设施的服务；

5）赋能产业生态打通企业间的数据壁垒，形成多方协作与合作的超互联经济体；增强企业竞争力，增强产业园区服务能力、管理能力以及招商引资能力。

16.1.5 数据驱动的人工智能模式

数据驱动的人工智能应用正在各行各业中得到广泛应用，如智能医疗、自动驾驶、金融风控等领域，大大提高了生产效率和生活便利性，推动了社会的数字化进程。然而如果没有数据，人工智能无法进行有效的学习和训练，其功能和效率大大降低。数据和人工智能的相互作用形成了一个正反馈循环，数据驱动人工智能的进步，人工智能的应用又产生了更多的数据，可以说数据和人工智能相互促进，数字化共同体的发展进程突然按下了"快进"键。

人工智能技术通过深度学习和机器学习的方法，利用大量的数据进行训练，提高其预测和判断的精确度。人工智能起源于1956年在美国达特茅斯学院举办的夏季学术研讨会中，直到近几年，由于数据技术的飞速发展，才得到广泛的关注和应用。特别是大语言模型的出现和发展，让人工智能概念从一个技术要素迅速提升为一种模式甚至范式。本节主要简单阐述大语言模型与数据共同体的互动关系。

1. 关于大语言模型和智能体的概念和发展

2019年，BERT（Bidirectional Encoder Representations from Transformers）等大模型的出现引领了自然语言处理领域的一次重要突破，代表着人工智能领域的一种全新模式——数据驱动。大语言模型的出现，象征着模型的规模和数据的复杂性已经迈入了一个全新的阶段。

大语言模型是一种高级的机器学习模型，其训练过程涉及学习和预测语言结构及其复杂模式。它通过在大规模文本数据（如整个互联网的文本数据）上进行训练，来理解人类语言的复杂结构、语义和语境。这些模型的能力和数据处理规模都是海量的，可从训练数据中学习到丰富的语言知识和规律，因此能更准确地理解和生成各种形式的自然且流畅的文本。大语言模型的出现，因为越来越靠近人类理解的智能，尤其是采用人类自然语言作为交互媒介，因此成为当下最受关注的人工智能技术。

智能体，又称为智能代理，是一个可以理解环境并作出决策以达到预定目标的实体。大语言模型飞速发展的背景下，智能体的发展与应用已经越来越被广大研究者和工程师重视。智能体大量用于机器人技术、智能建筑、虚拟个人助手等方面。而且，智能体的研究和发展也为人类提供了一个新的视角，来理解和设计智能系统，使得智能系统更加自适应，更加智能。在部署方面，云端和机器上进行大规模模型的部署已经成为可能，而且预训练模型和微调模型的嵌入式部署也在不断完善。在推理方面，模型解释性的需求正在推动推理机制的改进，尤其是深度学习模型的推理，已经能够为业务提供高效的决策支持。

大语言模型和智能体都是人工智能领域的重要研究方向，有着巨大的发展潜力。在应用角度，大模型和智能体已经深入到各行各业。例如，自然语言处理、计算机视觉、推荐系统等领域，大模型已经成为核心技术。而在未来，随着算力、算法和数据的进一步发展，大模型和智能体的部署、推理和应用将有更大的发展空间。人们期望通过更大的模型和更优质的数据，能够训练和构建出更强大的智能引擎和智能应用，以高效完成更加广泛的任务；同时，也希望通过研究和开发智能体技术，以期将人工智能更好地融入到人类生活中，为人类社会带来更多的便利。

2. 以数据描绘智能——洞察大模型的熵变

"熵变"原本是热力学的概念，指的是在一个系统中，无序状态的总量的变化。在这个标题中，"熵变"寓言大模型通过学习大量、复杂的数据，将无序的信息转化为有序、有价值的知识和能力，这个过程类似物理中熵的变化，从而显现出大模型的强大能力。然而，这个寓言背后，数据扮演着重要的角色。

下面是基于 GPT3.5 大模型对数据与智能问题的描述。

开场白：在信息时代，数据是智能的土壤，而语言模型则像是播种的农夫。那么，如何通过"播种"，我们能否收获丰富的"智能果实"——大模型呢？

Q：大模型的"大"是什么意思？

A：大模型的"大"并不是指数据的绝对数量，而是指抽象的领域范围。它要超越人类常识能够掌控的范围，达到数学模型所能延伸的最远端。

Q：训练数据集对大模型性能有何影响？

A：训练数据集的规模、质量、多样性和时效性都对大模型的性能有重要影响。其中，规模越大，模型可以学习到的语言知识和规律就越多；质量高，则模型生成的文本更准确、流畅；多样性和时效性能让模型更好地适应不同的应用场景和需求。

Q：训练数据集中的噪声、错误或低质量的文本会怎样？

A：这些因素可能会干扰模型的学习过程，降低生成文本的准确性和流畅性。因此，我们需要在构建训练数据集时对数据进行清洗和筛选，确保数据质量。

Q：那么，如何更好地构建和选择训练数据集？

A：在构建和选择训练数据集时，我们需要从规模、质量、多样性和时效性这几个维度入手，通过综合考虑这些因素，以提高大模型的性能。

结论：大模型代表着一种无限可能性，但这种可能性的实现离不开优质的训练数据集，正如一颗种子离不开肥沃的土壤。只有深入理解和应用大模型，我们才能更好地驾驭数据，描绘出一幅丰富多彩、生动逼真的智能图景。

3. 大模型与数据共同体的互动关系

随着人工智能的飞速发展，大模型和数据共同体的互动关系成为关键的焦点。可以观察到，人工智能大模型正在逐渐重塑人类与世界的交互方式。这是因为大模型不仅扩展了人们的交互维度，提高了交互效率，而且丰富了交互的形式。这种变化，使人们能够更有效地认知世界，解决问题，创新和发展。

疾风知劲草，人工智能的强大生产力迫使数据共同体解决方案的各个要素找准自己的位置。在这里，数据要素、组织要素和流程要素，与技术要素一样，都扮演着非常重要的角色。首先，随着人工智能的发展，数据已经从企业级、行业级扩大到国家级、民族级，甚至全人类产生的数据都将被投入到单一大模型产品的训练中。这场"数据豪赌"预示着数据资源将趋向于更加开放和"共同体"化。其次，数据共同体的组织结构决定了数据的量和组成，从而也就产生了不同共同体之间的智能差距和融合。最后，虽然从大模型的训练角度看，"流程"似乎不重要，而从更为宏观的尺度看，人类社会已经走上了数据智能的轨道将形成路径依赖。大量今天产品形式、服务方式和组织流程的实践将在未来锚定了共同体成员的生活方式甚至生存方式。

因此，在追求发展的过程中，也更加关注隐私、伦理和安全等问题。在人工智能大模型的运用过程中，人们必须面对如何处理个人隐私，如何保证算法公正，如何防止滥用等问题。以 Chat-GPT 为代表的人工智能新一代基础设施赋能的应用在各个领域的实践，展示了一种可能出现的人机交互的关系。甚至可以看到，人工智能即将颠覆人类组织的边界，模糊道德伦理的边界，甚至有可能重新定义人类社会的边界。

总之，数据共同体的形成与发展为人工智能的进一步发展提供了无限的可能性。信息产业 200 年的发展历史中经历了几次范式的改变。过去的信息技术应用从生产关系的改进，生产力的促进等角度赋能人类社会，那么今天，一个新的人类与机器共存共同发展的全新社会形态是"一场全人类都应参与的关键讨论"[①]。

16.2　场景应用与实践

数据共同体的诞生是时代的产物。基于价值链，它把数据的收集、分析、应用、管理等环节按照一定的规则和标准共享给所有成员，满足所有成员的数据需求，并实现数据的最大价值和资源共享的一种新型组织形态。

数据共同体并非空中楼阁，其发展分为单实体、多实体和生态化三个阶段。每一阶段都有其特定的案例，只是重点和焦点不同。当然，数据共同体的形态与其所在的行业、文化背景、利益关系等因素有关。数据是不断塑造，并改变我们的世界，正如资本时代的格言所说，数据也是一种无眠的力量，它正在塑造着人类的未来。

这里将探讨数据共同体在不同行业、不同企业的应用。互联网龙头企业、政府机构等对数据共同体的关注和投入，使得组织创新与技术平台的匹配成为衡量数字化转型成功与否的关键因素之一。虽然篇幅有限，无法面面俱到，但希望以小见大地、循序渐进地为读者展示数据共同体的魅力，让读者对数据共同体有多侧面的理解并能从中获得启示，了解如何在实践中更好地构建和使用数据共同体。

[①] 彼得·李，凯丽·戈德伯格，伊萨克·科恩《超越想象的 GPT 医疗》[M].芦义，译.杭州：浙江科学技术出版社，2023 年.

16.2.1　城市治理数据共同体

城市治理数据共同体是由政府和公共服务机构主导，融合各方数据资源打造的全新的城市治理平台支撑下的新型治理模式。随着城市规模的持续扩大及其带来的问题复杂性的加强，城市治理数据共同体正在成为解决治理难题的有效途径。

对现有的全球社会治理角度的数据科学研究进行深度剖析，可以看到，由于城市治理问题在不同的文化背景、政治形式下呈现出多样化的政策措施，这对数字化工具和数字化决策支撑提出了极高的要求，但也同时为社会科学和经济学领域带来了全新的研究机遇。在中国，伴随着经济转型、社会转型、人口老龄化等社会现象的发生，许多城市正在不断探索以数字技术创新提高城市的核心竞争力，以实现城市发展新动能。无论是对传统产业的转型升级，还是新兴产业的培育，数据要素都是关键驱动力。在这个背景下，构建以数据共同体框架为基础的数据资源平台和运营平台，实现政府、企业、公益、科研、居民个体、其他城市、行业部门等多源数据集成和共享，已成为中大型城市改革探索的共同选择并已经产生了积极的效果。

在政府推动信息经济发展和智慧应用的过程中，数据共享和数据赋能已经成为提升政府服务效率和公众利益的重要手段。这一点在"最多跑一次"的改革工程中得到了充分体现，该政策利用数据资源，简化了公众办事流程，提高了行政效率，从而大大提升了公众的获得感。

北京市的"接诉即办"改革案例则是城市治理数据共同体实践的一个典型。接诉即办是指北京市建立起以 12345 市民服务热线为主渠道的"接诉即办"机制，通过高效运行的城市数字化治理系统，尤其是，围绕市民热线诉求问题巧妙设计的"响应率""解决率""满意率"，快速响应、有效处理，充分调动各种资源解决市民诉求，从而提升了公众的获得感、幸福感、安全感。这一改革也标志着城市治理数字化实践在基层治理领域的深入推广，并为其他城市的治理数据共同体建设提供了有益的经验和启示。

总的来说，无论是"最多跑一次"的改革工程还是北京市的"接诉即办"改革案例，都充分体现了城市治理的方法和过程中，数据共同体的价值和影响力。它通过创建高效运行的城市数字化治理系统，协同引发政府部门的优势和功能，主动及时感知内外部的环境变化，全面提升了以数感知、依数治理、循数决策的能力，从而快速准确调动资源对市民诉求做出应对和反馈。数字经济高速发展的今天，这种基于数据共同体的城市治理模式将会在全国乃至全球范围内得到广泛应用，并为解决城市治理的复杂问题提供新的解决路径。

16.2.2　能源工业数据共同体

1. 政策背景

中国数字经济的决胜核心是工业制造数字化的成功。工业数据共同体是我国从制造大国迈向制造强国的关键步骤，得到国家和产业的一致支持。目前，我国工业互联网产业支撑能力相对薄弱，在核心技术掌握程度、关键产品服务性能、解决方案供给、应用深度等方面仍然有较大差距，"不会用、不敢用、用不起"等现实难题依然存在。2020年12月工业和信息化部印发《工业互联网创新发展行动计划（2021—2023年）》，以十一项重点行动和十大重点工程为抓手，着力解决工业互联网发展中的深层次难点、痛点问题。此外，商业模式不够成熟，工业数据要素市场尚未形成，可持续发展的良性生态盈利模式仍在探索中。中国信息通信研究院发布的《中国数字经济发展白皮书（2020年）》显示，2019年我国数字经济增加值规模达到35.8万亿元。今天，数字中国建设成绩显著，数字经济为高质量发展提供了有力支撑。在数字经济发展中，工业互联网发挥着重要作用，对促进互联网与实体经济融合、培育新动能、把握新机遇、开辟新局面具有重要意义。作为新一代信息通信技术与工业经济深度融合的产物，工业互联网集关键基础设施、全新产业生态和新型应用模式于一身，体现了互联网从消费领域向生产领域拓展的变革力量，是实现创新驱动发展、促进产业转型升级、发展数字经济的重要着力点。平台是工业互联网生态的关键，我国工业互联网已经形成了"平台+"生态体系，跨行业跨领域工业互联网平台获得各方高度认可，特色型行业和区域性平台快速发展，专业型平台不断涌现。

2. 理念、价值和范围

能源工业数据共同体的定义涉及多个层面，首先，要理解工业体系，它是最为复杂的数据创新场景。这种复杂性表现在数个方面，诸如产业链的全面性、产业数据的大规模众多性、产业需求的多样性，以及产业的长期性等。

工业数据不仅映射了产业的需求，更是一个复杂的技术和组织系统。其复杂性在于工业数据多元化、动态化，并且需要在特定的工业环境中进行应用。为解决工业数据要素化的问题，需要工业数据共同体这样的体系。以工业数据共同体为代表的融合生态体系正在加速形成，未来，数字经济将拥有更广阔的发展前景，信息化将更好地促进社会发展。

具体到能源工业数据共同体，其实已有不少理论和实践案例，该领域的研究已经十分深入。本文仅从数据质量这一角度出发，简单说明数据共同体如何以数据重整的方式，打造能源工业的核心竞争力。通过数据的整合和应用，可以更好地理解和掌握能源工业的运行状态，从而进一步优化运营，提升效率，形成核心竞争力。

3. 国家质量基础设施——强化中国制造的脊梁

国家质量基础设施（National Quality Infrastructure，NQI）指一个国家或地区为了维护质量安全、促进经济发展和提升国际竞争力而建立的一系列技术、管理和法律制度等方面的基础设施。世界银行认为，发展NQI是解决质量问题的终极答案，因为它涵盖了从标准制定、计量、检验检测、认证认可到市场监管等多个方面，是保障产品、服务和过程质量的重要手段。

计量、标准化、合格评定并称为NQI的三大支柱，这三者构成一个完整的技术链条，是一项新型基础设施。围绕质量技术标准的实施，政府和企业将基于NQI汇集和分析的数据，提高生产能力、维护生命健康、保护消费者权利、保护环境并维护企业和生态的安全。

如图16-3所示，参考国家电网电力科学研究院主导建设的NQI平台，依托国家能源计量中心，建立全域覆盖、数据融合、资源共享、安全可信、多方共赢的生态环境，形成汇聚各类资源的枢纽,实现全品类、全环节质量数据采集与共享,提供分析、检测、认证等质量一站式服务平台。NQI 平台的参与方也是服务对象主要有

图 16-3　国家电网 NQI 的示意图

1）服务供应链企业产品质量改进提升;
2）服务核心生产公司质量优化;
3）服务监管机构质量监管;
4）服务社会公众质量信息关切。

国家电网 NQI 平台数据运营的特点是,平台由行业内的骨干供应商提供行业质量数据,数据汇集起来后形成了平台效应和数据标准。该平台通过多方融合数据赋能,在本行业实现了数据的连接和价值的实现,同时保持对公众服务的开放。事实上,平台的基石参与者也是平台运营的受益者,通过数据汇集和数据分析,基石参与者可以保持在行业内的质量领先,自然也能够保持市场份额和经济效益。NQI 平台面向电力装备行业提供多种质量应用服务、质量数据服务和开发者服务,能够快速接入监管机构、质量检定机构、核心生产公司、配套生产企业和社会公众,并促使有能力的开发者提供具有价值的质量服务应用和工业智能化应用。

NQI 平台启动以来,为电力企业实施更全面的计量设备全生命周期质量管理,健全计量设备质量管控能力,提升服务质效,助力国家电网战略目标落地和工业高质量发展。为装备厂商解决产品研发技术瓶颈,促进企业产品质量改进提升,提升企业竞争力,推动产业链数字化转型。同时,NQI 也助力政府建立更准确、更可信、更全面的监管机制,支撑政府科学精准监管,构建产品质量数字化监督体系。在法律框架和行业规范的基础上,围绕新型基础设施形成了龙头企业、装备厂商和国家监管多赢的局面,是典型的数据共同体特征。

16.2.3 医疗健康数据共同体

1. 医疗共同体

在需求驱动、技术推进、政策支持和公众意识提升等多个因素的共同作用下，医疗服务领域诞生了医疗共同体，是最早产生数据共同体的行业领域。通过数据的统一整合和数据分析，医疗共同体运营者能够提高诊断准确性，制定更有效的治疗方案，从而改善患者的生活质量。不仅如此，医疗数据共同体还能帮助更好地理解疾病的发展，促进医药研究领域的创新。

在亚洲经济较为发达的新加坡和日本，医疗共同体的建设和数据利用方面已经积累了丰富的经验。新加坡的医疗共同体一直以来都非常注重数据的利用。新加坡卫生部和新加坡卫生服务集团（SingHealth）共同建立了一个名为 iHINT 的健康信息平台，通过这个平台，医生可以实时查看患者的所有医疗记录和医疗行为，包括预约、检查、药物用量等，从而提供更加个性化、准确的医疗服务。此外，新加坡还建立了一个全民健康信息系统（NEHR），这是一个全国性的电子病历系统，通过这个系统，所有的医疗保健提供者都能查看患者的全面医疗记录，从而实现了完整的信息共享和协同工作。日本的医疗共同体则侧重于地方性的医疗卫生服务。许多城市或地方政府都设有自己的综合健康信息系统，医疗机构可以通过这些系统分享和查看患者的医疗数据。日本的医疗共同体还大力推动预防医学和公共卫生的发展，通过对大量数据的分析来预测和预防疾病的发生。日本依托医疗共同体的医疗数据，在疾病研究和药物开发等方面实现了数据的多元化利用。

我国的医疗共同体在近几年也实现了长足的发展。例如：华西医院作为西南地区的高水平医院，参与了多个医疗共同体的组建和运营，并获得了良好的效果。

1）促进了优质医疗资源下沉：华西医院通过医疗共同体的建设，将优质医疗资源带到了基层医疗机构，提高了基层医疗机构的服务能力和水平。

2）提高了医疗服务效率：医疗共同体通过信息共享、远程诊疗等手段，提高了医疗服务的效率，缩短了患者就医的时间和成本。

3）加强了医疗机构之间的协作：医疗共同体促进了不同医疗机构之间的协作和交流，提高了整体医疗服务的质量和水平。

总的来说，国内外医疗共同体在数据集成、共享和利用方面都有着独特的经验和做法，为其他地区提供了参考和可借鉴的模式。

2. 医疗数据的特殊性

根据中共中央、国务院印发的《"健康中国 2030"规划纲要》，到 2020 年，国内医疗大数据规模有望达到 8 万亿元，2030 年再翻一倍。万亿级蓝海充满想象力，但也充满挑战。由于医疗行业的特殊性，医疗领域的数据开放共享和数据运营应考虑到如下特点：

1）技术复杂：多模态异构数据的融合与标准化，临床和组学数据无法有效的治理和融合，并且海量数据向算法端移动，效率较低的同时还会导致高成本和高风险；

2）人命关天：隐私与开放不能兼顾，国际合作中多重监管和本地规范增加了数据分享和分析的复杂维度，缺少符合多方要求的平台解决方案，需要颗粒度的可靠授权管理机制来解决这一问题；

3）利益纠葛：医疗行业投资大，数据开放共享通常都是一方建设，多方使用，缺乏开放的生态建设技术手段，更缺乏健全的授权管理机制和知识产权的保护机制；

4）水平不一：不同医院数据质量参差不齐，对数据使用的标准也不完全一致，导致数据清洗工作量大，容易造成原始数据的丢失或者篡改，从而无法溯源。

在各种现实问题下，尤其在隐私安全责任下，医疗行业对数据的存储、运用和处理都需要更加严格地管理。

3. 医工结合的协同创新机制探索

在长期探索的基础上，医疗健康数据共同体，依托行业内对数据需求的深刻理解和现实世界医疗服务的迫切需求，重点致力于建设基于数据共享和协作的基础设施，形成一种集中、整合多源、多种类的医疗健康数据的、多方参与的共同体。在这个共同体中，医疗和健康相关的数据被视为共有的资产。所有的成员，包括医疗服务提供者、研究机构、政策制定者以及患者，都可以公平高效地共享这些数据，并共同承担维护和发展共同体的责任。这一共享原则帮助促进了有效协作的生态环境，解决了医疗健康数据共享的技术瓶颈、安全问题，并提高了医疗健康服务的效率和质量。此外，它也推动了医疗科学研究和药品研发，有助于实现医疗资源的更合理配置。

清华大学数据科学研究院作为国内首批在医疗健康数据领域提出医工结合理念的学术机构，在其医疗数据集成实验平台中，通过安全的科研数据链网对接多源的真实医疗数据，采用"单平台多病种"和"单病种多医院"两种模式，成功地汇集并应用了包括诊疗数据、生信检测数据、医保数据、公共卫生和疾病控制数据等多维度的医疗数据源。借助隐私计算技术，该平台在确保数据安全和用户隐私的同时，利用多源异构的数据协同，发掘出数据的价值，为医疗科研和药品研发提供了有力的支持。

诊断相关分组（DRG）业务是医保改革措施中的一项数据应用，其主要功能是通过对患者疾病诊断和治疗相关信息的分类，以实现同类病例的医疗费用核算和比较。作为医疗数据共同体的典型模式，DRG 在医院管理中的实施有助于提升医疗服务的效率和质量，因而成为中国医保改革的热点。至今，已经有 31 个地区和城市的 300 多家医院实施了 DRG 试点，许多医院通过 DRG 系统，将大量的诊断、治疗、费用等相关信息进行分类和汇总，构建了庞大的诊疗分类数据库和相关的医疗服务功能体。DRG 业务的实施，正是依赖于这种数据生态环境。诊断分组业务模式需要大量、详细、准确的数据来支持。这些数据的生成、收集、处理和使用，正是数据共同体的核心任务。数据共享和协同工作可以提高医疗服务的效率和质量，促进医疗资源的合理分配。DRG 业务通过将这些数据转化为有用的信息，为医疗服务决策提供了科学依据。此外，DRG 业务也推动了医疗行业的信息化和智能化进程。

总体来讲，医疗健康领域是集高科技、高复杂度和高安全性的数据价值热点，在既有的医疗共同体探索的基础上，一旦形成了数据汇集、共享和安全利用的标准和机制，医疗健康数据共享社区将在数据赋权方面取得更大的突破，平衡不同地区，不同病种的医患关系和资源分配，有希望为解决全球性的医疗资源稀缺问题做出重大贡献。因此，将医疗健康数据共同体的概念和实践相结合，对于推动医疗健康行业的发展具有深远的意义。"

16.2.4 科研数据共同体——创新范式的基石

全球科技发展正处于一个科研范式演进的关键时期，历经"实验科学""理论归纳"和"计算仿真"的三阶段，如今已进入被誉为"数据密集型科研"的新阶段。这是在信息通信技术推进的大背景下，科研实现方式正在经历前所未有的转变。依靠实验、理论和计算的传统研究模式在处理大数据时显得力不从心，而"数据密集型科学"这一新兴科研范式，应运而生，预示着未来科研工作将越来越依赖于计算机进行数据分析与汇总。

这种新的科研范式让人们看到了科研方法的改变，由假设驱动转向基于大量科学数据的探索型研究。计算机技术与科学工程的深度融合，大规模数据的获取、存储、管理，以及深度分析和可视化的展示都变为可能。所有的科学数据，将在这个信息化时代臻于完善。

在这种新的科研范式推动下，欧美的研究机构发展势头强劲。譬如美国的大学和企业药物研究机构联合起来，利用医院、药物公司和高校的数据共享机制，深入研究癌症。通过整合大量的患者数据、基因组数据和临床试验数据，深度分析后，他们揭示了癌症发生、发展和预后之间的潜在关联，以此开发出更有效的治疗策略和药物。

在国内，大数据在科研工作中也占据了重要地位，大量科研项目都需要数据作为研究的基础。然而，人们面临着"数据海啸"的挑战，学者们经常面临数据的困扰。

在当前阶段，科研数据共同体的发展可能会加速。自然语言大模型技术的快速发展，以及最近的前沿研究，预测自然语言大模型有可能以智能方式洞察和解决科学问题，从而推动科学研究进入"下一代范式"。社会科学领域的基于代理的模型研究方法（Agent-Based Modeling，ABM），便是这种基于数据和智能体模拟的研究范式的代表。ABM 是一种重要的模拟和分析复杂社会系统和组织行为的计算方法。在 ABM 中，系统被视为由一群遵循自身行为规则的智能体组成，通过这些智能体之间的交互行为来模拟真实世界的复杂现象。在人工智能技术推动下，智能体将自动、自主地产生丰富、逼真的数据，依靠模拟数据能捕捉到社会科学中的复杂性，尤其是那些由个体行为与交互引发的非线性、动态与多层次的微观 - 宏观现象。

显然，越来越丰富的研究场景需要产学研广泛的数据合作，需要产业和数据技术合作，数据共同体参与者的沟通和信任将成为解决未来科研问题的金钥匙。跨行业跨领域的数据协作不但能够解决学者们数据从哪里来的问题，还可以为研究提供真实的、鲜活的问题，实现真正的问题导向。借助构建科研数据共同体基座之上的科研数据基础设施，科研人员将不再单纯依赖实验和理论分析去推导事物的规律，减少手动收集和整理数据的时间，将以更智能、更高效的方式去发现自然和社会的运行规律和模式。范式的改变将无疑极大地推动人类科学研究的新突破，引领我们迈向科学研究的新纪元。

16.3 数据共同体的愿景与展望

16.3.1 会思考的芦苇

每当人类有强大的能力跃升以后，作为"一根会思考的芦苇"[⊖]，很难不去思考"何以为人"的哲学问题。数据赋能的大模型的各种能力表现，会让人类审视数据还能为我们做什么？我们真正擅长的领域在哪里？以及机器与人类的能力边界问题。在此，人们刚刚认识到数据共同体的发展在深刻地影响着今天的社会结构和个体行为。然而，要完全理解和解释这个现象，必须要引入赛博主义和控制论的概念进行更深一步的思考，以全新的角度去探索数据共同体的内在机制，以及它如何影响人们的决策和行为。

赛博主义把一切看成是系统，一切都是可以被编程和控制的，人类社会也不再是以人类自身为中心的社会，而是一个复杂的赛博系统。人们的思想、行为甚至情绪都可以被转化成数据，通过这些数据驱动社会的运转。这一理论可以帮助人们从一个新的角度审视社会的发展。

在赛博主义的视角下，构建数据共同体对人类来说具有重大的价值，既可以帮助人们获取更丰富的数据资源，推动科技、医疗等领域的发展，也可以促进人工智能的进步，提高其精确度和可靠性，实现更广泛的应用。通过赛博社会，可以理解并解释整个世界的运行机制。自然科学与社会科学的边界，也将被重新审视和思考。多种数据应用的研究，在探索前沿的科学理论和实践过程中，机器与人类知识的相互结合，加上机器能力的飞速进步，使得人们更加深刻地认识到人类社会新时代的大门已经打开，移动互联网、元宇宙或人工智能等技术都将被新的数据交互关系重新定义，形成一个全新的人机交互生态。

构建在数据共同体基础上的赛博社会让人们从全新的视角思考机器与人类的关系，将更多适合的任务交给机器和数据，并帮助人们发挥人类智力所长。这将是赛博社会与传统的科技浪潮最为本质的区别，也是数据共同体与传统的信息技术赋能的科技浪潮最为本质的区别。

16.3.2 数据共同体的中国进程

数字化转型趋势已经在全球范围内达成共识，这不仅仅是由于其进步的速度令人瞠目，更是因为它具备的变革性和开创性。现代社会正在经历一场前所未有的新型组织、新产品和创新人才的革命。例如，微软、阿里巴巴、谷歌现已不再仅仅是软件或搜索引擎公司，而是成为具备极强数据整合能力的新型数据组织。初具数据共同体形态的科技巨头们仍然在数据创新领域里积极探索并继续演化，他们的成功，又进一步推动了全球范围内的计算机科学和人工智能科学研究的繁荣。那么这一场革命的终点是哪里？数字化将把人类带去何处？

⊖ 勒内·笛卡尔.《第一哲学沉思录》[M].尚新, 译.上海：上海译文出版社, 2022年。

对数据、计算与智能、生命的新理解正在不断深入。科学家们已经开始尝试寻找数据、计算、智能、生命之间可能存在的通用规律，而不再是分散的、疏离的研究这些现象。就像牛顿第一次描述引力定律那样，人们正在试图找到宇宙的"操作系统"。例如，Stephen Wolfram 的"群体计算理论"就提出了一种基于细胞自动机的宇宙模型，推测整个宇宙可能就是一台巨大的"计算机"。

然而，在探寻数据化发展的终极目标时，人们发现人的意志、文化、法律、传统仍然是重要的驱动力。比如，欧盟通用数据保护条例（General Data Protection Regulation，GDPR）的出台，以及国内不断强化的数据保护措施，禁止了随意收集和滥用个人信息的行为。这些都是人类对自由、公正和人权的坚持，对构建有序的、安全的数据共同体提供了重要的心底呐喊与呼唤，并试图以更为广泛的制度与共识加强对人自身的保障。

中华文明，源远流长，是共同体文化的鼻祖。我国在推动数据共同体发展，特别是计算机科学和人工智能科学研究方面，已经成为全球范围内的重要力量。我国对数据保护的重视以及不断提升全民数据素养的措施，显示了中国在构建有序的、安全的数据共同体生态的决心和努力。人们坚信数据共同体为人类社会勾画出的未来，无论是科技还是人文，都将变得更加美好。就像马克思主义理论中提到的，生产力决定生产关系，生产关系决定社会发展阶段。数据共同体，即将促进人类社会进入一个全新的阶段，成为人类命运共同体重要的组成部分和基石。